국가이성론

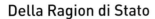

Della Ragion di Stato
by Giovanni Botero

Published by Acanet, Korea, 2023

한국연구재단총서　학술명저번역　651

국가이성론

Della Ragion di Stato

조반니 보테로 지음
곽차섭 옮김 · 주해

아카넷

차례

옮긴이 해제

보테로의 삶과 저작[1]

조반니 보테로는 1544년 사보이아 공작령이던 피에몬테 베네(현재의 베네 바지엔나)의 중산층 가정에서 태어났다. 아버지는 프란체스코였고 어머니 이름은 알려지지 않는다. 보테로가 열다섯 살이던 1559년, 부모는 그를 예수회 신부인 삼촌이 오랫동안 교편을 잡고 있던 시칠리아 팔레르모의 예수회 학교로 보냈다. 하지만 삼촌이 갑자기 죽자 이듬해 그는 로마대학에 등록했는데, 여기서 장차 유명한 신학자이자 추기경이 될 로베르토 벨

∙∙

1) 이 글은 다음의 내용을 요약한 것이다. Luigi Firpo, "Botero, Giovanni" in *Dizionario biografico degli italiani* (Roma, Istituto della enciclopedia italiana, 1960~), vol. 13 (1971), 352~362.

라르미네를 급우로 만났다. 그는 일찍부터 뛰어난 라틴어 시작(詩作)의 재능으로 주목받았으나(그러나 그리스어에는 별 진전이 없었다), 원래 체질이 허약한 데다 고집이 세고 신경질적 기질이 있어 상급자들과 잘 지내지 못한 것으로 보인다. 이후 약 2년 동안 대학 당국이 그를 움브리아와 라 마르케 지방의 작은 학교에 보내 학생을 가르치게 한 것도 그의 처신에 대한 일종의 벌로 보인다.

로마로 돌아오고자 노심초사하던 보테로는 1563년에 드디어 로마대학으로 복귀할 수 있었다. 1565년, 대학 공부를 마친 그는 이후 이탈리아와 프랑스의 작은 예수회 학교를 전전하면서 수사학과 철학을 가르쳤다. 1567년 가을 그는 파리 예수회 대학에 파견되었지만, 남과 잘 부딪치는 기질이 다시 한 번 그의 발목을 잡았다. 에스파냐인 예수회 신부들과 갈등을 일으켜 1569년 6월에 다시 로마로 송환된 것이다. 그는 한때 출교까지 될 뻔했으나, 그의 재능을 높이 산 상급자들의 배려로 그 무렵 카를로 보로메오가 세운 밀라노 예수회 학교로 파견되었다. 그는 그곳에서 수사학을 가르치고 철학과 신학을 공부하고 문학 습작을 하면서 4년을 보냈다. 보테로의 사제 서임이 언제 있었는지는 명확하지 않으나, 1574년 12월에 그가 미사를 올렸다는 기록으로 보아 그 이전 어느 때쯤으로 보인다.

1573년, 보테로는 당대 유럽 최고의 명성을 지닌 파도바대학으로 학적을 옮겨 이후 4년간 신학을 공부하였다. 그는 여기서 나폴리 출신의 휴머니스트 잔 빈첸초 피넬리와 깊이 교유하였다.[2] 그는 또한 이해에 앙리 3세

∴

2) 피넬리(1535~1601)는 당대 최고의 장서가로, 과학과 식물학에도 조예가 깊었다. 그는 다수의 그리스어, 라틴어, 아랍어 사본을 소장하고 있었는데, 그중에는 레오나르도 다 빈치의 『회화론(*Trattato della Pittura*)』 필사본(*Codex Pinellianus*)과 후일 조반니 바티스타 라무지오에 의해 『아프리카지(*Descrizione dell'Africa*)』(1550)로 번역 간행될 요한네스 레오 아

드 발루아가 폴란드 왕으로 선출된 것을 기리는 라틴어 시집을 크라쿠프에서 발간했는데, 이것이 보테로 최초의 간행 작품이다.[3] 예수회는 종종 보테로에게 왕이나 귀족을 상찬하는 작품을 써줄 것을 요청했는데, 이런 일을 하고 싶지 않았던 그는 당국과 마찰을 일으키고는 했다. 심지어 그는 이를 피하려 아메리카로 보내달라고 요청하기까지 했다. 그는 아마 간섭을 아주 싫어하는 성품이었던 것 같다. 앙리를 칭송하는 앞의 시 역시 그가 마지못해 써준 것으로 보인다. 최초의 간행 작품이 정작 저자가 원하지 않은 것이라는 사실은 아이러니다.

1577년, 보테로는 파도바에서의 신학 과정을 마쳤으나 마침 역병이 퍼지면서 마무리를 짓지 못했고, 결국 1583년에야 공식적으로 박사 학위를 받을 수 있었다. 이후 그는 제노바를 거쳐 밀라노 예수회 학교에서 성서 강의를 하게 되었다. 1579년 봄, 그는 밀라노신학교에서 카를로 보로메오가 참석한 가운데 예수그리스도가 수난 이전의 세계에서는 세속 권력을 갖지 않았다는 취지의 설교를 했다. 당시 그곳 예수회와 견해가 달랐던 보로메오는 이에 크게 노했고, 그 여파로 보테로는 토리노의 신설 예수회 학교로 쫓겨나기에 이르렀다.

불운은 여기서 그치지 않았다. 그가 토리노의 임지에 이미 가 있었던 1580년 3월, 예수회는 다시 위그노를 교화한다는 명목으로 그를 살루초 후작령에 파견하기로 하였다. 그는 이 조치가 자신을 일부러 박해하고 소

..

프리카누스(알 하산 무함마드 알 와잔)의 아프리카 우주·지리지 아랍어 원본도 있었다. 갈릴레오는 수학과 광학을 연구하기 위해 그의 장서를 이용했다.

3) Giovanni Botero, *In Henricum Valesium potentissimum Poloniae regem ad Petrum Costcam illustrem et magnificum virum carmen* (Cracoviae [Cracow], Mattheus Siebeneycher, n. d. [1573]).

외하려는 의도에서 비롯되었다고 생각하고 완강히 저항하였다. 결국 그는 그해 7월, 당국에 의해 강제 구금되었다. 두 달 후 그는 어쩔 수 없이 용서를 구하고 겨우 풀려날 수 있었으나, 이미 예수회에서는 출교가 결정된 상태였다. 그는 극심한 분노와 좌절 속에서 다시 밀라노로 돌아왔다.

하지만 보테로의 연이은 불운은 전혀 예기치 않은 곳에서 행운으로 바뀌었다. 약 1년 전 보테로의 설교에 크게 반발했음에도 불구하고 보로메오 대주교가 그의 재능을 높이 사 그에게 밀라노 인근 루이노의 부(副)교구사제직을 맡긴 것이다. 보테로는 막다른 길 앞에서 한숨을 돌리고 장래를 생각할 수 있는 기회를 얻었다. 그는 숙고 끝에 예수회에 명예롭게 출교하게 해달라고 요청했고, 1580년 12월 그것에 대한 허락을 받았다. 이제 약 22년 동안 스스로 몸담았던 예수회를 떠나게 된 것이다(그는 후일 산 카를로 오블라티수도회[4]에 입교했다).

보테로는 1582년 12월에 보로메오의 비서가 되어 2년 뒤 대주교가 죽을 때까지 그를 곁에서 보좌하였다. 보테로는 보로메오를 가까이에서 수행하면서 그의 굳건한 신앙심과 강력한 권위를 나침반 삼아 자신의 신경질적인 기질과 감정의 기복을 다스린 것으로 보인다. 보로메오와의 만남은 만사에 자기중심적이던 그의 삶을 보다 전향적으로 바꾸어놓은 중요한 계기가 되었다. 또한 그는 보로메오와 보낸 짧은 시간 속에서도 『왕의 지혜에 대하여』라는 그 자신 최초의 정치론을 써서 보로메오에게 보였고, 이듬해

4) 오블라티수도회(La Congregazione degli oblati)는 1578년 밀라노 대교구장이던 카를로 보로메오가 창립한 것으로, 성인과 창립자의 이름을 따서 산티 암브로조 및 카를로의 오블라티(Oblati dei Santi Ambrogio e Carlo)라고도 부른다. 이는 주교와 수도원에 양자 서약을 한 교구사제와 임무를 자원한 속인들로 이루어져 있다. '오블라티'란 특별히 주교에 대해 봉헌(oblazione)하는 수도사라는 뜻이다.

밀라노에서 간행하였다.[5] 사보이아 공작 카를로 에마누엘레 1세에게 헌정한 이 저술은 비록 '군주의 귀감서'라는 전통적 형식을 따르고는 있지만, 6년 뒤 그를 일약 유명 저술가로 만들『국가이성론』의 이른바 '그리스도교적' 정치술에 관한 논의를 예비하고 있다고도 볼 수 있다.

보로메오가 서거한 뒤, 보테로는 잠시 밀라노를 떠나 앞서『왕의 지혜에 대하여』헌정으로 인연을 맺은 카를로 에마누엘레 1세의 요청으로 파리로 가 1585년 말까지 외교적 임무를 수행하였다. 그는 아마 이때, 4년 뒤 잘츠부르크 대주교인 볼프강 테오도리크에게 바친『국가이성론』헌정사에서 "사람들이 매일같이 국가이성에 대해 언급하고 있을 뿐 아니라, 그 과정에서 때로는 니콜로 마키아벨리가, 또 때로는 코르넬리우스 타키투스가 인용되고 있다"라고 한 '놀라운' 정치 현상을 목격했을 것으로 보인다. 그는 이제, 20여 년 전 그곳 예수회 학교에서 상급자와 갈등을 일으키던 고집 센 풋내기 학자가 아니었다. 당시 파리는 가톨릭 왕당파와 위그노의 종교와 권력을 둘러싼 내전 속에서, 진정한 신앙을 억압하는 폭군을 징벌해야 한다는 위그노 과격파 모나르코마크(Monarchomaques)와 강력한 가톨릭 왕권으로 국가이익을 우선해야 한다는 폴리티크(politiques)파의 논쟁이 불붙고 있었다. 그가 후자에 속하는 장 보댕의 저술을 접한 것도 바로 이때로 보인다. 파리 체류를 통해 그는 정치와 종교 간의 갈등과 조화라는 시대적 난제에 대해 깊이 성찰할 기회를 얻었을 것이다.

밀라노로 돌아온 보테로는 카를로 보로메오의 어린 사촌 페데리코 보로메오의 가정교사이자 고문으로 다시 보로메오 가문과 밀접한 관계를 이어

∴

5) Giovanni Botero, *De regia sapientia libri tres* (Mediolani [Milano], Pacificum Pontium, 1583).

가게 되었다. 1586년 9월, 그는 성직의 길을 택한 페데리코와 함께 밀라노를 떠나 로마 교황청으로 향했다. 보테로의 헌신적인 도움을 받은 페데리코는 1587년 12월에 스물세 살의 젊은 나이로 추기경이 되었다. 보테로는 페데리코가 밀라노 대주교가 되어 로마를 떠나게 된 1595년 초까지 약 8년 동안 그를 보좌하며 로마에 머물렀다.

그리스도교 세계의 정치적, 문화적 중심이던 당시 로마에서 보테로는 그동안 축적한 자신의 지적 역량을 유감없이 발휘하였다. 1588년 6월, 그는 세 권으로 구성된 『도시의 위대함과 장대함의 원인에 대하여』를 간행하였다.[6] 이 저작은 비교적 짧지만 매우 명석하고 예리한 통찰을 보여준다. 이는 서양에서 도시와 인구에 관한 거의 최초의 과학적 이론으로, 자연환경과 경제적 자원 및 인구 증가가 어떤 관계를 맺고 있는지 정밀하게 분석한 것이었다. 나아가 그는 여기서 유럽 밖의 지역, 특히 중국에 대해 각별한 관심을 표하면서 유럽 국가보다 월등한 인구와 번영을 구가하는 원인을 고찰하고 있다. 이 저술은 에스파냐어(1593), 라틴어(1602), 영어(1606) 등으로 번역되어 저자의 이름을 알리는 데 기여했으나, 바로 이듬해 『국가이성론』이 출간되어 큰 성공을 거두면서 이후 그 명성에 가려진 측면도 있다. 하지만 최근 이 저술이 지닌 독창성이 재평가되면서 새로운 판본과 역본이 간행되고 관련 연구도 활발히 진행되고 있다.[7] 보테로는 또한 같은

∴

6) Giovanni Botero, *Tre Libri delle Cause della Grandezza, e Magnificenza delle Città* (Roma, Martinelli, 1588).

7) Giovanni Botero, *Delle cause della grandezza delle città*, a cura di Romain Descendre e traduzione di Amedeo De Vincentiis (Roma, Viella, 2016); Id., *On the Causes of the Greatness and Magnificence of Cities* (1588), trans and intro. Geoffrey Symcox (Toronto, University of Toronto Press, 2012). 관련 연구 몇 가지만 들면 다음과 같다. Romain Descendre, "Géopolitique et théologie. Suprême pontificale et equilibre des

해에 전성기 고대 로마의 인구에 대한 작은 책자도 발간하였다.[8]

1589년, 명망 높던 베네치아의 졸리티 출판사에서 출간된 보테로의 주저『국가이성론』은 종교전쟁으로 정치와 종교 간의 갈등이 극심했던 당시의 시대 상황에 힘입어 엄청난 성공을 거두었다.[9] 초판 간행 직후부터 이탈리아 여기저기에서 연이어 새로운 판이 나왔고, 에스파냐어(1593), 프랑스어(1599), 라틴어(1602), 독일어(1657) 등으로 번역되어 저자에게 국제적 명성을 안겨주었다. 그는 후일『국가이성론 증보』를 써서 원저에서 미비했다고 생각한 점을 보완하기도 했다.[10]『국가이성론』은 국가와 정치 이익을 우선하고 종교와 도덕을 하나의 통치 수단으로 보는 이른바 '사악한' 마키아벨리즘이라는 시대적 위기에 대한 대응책으로 등장하였다. 그것이 새로운 점은 가톨릭 신앙과 양심이라는 전통적 가치를 옹호하는 것이 오히려 국가이익의 증진에 도움이 된다고 주장한 데 있다. 마키아벨리가 정치와 종교 및 도덕이 결코 화합할 수 없다고 했다면, 보테로는 후자가 전자에

∵

puissances chez Botero," *Il pensiero politico* 33 (2000), 3~37; Id., *L'État du Monde: Giovanni Botero entre raison d'État et géopolitique* (Geneva, Droz, 2009); John Headley, "Geography and Empire in the Late Renaissance: Botero's Assignment, Western Universalism, and the Civilizing Process," *Renaissance Quarterly* 53.4 (2000), 1119~1155; Francesco Scalone, "Delle cause della grandezza e magnificenza delle città. Giovanni Botero e la nascita del pensiero demografico moderno," *Popolazione e storia* 21.2 (2020), 9~17.

8) Giovanni Botero, *Discorso di M. Giovanni Botero che numero di gente facesse Roma nel colmo della sua grandezza*, in *Tre discorsi appartementi alla Grandezza delle Città*. L'uno di M. Lodovico Guicciardini; L'altro di M. Claudio Tolomei. Il Terzo di M. Giovanni Botero (Roma, Martinelli, 1588).

9) Giovanni Botero, *Della Ragion di Stato libri dieci, con Tre Libri delle Cause della Grandezza, e Magnificenza delle Città* (Venetia, Gioliti, 1589).

10) Giovanni Botero, *Aggiunte alla Ragion di Stato* (Roma, Presso Giorgio Ferrari, 1598).

유용하다고 주장으로써 통치자가 종교를 버리지 않고도 정치 이익을 도모할 수 있는 여지를 열어준 것이다.[11]

『국가이성론』의 좀 더 새로운 점은 보다 규모가 크고 근대적인 영역 국가가 처한 새로운 문제, 즉 조세, 관료 제도, 통상, 산업, 법의 집행, 식량 공급, 도시 계획 등에 관해 체계적으로 고찰한 데 있다. 피르포에 따르면 보테로의 저술은 다른 어떤 저술보다도, 봉건적이고 전제적인 전통 세습 국가가 행정과 중앙집권에 힘을 쏟으면서 동시에 관직의 세습과 매관매직을 서서히 줄여가는 근대적 국가로 이행하는 과정을 잘 보여준다. 그는 특히 세금 문제를 중시했는데, 군주가 국가 재원을 공공사업에 투여하고, 상품에 대한 간접세보다는 수입에 대한 직접세를 부과해야 한다고 주장하고 있으며, 무역과 상업을 다방면으로 원조함으로써 국부를 증대할 수 있다는 중상주의적 면모도 보이고 있다.[12] 이러한 사실은 『도시의 위대함과 장대함의 원인에 대하여』가 『국가이성론』과 별개의 저술이 아니라는 점을 말해준다(전자를 줄곧 후자와 한 책으로 묶어 간행했다는 것 역시 이러한 점을 시사한다). 마키아벨리가 르네상스 소국의 참주를 위한 권력의 기술에 초점을 두었다면, 보테로는 근대적 영역 국가를 경영하는 '행정의 기술'을 기술하고 있다고도 볼 수 있다.[13]

1590년 9월 8일에서 15일까지 보테로는 페데리코 보로메오를 보좌하여

••

11) 곽차섭, 『마키아벨리즘과 근대국가의 이념』(현상과인식, 1996), 2장. 아래의 절 '보테로, 마키아벨리, 국가이성'도 볼 것.
12) 하지만 보테로는 『국가이성론』 7권에서 장 보댕의 『국가론』(1576) 중, 특히 재정을 다룬 6권 2장을 빈번히 인용하고 있다.
13) Irene Verziagi, "Su una recente edizione della Ragion di Stato di Giovanni Botero," *Lettere italiane* 70.1 (2018), 181~191, spez. 184.

우르바누스 7세가 교황으로 선출되는 콘클라베를 참관하였다. 하지만 신임 교황이 불과 12일 만에 세상을 떠나자 보로메오와 보테로는 그해 10월 6일에서 12월 5일까지 다시 콘클라베에 들어가 그레고리우스 14세가 교황이 되는 모습을 지켜보았다. 또한 그는 당시 교황이던 인노켄티우스 9세의 콘클라베 과정도 기술하였다(1592년 1월, 그는 마지막으로 클레멘스 8세의 콘클라베도 참관하게 된다).

1591년 5월, 보테로는 장차 자신에게 또 한 번의 국제적 명성을 안겨줄 새로운 저술 『세계 편람』의 1부를 완성하였다. 이는 원래 당시 그리스도교가 세계 곳곳에서 어떤 상황에 있는지, 그리고 해외 선교는 어느 정도로 이루어지고 있는지를 알고자 한 페데리코 보로메오의 요청으로 시작하였다. 하지만 이후 5년 동안 점점 더 내용이 확대되어 동서양에 걸친 수많은 국가의 자연환경, 인구 밀도, 경제 자원, 군사력, 정치 체제 등에 대한 체계적 정보를 담은, 유기적인 인문지리학 집성 같은 것으로 발전하였다.[14] 이 저술은 저자의 신중한 자료 수집과 정확한 분석 덕분에 당시의 어떤 유사 저작보다 훨씬 진보한 것으로, 이후 한 세기 동안 거의 100종에 달하는 판본을 통해 유럽 지식인과 엘리트의 표준적인 지정학 편람으로 자리 잡았다. 또한 이는 라틴어(1596), 독일어(1596), 영어(1601), 에스파냐어(1603), 폴란드어(1609) 등의 다양한 언어로도 번역되었다.

『세계 편람』 1부는 세계 주요 대륙과 도서(島嶼)에 대한 자연지리학 개관이다. 2부에는 세계 주요국에 대한 정치지리학적 자료 집성으로, 여기에는 유럽의 왕국은 물론이고, 중국과 아시아 여러 제국, 아프리카의 프레테 잔

••

14) Giovanni Botero, *Le relationi universali* [parte 1~4] (Bergamo, Per Comin Ventura, 1591~1596).

니(프레스터 존)와 므웨네 웨 무타파(므웨네 무타파) 왕국, 오스만제국과 세계 곳곳의 에스파냐 식민 제국까지 망라되어 있다(심지어는 교황도 이 목록에 들어 있다!). 3부에는 최근의 전도 활동에 대한 역사적 정보와 함께, 가톨릭, 유대교, 이방인 등 세계의 종교 분포가 기술되어 있다. 1596년에 간행된 4부에서는 아메리카 원주민의 토속 신앙에 대해 기술하고, 그들을 그리스도교 신앙으로 개종시키는 데 따른 난점들을 이야기하고 있다. 보테로가 말년에 쓴 5부는 사실상 2부의 자료를 10여 년의 시차를 두고 새롭게 갱신한 것으로, 미발간 상태로 있다가 1895년에야 비로소 빛을 보게 된다.[15]

1595년 4월, 지난 10년간 보좌해오던 페데리코 보로메오가 밀라노 대주교에 임명되자 보테로는 이제 그를 떠날 때가 왔다고 판단하였다. 그는 보로메오가 일찍 추기경직에 오른 탓에 그에 따른 외국 여행이 잦았고, 그동안 자신의 주저인 『도시의 위대함과 장대함의 원인에 대하여』, 『국가이성론』, 『세계 편람』을 집필하였으며, 그의 국제적 명성에 따른 논쟁과 비평에 시달리느라 심신이 매우 약해진 상태였다. 게다가 1596년 초, 사보이아 공작 카를로 에마누엘레 1세가 후한 연금을 약속하며 자녀들의 가정교사로 그를 초빙하였다(그는 같은 해에 간행한 『세계 편람』 최초의 완본(1~4부)을 공작에게 헌정하였다). 그는 열다섯 살에 고향을 떠난 후 무려 37년 만에 피에몬테로 돌아갔고, 이후 여생의 대부분을 그곳에서 보내게 된다. 공작 궁

••

15) Giovanni Botero, *Le relationi universali* [parte 5], in Carlo Gioda, *La vita e le opere di Giovanni Botero con la quinta parte delle relazioni universali e altri documenti inediti*, 3 voll. (Milano, Hoepli, 1894~1895), vol. 3 (1895). 최근 1~5부를 망라한 현대 판본이 나왔다. Giovanni Botero, *Le relazioni universali* [Parte I~V], a cura di Blythe Alice Raviola, 3 voll. (Torino, Aragno, 2015~2017).

이 있는 토리노는 국제적 분위기의 로마와는 달리 군대와 가톨릭 신앙이 우선하는 문화적 변방이었다. 그에게는 새로운 일과 환경에 적응해야 하는 과제가 놓인 셈이었다. 그 와중에도 그는 1598년 『국가이성론』 최종 수정판을 초판을 냈던 베네치아 졸리티 출판사에서 간행하였다.[16]

보테로는 장래 군주가 될 공작의 자제들에게 무훈과 도덕의 실례를 통해 배운다는 전통적 방식에 따라 주로 위인의 역사에 중점을 두어 가르쳤다. 그 첫 산물이 바로 알렉산드로스대왕과 스키피오 아프리카누스 및 율리우스 카이사르의 생애를 엮은 『군주』였다.[17] 그는 이어 1601년과 1603년에 『그리스도교 군주』 1부와 2부도 간행하였다. 1부는 예루살렘, 프랑스, 에스파냐, 잉글랜드, 포르투갈 군주 각 세 명씩 총 열다섯 명의 생애를 기술한 것이었고, 2부는 자신의 후원자인 사보이아 공작의 아버지 에마누엘레 필리베르토에 이르는 역대 사보이아 백작과 공작에 대한 전기였다.[18] 1603년, 카를로 에마누엘레는 어린 아들들을 마드리드로 보내 펠리페 3세의 궁에 머물도록 작정하였다. 그는 아내 카탈리나 왕녀가 에스파냐 왕 펠리페 2세의 딸이고 현 국왕 펠리페 3세에게는 아직 아들이 없었기 때문에 혹시라도 자신의 큰아들이 왕좌에 오를 수도 있다고 생각한 것이다. 하지만 1605년 2월에 공작의 맏아들이 천연두로 죽고, 4월에는 장차 펠리페 4세가 될 아들이 태어나는 바람에 이 계획은 무산되고 만다. 그해 8월 다시 토리

∙∙

16) Giovanni Botero, *Della Ragione di Stato libri dieci. Con tre Libri delle Cause della Grandezza delle Città* (Venetia, Appresso i Gioliti, 1598).

17) Giovanni Botero, *I prencipi con le aggionte alla Ragion di Stato nuovamente poste in luce* (Torino, apresso Gio. Dominico Tarino, 1600).

18) Giovanni Botero, *La prima parte de' prencipi cristiani* (Torino, apresso Giovanni Dominico Tarino, 1601); Id., *Seconda parte de' prencipi cristiani che contiene i prencipi di Savoia* (Torino, apresso Giovanni Dominico Tarino, 1603).

노로 돌아와 공작의 비서 겸 고문이자 자녀들의 가정교사가 된 보테로는, 1607년 당대에 무훈으로 이름을 떨쳤던 프랑스, 이탈리아, 에스파냐의 군사 지도자 여섯 명(프랑수아 드 로렌, 앙리 드 로렌, 앙리 3세, 안 드 몽모랑시, 알레산드로 파르네제, 알바 공작)의 삶을 기술한 『대장군』을 출간하였다.[19] 또한 젊은 시절의 관심사로 돌아가 궁중 시인들끼리 사계절을 주제로 시자(詩作) 솜씨를 겨룬 결과물인 교훈풍의 시 모음집 『봄』을 펴내기도 했다.[20]

1611년, 보테로는 모든 짐을 벗고 성미켈레수도원으로 물러났다. 이세상의 마지막을 준비할 때라고 여긴 것 같았다. 그는 같은 해 『세계 편람』 5부를 끝내고, 사보이아 공작 카를로 에마누엘레의 지휘 아래 오스만튀르크에 대한 십자군을 일으켜야 한다는 글도 썼다.[21] 하지만 공작이 자신의 이익을 위해 인근 몬페라토를 공격하고 이에 밀라노의 에스파냐 총독이 보복에 나서자 변함없는 친에스파냐주의자였던 그는 오랫동안 가까운 관계였던 공작과 약간 소원하게 되었다. 1615년, 그는 참회의 염을 담은 마지막 작품 『연옥에 대하여』를 간행하였다.[22] 보테로는 1617년 6월 23일 세상을 떠났고, 자신의 원에 따라 토리노 예수회의 '지극히 거룩하신 순교자 교회(SS. Martiri)'에 묻혔다.

··

19) Giovanni Botero, *I capitani con alcuni discorsi curiosi* (Torino, per Giovanni Domenico Tarino, 1607); Id., *I capitani con altri discorsi curiosi*, a cura di Blythe Alice Raviola (Torino, Aragno, 2017).

20) Giovanni Botero, *La primavera* (Torino, per Giovanni Domenico Tarino, 1607).

21) Giovanni Botero, *Discorso della lega contra il Turco* (Torino, per Giovanni Domenico Tarino, 1614).

22) Giovanni Botero, *Del purgatorio libri due* (Torino, per Giovanni Domenico Tarino, 1615).

보테로, 마키아벨리, 국가이성[23]

17세기 유럽의 '국가이성 논쟁'은 1589년 보테로의 『국가이성론』에서 시작되었다. 이는 라존 디 스타토(Ragion di Stato), 즉 국가이성이라는 말을 책명으로 채택한 최초의 저술로서,[24] 당시 국가이성이라는 이름으로 널리 유포되고 있던 마키아벨리의 사상을 반박하기 위한 것이었다. 이 책은 이후 17세기 정치 저술이라면 반드시 참고해야 할 하나의 교범으로 빈번히 모방되었고·심지어는 일부가 표절되기까지 하였다.[25]

논의의 출발점이자 준거점은 보테로가 헌정사에서 밝힌 것처럼 마키아벨리였다. 그는 당시 통용되던 국가이성이라는 말과 관련하여 타키투스도 함께 언급했으나, 이는 단지 타키투스의 역사서에 묘사된 티베리우스 황제의 통치술을 가리키는 것으로 저자를 비난한 것은 아니었다(그래서 17세기 저술가들은 타키투스의 역사서에 주석을 다는 형식으로 마키아벨리의 정치 교의

••

23) 이 절은 곽차섭, 『마키아벨리즘과 근대국가의 이념』 2장을 요약한 것이다.
24) 기록상 국가이성이라는 말을 최초로 사용한 인물은 프란체스코 귀차르디니다. 그는 『피렌체 정부에 관한 대화』(1521~1526)에서 'ragione degli stati' 혹은 'la ragione e uso degli stati'라는 말을 쓰고 있다. 조반니 델라 카사는 『카를 5세에 대한 연설』(1547)에서 처음으로 'ragion di Stato'라는 단수형 표현을 사용하고 있다. 두 경우 모두 '국가이익(interesse di stato)'과 동일시되고 있다. 하지만 마키아벨리는 이 말을 쓰지 않았다. Francesco Guicciardini, *Dialogo del reggimento di Firenze* in Id., *Opere* a cura di E. L. Scarano, 3 voll. (Torino, UTET, 1970~1981), I, 464, 465; Giovanni Della Casa, *Orazione scritta a Carlo V imperadore intorno alla restituzione della città di Piacenza* in *Opere di Baldassare Castiglione, Giovanni Della Casa, Benvenuto Cellini* a cura di C. Cordié (Milano, Ricciardi, 1960), 476, 480. 이에 대한 더 상세한 논의는 다음을 볼 것. 곽차섭, 『마키아벨리즘과 근대국가의 이념』, 35~44.
25) 카발리는 다음에서 이 범주에 속하는 100여 명의 생애와 사상을 요약하고 있다. Ferdinando Cavalli, *La scienza politica in Italia*, 4 voll. (Venezia, Reale Istituto veneto di scienze, lettere ed arti, 1865~1881; Ristampa, New York, B. Franklin, 1968), II.

를 논할 수 있었다[26]). 보테로는 마키아벨리의 주장이 "양심의 부재"에 근거한 것이므로 이보다 "더 비이성적이고 더 불경스러운 일은 있을 수 없"다고 단언하였다. 한마디로 마키아벨리적 국가이성은 신법에 위배되는 사악한 국가이성이라는 것이다.

흥미로운 것은 보테로가 국가이성을 비난하면서도 정작 그 말을 버리지 않고 그 개념을 바꾸어 '선한' 국가이성을 제시하려고 했다는 점이다. 그는 『국가이성론』 1권 1장에서 국가이성을 "[국가]를 창건하고 보존하며 확장하는 데 적합한 수단에 대한 인식"이라고 재정의한다(하지만 초점은 국가의 창건을 강조한 마키아벨리와는 달리 보존과 확장에 주안점을 두고 있다). 여기서 문제는 '적합한 수단'이 과연 무엇이냐는 것이다. 마키아벨리의 불경한 교의를 배제하면서도 국가의 통치에 유용하고 적절한 수단이란 대체 어떤 것인가?

보테로는 2권 8장 첫머리에서 "무엇보다도 군주는 교활성(astuzia)이 아니라 분별(prudenza)을 천명해야만 한다"라고 말한다. 그에 따르면 "분별이란 목적을 달성하는 데 적합한 수단을 탐색하고 찾아내는 기능을 가진 하나의 덕성"으로 "유용성(utile)보다는 명예(onesto)를 추구"하지만, "교활성은 동일한 목적을 지향하는" 반면 수단의 선택에서 "이익(interesse) 외에는 아무것도 고려하지 않는"다는 것이다.[27] 그의 이러한 언명은 분명히 『군

‥

26) 이른바 '타키투스주의(tacitismo)'라고 불리는 이러한 경향은 국가이성론과 거의 함께 나타났다가 함께 사라졌다. 곽차섭, 『마키아벨리즘과 근대국가의 이념』, 4장을 볼 것. 보테로 역시 『타키투스 비평(Osservazioni sopra C. Tacito)』을 썼는데, 연대 미상의 이 저술은 지금까지 미간행으로 남아 있으며, 연구도 거의 없다. 다음을 볼 것. Carlo Morandi, "Uno scritto inedito di Giovanni Botero," *Bollettino storico-bibliografico subalpino* 38 (1935), 382~386; Luigi Firpo, "Le carte di G. B. nella Trivulziana," *Giornale Storico della letteratura Italiana* 134 (1957), 460~464.

27) 이 구절은 1589년 초판에만 나온다. 아래 2권 8장 주 77을 볼 것.

주론』에서 "위대한 일을 이룬 군주들은 신의에 대해서는 거의 고려하지 않았고, 교활함으로 사람들의 머리를 어떻게 혼란시키는지에 대해서는 잘 알았던 인물들"[28]이라고 한 마키아벨리를 염두에 둔 것으로 보인다. 여기서 보테로는 교활성보다 분별을, 유용성보다 명예를 우선하고 있지만, 마키아벨리는 신의가 아니라 교활성만이 위대한 업적을 이룰 수 있도록 하는 최상의 수단이라고 주장한다.

그러나 보테로가 분별 있는 군주를 위해 제시한 실제적 조언들이 종종 전형적인 마키아벨리적 행위 윤리를 보여주고 있다는 점은 아이러니다. 그는 폴리비오스와 플루타르코스를 인용하면서 "군주의 결정에서는 이익이 다른 모든 것을 앞"서며, 따라서 "군주를 대하는 사람은 이익에 기초하지 않는 한 어떠한 우정도 혈연도 조약도 혹은 다른 어떤 유대도 믿어서는 안 된다"라고 말한다.[29] 보테로는 여기서 당시의 군주들이 오직 자신의 이익에 따라 행동하고 있다는 것을 엄연한 현실로 받아들이고 있다. 이는 곧 그 자신이 모든 군주에게 이러한 원리에 따를 것을 권고하는 것과 다를 바 없다. 왜냐하면 이익을 위해 행동하는 군주들에 대처하여 자기 자신을 지키는 길은 그 또한 같은 방법을 사용하는 것 외에는 없기 때문이다. 그는 나아가 1598년에 간행한 『국가이성론 증보』에서 국가이성이란 거의 "이익의 원리(ragion d'interesse)"와 다를 바 없다고까지 단언하고 있다.[30]

보테로는 이러한 냉혹한 현실 인식을 바탕으로 적대적인 상황에서 군주

∶∶

28) 마키아벨리, 『군주론』, 곽차섭 옮김 · 주해(길, 2015), 18장 1절.
29) 아래 2권 6장, 115쪽.
30) Giovanni Botero, *Aggiunte alla Ragion di Stato* in Id., *Ragion di Stato con tre libri Della Cause della grandezza delle città, due Aggiunte e un Discorso sulla popolazione di Roma*, a cura di Luigi Firpo (Torino, UTET, 1948), "Della neutralità," 446.

가 국가를 유지하는 행동 지침을 조언하고 있다. 그에게 "침해당했거나 혹은 그렇다고 스스로 생각하는 사람"은 물론이고, 단순히 어떤 일에 다른 견해를 지닌 사람조차도 결코 믿어서는 안 되며,[31] 통치는 "엄격한 것 … 이 다정한 것보다 더 낫다. 이는 달콤한 것보다 쓴 것이 몸에 더 좋은 것과 같다."[32] 군주는 "어떤 부류의 사람과도 교제하거나 친해져서는 안 되며", "오직 큰일이 있을 때만" 모습을 드러내는 것이 좋다.[33] 비밀을 지키는 것은 아주 중요한 일인데, 이는 "군주를 신과 유사한 존재로 만들어줄 뿐 아니라, 그의 심중을 모르는 사람이 그의 계획에 대해 주시하면서 큰 기대를 걸도록 만들기" 때문이다.[34] 군주는 티베리우스처럼 감정을 억제하여 정치적 의도를 "은폐"하거나 "위장"해야 하며,[35] "자신의 약점을 교묘하게 숨"김으로써 "신뢰와 명성을 유지"할 수 있다.[36] 나아가 보테로는 이러한 마키아벨리적 조언들과 함께 세상사의 어떤 선한 행위도 "언제나 사악함이 내포되기 마련"이라고 말함으로써[37] 은연중 인간 행위를 절대적 선악의 기준에서보다는 어느 정도 공리적 관점에서 해석하고 있음을 보여주었다. 또한 그는 군주가 "말에 책임을 지는 것"이 중요한데, 왜냐하면 이는 그의 "의지와 판단이 확고하다는 것을 보여주기 때문"이라고 말하지만,[38] 한편으로 이익이 될 때만 신의를 지킬 뿐이라고 말했던 유스티니아누스의 예[39]를 듦

∴

31) 아래 2권 6장, 125, 124쪽.
32) 아래 2권 11장, 143쪽; Id., *Aggiunte alla Ragion di Stato*, "Della riputazione," 434.
33) 아래 2권 11장, 142쪽.
34) 아래 2권 11장, 141쪽; 2권 7장.
35) 아래 2권 7장, 128쪽.
36) 아래 2권 11장, 137쪽.
37) 아래 2권 6장, 117쪽.
38) 아래 2권 11장, 138쪽; Id., *Aggiunte alla Ragion di Stato*, "Della riputazione," II, 434.
39) Botero, *Aggiunte alla Ragion di Stato*, "Della neutralità," 445~446.

으로서 모순적 태도를 보이고 있다.

보테로가 마키아벨리를 비난한 가장 큰 이유는 그가 그리스도교를 부패의 주요 원인으로 간주하여 이를 맹렬히 공격했기 때문이다. 마키아벨리에 따르면 종교가 국가에 적극적으로 기여하려면 고대 로마에서처럼 인민들에게 강건함과 단결심을 불어넣고 활동적 생활 방식을 고취해야 함에도 불구하고, 그리스도교는 오히려 인간의 비천함을 강조하고 세속사에 대한 경멸만을 가르쳐 결과적으로 국가를 쇠퇴의 길로 몰아넣었다는 것이다.[40] 마키아벨리의 이러한 비판은 국가의 보존이라는 공리적 관점에서 비롯되었으나 보테로에게는 불경하기 짝이 없는 것이었다.

그러나 여기서 주목해야 할 것은 보테로 역시 그리스도교를 옹호하기 위해 마키아벨리와 마찬가지로 공리적 접근 방식을 취하고 있다는 점이다. 그는 그리스도교의 존재 가치를 신앙적 측면보다 세속적 효용성의 측면에서 누누이 강조하고 있다. 그는 『국가이성론』의 신앙에 관한 장에서 종교가 군주에게 현실적으로 어떤 이익을 가져다주는가에 대해 말하고 있다. 그에 따르면 "종교는 모든 군주국의 토대"이자, "덕성의 어머니"와 같다. 그것은 "신민을 군주에게 복종케 하고, 전쟁에 임해서는 용감하게 만들며, 위험에 처해서는 담대하게 하고, 결핍의 시기에는 관대하게 해주며, 국가에 필요한 모든 경우에 기민하게 대처할 수 있도록 한다."[41] 또한 종교는 전쟁뿐 아니라 국가의 경제적 번영에도 매우 중요한 것으로 보았다. 그는 『도시의 위대함과 장대함의 원인에 대하여』에서 "종교와 신에 대한 경

40) Machiavelli, *Discorsi sopra la prima deca di Tito Livio*, a cura di Francesco Bausi, 2 voll. (Roma, Salerno, 2001), I, 12; II, 2.
41) 아래 2권 15장, 157쪽, 159쪽 ; 9권 8장.

배는 그것이 다수의 사람과 무역을 끌어오기 때문에 매우 필요하고도 중요하다"라면서, 예컨대 예루살렘은 "주로 종교 덕분에" 동방 제일의 도시 중 하나가 되었다고 말한다. 종교는 이처럼 "도시를 키우고 영지를 늘리는 힘"과 무언가를 "끌어당기는 덕성"을 갖고 있다는 것이다.[42]

나아가 보테로는 모든 종교 중에서도 특히 그리스도교야말로 군주에게 가장 유리한 것이라 단언하고 있다. 왜냐하면 이야말로 "필요한 경우 신민의 몸과 재산뿐만 아니라 그들의 영혼과 양심까지도 그 아래 두도록" 하며, "그들의 수족뿐 아니라 감정과 생각까지도 결속"시키고, "온건한 군주뿐 아니라 무도한 군주에게까지도 복종"하도록 하며, 아울러 "평화를 어지럽히지 않기 위해서는 이 모든 것을 참아야 한다고 가르치기 때문"이다. "자연 혹은 신의 법에 반하는 것 말고는" 군주에게 당연히 행해야 할 복종에서 신민을 벗어나게 하는 것은 아무것도 없다. 심지어 이러한 경우에서조차도 그리스도교는 "공공연히 반란을 일으키기 전에 해볼 수 있는 모든 노력을 다해야 한다고 명한다"라는 것이다.[43]

보테로가 비록 표면적으로 그리스도교의 진리를 누누이 강조하고는 있지만, 동시에 공리적 관점에서 종교의 세속적 효용성에 대한 언급을 결코 빠뜨리지 않고 있다는 점에서 그는 근본적으로 마키아벨리와 다르지 않으며, 종교가 경제적 이익에 도움이 된다는 주장은 오히려 그의 독특한 면이다. 그러나 아이러니하게도 그는 이러한 관점을 마키아벨리가 그토록 비난했던 그리스도교를 역으로 옹호하는 데 적용하고 있다. 그리하여 그리

••

42) Botero, *Della Cause della grandezza delle città* in Id., *Ragion di Stato con tre libri Della Cause della grandezza delle città, due Aggiunte e un Discorso sulla popolazione di Roma*, a cura di Luigi Firpo (Torino, UTET, 1948), II, 4, 369.

43) 아래 2권 16장, 160쪽.

스도교는 국가를 쇠퇴시키는 부패의 원인이 아니라 신민을 군주에 복종시켜 오히려 국가를 평화롭게 통치할 수 있도록 하는 덕성으로 간주된다. 겉보기에는 모순적인 이러한 입장을 그는 모순으로 느끼지 않은 것으로 보이는데, 이는 아마 그 스스로 종교와 정치가 서로 조화 가능하다고 믿었기 때문일 것이다. 그는 결국 마키아벨리의 방법으로 마키아벨리를 공격한 것이다.

보테로는 정치의 목적을 국가 유지와 그리스도교 옹호에 두었다. 그는 양자가 상충하지 않으며, 국가와 교회의 이익이 합치할 수 있다고 믿었다. 그는 바로 이러한 목적을 지향하는 국가이성만이 진정한 것이며, 오직 국가의 이익을 추구할 뿐인 마키아벨리의 교의는 부도덕하다고 생각하였다. 그가 이단과 이교도를 제거하기 위해서는 수단의 도덕성 유무를 가릴 필요가 없다고 말한 것은 그것이 국가의 궁극적 목적에 부합하기 때문이다. 이러한 점에서 보테로의 주장은 국가의 지향 목표만 다를 뿐 마키아벨리즘과 유사한 논리에 입각해 있다. 그러나 동일한 통치 원리에 기반한 그리스도 교권 내의 군주들 사이에서 국가이익을 위한 각축이 일어날 때, 보테로가 천명한 원칙론으로는 결코 해결책을 찾을 수 없으며, 그것은 단지 상호 간의 정당성을 옹호하는 정치 선전으로 전락하게 될 뿐이다. 보테로가 도덕적 대의를 표명하면서도 실제적으로는 마키아벨리적 행위를 조언하고 그리스도교를 종교의 세속적 효용성이라는 공리적 기준에서 옹호한 것도 이러한 이유에서였다.

종교와 도덕의 우월성을 강조하면서도 동시에 그러한 것들이 군주에게 현실적으로도 유용함을 증명하려는 보테로의 시도는 종교개혁과 가톨릭 종교개혁의 시대에서 절대 군주정이라는 형태로 표출된 근대국가의 영향력이 얼마나 큰 것인가를 잘 보여준다. 그는 자신의 확고한 신앙심에도 불구하고 결코 성서나 교회의 가르침으로부터 복종의 의무를 논증해 내려고 하지 않았으며, 다만 군주에게 복종하는 것이 곧 신에 복종하는 것임을 말하고 있다.

이같이 절대주의가 대두하는 시대 조류 속에서 보테로는 사실상 군주를 국가 그 자체와 동일한 것으로 간주하였다. 앞서 마키아벨리를 갈등하게 했던 공화주의적 이상은 이제 거의 사라져 버렸고, 시민적 삶이란 거의 존재하지 않았다. 남은 것은 오직 군주가 최선을 다하여 기존의 국가를 보존하고 유지하는 것일 뿐이었다. 보테로가 군주에게 조언한 것은 일찍이 마키아벨리가 『군주론』에서 다룬 국가 보존의 정치학이었다. 설사 그가 수단의 명예로움을 강조하고 있다고 해도 보테로적 군주의 분별을 현실적으로 마키아벨리적 군주의 교활성과 확연히 구별하기는 쉽지 않았다. 그가 국가이성의 개념 자체를 정면으로 거부하기보다는 진정한 국가이성이라는 이름으로 마키아벨리적 요소를 받아들이지 않을 수 없었던 이유가 바로 여기에 있는 것이다.

보테로는 아마도 자신이 『국가이성론』을 통하여 마키아벨리의 교의를 적절히 공박하고 종교적 진리로써 정치를 도덕화하는 데 성공했다고 생각했을지 모르지만, 근대국가의 발전과 이에 따른 마키아벨리적 패러다임의 전개라는 장기적 안목으로 볼 때, 그는 결국 종교의 우위 혹은 종교와 정치의 조화라는 외양 밑에서 현실 정치를 기정사실화하고 도덕적으로 합리화하는 데 기여했다고 말할 수 있을 것이다.

ragione, stato, virtù에 대하여

'ragione'는 사전적으로 이성, 도리, 이유, 원칙 등 여러 가지 의미를 담고 있는데, 특히 16세기 신조어인 '라존(라조네) 디 스타토(Ragion(e) di Stato)'의 경우 그 의미가 더욱 모호하다. 『국가이성론』의 현대 비판본을 편집한 로맹 데상드르는 'ragione'란 일종의 법과 다르지 않다고 본다. 그는 16세기 이탈리아에서 'ragione'는 라틴어 'ius(법)'의 역어로 사용되었기 때문에 보테로가 『국가이성론』 1권 1장 말미의 "통상적이고 평범한 이유(ragione ordinaria e commune)"라는 구절의 'ragione'를 'diritto(법)'로 새겨야 한다고 주장한다.[1] 하지만 베르지아지는 보테로가 쓴 'ragione'의 의미는 'ius'가 아니라 'ars(기술)'이며, 그가 『국가이성론』에서 실제로 서술한 것

∴

[1] Romain Descendre, "Introduzione" a Giovanni Botero, *Della Ragion di Stato*, a cura e le note di Pierre Benedittini e Romain Descendre (Torino, Einaudi, 2016), xxxiii~xxxviii.

은 국가 보존을 위한 "행정의 기술(arte di amministrare)"이라고 반박한다.[2]
사실 보테로는 『국가이성론』을 출간하기 6년 전에 간행한 『왕의 지혜에 대하여』 헌정사에서 이미 행정의 기술(ratio administrationis)이라는 말을 썼는데, 이는 일찍이 키케로가 말한 웅변의 기술(ratio dicendi)과 쓰임새가 같다. 이러한 관점은 국가이성을 주로 'policy'로 옮긴 영국의 경우와 비슷하다.

흥미로운 사실은 'ragione'에 대한 이러한 해석들이 이미 16세기에 나타났나는 점이나. 프라케타는 국가이성이란 "정지적 분별(prudenza politica o civile)"로서, 그 방법의 정직성 여부에 따라 진정한 국가이성과 허위의 국가이성으로 나뉜다고 보았다. 보나벤투라는 국가이성이 정치적 분별이라는 점에 동의하면서도, 프라케타와는 달리 국사(國事)의 특수 상황과 관련해 있다라는 점에서 어쩔 수 없이 도덕을 위배하는 경우가 있음을 인정하였다. 암미라토는 국가이성이란 더 상위의 이익을 위해 통상적인 법을 제한하고 위배하는 것이라고 규정하였다. 그는 동시에 국가이성도 신법의 제한을 받는다고 함으로써 일말의 도덕성을 유지하려고 하였다. 하지만 주콜로는 어떻게든 국가이성에 도덕성을 부여하려는 전통적 시도를 부정하고, 그것을 수사학이나 웅변술처럼 "국가를 세우고 그 통치 형태를 유지하는 데 적절한 수단과 방법을 인식하는 기술 또는 기능"이라고 정의하였다. 그러므로 그 선악은 국가이성 자체가 아니라 그것을 사용하는 정치의 선악에 달려 있다는 것이다.[3] 이러한 분류에 따르면 데상드르는 암미라

..

2) Irene Verziagi, "Su una recente edizione della Ragion di Stato di Giovanni Botero," *Lettere italiane* 70.1 (2018), 184.

3) Girolamo Frachetta, *L'idea del libro de' governi di Stato et di guerra* con *Sulla ragion di Stato* e *Sulla ragion di guerra* (Venezia, Zenaro, 1592); Id., *Il Seminario de' governi di Stato et di guerra* (Venezia, Per Evangelista Deuchino, 1613; 1617; 1624); Federico Bonaventura, *Della Ragion di Stato et della prudenza politica* (Urbino, Corvini, 1623);

토와, 베르지아지는 주콜로와 유사한 면이 있다. 보테로는 '분별'에 초점을 두고 있다는 점에서는 프라케타 및 보나벤투라와, 국가 통치의 '기술'에 대해 깊이 논의하고 있다는 점에서는 주콜로와 닮은 점이 있다. 어쩌면 그의 이러한 절충적인 면 — 대의적으로는 분별을, 실제적으로는 기술과 방법을 강조하는 것 — 이 『국가이성론』 성공의 요인일 수 있다.

국가이성이라는 역어는 20세기 초의 일본어 역을 빌려온 것으로 보인다. 처음 그렇게 옮긴 이들이 '라존 디 스타토'에 대한 16, 17세기의 논의를 고려했을 것 같지는 않다. 다만 근대 초와 달리 당시는 이미 'Stato=State= Staat'가 탈인격화한 상태였기 때문에, 마치 '국가'가 스스로 '이성'을 가지고 있는 것 같다는 관념이 덜 어색했을 수 있다. 사실 라존 디 스타토를 국가법, 국가의 분별, 국가(통치)의 기술이라고 옮기는 것이 현재로서는 더 어색하며 그것에 무언가 독특성을 부여하기도 어렵다. 그러므로 최선은 아니겠지만, 이미 상용되는 대로 '국가이성'이라 부르는 것도 현실적이라고 본다.

'stato(스타토)'라는 어휘는 15세기 이탈리아에서 "인민과 영토에 대해 행사되는 조직적 권력"이라는 새로운 의미로 사용되었다.[4] 완전하고도 절대적인 정치권력이라는 개념은 중세에는 존재하지 않았다. 부르크하르트는 르네상스 이탈리아의 참주정(signori)을 가리켜 "예술 작품으로서의 국가 (Der Staat als Kunstwerke)"라고 불렀는데, 이는 그것이 역사의 부침 속에서

••

Scipione Ammirato, *Discorsi sopra Cornelio Tacito* (Firenze, Giunti, 1594); Lodovico Zuccolo, *Della Ragione di Stato* (Venezia, Pel Ginammi, 1621); 곽차섭, 『마키아벨리즘과 근대 국가의 이념』, 3장.

4) Descendre, "Introduzione," xiv.

생성된 "계산되고 의식된 창작물"이라는 뜻에서였다.[5] 바로 이러한 소규모 참주정이 후일 근대국가로 발전하는 씨앗이었다. 'stato'라는 새로운 어휘는 특히 마키아벨리의 '악명 높은' 저작 『군주론』을 통해 확산하기 시작했다. 이는 이후 보테로가 시발한 국가이성 논쟁과 타키투스주의를 통해 유럽 전역으로 널리 퍼져나갔다. 하지만 16, 17세기만 해도 정치 저술가 대부분은 'Republique'(보댕)나 'Commonwealth'(홉스)라는 말을 더 선호했다. 'stato'가 완전히 현대적 의미를 가지게 된 것은 19세기(헤겔)에 이르러서였다. 보테로는 최초로 'ragion di Stato'라는 말을 책명으로 사용함으로써 마키아벨리에서 시작된 'stato'에 관한 새로운 전통을 잇게 되었다. 본 역서에서는 'stato'를 대개 국가라 번역했으나, 문맥에 따라 정권, 나라, 국정, 영토, 정치, 권력 등으로 옮긴 경우도 있다.

 'virtù'는 거의 덕(德)으로 옮겼다. 보테로는 마키아벨리와는 달리 이 어휘를 능력보다는 미덕이라는 의미로 사용하는 경우가 훨씬 더 많다. 'virtù'를 문맥에 따라 일일이 의역하지 않고 '덕'이라는 역어로 일관하는 이유에 대해서는 이미 역자가 번역한 마키아벨리의 『군주론』 서문에서 밝힌 바와 같다.[6]

••

5) 야콥 부르크하르트, 『이탈리아 르네상스의 문화』, 안인희 옮김(푸른숲, 1999), 24쪽.
6) 마키아벨리, 『군주론』, 곽차섭 옮김·주해(길, 2015), xciv~xcvii.

텍스트에 대하여

『국가이성론』의 자필본과 필사본은 전해오는 것이 없다. 주요 인쇄본으로는 초판인 졸리토본(1589)과 이를 수정한 펠라갈로본(1590), 폰치오본(1596), 그리고 최종 수정본인 졸리토본(1598)이 있다. 필사본이 남아 있지 않으므로 인쇄본의 더 소급된 원천은 알 수 없다. 본 역서는 1598년 판본을 바탕으로 앞서 간행된 3종의 주요 인쇄본의 차이점을 텍스트에 부기한 최초의 현대 비판본인 Giovanni Botero, *Della Ragion di Stato*, a cura di Pierre Benedittini e Romain Descendre (Torino: Einaudi, 2016)를 저본으로 삼았다. 두 편집자는 이미 2년 앞서 동일한 편집 기준을 적용한 프랑스어 역[*De la raison d'État* (Gallimard, 2014)]을 간행했으나, 그럼에도 이는 어디까지나 역본이기 때문에 이탈리아어 원문 텍스트가 실려 있지 않았다. 그래서 최초의 진정한 비판본은 2016년의 에이나우디판이라고 할 수 있다. 본 역서에서는 이 판본에 부기된 다른 인쇄본과의 차이점 중 꼭 명기해야 할 부분만 번역하여 각주를 통해 제시하였다. 단지 표현상의 차이만을 보이는 부분까지 번역할 필요는 없다고 생각하기 때문이다. 역주는 에이나우디판에 실린 풍부한 주(註)를 참고했고, 필요할 때는 역자의 의견도 달아놓았다. 본서에 나오는 수많은 고·중세 및 근대의 인명과 지명은 힘닿는 대로 그 시대와 지역의 발음으로 옮기려 했고 원어를 병기해놓았다.

*

본 역서는 한국연구재단의 2020년도 명저번역지원을 받았다. 이러한 기회를 준 재단 측에 감사한다. 또한 유익한 의견을 내주신 두 분 심사위원께도 감사드린다. 항상 나의 작업을 지켜보며 말없이 응원하는 아내와 가족들이 없다면 어떤 일도 순조롭지 못했을 것이다. 모두에게 고마운 마음을 전한다.

2023년 4월 19일
장산의 소나무가 바라보이는 해운대 연구실에서
곽차섭

국가이성론

고명하시고 존경하며 흠모하는 영주님,
잘츠부르크 대주교이자 군주이신 볼프강 테오도릭 님께[1]
베네 사람[2] 조반니 보테로 올림

　　최근 몇 년 동안 저 자신 혹은 친구나 상전을 위한 다양한 이유로, 이곳을 비롯한 알프스 너머의 왕과 대공의 궁정을 제가 원하는 것 이상으로 자주 방문할 기회가 있었습니다. 여기서 목격한 여러 가지 일 가운데서도 저는 사람들이 매일 같이 국가이성에 대해 언급하고 있을 뿐 아니라, 그 과정에서 때로는 니콜로 마키아벨리가 또 때로는 코르넬리우스 타키투스가 인용되고 있다는 데 매우 놀랐습니다. 전자는 인민에 대한 지배와 통치에

　∴

1) 볼프 디트리히 폰 라이테나우(1559~1617). 1587년부터 1612년까지 잘츠부르크의 군주이자 대주교였다. 강력한 권력자였던 알템프스 추기경 마르코 지티히 폰 호헤넴스(바로 아래에서 언급됨)의 조카이자 밀라노 대주교이자 추기경인 페데리코 보로메오의 사촌이다. 그는 1588년 5월 20일 로마로 가서 알템프스 추기경의 궁에 머물렀는데, 당시 보로메오를 수행하여 이미 그곳에 있었던 보테로는 이때 그를 만났던 것 같다.
2) 보테로는 지금의 이탈리아 북서쪽 피에몬테 지방의 베네 바지엔나 출신이다.

관한 교의 때문이었고, 후자는 티베리우스 카이사르가 로마제국에서 보위를 획득하고 그것을 보전하기 위해 사용한 기술들을 생생하게 표현하고 있기 때문이었습니다. 저로서는 이에 대해 약간의 설명을 하는 것도(제가 종종 이런 것들에 대해 이야기하는 사람들 사이에 있었기 때문에) 가치 있는 일이라 생각했습니다. 그래서 이 두 서술가에 대해 잠시 살펴보았더니, 간단히 말해서 마키아벨리는 양심의 부재 위에 국가이성이라는 것을 세워놓았고, 티베리우스 카이사르는 극히 야만적인 반역법으로 자신의 폭정과 잔혹성을 은폐하였으며,[3] 또한 세상의 지극히 비천한 여인뿐만 아니라, 비록 카이우스 카시우스가 최후의 로마인은 아니었지만,[4] 로마인조차도 도저히 참지 못했을 다른 여러 방식으로 그렇게 했음을 알게 되었습니다. 그래서 저는 그토록 불경스러운 저술가와 그처럼 사악한 폭군의 방식들이 국가의 경영과 통치에서 따라야 할 규범과 이상 같은 것으로 여겨질 만큼 높이 평가되는 데 경악을 금치 못했습니다. 게다가 뻔뻔스러울 정도로 신법을 위배한 이러한 야만적인 통치 방식에 혹해서, 어떤 일은 국가이성에 의해 또 어떤 일은 양심에 의해 허용된다고 말하는 것에 이르러서는 경악이 분노로

⁚

3) 티베리우스는 군주에 대해 범죄를 저지른 자를 처벌하는 반역법(lex maiestatis)을 되살려냈다. 하지만 이 고대법은 원래 로마 인민의 주권(maiestas)을 침해하는 행위에 적용하는 것이었다. 아우구스투스를 계승한 티베리우스는 자신의 명성을 지키기 위해 이 법을 실시하였다 (Tacitus, *Annales*, I, 72, 2~4). 이는 법으로 위장한 불의의 전형적인 경우였다. 이 법이 야만적이라는 보테로의 판단은 의심의 여지 없이 수에토니우스에 근거한 것이다. 그는 이 법이 가차 없이 적용되었다고 말한다. Suetonius, *De Vita Cæsarum*, Tiberius, 58.

4) 카이우스(가이우스) 카시우스 롱기누스는 브루투스와 함께 카이사르 암살의 주모자 중 하나이다. 기원전 42년 10월, 안토니우스에게 패하자 그는 적에게 붙잡히지 않으려고 자살하였다. 브루투스는 "카시우스의 시신 앞에서 오열하면서 그를 최후의 로마인이라 불렀다"(Plutarkos, *Vioi Paralleloi*, "Broutos," 44, 2). 공화주의자가 아닌 것이 분명한 보테로가 자신의 저작 서두에 공화적 대의의 상징인 이 구절을 써놓았다는 점은 주목할 만하다.

바뀌게 되었습니다. 이보다 더 비이성적이고 더 불경스러운 일은 있을 수 없는데, 공사를 막론하고 사람 간의 모든 일에 대한 보편적 판단에서 양심을 멀리하는 사람은 영혼도 신도 품지 못한다는 것을 보여주고 있기 때문입니다. 짐승조차도 유익한 것은 가까이하고 해로운 것은 멀리하는 자연적 본능을 지니고 있는데, 하물며 선악을 구별할 수 있도록 사람에게 주어진 이성의 빛과 양심의 명령이 공적인 일에서 희미하고 중차대한 문제에서 미비하다는 말입니까? 분노인지 열의인지는 모르지만, 어쨌든 그것에 떠밀려 저는 이들이 군주의 통치와 정책에 유입함으로써 신의 교회에서 생겨난 모든 추문 및 그리스도 교계의 모든 불화를 야기한 갖은 부패의 양상에 대해 글을 쓸 마음을 여러 번 되살릴 수 있었습니다. 그리하여 저는 이제 고명하신 영주님께 드리는 이 책 『국가이성론』에서 적어도 그중 어떤 것을 대략이나마 기술하게 되었습니다.[5] 궁정의 떠들썩한 분위기와 봉사의 책무들 때문에[6] (제 능력의 미약함은 차치하고라도) 제가 그것을 일부라도 제대로 썼다거나, 나아가 생명을 불어넣었다고는 결코 말할 수 없습니다. 하지만 제가 이 책에 부여한 것보다 더 큰 명예를 지닌 사람의 손을 거쳤으면 하는 것이 저의 바람이므로, 저는 감히 고명하신 영주님의 빛나는 이름으로 그것을 영예롭게 만들고자 합니다. 왜냐하면 저는 국정에 대해 당신

⁞•

5) 원래 1589년판, 1590년판, 1596년판에는 "적어도 그중 어떤 것을 대략이나마 기술하게 된 것입니다"라는 구절 대신에 다음의 더 긴 구절이 들어 있었으나, 1598년판에서는 대부분 삭제되고 위의 짧막한 구절만 남아 있다. "하지만 만약 제가 먼저, 군주가 위대해지고 인민을 잘 다스리기 위해 반드시 따라야 할 진실하고도 왕자다운 방도를 보여주지 않는다면, 부패의 양상에 대한 저의 논고가 아무런 신뢰도 권위도 가지지 못할 것임을 고려하여, 첫 번째 생각을 다음으로 미루고 적어도 두 번째 생각을 대략이나마 기술하게 된 것입니다."

6) 보테로는 교황청에서 금서목록 심의회 고문으로 일했고, 페데리코 보로메오 추기경의 수석 비서직도 맡고 있었다.

보다 더 많은 지식을 가지고 있거나, 그것을 더 즐기거나, 혹은 더 나은 지혜와 판단으로 그것을 관장하고 실행에 옮기는 군주를 찾지 못했기 때문입니다(광대한 가문의 유구함, 언제나 그것을 장식한 교회 및 세속의 칭호와 직함, 부친인 영주님[7]께서 전쟁 시 보여준 특출한 용기, 숙부이신 알템프스 추기경[8]이 그리스도 교회에서 지닌 드높은 권위에 대해서는 두말할 필요도 없습니다만). 신성한 존엄은 고명하신 군주께 영적으로나 세속적으로나 매우 광대하고 부유한 국가를 수여하셨고, 그곳에서 삶의 전성기를 누리고 있는 당신은 인민을 정의와 신앙으로써 통치하며, 가혹함은 상냥함으로 위용은 우아함으로 다스림으로써, 그들은 당신을 두려워하는 동시에 또 그만큼 사랑합니다. 당신은 목자의 염려와 군주의 엄중함을 보기 드문 형태로 결합하고 있는데, 당신을 향한 신민의 깊은 존경심은 전자 덕분이며, 모두가 경탄하는 당신의 명성은 후자 덕분입니다. 끝으로 당신은 모든 행동에서 군주로서든 성직자로서든 어느 쪽에 더 위엄을 두는지 의아할 정도로 잘 처신하고 계십니다. 저는 제가 이 작은 노고의 결실을 당신께 보내고 바치게 한 이유를 고명하신 영주님께서도 충분히 이해하시고 당신께 어울리는 도량과 예로써 그것을 받아들이고 그것에 기꺼워하리라 감히 자신합니다. 제가 바치는 것이 너무 보잘것없어 다른 사람이라면 그것을 물리칠 수도 있겠으나, 저는 오히려 그 때문에 당신의 은전을 더 확신하면서 그것을 당신께 드리고자 합니다. 왜냐하면 무릇 대군주라면(저 높은 곳에 계시는 신이 그렇게 하시듯이) 자애로움과 호의로써 낮은 것은 높이고 작은 것은 크게 만

∴

7) 한스 베르너 폰 라이테나우는 합스부르크 왕가 휘하의 무인이었다.
8) 마르크 지티히 폰 호헤넴스(1533~1595). 피우스 4세 메디치 교황의 조카이자 카를로 및 페데리코 보로메오의 사촌이며, 동시에 보테오가 이 책을 헌정한 볼프 디트리히 폰 라이테나우의 숙부를 가리킨다.

드실 것이기 때문입니다. 고명하신 영주님께서 만족으로 충만하실 것을 신께 기원하며 몸을 낮추어 당신의 손에 입맞춤합니다.[9]

9) 1589년의 초판본에는 말미에 "1589년 5월 10일 로마에서, 고명하시고 존경하는 영주의 비천하고 충직한 시종 조반니 보테로 올림"이라는 글귀가 달려 있었으나, 뒤의 판본에서는 삭제되었다.

1권

[1]
국가이성이란 무엇인가

국가란 인민에 대해 확고한 지배권을 가진 영지이며,[1] 국가이성이란 그러한 영지를 창건하고 보존하며 확장하는 데 적합한 수단에 대한 지식이다. 그러나 비록 국가이성에 앞서 말한 세 측면이 틀림없이 모두 포괄되어 있기는 하지만, 좀 더 좁게 보아서 사실상 그것은 무엇보다도 보존에 관한 것이며, 나아가서 창건보다는 확장과 더 연관되어 있다. 왜냐하면 국가이

∴∙

1) "Stato è un dominio fermo sopra popoli." 이 구절은 1596년판부터 나타난다. 본 역서의 원문 텍스트를 편집한 로맹 데상드르는 보테로가 국가를 지배권 혹은 영지로 축소한 이러한 정의를 통해 권력의 행사를 무한정한 조건에서가 아니라 오직 인민에게 한정하려는 것처럼 보이기 때문에 어떤 형태의 정권, 영주권, 혹은 '도미나투스' — "군주가 재산과 인민의 영

성은 군주와 국가(전자는 제작자로서 후자는 재료로서)를 전제하고 있는데, 이는 전혀 창건을 위한 전제 조건이 아니며 또한 확장에서도 단지 부분적인 선행 조건이 될 뿐이기 때문이다. 그러나 창건과 확장의 기술은 같으며, 그 이유는 그 원리와 수단이 동일한 본성을 지니고 있기 때문이다. 그리고 비록 사람들은 앞의 이유에 의한 모든 일이 국가이성에 의해 수행되는 것으로 말하고 있기는 하지만, 그럼에도 그것은 통상적이고 평범한 이유로는 생각하기 어려운 일에 더 적용되는 것이라고 볼 수 있다.[2]

••

주(도미누스)가 되어 … 가부장이 노예를 부리듯이 인민을 통치하는"[Bodin, *Les Six Livres de la République*(1576), I, p. 570] ─ 의 의미를 보존하고자 하는 법학자의 용어로 국가를 정의하고 있다고 말한다. 하지만 'stato'에 대한 보테로의 이러한 정의는 "인민에 대한 통치권을 가졌거나 가지고 있는 모든 국가, 모든 영지는 예나 지금이나 공화국이거나 군주국이다"라고 한 마키아벨리의 『군주론』 1장 첫머리를 연상하게 한다. 인민(uomini/popoli)에 대한 통치권을 가진 영지(dominii/dominio)를 국가(stati/stato)와 동일하게 보고 있는 것이 똑같다. 따라서 보테로의 국가이성이 본질적으로 국가 통치를 위한 일종의 법이라는 데상드르의 주장은 재고의 여지가 있다. 'fermo'란 형용사는 안정성과 힘이라는 두 가지 함의를 갖는데, 로마공화국을 지칭한 'res publica firma'를 연상하게 한다(Cicero, *De Re Publica*, II, 1; Sallustius, *De Catilinae coniuratione*, 52). 16세기 정치 언어에서 복수형으로 나타나는 'popoli'는 여러 민족이라는 뜻이 아니라 인구의 다수를 의미할 뿐이다. 이러한 용법은 홉스에게서 다시 나타나는데(Thomas Hobbes, *De cive*, VIII, 1), 그는 왕국을 "다수의 사람에 대한 지배권"으로 정의한다.

2) 1596년판에 뒤늦게 첨가한 이 구절은 보테로가 국가이성을 관습과 법으로부터의 예외 혹은 그것의 부분적 폐지(deroga)의 개념으로 규정하지 않고 통치의 문제까지 포함하여 너무 보편적으로 정의하고 있다는 당시의 비판을 염두에 둔 것으로 보인다. 국가이성의 예외성, 혹은 예외적 탈법성이라는 개념은 1594년 시피오네 암미라토에 의해 처음으로 개진되었다(Scipione Ammirato, *Discorsi sopra Cornelio Tacito*, Firenze). 보테로가 그로부터 2년 뒤에 이 구절을 삽입했다는 것이 우연이 아니다. 암미라토에 대해서는 다음을 볼 것. 곽차섭, 『마키아벨리즘과 근대국가의 이념』(현상과인식, 1996), 103~105.

48

[2]
영지의 구분

영지에는 오래된 것, 새로운 것, 빈한한 것, 부유한 것, 그리고 이와 유사한 여타의 성격을 지닌 것 등 많은 종류가 있다. 하지만 우리의 목적에 좀 더 맞추어서, 영지 중 어떤 것은 우월하고 어떤 것은 그렇지 못하며 또 어떤 것은 자연적이고 어떤 것은 획득되었다고 하자. 여기서 자연적이라 함은, 통치자가 왕의 선출에서와 같이 명시적으로든 권력에 대한 적법한 승계처럼 묵시적으로든 신민의 의지에 따라 통치하는 것을 말한다. 물론 승계의 경우, 그것이 명백할 수도 혹은 의심스러울 수도 있다. 영지를 획득했다 함은 돈이나 그것에 상당하는 것으로 사거나 혹은 무력으로 획득하는 것을 말한다. 무력으로 획득하는 경우, 전력(戰力)을 사용함으로써 혹은 조약을 맺음으로써 그렇게 할 수 있다. 또한 조약은 승자의 재량으로 혹은 협상을 통해 맺을 수 있다. 획득 과정에서의 저항이 클수록 영지의 질은 나빠진다. 더욱이 영지 중에는 작은 것도 있고 큰 것도 있으며 또 중간 크기도 있다. 물론 크기는 어디까지나 절대적이 아니라 상대적이며, 인접국에 비해 그렇다는 것이다. 그래서 작은 영지란 자력으로 유지될 수 없는 것으로, 다른 영지들의 보호와 지지를 필요로 한다. 라구자 및 루카 공화국이 그런 곳이다. 중간 크기의 영지란 타국의 원조 없이 자신을 유지하기에 충분한 힘과 권위를 가진 곳이다. 베네치아국의 영지, 보헤미아 왕국, 밀라노 공국, 플랑드르 백작령이 그러하다. 큰 영지란 튀르크 제국이나 가톨릭 왕[3]의 제국처럼 인접국에 대해 뚜렷한 우위를 지닌 국가를 말한

∵

3) 아라곤의 왕 페르난도 2세(1452~1516)를 뜻한다. 1474년 그는 이사벨 데 카스티야와 결혼

다. 또한 어떤 영지는 결합해 있으며 어떤 것은 서로 분리되어 있다. 결합되었다 함은 영지의 구성체들이 이어져 있어서 서로 인접해 있는 것이고, 분리되었다 함은 구성체들이 한 몸으로 이어지지 못하고 조각나 산재해 있는 것이다. 후자의 경우, 한때 아모고스토스,[4] 프톨레마이스,[5] 팔리에베키에,[6] 페라[7] 및 키피의 지배자였던 제노바 제국[8]이 그러했고, 또한 에티오피아, 아라비아, 인도, 브라질을 보유한 지금의 포르투갈과 가톨릭 왕의 국가가 그렇다.

[3]
신민에 대하여

신민 — 이것이 없이는 영지가 존재할 수 없다 — 은 본성상 한결같거나 경박하거나, 혹은 온순하거나 거친데, 상업에 종사하거나 군대에 복무하며, 우리의 신성한 믿음을 가지고 있을 수도 있고 다른 어떤 분파에 속할 수도 있다. 만약 분파라면, 그들은 완전히 이교도이거나 유대인이거나 교회 분리파이거나 이단일 것이다. 만약 이단이라면, 그들은 루터파이거나 칼뱅파이거나 혹은 그와 유사한 다른 불경한 무리일 것이다. 분파가 진리

∴

하여 에스파냐 최초의 왕이 되었다.
4) 키프로스섬 동해안의 도시. 보테로의 이탈리아어로는 파마고스타이다.
5) 팔레스타인 지방 가나안 해안의 고대 도시 잔다르크시(市), 중세에는 아크르로도 알려졌다. 12~13세기 제노바가 그 일부를 통치했다.
6) 어딘지 알 수 없다.
7) 콘스탄티노폴리스 맞은편의 제노바 식민지로, 오늘날의 카라퀘이(그전에는 갈라타)이다.
8) 제노바공화국을 '제국'이라 부른 이유에 대해서는 아래 6장 주 18을 볼 것.

에서 더 멀어지고 그것에 더 반할수록 그들에 대한 평가는 틀림없이 더 나빠질 것이다. 게다가 모든 신민은 동일하거나 상이한 법과 형태로 복속된 어떤 방식 아래 있는데, 이는 에스파냐의 아라곤인과 카스티야인 및 프랑스의 부르고뉴인과 브르타뉴인에게서 보는 바와 같다.

[4]
국가 멸망의 원인에 대하여

자연의 산물은 두 종류의 원인에 의해 쇠락하는데, 어떤 것은 내적이고 또 어떤 것은 외적이다. 내적 원인이란 기본 성질이 과도하거나 부패한 것을 말하며, 외적 원인이란 칼과 불 그리고 다른 형태의 폭력을 가리킨다. 이와 마찬가지로 국가도 내적 혹은 외적 원인으로 멸망한다. 내적 원인은 군주의 무능으로, 그가 너무 어리거나 기량이 모자라거나 어리석거나 혹은 명성을 상실했기 때문일 수도 있는데, 어쨌든 이는 여러 가지 방식으로 나타날 수 있다. 신민에 대한 잔혹함과 함께, 특히 귀족 및 도량이 큰 사람의 명예를 더럽히는 음욕(淫慾) 역시 내적으로 국가를 멸망하게 한다. 왜냐하면 음욕으로 인해 일찍이 왕과 10인 위원들이 로마에서 쫓겨났고, 무어인이 에스파냐로 유입되었으며, 프랑스인은 시칠리아를 잃었기 때문이다. 노(老)디오니시오스[9]는 아들이 한 명예로운 시민의 아내와 어울린다는 말을 듣고 그를 심하게 나무라면서, 그에게 자신이 그 같은 일을 저지르는 것

9) 기원전 405년 이후 시라쿠사의 참주(기원전 431~367)로, 그를 이은 참주 소(少)디오니시오스(기원전 397~344)의 아버지다.

을 본 적이 있느냐고 물었다. 젊은이는 이렇게 대답했다. "만약 당신이 그렇게 하지 않았다면, 그것은 당신이 왕의 아들이 아니었기 때문이겠지요." 그러자 그는 다음과 같이 되받았다. "만약 네가 행실을 바꾸지 않는다면, 너는 왕의 아버지가 되지 못할 것이다." 통상적으로 군주의 잔혹함보다는 음욕으로 멸망하는 국가가 더 많다는 것에 대해 논쟁하고는 한다. 그 이유를 제시하는 것은 어렵지 않은데, 잔혹함이 그렇게 행동하는 사람에 대해 미움뿐만 아니라 동시에 두려움도 낳게 한다면, 음욕은 미움과 경멸을 함께 발생시키며, 그래서 잔혹함의 경우 미움은 군주에게 불리하게 작용하지만 동시에 두려움에 의해 — 짧은 시간 동안만 지속되므로 비록 그 힘은 미약하겠지만 — 지지된다. 하지만 음욕은 어떤 지지도 받지 못하는데, 미움과 경멸 양자 모두가 불리하게 작용하기 때문이다. 더욱이 잔혹함은 그것을 당한 사람에게서 힘이나 생명을 빼앗지만, 음욕은 그렇지 못하다. 국가 멸망에 대한 다른 내적 원인으로는, 대시민의 경우 질시, 경쟁, 불화, 야심이 있고, 대중의 경우 경박, 변덕, 격정이 있으며, 아울러 다른 통치자를 바라는 소(小)영주 및 인민 양자 모두의 경향이 있다. 야심만만하지만 사려 깊지는 못한 군주는 종종 할 수 있는 것 이상을 얻으려고 힘을 분산시킴으로써 국가를 파멸케 한다. 이는 아테나이인과 스파르타인의 행위에서도 볼 수 있지만, 특히 마케도니아의 왕 디미트리오스 및 에페이로스의 왕 피로스의 경우에도 잘 나타난다.[10]

반면에 외적 원인은 적의 계략과 힘이다. 그래서 로마인은 마케도니아인을, 야만인은 위대한 로마를 멸망시켰다. 그런데 어느 쪽이 더 치명적인

⋮

10) 디미트리오스 1세(기원전 336?~283)는 마케도니아의 왕(재위 기원전 294~288)이고, 피로스(기원전 319?~272)는 에페이로스의 왕(재위 기원전 307~300?, 298~272)이다.

원인일까? 의심할 나위 없이 그것은 내적 원인이다. 왜냐하면 내적 원인에 의해 이미 부패한 상태에 이르지 않은 국가가 외적 원인에 의해 멸망하는 일은 거의 일어나지 않기 때문이다.

이 두 종류의 단순한 원인이 결합하여 또 다른 원인이 만들어지는데, 그것은 혼합적 원인이라 부를 수 있는 것으로, 신민이 적과 내통하여 자신들의 나라 혹은 군주를 배반할 때 나타난다.

[5]
국가를 확장하는 것과 보존하는 것 중
어느 쪽이 더 위대한 일인가

의심할 나위 없이 국가를 보존하는 것이 더 위대한 일이다. 왜냐하면 인간사란 마치 달이 그렇듯이 거의 자연적으로 영고성쇠를 거듭하기 때문이다. 그러므로 국가가 융성할 때 그것을 안정시켜 쇠락지 않게 지탱하는 것은 특출하고도 거의 초인적이라 할 만큼 뛰어난 업적이다. 국가의 획득에는 기회, 적의 무질서, 그리고 다른 사람의 행동 등이 큰 역할을 하겠지만, 획득한 것을 유지하는 일이야말로 어떤 탁월한 덕의 결실이다. 국가는 힘으로 획득하지만 지혜로 보존하는 것이다. 힘은 다수가 지니고 있지만 지혜는 소수의 몫이다. "혼란과 무질서 속에서는 최악의 인물이 힘을 가지며, 평화와 평온의 시기에는 선한 자질이 필요한 법이다."[11] 더욱이 영지를 획득하고 확장하는 군주는 국가 멸망의 외적 원인 외에는 별로 고초를 겪

∙∙

11) Tacitus, *Historiae*, IV, 1, 3.

을 일이 없다. 하지만 영지를 보존하는 군주는 외적 원인과 내적 원인 양자와 동시에 싸워야 한다. 게다가 획득은 조금씩 할 수 있지만, 보존은 획득한 것 전체에 대한 것이다. 이 때문에 이라클레이디스[12]는 로마인에게 그들의 제국을 유럽의 경계에서 멈추도록 설득하면서 이렇게 덧붙였다. "땅을 조금씩 획득하는 편이 그 전체를 모두 가시는 것보다 쉽다."[13] 스파르타인은 다른 사람의 것을 빼앗는 것보다 자신의 것을 보존하는 것이 더 중요한 일임을 보여주기 위해, 전투에서 칼이 아니라 방패를 잃은 자를 처벌하였다. 또한 게르만인 사이에서는 "방패를 버리는 것은 최악의 치욕으로, 이 경우 성소나 집회에 들어가지 못하게 하는 벌이 내려졌다."[14] 그리고 로마인은 파비우스 막시무스를 공화국의 방패라고 불렀으며, 마르쿠스 마르켈루스를 공화국의 칼이라 불렀지만, 파비우스를 마르켈루스보다 더 높이 평가한 것은 의심할 나위가 없다. 아리스토텔레스 역시 이런 견해를 갖고 있었는데, 그는 『정치학』에서 입법자의 주요 과업은 도시를 만들고 확립하는 것이 아니라 그것이 오랫동안 안전하게 보존될 수 있도록 준비하는 것이라고 말했다.[15] 또한 스파르타 왕 테오폼포스가 원로원 격인 에포르회(會)와 왕권을 공유하기로 한 데 대해 그의 아내가 통치권을 약화했다고 힐난하자, 그는 권력이란 더 안정되고 확고할수록 더 커지는 법이라고 대답하였다. 그런데 어째서(누군가가 말하듯이) 영지를 획득하는 사람이

..

12) 비잔티움의 이라클레이디스. 그는 기원전 190년 헬레스폰토스에 침입한 로마군에 마케도니아 왕 안티오코스 3세의 사절로 갔다. Livius, *Ab Urbe condita libri*, XXXVII, 34~36.

13) Livius, *Ab Urbe condita libri*, XXXVII, 35, 6.

14) Tacitus, *De origine et situ Germanorum*, 6.

15) 아리스토텔레스의 『정치학』에서는 이러한 구절을 찾을 수 없으므로 이는 보테로의 자유로운 해석으로 보인다.

그것을 보존하는 사람보다 더 높이 평가받는 것인가? 그 이유는 제국 확장의 결과가 더 명백하고 대중적이며, 더 반향이 크고 시끌벅적하며, 사람이 그렇게 좋아하고 바라는 아주 멋진 외양과 새로운 모습을 보여주기 때문이다. 그래서 군사적 업적은 보존과 평화의 기술보다 더 큰 즐거움과 놀라움을 주곤 한다. 하지만 평화의 시기에는 제국을 유지하는 군주의 판단력과 지혜가 더 커질수록 소란과 새로움은 줄어들게 마련이다. 강이 급류보다 훨씬 더 고귀하지만, 그럼에도 많은 사람은 조용히 흐르는 강보다는 위험천만한 급류를 보려고 발걸음을 멈추는 것과 같이, 영지를 획득하는 쪽이 보존하는 쪽보다 더 찬사를 받는다. 하지만 (플로루스의 말처럼) "영지를 얻는 것보다 지키는 것이 더 어렵다. 그것을 얻도록 하는 것은 힘이지만 그것을 지키도록 하는 것은 법이다."[16] 또한 리비우스가 말하듯이, "탁월한 능력을 지닌 인물들은 종종 적을 이기는 기술보다 시민들을 다스리는 기술이 모자란다."[17]

[6]
크거나 작거나 중간 크기의 제국[18] 중
어느 것이 더 영속적인가

중간 크기의 제국이 유지하기에 더 적합하다는 것은 확실하다. 왜냐하

16) Florus, *Bellorum omnium annorum septingentorum libri II*(=*Epitome de Tito Livio*), II, 30, 29; I, 33, 8.
17) Livius, *Ab Urbe condita libri*, II, 43, 10.

면 작은 제국은 그 취약성으로 인해, 마치 맹금이 작은 새를, 큰 물고기가 작은 물고기를 잡아먹듯이 그들을 집어삼키고 그들이 멸망으로 자신을 내세우려는 큰 제국의 힘과 파괴적인 행위에 쉽사리 노출되기 때문이다. 그리하여 로마는 인근 도시들을 절멸함으로써 세력을 확장해나갔고, 마케도니아 왕 필리포스는 그리스의 공화국들을 억압함으로써 그렇게 했다. 큰 국가는 인근 국가들의 질시와 의심을 받으므로, 그들은 종종 함께 연합한다. 여러 국가가 난합하면 혼자서는 할 수 없는 것을 성취하게 된다. 하지만 큰 국가는 또한 멸망의 내적 원인에 훨씬 더 취약하다. 왜냐하면 국가가 크면 부가 늘어나며, 아울러 부와 함께 악습, 즉 사치, 오만, 음란, 탐욕 등 온갖 사악(邪惡)의 근원도 늘어나기 때문이다.[19] 검약으로 정점에 이른 왕국은 그것이 가져다준 풍요로 인해 쇠멸하였다. 나아가 위대함으로 인해 자신의 힘을 과신하게 되고, 과신은 신민과 적 모두에 대한 태만과 나태와 경멸을 초래한다. 그리하여 국가는 종종 현재의 능력과 토대보다는 과거의 명성을 통해 유지되곤 한다. 마치 연금술이 눈으로는 황금같이 보이는 것을 만든다 해도 진짜와 비교해보면 그렇지 않은 것처럼, 그런 영지들 역시 명성은 높지만 활력이 모자란다. 경험이 명백하게 보여주듯이, 이

••

18) 보테로가 사용하는 '제국(imperii)'이라는 말은 위계상 왕보다 상위인 황제의 통치권 혹은 그가 다스리는 국가 — 물론 이는 반드시 근대 '국가'라는 의미는 아니다 — 라는 뜻이 아니라, 타국을 병합하여 식민지로 삼거나 협약을 통해 보호령으로 유지하는 등 다양한 방식의 영토가 혼재된 국가를 의미한다. 앞의 2장 말미에서 보듯이 제노바공화국이나 에스파냐 왕국이 제국으로 지칭되는 것도 이런 의미에서이다. 또한 텍스트 여기저기서 '제국' 외에도 '국가', '왕국', '영지' 등의 말이 그냥 '국가'로 바꾸어도 별 무리가 없는 정도로 쓰이고 있다. '제국'을 '국가'와 유사한 의미로 쓰는 이러한 용법은 고전 고대적 용례에서 유래하는데, 실제로 로마공화국 시절이나 제국 시절이나 로마인은 스스로의 국가를 가리켜 '임페리움 로마눔', 즉 로마제국이라 불렀다. 직역하자면 로마의 통치권(역)이라는 뜻이다.

19) 「디모데전서」 6장 10절.

는 높이 솟아 보기에는 장대하지만 안은 텅 비어 썩은 나무나, 몸집은 크지만 기력이 약한 사람과 같다. 스파르타는 리쿠르고스가 규정한 경계 내에 있을 때에는 그리스의 모든 도시를 넘어서는 용맹함과 명성을 잘 유지하였다. 하지만 제국을 넓혀서 그리스 도시들과 아시아의 왕국들을 종속시킨 뒤에는 쇠퇴하기 시작했다. 그리하여 아게실라오스 이전에는 도시에서 적의 무기는 물론이고 연기 한 줄기조차 피어오르는 일이 없었으나, 아테나이인을 쳐부수고 아시아에 패배를 안겨준 뒤에는 시민들이 그 저급하고 아무런 고려의 가치도 없는 종족인 테바이인을 맞아 도망가는 모습까지 보였다. 로마인은 카르타고인을 굴복시킨 뒤, 14년간이나 누만티아인을 두려워하였다. 그들은 수많은 왕국을 정복하고 수많은 지방을 제국에 복속시켰으나, 에스파냐에서는 비리아토[20]에게, 루시타니아에서는 추방된 세르토리우스[21]에게, 그리고 이탈리아에서는 스파르타쿠스에게 산산조각이 났다. 그들은 사방으로 포위되었고 해적들로 인해 기아에 시달렸다. 용맹함은 어려운 상황에서 위대함으로의 길을 열지만, 그것이 달성되는 즉시 부로 인해 질식되고 환락으로 무기력하게 되며 육체적 쾌락으로 쇠약해진다. 그것은 거친 바다에서 격렬한 태풍과 위험천만한 폭풍우를 견뎌내도록 해주지만, 결국은 패퇴하여 난파 상태로 겨우 항구에 다다를 뿐이다. 그리하여 고결한 생각과 비범한 구상, 그리고 명예로운 업적은 실패로 돌아가고 장관들의 교만, 오만, 야심, 탐욕 및 대중의 무례함이 그 자리를 차

⋮

20) 루시타니아(현재의 포르투갈과 에스파냐 서부) 출신의 반도(叛徒)로, 기원전 149년에서 141년 사이 게릴라 작전으로 로마에 대항해 싸웠고 종종 승리하였다. 기원전 139년 로마 집정관 카이피오에 의해 암살되었다.
21) 퀸투스 세르토리우스(기원전 121?~72)는 로마 장군이자 정치가로, 원로원에 항거하여 이베리아반도의 광대한 지역을 지배하였다.

지하게 된다. 또한 장군이 아니라 어릿광대가, 군인이 아니라 수다쟁이가, 진리가 아니라 아첨이 더 선호된다. 덕이 아니라 부가, 정의가 아니라 선물이 더 높이 평가된다. 단순 소박함은 기만에, 선은 악의에 굴복하며, 그리하여 국가가 커짐에 따라 견고함의 기초는 약화하게 된다. 철에 그것을 갉아먹는 녹이 발생하고 익은 과일에 그것을 망가뜨리는 빌레가 나타나듯이, 큰 국가일수록 점차, 때로는 단번에, 그것을 무너뜨리는 악습들을 낳는 법이다. 이로써 큰 국가의 경우에 대해서는 충분히 이야기한 것 같다.

중간 크기의 국가는 더욱 영속적인데, 이는 그것이 허약함으로 인해 폭력에, 위대함으로 인해 타국의 질시에 노출되지 않기 때문이며, 또한 그것은 큰 국가에 비해 부와 세력은 적당하고 감정은 덜 격하며 야심에 대해서도 지지가 덜하고, 음란함 역시 기승을 덜 부리기 때문이다. 그리고 인근 국가에 대한 불안이 자신을 자제하게 만든다. 설사 기분이 동요하여 혼란스러운 상태에 이른다 해도, 쉽게 마음을 가라앉히고 평온을 되찾게 된다. 로마가 바로 이 예에 해당하는데, 그것이 중간 크기에 머물 동안에는 반란이 오래 지속되지 않았고 대외 전쟁의 낌새만 있어도 곧 가라앉았으며 결코 유혈사태 없이 진정되었다. 하지만 제국의 위대함이 야심에 길을 터주고 파당이 그것을 고착시킨 뒤, 그리고 적이 모두 분쇄된 뒤, 누미디아 및 킴브리인과의 전쟁과 그것에서 얻은 전리품은 마리우스에게, 그리스 및 미트라다티스와의 전쟁은 술라에게, 에스파냐와 아시아와의 전쟁은 폼페이우스에게, 갈리아에서의 전쟁은 카이사르에게 그들의 추종자와 명성은 물론 그것을 유지하는 방법까지도 안겨주었다. 그러자 로마는 과거의 반란에서처럼 더 이상 걸상과 교단 위에서 싸우는 것이 아니라 칼과 화염에 호소하게 되었다. 그리고 정쟁과 전쟁은 결국 반대파와 제국 그 자체의 멸망으로 귀결되었다. 그러므로 우리가 스파르타와 카르타고 그리고 무엇보다 베네치아에서 보듯이, 중간 크기의 세력이 큰 세력보다 훨씬 더 오래 지속된 경우들이 있었는데, 그 이유는 그러한 국가들은 다른 어떤 영지들보다도 중간 크기라는 점이 그들을 더 안정되고 더 견고함을 주었기 때문이다. 그러나 비록 중간 크기가 과도하게 큰 크기에 비해 영지의 보존에 더 적합하기는 하지만, 그럼에도 중간 크기의 국가가 그렇게 오래가지 않을 수도 있다. 왜냐하면 군주가 중간 크기에 만족하지 못하고 영지를 키워서 최대한 크게 만들기를 원함으로써, 베네치아인에게 일어난 것처럼 중간 크기의 경계를 넘어서면서 동시에 안전의 경계까지도 넘을 수 있기 때문이다. 그들은 피자 공략[22]과 반(反)로도비코 스포르차 연합[23]을 통해 중간 크기의 국가가 요구할 수 있는 것보다 더 많은 것을 얻고자 시도했으나, 전자에서는 아무런 이득도 없이 비용만 엄청나게 지출하는 곤경에 빠졌고,[24] 후자에서는 커다란 위험 속에서 지리멸렬하고 말았다. 하지만 군주가 중간 크기의 경계를 인식하고 그것에 만족하는 한, 그의 제국은 아주 오래 지속될 것이다.

··

22) 1496년에서 1499년 사이, 베네치아는 피렌체에 대항하여 피자를 자국의 보호 아래 두고 있었다.

23) 1498년 말 베네치아는 흑안공(黑顔公) 로도비코 스포르차에 대항하여 프랑스 왕 루이 12세와 연합하였고, 이는 그가 권좌에서 물러난 1500년까지 이어졌다.

24) 이 판단의 전거는 귀차르디니의 『이탈리아사』이다. Francesco Guicciardini, *Storia d'Italia*, III, 4. 다음도 볼 것. VI, [xv.], 357, n. 2.

[7]
결합된 국가와 분리된 국가 중 어느 것이 더 영속적인가

영토가 나뉘어 있는 국가를 분리된 국가라고 하는데, 여기에는 중간에 적이나 적으로 의심될 만한 강력한 군주가 끼어 있어 상호 지원을 할 수 없거나, 혹은 지원이 가능한 두 경우가 있다. 지원하는 방법에는 돈의 힘으로 하거나(하지만 이는 가장 어려운 방법이다), 그의 영토를 지나가야 하는 군주와 잘 협의하거나, 또는 제국의 모든 영역이 바다와 접하고 있어서 해군력으로 쉽게 유지될 수 있는 세 가지가 있다. 또한 분리된 제국의 각 지역은 너무 허약해서 홀로 그 자체만으로는 인근 국가로부터 자신을 유지할 수도 방어할 수도 없거나, 혹은 매우 강대해서 인근 국가를 지배하거나 적어도 대등한 두 경우가 있다. 이제 나는 이렇게 말하겠다. 의심할 나위 없이 큰 제국은 적의 공격과 침입으로부터 더 안전한데, 그런 국가는 크고 상호 결합해 있으며 결합해 있다는 것은 곧 그것과 함께 견고함과 힘을 가져다주기 때문이다. 그러나 다른 한편으로 그것은 멸망의 내적 원인에는 더 취약한데, 위대함은 자만을, 자만은 부주의함을, 그리고 부주의함은 명성과 권위에 대한 경멸과 그것의 상실을 초래하기 때문이다. 힘은 부를 가져오는데, 이러한 부는 환락의 원천이며 환락은 모든 악습의 원천이다. 이러한 것이야말로 영지가 번영의 절정에서 쇠퇴하는 원인인데, 세력이 증가하면 용맹함은 감소하며 부가 넘치면 덕은 사라지기 때문이다.

로마제국은 아우구스투스 황제 아래서 절정기에 달했다. 티베리우스 치하에서 환락과 음욕이 덕을 가리기 시작하자, 칼리굴라와 그를 이은 다른 황제들도 그대로 따라갔다. 베스파시아누스가 용맹함으로 이런 상황을 되돌려 놓았으나, 도미티아누스는 악습으로 그것을 다시 악화시켰다. 트라야누스와 그를 이은 몇몇 황제들의 선함으로 본래의 상태를 회복했지만, 이후 제국은 연이어 실패와 급락을 되풀이하다가 결국에는 멸망하기에 이르렀다. 뒤에 때로는 스스로의 힘으로 일어선 적도 있기는 하지만, 이는 로마인이 아니라 외국인 황제와 장군들의 용맹함 덕분이었다. 이러한 황제 중에는 에스파냐인 트라야누스, 프랑스인 안토니누스 피우스, 아프리카인 셉티무스 세베루스, 마메아인 알렉산데르,[25] 다르다니아인 클라우디우스, 모에시아인 아우렐리아누스, 시르미움인 프로부스, 달마티아인 디오클레티아누스, 다키아 파라포타미아인 갈레리우스, 콘스탄티누스 황제의 아버지 다르다니아인 콘스탄스, 제국을 중흥시킨 인물로 불릴 만한 에스파냐인 테오도시우스가 있다. 또한 용맹성을 보여준 장군들을 열거하자면, 반달인 스틸리코, 울린 및 아에티우스, 스키티아인 카스티누스, 트라케인 보니파티우스, 알란인의 왕 베오르고르를 멸한 고트인 리키메르가 있다.[26] 이로부터 우리는 로마의 덕이 환락에 의해 그와 같은 방식으로 쇠퇴하고 부패함으로써 외국인의 도움 없이는 제 발로 일어설 수도 없고 머리도 까딱할 수 없는 지경에 이르렀음을 알게 된다. 야만인의 공헌이라는 것은 자신들의 이익과 제각각의 계획으로 가득 차 있었고 게다가 그것은 종종 불충하고 사악했기 때문에, 결국 로마제국은 완전히 멸망하고 말았

••

25) 시리아인 알렉산데르 세베루스의 오기. 이는 세베루스의 어머니인 율리아 아비타 마마이아(마메아)의 이름과 혼동한 결과로 보인다. 노(老)플리니우스에 의하면 '마메아'는 이집트의 한 촌락민을 가리키는 말이다. 본서의 현존하는 네 개 판본 중 2판(1590)과 3판(1596)은 '시리아인 알렉산데르(Alessandro Siro)'로, 초판(1589)과 4판(1598)은 '알렉산데르 마메오(Alessandro Mameo)'로 되어 있다. Cf. VIII, [iv.].

26) 스틸리코(360?~406), 아에티우스(395?~443), 카스티누스(5세기 전반 활동), 보니파키우스(?~432), 리키메르(?~472, 459년 집정관)는 모두 로마제국 후기의 장군들이다. 원문의 울린(Ullino)은 울딘(Uldino)의 오기로 보인다. 본서 9권 2장을 볼 것.

다. 왜냐하면 내적으로 용맹함을 상실한 제국은 그 경쟁자와 적의 계략과 공격에 맞서 오랫동안 유지될 수 없기 때문이다. 그래서 모든 지역이 부패해 있던 에스파냐는 불과 서른 달 만에 무어인의 세력에 굴복하였으며, 비잔틴 제국은 몇 년 안에 튀르크에게 짓밟히고 말았다. 더욱이 만약 어떤 결합된 영지에서 소영주들 사이에서 불화가 나타나거나 인민 사이에서 반란이 일어나거나 혹은 양쪽 모두에서 방탕한 행위가 만연한다면, 이러한 것들은 마치 페스트나 다른 어떤 사악한 전염병이 그러하듯이 인접성으로 인해 이전에는 아무런 문제도 없던 지역으로 급속히 퍼져 나간다. 만약 군주가 나태하고 무능하다면, 결합된 국가는 분리된 국가보다 더 쉽게 피폐하고 부패하게 될 것이며, 결과적으로 적에 더 취약해질 것이다. 반면 분리된 국가는 결합된 국가보다 외국인에게 더 취약한데, 이는 물론 분리 상태가 그것을 허약하게 만들기 때문이다. 또한 만약 국가의 각 지역이 아주 허약해서 인접국의 공격에 무력하다면, 혹은 만약 각 지역이 서로를 지원할 수 없을 정도로 흩어져 있다면, 마찬가지로 제국은 오래 지속되지 못할 것이다. 그러나 만약 그들이 서로를 지원할 수 있고 각각이 크기가 크고 활력이 가득해서 외부의 침입을 두려워하지 않는다면, 그러한 영지는 결합된 경우보다 덜 안정적이라고 평해서는 안 된다. 왜냐하면 우선 상호 지원이 가능하다면, 그것을 완전히 분리된 상태라고 말할 수는 없기 때문이다. 설사 이런 국가가 본성상 결합된 국가보다 더 취약하다고 해도, 그것은 또한 많은 이점도 갖고 있다. 첫째 그런 국가를 동시에 공격하기란 쉽지 않으며 각 지역이 서로 멀리 떨어져 있을수록 그러한 가능성은 더 줄어든다. 왜냐하면 한 군주가 혼자 그렇게 할 수는 없으며, 여럿이 함께 연합하기도 어려운 일이기 때문이다. 그래서 이런 영지의 한 지역이 공격받으면 그렇지 않은 다른 지역이 언제나 지원에 나설 수 있을 것이다. 이는 포르투갈이 종종 인도 제국(諸國) 내에 있는 자신의 국가들을 지원한 것과 같다. 또한 소영주들 간의 불화와 인민의 반란도 그렇게 광범위하게 퍼질 것 같지 않은데, 어떤 한 곳의 파당들이 다른 곳을 지배할 수 없을 뿐 아니라, 가문과 친구와 충성심과 부하들도 그렇게 멀리까지 힘을 뻗치지는 못할 것이므로, 충성스러운 지역을 이용하여 반도들을 징벌하는 것은 군주에게는 쉬운 일일 것이기 때문이다. 마찬가지로 다른 부패 행위들도 분리된 제국에서는 결합된 제국에서만큼 그렇게 신속하게 퍼지지 않으며 또 그처럼 강력한 힘을 갖지도 못한다. 왜냐하면 분리 상태라는 것이 무질서의 경로를 방해할 뿐 아니라 각 지역 간의 거리는 상황이 확산하는 시간을 요하며, 시간은 언제나 적법한 군주와 정의를 더 선호하기 때문이며, 또한 먼저 내부가 부패하지 않은 영지가 외적 원인으로 멸망하는 일은 거의 일어나지 않기 때문이다. 베게티우스가 말하듯이, "아무리 작은 나라도 내부의 불화로 먼저 약화하지 않는 한 적에 의해 파괴되지는 않을 것이다."[27]

앞의 두 가지 조건을 고려할 때, 나는 분리된 영지가 결합된 영지보다 덜 안전하고 덜 지속적이라고 판단하지는 않겠다. 에스파냐의 영지가 바로 이 경우이다. 왜냐하면 이 왕국에 속하는 국가들은, 종종 프랑스의 위협이 무용한 결과를 낳았던 밀라노와 플랑드르 및 나폴리와 시칠리아에서 입증된 것처럼, 아주 강력해서 인접국의 군대가 움직여도 놀라지 않는다. 또한 비록 그들이 서로 멀리 떨어져 있기는 하지만 결코 완전히 분리되어 있다고는 할 수 없는데, 왜냐하면 그 왕국은 매우 풍족해서 모든 곳에서 재화가 넘쳐난다는 점은 제쳐놓고라도, 그들 모두가 바다를 통해 상호 결합되어 있기 때문이다. 사실 해군의 지원을 받을 수 없을 만큼 서로 떨어져 있는 국가는

⁚

27) Vegetius, *Epitoma rei militaris*, III, 10.

없다. 카탈루냐인, 바스크인, 포르투갈인은 바다 일에 아주 탁월해서, 진정 항해의 명인이라 불릴 만하다. 해군력이 그와 같은 사람의 손에 있기 때문에, 이 제국은 일견 나누어지고 분할된 것처럼 보이겠지만, 사실은 결합 상태로서 거의 연결되어 있다고 보아야만 한다. 더욱이 지금은 포르투갈과 카스티야가 합쳐진 상태라 더욱 그러하다.[28] 두 나라는 동서로 — 전자는 서쪽에서 시작하여 동쪽으로, 후자는 서쪽으로 — 뻗어 나가다가 필리핀 군도에서 함께 만나며, 그처럼 대대적인 여행을 통해 각자의 통제하에 있는 수많은 섬과 왕국과 항구들을 접하게 되는데, 이는 그 모든 곳이 그들의 영지이거나 혹은 우호적인 군주, 피(被)후원국, 또는 동맹국이기 때문이다.

[8]
보존의 방법에 대하여

국가의 보존은 신민의 평온과 평화로 이루어진다. 여기에는 두 종류가 있는데, 소요 및 전쟁이 자신의 신민에 의한 경우와 외세에 의한 경우로 나뉘는 것과 같다. 신민에 의한 경우에는 두 가지 방식으로 고통을 겪는데, 서로 싸움으로써 내전이라 불리거나 혹은 군주에 대항함으로써 반란 혹은 모반이라 불리는 일이 일어나기 때문이다. 하지만 그 두 경우의 문제는 군주가 신민에게서 사랑과 명성을 얻는 기술들을 통해 피할 수 있다. 왜냐하면 자연적인 것이 그것들을 발생케 한 바로 그 수단에 의해 보존되

∵

28) 1580년 에스파냐 왕 펠리페 2세는 포르투갈 왕 엔히크의 죽음으로 인한 왕실의 위기를 이용하여 힘들이지 않고 포르투갈과 그 식민지를 병합하였다.

듯이, 국가의 보존 및 창건의 원인 역시 같기 때문이다. 그런데 최초의 시기에 사람들이 왕을 창조하여 수장으로서의 지위와 정부를 그에게 넘겨주었다는 것은 의심의 여지가 없으며, 이는 그를 향한 애정과 그의 용맹함에 대해 사람들이 품은 지극한 존경(우리는 그것을 명성이라 부른다) 덕분에 이루어진 것이다. 그리하여 이 두 가지가 신민을 복종시키고 평화롭게 만든다고 말할 수 있다. 그러나 왕의 선출에 더 큰 힘을 갖는 것은 명성과 사랑 중 어느 것인가? 그것은 의심할 여지없이 명성인데, 인민이 공화국 정부를 다른 사람에게 넘기는 것은 그들을 기쁘게 하거나 그들의 호의를 얻으려 함이 아니라 공공선과 안녕을 위한 것이기 때문이다. 그래서 그들은 자신보다 더 우아하고 다정한 사람이 아니라 그들이 용맹함과 덕의 탁월성을 인지할 수 있는 사람을 선출하였다. 그러므로 로마인은 험난한 시기에 치른 전쟁을 인기가 높고 멋있는 젊은이가 아니라 원숙하고 경험이 풍부한 인물에게 맡겼다. 즉 만리가(家), 파피리가, 파비가, 데키가, 카밀리가, 파울리가, 스키피오니가, 마리가 등이 바로 그들이었다. 카밀루스는 로마인의 미움을 사 추방된 상태였으나, 그가 필요해지자 다시 불려와 독재관이 되었다. 마르쿠스 리비우스는 자신이 받은 치욕과 불명예로 인해 오랫동안 사람들에 의해 수없이 경멸과 비난을 겪었고, 이로 인해 시민들의 눈밖에 난 지 오래되었으나, 공화국이 필요로 하자(온갖 야심의 기술을 발휘하여 인민의 사랑과 총애를 얻으려 했던 인물을 모두 제치고) 집정관직에 앉아 군지휘관으로 한니발의 동생에 맞섰다. 명성은 루키우스 파울루스를 마케도니아와의 전쟁에, 마리우스를 킴브리인과의 전쟁에, 폼페이우스를 미트라다티스와의 전쟁에 불러들였다. 또한 명성은 베스파시아누스, 트라야누스, 테오도시우스에게 로마제국을 주었고, 피핀과 위그 카페에게 프랑스 왕국을, 고드프루아를 위시한 여러 사람에게 예루살렘을 주었다. 그런데 사랑과 명성 간의 차이는 무엇인가? 둘 다 덕에 기초하지만, 사랑은 범상한 덕에도 만족하는 반면 명성은 탁월성에 의해서가 아니면 얻어지지 않는다. 한 인물의 선량함과 완전성이 평범한 것을 넘어서서 어떤 뛰어난 경지에 이르게 되면, 그가 자신의 선한 본성으로 얼마나 사랑받든 간에 이러한 사랑은 탁월성에 의해 추월되며, 다시 탁월성은 그에게 사람의 사랑보다는 존경을 가져다주는 것이다. 그리고 만약 이러한 존경이 신앙과 경건함에 토대를 둔다면 그것은 숭경(崇敬)이라 한다. 만약 그것이 정치적, 군사적 기술에 토대를 둔다면 그것은 명성이라 불린다. 만약 국정을 다스리는 방법에서 군주를 사랑받게 만드는 데 적절한 일들이 그의 명성을 높이는 데도 적절하다면, 그러한 것들은 언제나 거의 신적 탁월성을 갖게 될 것이다. 정의보다 더 사랑받을 것이 무엇이겠는가? 카밀루스가 학생들을 자신에게 데려온 교사를 되돌려보냈을 때, 그가 보인 정의의 탁월함은 군대로도 열 수 없었던 팔리시인의 성문이 열리게 할 정도로 큰 명성을 얻게 하였다.[29] 마찬가지로 파브리키우스가 피로스 왕을 배반한 의사를 그에게 되돌려보내자, 이에 놀라움과 경이로움을 느낀 왕은 전쟁할 생각을 접고 평화를 이야기하는 쪽으로 완전히 돌아서게 되었다.[30] 강직함보다 더 사랑받을 것은 또 무엇이겠는가? 그토록 아름다운 여인을 손 하나 대지 않고 그녀의 남편에게 되돌려보낸 푸블리우스 스키피오의 탁월한 조치는 그를 사랑받는 것 이상으로 칭송받도록 만들었고, 에스파냐인이 그를 가리켜 거의

＊＊

29) Dionysios Halikarnassos, *Rhomaike Arkhaiologia*, XIII, 1~2; Plutarkos, *Vioi Paralleloi*, "Camillus," 10; Livius, *Ab Urbe condita libri*, V, 27.
30) Plutarkos, *Vioi Paralleloi*, "Pyrrhos," 21(하지만 이 일화는 그 외에도 수많은 곳에서 볼 수 있다).

하늘에서 내려온 신과 같다고 할 만큼 존경과 명성을 얻도록 해주었다.[31]

[9]
군주에게 덕의 탁월함은 얼마나 필요한가

모든 국가의 주요한 토대는 상위자에 대한 신민의 복종이며, 이는 군주의 덕이 얼마나 뛰어난가에 달려 있다. 자신을 구성하고 있는 원소와 몸이 그 고귀한 본성 때문에 천체의 운동을 거스르지 않고 복종하며 천계 간에도 하위의 것이 상위의 움직임을 따르는 것처럼, 인민 역시 뛰어난 덕이 찬란히 빛나는 군주에게 기꺼이 무릎을 꿇는다. 왜냐하면 그 누구도 상위자에게 복종하여 그 아래에 종속되는 것을 거부하지 않겠지만, 자신보다 하위에 있거나 동등한 위치에 있는 사람에게는 그럴 것이기 때문이다.

그러나 중요한 것은, 군주의 우월성이 부적절하거나 거의 또는 전혀 중요하지 않은 일에서가 아니라 기백과 재능을 고양하고 거의 하늘과 신에 필적할 만한 위대함을 드러내도록 하며, 그 인물을 다른 사람보다 진정으로 더 뛰어나고 더 낫게 만드는 그런 일에서 발휘되어야 한다는 점이다. 왜냐하면 리비우스가 말하듯이, "충성 맹약은 곧 더 나은 사람에게 복종하는 것"이고,[32] 디오니시오스의 말처럼 "하위자가 자신보다 더 우수한 사람에

••

31) Livius, *Ab Urbe condita libri*, XXVI, 50.
32) Livius, *Ab Urbe condita libri*, XXII, 13. 그러나 리비우스는 사실 이렇게 단언해서 말한 것이 아니며, 누미디아인이 한니발의 공포에도 불구하고 로마의 통치가 정의로웠기 때문에 자신들보다 나은 그들에 대해 충성하였다는 취지로 썼다.

게 복종하는 것은 영원한 자연의 법으로 받아들여"지며,[33] 아비투스가 안시바리인에게 진중하게 대답한 것처럼 "더 나은 자의 지배라면 받아들여야" 하고,[34] 아리스토텔레스가 말하는 대로 자연적 이유에 따라 재능과 판단력이 남보다 앞서는 사람이 군주가 되어야 할 뿐 아니라,[35] 고귀함이란 곧 가문과 혈연이 지닌 어떤 덕이므로 귀족은 존중되어야 하며, 이와 마찬가지로 좋은 사람은 좋은 사람에게서 그리고 더 나은 사람은 더 나은 사람에게서 나오는 법이기 때문이다.[36] 이 때문에 참주는 악한 자보다는 선한 자를, 소심한 자보다는 너그러운 자를 더 믿지 못하는데, 덕이 부여한 위치에 있을 자격과 능력이 없는 사람은 그것에 합당하고 자격이 있는 사람을 꺼리기 때문이다.

[10]
군주가 지녀야 할 덕의 탁월함의 두 종류에 대하여

그런데 이러한 탁월함은 절대적이거나 부분적이다. 절대적이라 함은 모든 혹은 많은 덕에서 범상함의 수준을 넘어서는 경우이며, 부분적이라 함은 통치하는 자에게 적절한 어떤 특정한 덕에서 다른 사람을 앞서는 경우이다. 첫 범주에 드는 인물로, 황제 중에서는 콘스탄티누스 대제, 콘스탄

:•

33) Dionysios Halikarnassos, *Rhomaike Arkhaiologia*, I, 5.
34) Tacitus, *Annales*, XIII, 56. 에파르키우스 아비투스는 455년에서 456년까지 서로마제국 황제였다. 안시바리인은 고대 게르만의 한 부족이다.
35) Aristoteles, *Politika*, III, 13, 1283b 21~24; 1284b 33~34.
36) Aristoteles, *Politika*, III, 13, 1283a 35~38.

스, 그라티아누스, 테오도시우스 1세와 2세, 유스티노스, 유스티니아노스 (만약 그가 단의론자가 아니었다면[37]), 티베리우스 2세, 철인 황제 레오,[38] 하인리히 1세, 오토 1세(만약 그가 성직록 수여의 권한을 성가실 정도로 침해하지 않았다면), 오토 3세, 로테르 2세, 지기스문트, 프리드리히 3세가 있다. 프랑크의 왕 중에서는 클로비스, 실드베르트, 클로테르, 샤를 마르텔(비록 그가 왕의 칭호는 얻지 못했지만), 피핀, 샤를마뉴, 현명왕 샤를, 로베르,[39] 루이 7세가 있다. 에스파냐의 왕 중에서 가장 큰 영예를 얻은 경우로는, 고트인 최초의 가톨릭 왕이었던 리카레도, 펠라유,[40] 에스파냐에서 아리우스파를 완전히 몰아낸 가톨릭 왕 알폰소, 순결왕 알폰소, 라미로, 알폰소 대왕, 알폰소 7세, 에스파냐에서 또 하나의 티투스라고 할 만한 인물로, 티투스가 '세계의 사랑'[41]으로 불린 것처럼 소망왕으로 불렸으며 똑같이 짧은 기간 살고 통치했을 뿐인 산초,[42] 알폰소 8세, 아라곤의 왕 하우메,[43] 페란테 3세, 페르난도 3세, 가톨릭왕으로 불린 페르난도가 있다. 최고의 교황 중에서도 가장 덕이 높은(성 실베스테르 이후로) 인물은, 율리우스 1세, 다마수스, 인노켄티우스 1세, 레오 마그누스, 펠라기우스, 그레고리우스 1세 및 다시 그 뒤를 이어 보니파키우스 4세, 비탈리아누스, 아데오다투스,[44] 레오 2세, 생전

∴

37) 7세기경에 유포된 단의론(Monothelitism)에 의하면, 그리스도가 신성과 인성의 두 상이한 본성을 갖고는 있으나 오직 신성에 모든 에너지와 의지를 부여했다는 것이다. 681년 콘스탄티노폴리스 공의회에서 이단으로 선포된 후 다른 이단적 교설들에 흡수되었다.

38) 886~912년 비잔틴 황제였던 레온 6세를 이른다.

39) 프랑크 왕국의 경건왕 로베르 2세(재위 996~1031)로, 위그 카페의 아들이다.

40) 719~737 이베리아 반도 서부 아스투리아누의 왕으로 에스파냐의 아랍인에 맞서 싸웠다.

41) Ausonius, *Caesares*, 4.

42) 카스티야의 왕 산초 3세(1134?~1158).

43) 정복왕 하우메 1세(1208~1276).

44) 교황 아데오다투스 1세(재위 615~1618).

의 성덕(聖德)으로 천사 교황으로 불린 코논, 콘스탄티누스, 그레고리우스 2세와 3세, 자카리아스 1세, 스테파누스 2세, 하드리아누스 1세, 레오 3세, 파스칼리스 1세, '빈자(貧者)의 신부'라 불린 에우게니우스 2세, 레오 4세, 원치 않은 데도 교황이 된 베네딕투스 3세, 부재 상태에다가 역시 원치 않은데 교황이 된 니콜라스 1세, 하드리아누스 2세, 요아네스 4세, 신성로마 황제 하인리히에 의해 선택되어 사인(私人)으로 로마에 입성해 그곳에서 인민에 의해 교회법에 따라 선출된 레오 9세, 니콜라스 2세, 부재 상태에서 선출된 알렉산데르 2세, 황제들에 의해 억압당한 교회의 자유 및 교황 좌의 권위를 다시 되살린 그레고리우스 8세,[45] 불신자에 대한 영웅적인 원정(遠征)을 시작한 우르바누스 2세, 원치 않은 데도 선출된 파스칼리스 2세, 겔라시우스 2세, 칼리스투스 2세, 아나스타시우스 4세, 교회분리론자 및 프리드리히 황제에 조금도 굽힘 없이 반대한 알렉산데르 3세, 클레멘스 3세, 조카라도 하나 이상의 성직록을 갖는 데 동의하지 않은 클레멘스 4세, 성실한 삶과 겸손한 생전의 성실함과 절제하는 습관으로 '겸양의 교황'으로 불린 니콜라스 3세,[46] 원치 않은데도 선출된 니콜라스 5세가 있다.

∴

45) 그레고리우스 7세의 오기(誤記)다.
46) 이것이 니콜라스 3세에 대한 것인지는 의문이다. 왜냐하면 그는 족벌주의 인사로 악명이 높았고, 단테에 의해 지옥 제8구역에서 성직매매의 벌을 받는 것으로 나오기 때문이다 (*Inferno*, XIX, 31 sgg.). 니콜라스 4세의 오기일 수도 있다. 그는 프란체스코 수도사로는 최초로 교황이 된 인물이다.

[11]
어떤 덕이 사랑과 명성을 얻는 데 가장 적절한가

그러나 설사 모든 덕이 그것으로 장식한 사람에게 사랑과 명성을 가져오는 데 적합하다고 해도, 그럼에도 어떤 덕은 명성보다는 사랑에 더 적합하고 또 어떤 덕은 그 반대이다. 첫 번째 범주에는 전적으로 유익함을 주는 덕들이 들어가는데, 이는 인간성, 정중함, 자비 등으로서 모두가 정의와 관용으로 환원 가능한 것들이다. 두 번째 범주에는 대업(大業)에 적합한 어떤 위대함이나 강력한 의지 및 뛰어난 재능을 동반하는 덕들이 있는데, 강인함, 군사 및 정치의 기술, 항심(恒心), 굳센 의지, 기민한 재능이 그러한 것으로서 우리는 이를 분별과 용맹함이란 이름 아래 넣을 수 있다.

[12]
정의에 대하여

그런데 신민을 이롭게 하는 첫 번째 방법은 정의를 통해 자신을 보존하면서 각자에게 그것을 확인하게 하는 것이며, 평화와 더불어 인민 간의 화합을 굳건히 하는 토대가 바로 여기에 있다는 것은 의심의 여지가 없다. 루이 12세는 교수대 앞에서 자신이 왕인 것은 정의 덕분이라고 말하면서 모자를 벗어들었다. 우리의 주 그리스도는 당신의 성(聖) 교회를 자비를 통해 마치 최상의 국가[47]를 만들 듯이 하나로 만들어 세웠는데, 자비가 번성

47) 원문에는 'republica'로 되어 있으나, 여기서는 공화국이란 정체(政體)를 뜻하는 것이 아니

하고 통치하는 그곳에서는 정의가 필요하지 않을 만큼 힘과 덕이 넘쳤다. 왜냐하면 자비는 손을 통제할 뿐 아니라 마음을 합치게 하며, 그러한 통합이 이루어지는 곳에는 무례함도 과오도 정의가 문제 되는 일도 있을 수 없기 때문이다. 그러나 인간이란 보통 불완전하기 마련이고 자비의 열기는 계속해서 식어가고 있기 때문에,[48] 도시에 질서를 세우고 사람의 공동체에 평화와 평온을 유지하도록 하기 위해서는 정의가 그곳에서 자리를 잡고 법을 세우는[49] 것이 필요하다. 심지어 살인자나 도둑조차도 이처럼 탁월한 덕의 그늘 아래서가 아니면 함께 살 수 없다. 고대의 시인은 유피테르 또한 정의의 도움 없이는 사람을 적절히 다스리지 못할 것이라고 말했다. 또한 플라톤은 정치에 관한 자신의 책에 '정의에 대하여'란 제목을 붙였다.[50] 왕에게 법을 세우는 것보다 더 필요한 일은 없다. 그리하여 마케도니아인의 왕 디미트리오스[51]는 정의를 요구한 한 여인에게 자신은 그럴 시간이 없다고 말하자 "그러면 왕을 그만두라"라고 한, 두고두고 기억할 만한 대답을 들었다. 그리고 인민에 의해 최초의 왕들이 만들어진 것은 정의를 집행하기 위함이었다는 점은 의심의 여지가 없다. 그래서 후일 왕권을 계승할 유대인의 군주들은 스스로 재판관을 자처했다. 또한 처음 그리스의 모든 도시는(디오니시오스가 말하고 있듯이) 왕 밑에 있었는데, 그는 분쟁을 해

..

기 때문에 '국가'로 옮겼다. 이는 16세기 정치 저술에서 가끔 볼 수 있는 용법이기도 하다.
48) 「마테복음」 24장 12절: "그리고 불법이 성하여, 많은 사람의 사랑이 식을 것이다."
49) 'faccia ragione.' 여기서 '라조네'란 통상적인 법률이 아니라 더 넓은 함의의 어떤 제도나 법을 가리킨다. 라존 디 스타토(Ragion di Stato), 즉 국가이성의 '라조네'(이성)와 같다. 아래의 디오니시오스 인용문과 같이 '판결하다'로 새긴 경우도 있다.
50) 플라톤의 『국가』를 가리킨다.
51) 보테로는 여기서 디미트리오스를 마케도니아 왕 필리포스와 혼동하고 있다. 이 일화의 출처는 Plutarkos, *Regum et imperatorum apophthegmata*, "Philippos," 32.

결하고 법률에 따라 판결하였다.[52] 이 때문에 호메로스는 왕을 법의 주재자라고 불렀다.[53] 그러나 제한적 권력이 부여된 왕이 후일 절대자인 것처럼 행동하고 자신의 권한을 남용하기 시작하자, 그리스의 많은 도시가 그들의 국정과 통치 형태를 바꾸었다. 하지만 장관들이 법률을 제대로 집행하지 않고, 그리하여 장관으로서의 명성을 유지하기 힘들게 되는 경우들이 생겨나자, 그들은 왕권으로 되돌아왔는데 다만 그 이름만은 달리하였다. 테살리아인은 자신들의 최고 장관을 '아르콘'으로, 스파르타인은 '하르모스테'로, 로마인은 '딕타토르'로 부른 것도 그 때문이다. 딕타토르의 힘에 공포를 느낀 로마인은 후일 폼페이우스를 단독 집정관으로 만들었는데, 이는 그에게 딕타토르의 비상한 권한을 부여하되 칭호는 집정관이라는 범상한 위치에 두려고 한 것이었다. 이집트의 왕들은 정의를 갈망했기 때문에 장관들에게 만약 자신들의 명령이 불의로 인식된다면 그것에 따르지 말라는 맹세까지 시켰다. 프랑스의 미남왕 필립은, 만약 정의를 요구하는 칙서가 재판관이 보기에 법에 부합하지 않는다면 그것을 고려하거나 존중하지 말라고 명했다. 성왕 루이는 사형을 언도한 어떤 사람에 대한 사면이 요청되자 기꺼이 그것을 허락했으나, 다음 순간 자신의 성무 일과서를 펴고는 "언제나 잘 판단하고 정의롭게 행하라"[54]라는 구절을 들여다본 뒤 사면을 다시 거두어들였다.

••

52) Dionysios Halikarnassos, *Rhomaike Arkhaiologia*, V, 74.
53) Homeros, *Ilias*, I, 238~239.
54) 「시편」 106장 3절.

[13]
왕의 정의의 두 측면

왕의 정의는 두 부분으로 이루어진다. 그 하나는 왕과 신민 간의 정의이고, 다른 하나는 신민과 신민 간의 정의이다.

[14]
왕과 신민 간의 정의에 대하여

인민은 군주에게 자신들 사이에 정의를 유지하고 적의 폭력에서 그들을 방어하는 데 필요한 모든 권력을 부여해야만 한다. 또한 군주는 이러한 권력의 한계에 만족하고, 그들의 힘에 부치는 지나칠 정도의 과세로 인민을 괴롭히고 학대해서는 안 되며, 탐욕스러운 장관들이 세금을 통상적이고 적절한 정도를 넘어 부풀리거나 갈취하도록 놔두어서도 안 된다. 왜냐하면 힘에 부친 사람은 땅을 떠나거나 군주에 반란을 일으키거나 혹은 적에게로 넘어갈 것이기 때문이다. 그래서 티베리우스 황제는 자금을 조달하는 통상적이지 않은 방법을 제안한 장관에게, 좋은 목자는 양의 껍질을 벗기지 않고 털을 깎는 데 만족하는 법이라고 응답하였다.[55] 나는 폴리도루스 베르길리우스가 잉글랜드 왕인 성 에드워드에 대해 한 말도 빼놓지 않고 싶다.[56] 장관이 게걸스럽게 거둔 엄청난 액수의 돈을 앞에 갖다 놓자,

∴

55) Suetonius, *De Vita Cæsarum*, Tiberius, 32, 5.
56) 폴리도루스 베르길리우스(폴리도로 베르질리오)는 우르비노 출신의 이탈리아 휴머니스

그것을 응시한 그는 거기에 악마가 자리를 잡고 앉아 쾌재를 부르고 있는 모습을 보았다. 이 때문에 공포와 두려움에 가득 찬 그는 돈을 즉시 돌려주라고 명했다는 것이다.[57] 이와 마찬가지로, 군주는 수입(그의 종신들의 피와 땀과 다르지 않은)을 결코 헛되이 사용해서는 안 된다. 왜냐하면 인민에게는 군주의 위대함을 북돋우고 국가를 유지하도록 자신들이 곤경과 고통을 겪으며 준 돈을 그가 아무렇게나 써버리는 모습을 보는 것보다 더 괴롭고 고통스러운 일이 없기 때문이다. 또한 허영이란 끝도 없고 잴 수도 없는 법이기 때문에, 돈을 헛되이 쓰는 사람은 무질서와 결핍에 빠지게 되어, 결국 사기와 악행을 범하고 무고한 사람을 죽이게 될 것이 틀림없다. 그래서 칼리굴라는 티베리우스 황제가 많은 시간 동안 엄청난 노력을 해서 모아놓은 6,700만 스쿠도를 한 해에 다 써버리고는, 쓸 돈이 떨어지자 강탈과 온갖 종류의 악행을 저지르게 되었다.[58] 솔로몬 역시 아버지가 남겨준 1억 2,000만의 대부분을 궁전과 공원, 축제와 호화로운 의식에 써버렸다. 그가 비록 결핍 상태에까지 빠지지는 않았지만, 그럼에도 그는 왕국에 큰 과세 부담을 지움으로써 이를 더 이상 참을 수 없게 된 수많은 인민이 그의 아들 레하밤에게 반란을 일으켰다.[59] 과세는 수익으로 균형을 맞추고 책임은 명예직으로 경감하면서, 보상과 명예의 적절한 배분 또한 이러한 종류의 정의에 속한다. 왜냐하면 노고와 봉사가 인정받고 보상받는 곳이라면, 반드시 덕은 뿌리를 내리고 용맹함은 번성할 것임이 틀림없는데, 누

∴

트(1470?~1555)다. 보테로는 여기서 그의 『잉글랜드사』를 기억해내고 있다(*Anglicae historiae libri XXVI*, 1534).

57) Polydorus Vergilius, *Historiae Anglicae libri XXVII* (Basel, 1555), 8.8.

58) Suetonius, *De Vita Cæsarum*, Caligula, 37, 6.

59) 「열왕기상」 12장 18절; 「역대하」 10장 18절.

구나 안락과 명성을 바라고 찾게 마련으로(하층민은 안락을, 상층민은 명성을 더 찾겠지만), 특히 군주가 더 높이 평가해주는 방법으로 그러한 것들을 찾을 것이기 때문이다. 즉 군주가 덕에 기뻐하면 덕으로, 그가 허영에 차 있으면 아첨으로, 그가 잘난 체하는 성격이면 화려한 의식으로, 그가 탐욕스러우면 돈으로 그렇게 할 것이다. 그러나 기량에 따라서가 아니라 선호에 따라서 지위와 관직을 주는 것보다 왕에게 더 해로운 일은 없다. 왜냐하면 (그것이 덕에 대한 모욕이라는 것은 제쳐놓고라도) 능력이 뛰어난 사람은 보잘것없는 사람이 더 선호된다는 것을 알고는 그에게 종종 봉사하지도 복종하지도 않을 것이며, 또 그 같은 사람에 의해 통치되는 인민은 장관에 대한 미움으로 군주 그 자신을 경멸하여 그에게 반란을 일으킬 것이기 때문이다. 만약 군주가 그런 장관을 옹호한다면 신뢰와 명성을 잃고 결코 명예롭게는 빠져나오기 힘든 미궁에 빠질 것이다. 유능하고 자격이 있는 인물에게 장관직과 요직을 주는 것 말고는 군주가 자신의 명성을 보존할 수 있는 다른 길은 없다. 자신의 총애를 부당하게 배분하는 것도 위험하기는 마찬가지다. 왜냐하면 부적절한 호의가 드러나는 순간, 범인(凡人)의 마음에는 질시가, 고결한 사람의 마음에는 경멸이 나타나 군주를 멀리하고자 할 것이기 때문이다. 그들은 총신(寵臣)을 끌어내리기 위해 왕에게 반발하는 것도 개의치 않을 것인데, 잉글랜드에서 휴 르 데스펜서[60]라는 인물을 지나치게 총애한 에드워드 2세에게 일어난 일이 이와 같았다. 또한 브르타뉴에서는 피에르 랑데[61]에 대한 프랑수아 공작의 과도한 신임 때문에 귀족들이 공작에 대한 음

..

60) 윈체스터 백작으로, 왕의 집사였던 그의 과도한 영향력에 반발하여 수많은 봉신이 반란을 일으켜 1327년 결국 왕이 폐위되는 사태까지 일어났다.
61) 브르타뉴 공작 프랑수아 2세의 총신이다.

모를 꾸몄고. 결국 랑데를 자신들에게 넘기도록 만들어서 목매달아 살해하였다. 나폴리에서는 요안나 2세가 깊은 고려 없이 판돌펠로 알로포와 조반니 카라촐로를 총애하는 바람에 수많은 혼란이 발생하였다.[62] 게다가 그중 하나는 자신의 신분과 지위를 넘어선 정도의 총애를 받았으므로 제어하기가 더 어려웠고, 그리하여 이미 그에게로 향하던 질시가 증폭되어, 흔히 말하듯이 불난 데 기름 붓는 격이 되었다. 그는 공적(功績)으로나 재능으로나 근본이 없는 사람이었기에, 자신의 영화를 빼앗길까 두려워 유덕한 사람이라면 한사코 반대했으며, 자신의 노력과 봉사로 공로를 받을 만한 사람을 모두 왕의 눈과 총애로부터 멀어지도록 만들었다. 또한 그는 다른 사람이 잘 되는 것을 자신이 몰락하는 것으로 생각하였다. 훌륭한 인물들이 이렇게 축출된 마당에, 국정이 손을 쓰기보다는 말로써 아첨하기 바쁜 저열한 부류에게로 넘어갈 것이라는 것을 그 누가 알지 못하겠는가? 법관과 정부 관직에 오르려는 자들은 군주에 봉사하고 인민의 복리를 위하기보다는 자신을 그 자리에 오르게 해준 인물을 만족하게 하고 그들의 총애를 얻는 데만 관심을 둘 것이다. 그리하여 궁정은 파당으로 들끓고, 왕국은 반목으로 봉신들의 마음은 원한으로 도시는 불평으로 가득 찰 것이다.

[15]
신민과 신민 간의 정의에 대하여

신민 간의 모든 일이 정의롭게 이루어지도록 하는 것은 군주의 의무이

⁘

---

62) 이 둘은 요안나 2세(1373~1435)의 연인이었다. 그들은 각각 1415년과 1432년 암살되었다.

다. 이를 위해서는 농촌과 도시를 폭력과 사기에서 벗어나도록 해야 한다. 폭력은 유배자, 도둑, 살인자, 흉악범에 기인한다. 그들은 강력한 조치와 공포로써 반드시 억제하지 않으면 안 된다. 왜냐하면 만약 나라 안에 더한 적(敵)이 있다면, 적의 세력과 군대를 멀리 떨어져 있도록 하는 것도 별 소용이 없을 것이기 때문이다. 사기는 설사 눈에 잘 띄지는 않을지 몰라도, 이로 인한 손해가 결코 적지 않다. 자를 바꾸고, 저울을 속이고, 유언장과 계약서와 화폐를 변조하고, 거래를 독점하고, 식량 공급을 끊는 것 등등의 행위는 마치 땅 밑의 지뢰가 터지듯이 화합과 평화를 파괴할 것이다. 만약 군주가 그것에 대한 치유책을 마련한다면 인민의 엄청난 애정과 사랑을 얻게 될 것이다. 프랑스 왕 루이 12세는 귀족들의 압제로부터 인민을 돕고 그들을 옹호하기 위해 그가 보여준 관심과 배려 덕분에 그들로부터 아버지라 불렸다. 그러나 군주가 고리대금업보다 더 각별히 신경 써야 하는 것은 없는데, 그것은 절도와 다르지 않으며 어쩌면 그것보다 더 나쁜 행위이다. 왜냐하면 고대인 역시(카토가 썼듯이)[63] 만약 고리대금업자가 이자로 12퍼센트 이상을 받는다면 그 벌로, 받은 이자의 4배를 지불해야 하는 반면 도둑은 2배만 지불하면 되는 것으로 판결했기 때문이다. 이러한 고리대금업의 악폐는 아테나이국과 로마시의 인민을 극심한 빈곤 상태로 몰아넣음으로써 두 곳에 종종 무질서와 커다란 위험을 초래하였다. "고리대금업은 로마에서 오랫동안 계속된 악폐이자 가장 빈번히 폭동과 불화를 초래한 원인"[64]으로서, 프랑스 왕은 여러 번에 걸쳐 어쩔 수 없이 이탈리아 은

63) Cato, *De agri cultura*, præf., 1. 대(大)카토가 고리대금업을 극도로 싫어했다는 사실은 잘 알려져 있다. 그는 특히 지금은 유실된 연설 "De feneratione"에서 고리대금업에 대해 신랄하게 비판했는데, 이는 키케로의 『의무론(*De officiis*)』(II, 25)에 인용되어 있다.

64) Tacitus, *Annales*, VI, 16.

행가들을 추방해야만 할 정도였다. 설사 군주가 봉신들에게 과도한 부담을 지우지 않는다 해도, 만약 국가의 이익에 대해 염려하지도 그것에 기여하지도 않으면서 단지 개개인의 부를 소모할 뿐인 고리대금업자의 탐욕에 그들을 희생시키도록 놔둔다면 그것이 무슨 소용이겠는가? 그리고 그 피해가 어찌 개개인에만 국한될 것인가? 고리대금업은 재정을 고갈시키고 공공수입을 파탄에 이르게 한다. 왜냐하면, 나라 안팎을 들락날락하고 이곳저곳을 거쳐 가며 항구와 강나루와 도시 성문과 그 밖의 다른 장소에서 통행세를 내면서 실제로 상업이 이루어질 때, 비로소 관세와 세금을 충분히 거둘 수 있기 때문이다. 그런데 돈이 투여되지 않는다면 상업이 제대로 이루어질 수가 없다. 또한 고리대금업으로 부를 쌓고자 하는 사람은, 무역은 포기하고(왜냐하면 이는 손해 볼 위험을 감수하고 몸과 마음을 소진할 각오 없이는 할 수 없는 것이기 때문이다), 일부는 시간을, 또 일부는 돈의 사용을 파는 셈인 종잇조각을 통해 이익을 취하고, 빈둥거리면서 다른 사람의 돈으로 자기 자신을 살찌운다는 것을 누가 모르겠는가? 그들은 마치 말벌과 같은 존재인데, 그것들은 일도 하지 않고 아무런 쓰임새도 없지만, 수시로 벌통을 습격하여 꿀벌들의 노고로 이루어진 결실을 게걸스럽게 먹어 치운다. 누구나 고생 없이 이익을 얻는 것을 좋아하기 때문에, 이렇게 되면 광장에서의 거래는 사라지고 산업은 내팽개쳐질 것이며 상업도 중단될 것이다. 왜냐하면 장인은 자신들의 상점을, 농민은 쟁기를 버릴 것이고, 귀족은 유산을 팔아 돈으로 바꿀 것이며, 직업상 이 지방 저 지방을 부단히 돌아다녀야 하는 상인은 그저 집에 머물게 될 것이기 때문이다. 도시가 가지고 있는 아름답고 좋은 것들을 잃어버리면 세수는 마르고 관세는 줄어들며 국고는 피폐해질 뿐 아니라, 인민 또한 극심한 빈곤과 절망 상태에 빠져 정권 교체를 바라게 되는 것이다. 그래서 아시아는 두 번이나 미트라다티스의 손에 넘어가면서 수많은 로마인이 살육되었는데, 이는 그들이 마치 하르피아처럼 끝없는 고리대금업으로 부를 모두 탕진하고 말았기 때문이다.[65] 아테나이에서 솔론은 고리대금업을 없애거나 적어도 완화한 것으로 큰 칭송을 받았으며, 루쿨루스가 아시아에서, 카이사르가 에스파냐에서 한 것도 이와 같았다. 군주의 재력은 신민 개개인의 부에 달려 있다. 그리고 그들의 부는 각각의 재산과 함께, 왕국 내와 다른 지역의 이곳저곳을 들락거리고 옮겨가면서 토지와 산업의 결실을 교역함으로써 얻어진다. 고리대금업자는 이런 일을 전혀 하지 않을 뿐만 아니라 사기로 돈을 갈취함으로써 다른 사람에게서 상업의 수단을 빼앗는 것이다. 이탈리아에는 번성하는 두 공화국 베네치아와 제노바가 있다. 이 중에서 베네치아가 국정과 위대함에서 제노바를 크게 앞선다는 점은 의심의 여지가 없다. 그 이유를 찾는다면, 우리는 베네치아가 실제의 교역에 종사함으로써 개개인은 그렇게 부유하지 않으나 공동체 전체는 엄청난 부를 갖고 있으므로 그것이 사실임을 알 수 있다. 반면 제노바에서는 은행업이 활발하므로 개개인은 매우 부유하지만, 공동 수입은 극히 빈곤하다.

..

65) '아시아'란 소아시아의 로마 속주를 가리킨다. 미트라다티스는 아나톨리아 북부 폰토의 왕 (기원전 120~63)으로서, 로마공화국의 가장 강력한 적이었다. 그리스 신화에서 하르피아 (Harpyia)는 반은 여자, 반은 맹금의 모습을 하고 있는데, 제우스가 내린 벌로 음식을 움켜쥐려는 찰나 발톱 사이로 빠져나가 버리기 때문에 언제나 굶주려 있다. 여기서는 하르피아의 끝없는 식탐을 돈에 대한 고리대금업자의 만족할 줄 모르는 탐욕에 비유하고 있다.

[16]
법관에 대하여

군주 자신이 법령을 관장하고 판결을 내리는 것은 적절하지 못하므로, 자신을 위해 이 일을 할 유능한 관리들을 충분히 임명해야 한다. 관리를 뽑고 유지하기 위해서는 세심한 주의를 기울여야 한다. 군주는 자신이 그들에게 부여하고자 하는 임무에 필요한 지식과 경험을 가지고, 더불어 부패하지 않고 선의를 지닌 인물을 뽑아야 한다. 현명한 공화국과 군주는 언제나 이러한 점에 각별한 주의를 기울여왔다. 알렉산데르 세베루스 황제는 속주에 총독을 파견하기 훨씬 전부터 그들의 이름을 공포하여, 만약 그들이 저지른 어떤 악행이 드러나게 되면 그의 임명을 철회하고 관직을 다른 사람에게 줄 수 있도록 하였다.[66] 장관직을 파는 군주는 큰 비난을 받을 것인데, 이는 법정에다 정의가 아니라 탐욕을 들이는 것과 다르지 않아서이다. 네로가 "그 지붕 아래서는 탐욕도 야심도 결코 관용되지 않는다"[67]라고 했을 때, 그는 얼마나 아름답고 훌륭한 규준을 제시한 것인가! 선물을 받는 법관이 직무를 충실히 수행하기란 어렵다. 왜냐하면 (신이 말씀하시듯이) 선물은 현자조차도 눈멀게 하기 때문이다.[68] 하물며 관직을 매수하여 가시나무 가득한 들판이 아니라 풍성하고 화려한 자신의 소유지에 들어가는 것처럼 생각하는 사람은 오죽하겠는가? 프랑스 왕 루이 12세는 관직을 사는 사람은 도매금으로 저렴하게 산 물건을 소매로 비싸게 파는 격이라 말하곤 했다.

••

66) *Historia Augusta*, 45, 6.
67) Tacitus, *Annales*, XIII, 4, 2.
68) 「신명기」 16장, 19절; 「전도서」 20장, 29절, 31절.

피소는 "그 누구도 사악하게 얻은 권력을 선하게 사용할 수는 없다"라고 말했다.[69] 간단히 말해서, 관직을 파는 사람은 관리가 도둑이 되기를 바라는 것이다. (알렉산데르 세베루스가 말했듯이) "사는 사람은 반드시 팔아야 한다."[70] 아리스토텔레스는 리쿠르고스의 법을 비판했는데, 왜냐하면 관직(그것을 원하든 원하지 않든 그에 적임자인 사람에게 안배되어야 하는)을 가질 자격이 있다고 판단되는 사람이라도 그것을 얻기 위해서는 필히 유세를 할 수밖에 없었기 때문이다.[71] 하물며 관직을 산 사람에게 그것이 주어지는 것을 그가 보았다면 무슨 말을 했겠는가? 폴리비오스는 카르타고인보다 로마인을 더 선호했는데, 카르타고에서는 공공연한 선물로 명예를 얻지만 로마에서는 이것을 큰 범죄로 여겼기 때문이다.[72] 덕에 대한 보상은 다양한 방법으로 분배되기 때문에, 그것을 획득하기 위한 기술과 수단 역시 이러저러한 공화국에서 매우 다르게 마련이다. 하지만 관직을 갖기 위해서는 경험이 있어야 한다고 말한 바 있기 때문에, 중국의 왕이 서열에 따라 관직을 수여한다는 점을 말하지 않을 수 없다.[73] 즉 그들은 초심자에게는 일단 가장 낮은 직위를 주고 이후 점차 더 높은 직위를 수여함으로써 경험이 쌓이는 만큼 진급하게 되는 것이다. 그러나 우리의 경우 이 제도는 법에 따라서가 아니라 적절한 장관 선발 과정을 통해 시행된다. 왜냐하면 현명한 군주라면 다양한 방법으로 자신이 정의의 집행과 인민의 통치를 위해 승진시키려는 사람의 능력과 성실함에 대해 알 수 있을 것이기 때문이다. 이런 방법 중에는

∴

69) Tacitus, *Historiae*, I, 30, 1.
70) *Historia Augusta*, 49, 1.
71) Aristoteles, *Politica*, II, 9, 1271a 10.
72) Polybios, *Historiai*, VI, 56, 4~5.
73) Cf. Giovanni Pietro Maffei, *Historiarum Indicarum libri XVI* (Firenze, Filippo Giunti, 1588), VI.

훌륭하고 유능한 인물에 의한 평가가 있을 수 있는데, 감정이나 이익이 개입되지 않은 사람의 판단이라면 결코 잘못될 수가 없기 때문이다. 어떤 인물의 뛰어난 행적과 거의 영웅적이라 할 만한 용맹함은 그가 고결한 덕을 갖고 있다는 명백한 증거인데, 이는 탁월한 선(善)에서 나오는 것일 뿐 아니라 스스로 획득한 명성에 어울리지 않을 일을 결코 하지 않게 할 것이기 때문이다. 또한 중요한 일에서 쌓은 경험이 필요한데, 과거의 일들로 미루어 미래를 판단할 수 있을 것이기 때문이다. 삶의 일관성에서 나타나는 마음의 겸손과 절도(節度)도 필요한데, 침착한 마음에서 제대로 통제되지 않은 행동이 나올 리 없기 때문이다. 관대함과 자선 역시 필요하다. 왜냐하면 자신에 대해 너그럽고 자비로운 사람이라면 다른 사람에 대해서도 쉽게 불의를 행하지는 않을 것이기 때문이다. 여론과 명성도 중요한 논거가 되는데, 그것은 거의 속이는 법이 없을 뿐만 아니라 관직에 (덕 이상으로) 명성과 신뢰를 가져다주기 때문이다. 그래서 스파르타인은 관리를 뽑을 때 먼저 인민이 모이는 장소 가까운 방에다 소수의 사람을 집어넣는다. 그러고는 제비로 뽑힌 경쟁자들을 호명하는데, 그들은 각자의 이름이 불릴 때 나온 박수갈채와 환호에 귀를 기울인다. 그리고 이런 식으로 대중이 가장 의중에 두는 것으로 생각하는 인물들을 선출한다. 왜냐하면 실제로 존경받지 못하는 사람에 대해 공공의 여론이 승인하는 경우는 거의 없기 때문이다. 주목해야 할 점은 어떤 인물의 훌륭함에 대해 가난한 사람이 부자보다 훨씬 더 부패하지 않은 증언을 제공한다는 것인데, 왜냐하면 부자는 야심과 원모(遠謀)에 의해 움직이지만, 가난한 사람은 좀 더 덕과 공공선에 대한 열정에 의해 행동하기 때문이다. 여기서 생각나는 것이 있다. 마르켈루스 교황[74]이

..

74) 마르첼로 체르비니는 1555년 4월 9일 교황에 선출되어 마르켈루스 2세로 즉위했으나, 불

선출되던 당시 마침 로마에 베르나르도란 한 일본인이 있었는데, 그는 길을 걷고 있다가 교황 선출의 소식을 듣자 즉시 잘 뽑았다고 말했다. 어떻게 그것을 아느냐는 물음에 그는 이렇게 대답했다는 것이다. "가난한 사람이 환호하고 기뻐하니까요." 나이 역시(다른 모든 점에서와 같이) 중요한 고려 사항인데, 젊은이는 과도한 감정으로 인하여 다른 사람을 통치할 수 없기 때문이다. 자신도 다스리지 못하는 사람이 다른 사람을 다스리기는 힘든 법이다. 고대의 입법자는 부자가 아니면 관직을 가질 수 없도록 했는데, 가난하고 궁핍한 사람은 착취에 제대로 대응할 수 없다고 보았기 때문이다. 하지만 이는 별로 중요성이 없는 논점이다. 필요한 것은 내적 선과 양심으로 몸과 마음을 제어하는 것이며, 그렇지 못하면 다른 좋은 치유책은 없다. 왜냐하면 탐욕이 마음속에 자리 잡게 될 때 그것을 끝없이 추구하는 것은 부자가 빈민보다 훨씬 더 심할 것이다. 왜냐하면 빈민이 부자가 되려 하면 부자는 더 부자가 되고자 무슨 일이든 마다하지 않을 것이고, 궁핍으로 인해 빈민이 나쁜 짓을 할 수도 있겠지만 모든 악의 근원인 탐욕은 부자가 훨씬 더 큰 악행을 범하도록 할 것이기 때문이다. 더 깊이 고려할 문제는 법관이나 다른 장관이 자기 나라 사람이어야 하는지 혹은 외국인이어야 하는지에 대한 것이다. 피렌체, 루카, 제노바를 비롯한 여타 이탈리아 도시의 경우, 교황파와 황제파로 나뉜, 인민 내부의 파당 때문에 외국인 법관이 초빙되었다. 프리드리히 2세가 죽은 후[75] 자유를 되찾고 파당과 내전도 어느 정도 수그러든 피렌체에서는, 종종 판결을 두고 파당 간에 벌어지곤 하던 불신과 불만을 제거하기 위해 두 명의 외국인 법관을 뽑아 시민들 간의 다툼

..

과 22일 후인 그해 5월 1일 서거하였다.
75) 1250년 12월 13일.

에 판결을 내리게 하였다. 한 명은 카피타노 델 포폴로, 다른 한 명은 포데스타로 불렸다.[76] 시민 법관은 자신의 혈족과 친구들의 이익에 의해 쉽게 휘둘리기 때문에 부적절하다. 외국인 법관의 단점은, 자신이 취약함을 인식하여 스스로를 유지하고 방어하기 위해 주요한 인물들의 지지를 얻으려 한다는 것이다. 그래서 내가 최상이라고 생각하는 것은, 완전한 외국인도 아니고 관직이 행사되는 곳 출신도 아닌, 우리에게 속한 어떤 다른 지역, 즉 법정이 있는 도시의 파당이 지배하지 않는 곳 출신을 뽑는 것이다. 이 때문에 마르쿠스 아우렐리우스는 그 누구도 자기 출신지 총독이 되지 못하도록 명했으며, 프랑스의 미남왕 필립은 스스로가 태어난 지방에서 법관이 될 수 없도록 했던 것이다. 그러나 사람의 마음을 흩뜨리고 모든 정의를 향한 이성을 혼란케 하는 데는 여자보다 더 효과적인 수단은 없기 때문에, 여기서 세베루스 카이키나의 견해를 제시하는 것도 주제를 벗어나지는 않을 것이다. "총독이 자신이 다스릴 속주에 아내를 대동하는 것은 금지되었다. … 왜냐하면 섹스로 인해 허약해지고 불편을 견디기 어려워질 뿐만 아니라, 조금이라도 여지가 생기면 오만하고 야심만만하며 권력에 대해 탐욕스럽게 되기 때문이다. … 누군가가 착취로 비난받을 때면 어김없이 그 아내에 대해서는 훨씬 더 큰 오명이 뒤따른다는 점을 반드시 고려해야 한다. 속주에서 나타나는 최악의 일은 모두가 그들과 연관되었다. 즉 그들은 언제나 공적인 일에 연루되어 결국에는 수행단도 사령부도 둘이 있게 되는 지경에까지 이르는 것이다."[77] 혈족과 친구에 관해서는, 발렌티니아누스가 공동 황

..

76) Machiavelli, *Istorie fiorentine*, II, 5. 사실상 포데스타(podestà)는 이미 오래전부터 피렌체에 존재해왔으며, 포폴로 대장(Capitano del Popolo)은 프리드리히 사후 13세기 중반에 도입되었다. 이 두 장관직은 실제로는 법적 기능만이 아니라 정치적, 군사적 권력도 함께 갖고 있었다.

77) Tacitus, *Annales*, III, 33, 1, 3~4. 아울루스 카이키나 세베루스는 아우구스투스 및 티베리

제로 누구를 선택하면 좋을지 다갈라이푸스에게 상의해오자 그는 이렇게 말했다. "만약 당신이 가족을 사랑한다면 형제를 택하고, 국가를 사랑한다면 다른 사람을 찾으시오."[78]

[17]
장관을 통제하는 것에 대하여

그러나 세심한 주의를 기울여 장관을 선택하는 것만으로는 충분치 않다. 그가 일단 임명되면 이후 부패하지 않을지 모든 경계를 다하지 않으면 안 된다. 왜냐하면 수많은 비둘기가 까마귀가 되며 양이 늑대가 되기 때문이다. 관직보다 사람의 내면을 더 잘 드러내는 것은 없는데,[79] 그것이 손에 권력을 쥐어 주기 때문이다. 악을 행할 수도 있는데 그렇게 하지 않는 사람이야말로 진정 훌륭한 것이다. 베스파시아누스에 대해 쓴 것을 보면, 그는 도시 관리와 속주 총독을 통제하는 데 아주 세심한 주의를 기울였기 때문에 그들이 더 이상 절제하고 정의로울 수 없을 정도였다.[80] 그들의 성실성을 확인하는 방법은 여러 가지이다. 첫째는 그들에게 봉급을 주는 동시

∵

우스 치세의 로마 정치가이자 장군이다.

78) Ammianus Marcellinus, *Res gestæ*, XXVI, 4, 1.

79) 이는 7현인의 하나로 불리는 프리에네 출신의 고대 그리스 철학자 비안테의 금언을 번역한 것으로 보인다. 특히 귀차르디니는 『이탈리아사』를 "왜냐하면 관직이 그것을 행사하는 사람의 가치를 명료하게 드러나게 해준다는 속담이야말로 진정 사실일 뿐 아니라 최고의 칭송을 받을 만하기 때문"이라는 말로 끝맺음으로써, 그 금언을 되새기는 데 큰 역할을 하였다. Guicciardini, *Storia d'Italia*, XX, 2.

80) Suetonius, *De Vita Cæsarum*, Vespasianus, 9 & 10.

에 중벌을 내세워 선물 받는 것을 금하는 것이다. 특출한 방식으로 이를 실행한 경우가 바로 중국의 왕들이다. 왕은 법관에게 식량, 숙소, 가구 및 각종 용기(用器), 관리인, 하인 등 그들의 편안함과 위엄에 맞는 모든 것을 제공함으로써, 그들이 정의를 집행하고 자신들에게 부여된 직분을 수행하는 것 외에 다른 어떤 생각도 갖지 않도록 배려하였다. 또한 그들은 매우 엄격하고 엄정한 규칙하에 있었기 때문에, 공복 상태가 아니면 법정에 들어갈 수도 심리(審理)를 할 수도 없었다. 기운을 북돋우기 위해 음료 한 잔 혹은 그와 유사한 것이 허용되기는 했지만, 그럼에도 술을 마실 수는 없었다.[81] 플루타르코스의 말에 따르면, 이집트의 테베에는 손이 없는 법관과 눈을 아래로 깔고 있는 대법관의 동상이 있었는데, 정의는 결코 선물이나 증여, 누군가의 중개 혹은 호의에 의해 부패해서는 안 된다는 것을 의미하였다.[82] 정의를 훌륭히 집행하는지 확인하기 위한 또 하나의 중요 사항은, 군주는 지위 고하를 막론하고 장관에게 결코 최종 판결에 대한 재량과 전권을 부여해서는 안 되며, 자신의 판단은 유보하고 반드시 법이 규정한 바에 따라야 한다는 것이다. 왜냐하면 그가 따라야 할 것은 법이지 이런저런 감정에 휘둘리는 다른 사람의 판단이 아니기 때문이다. 어떤 사람이 판결의 전권을 가지면, 판례를 공부하고 법리를 이해하기 위해 들이는 갖은 노력을 정작 판결에 대해서는 기울이지 않는 일이 종종 벌어지게 된다. 이제 다음 문제로 넘어가자.

로마인은 스스로가 비난받을 수도 있다는 두려움에 의해 제어되었다.

• •

81) Juan González de Mendoza, *Historia de las cosas mas notables, ritos y costumbres del gran reyno de la China* (Roma, 1585), libro III.
82) Plutarkos, *Ethika*, "Isis & Osiris," 10.

왜냐하면 그 도시는 야심 찬 경쟁으로 가득 차 있었으므로, 그 누구도 언제나 자신을 압박하고 깎아내릴 만한 기회만 노리는 정적을 갖지 않을 정도로 강력하지는 못했기 때문이다. 그리하여 사적인 분노가 공공연히 분출되었을 뿐 아니라 인민에 가해진 해악 역시 되갚음을 당했다. 불의하게 행동하는 사람에 대해서는 그중 몇몇을 본보기로 매우 엄격하게 처벌하는 편을 택했는데, 한 명을 벌함으로써 천 명을 억제할 수 있을 것이기 때문이다. 아시리아인의 왕 카비지야[83]는 시사미라는 법관이 잘못을 범한 것을 알자, 산채로 그의 가죽을 벗겨 법관이 앉는 자리를 덮은 뒤 그의 아들에게 그곳에 앉아 재판을 하게 했다.[84] 이처럼 가혹하고 잔인한 본보기를 보이는 것이 다른 사람을 억제하는 데 얼마나 효과적인가! 어떤 군주들은 특별 순시관을 파견하기도 하지만, 이 처방은 부패라는 커다란 위험을 안고 있다. 람프리디우스에 따르면, 알렉산데르 세베루스는 "누구든지 자신의 이익을 추구함으로써 부패할 여지가 있기에, 아무에게도 신원이 알려지지 않은, 신뢰할 만한 인물을 통하여 모든 사람의 행적에 대해 알고 있었다."[85] 그래서 토스카나 대공 코지모는 비밀 첩자를 이용하였는데, 그들은 아무런 의심도 받지 않고 이런저런 일에 끼어들어 관리들의 행동에 대해 자신이 들은 모든 사항을 대공에게 알려주었다.[86] 나에게는 이런 방법이 특별 순시관에 비해 더 나아 보이는데, 관리 하나로는 부패하기 쉽고, 둘

••

83) Kabūjiya II. 영어권에서는 'Cambises'로 표기한다. 키루스 대왕의 아들로, 기원전 530년에서 522년까지 재위했고 525년 이집트를 정복하였다.

84) Herodotos, *Historiai*, V, 25.

85) *Historia Augusta*, 23, 2. 아일리우스 람프리디우스(Aelius Lampridius)는 이 책을 쓴 여러 저자 중의 하나로 전해오는 인물이다.

86) 코지모 1세는 1537년에서 1569년까지는 피렌체 공작이었다가 1569년에서 1574년까지 토스카나 대공작으로 재위하였다.

이라고 해도 여전히 부패의 위험이 적지 않으며, 다수를 운용하기에는 군주에게나 인민에게나 경비 부담이 크기 때문이다. 첩자는 그렇지 않다. 그들은 신원이 알려져 있지 않으며 알려지기를 원하지도 않는다. 그래서 그들은 서로 말을 맞출 수 없기에, 군주를 속일 수가 없고 비용도 적게 든다. 어떤 군주는 몸소 영지를 돌아다니면서 사람의 불만도 듣고 장관들의 행동거지도 살피는 등, 진행되는 모든 일을 지켜보기도 한다. 정의의 추구로 유명한 랑고바르디인의 왕 아리페르토[87]는 때때로 변장을 하고 돌아다니면서 자신과 장관들에 대한 모든 불평을 능란하게 염탐하였다. 사실 군주라면 무슨 일이 일어나는지를 직접 보고 들을 필요가 있다. 왜냐하면 다른 어떤 방법도 관리 그 자체가 그렇듯이 다소간 부패할 수 있기 때문이다. 다른 사람의 눈과 귀에만 의존하는 군주를 속이는 방법, 그리고 그에게 흰 것을 검다고 믿게 하는 기술은 실로 다양해서, 그 모든 것으로부터 자신을 방어하는 것은 인간으로서는 결코 가능한 일이 아니다. 디오클레티아누스가 말했듯이, 훌륭하고 세심하며 탁월한 능력을 지닌 황제조차도 기만당할 수 있는 것이다.[88] 궁정의 사정에 정통한 한 신사는, 왕이 진실한 사정을 알려고 한다면 수많은 가짜 보고에 기만당하지 않도록 귀머거리가 되어야 할 뿐만 아니라, 나아가 높은 망루 위에서 거울로 모든 일을 지켜보아야 할 것이라고 나에게 말할 정도였다. 하지만 이렇게는 할 수 없기에, 첩자를 쓰고, 때로는 몸소 심의를 진행하고, 변장을 한 채 이곳저곳을 돌아보고, 사안과 무관한 사람에게서 진실이 무엇인지 듣도록 하자. 율리우스 카피톨리누스는 철인왕 마르쿠스 아우렐리우스 안토니누스에 대해 이

∵

87) 아리페르토는 653년에서 661년까지 재위했다.
88) *Historia Augusta*, 43, 4.

렇게 쓰고 있다. "그는 명성에 관해 매우 관심이 많아서 자신에 대해 하는 말은 무엇이든 알고 싶어 했으며, 정당한 비판은 받아들여 행동을 고치려고 하였다."[89] 티베리우스 황제는 종종, 때로는 앉아서 또 때로는 걸으면서 법관들과 이야기를 나누었으며, 그들의 직분과 법과 양심의 책무에 대한 준수와 그들이 다루는 사안의 중요성에 대해 그들에게 경고하고 상기시키고자 하였다.[90] 아우구스투스 황제는 이런저런 책을 읽다가 인민에 대한 선정(善政)과 관련한 좋은 글귀들이 있으면 모두 적어놓았다가, 정보에 의해 알아낸 장관 각각의 필요에 따라 그것들을 베껴서 그들에게 보내주곤 하였다.[91] 루이 12세는 블루아에 머물 당시, 그곳을 지나거나 사업차 온 사람 모두에 대해 보고를 받았다. 그러고는 그중에서 귀족이나 장관의 품행에 대해 알 만한 사람에게 이것저것 물어보고는 그것을 모두 책자에 적어놓곤 하였다. 만일 정보가 사실과 부합하면 범법자를 불시에 벌하여 모든 것을 바로잡아 놓았다.

[18]
정의의 집행에서 주의할 점들

정의의 집행에는 따라야 할 많은 것이 있지만, 여기서는 무슨 규칙이라기보다는 주의사항 정도가 될 두 가지만 이야기해보겠다. 첫째는 일관성

:

89) *Historia Augusta*, 20, 5. 율리우스 카피톨리누스(Julius Capitolinus)는 아우렐리우스 황제의 전기를 쓴 작가로 전해오는 인물이다.

90) Suetonius, *De Vita Cæsarum*, Tiberius, 33.

91) Suetonius, *De Vita Cæsarum*, Augustus, 89, 2.

이 있어야 한다는 것이고, 둘째는 신속해야 한다는 것이다. 우리는 앞서 군주가 장관들에게 어떻게 경종을 울릴 수 있는지에 대해 말한 바 있다. 하지만 장관이 저울을 착실하게 유지하고 있는 것만으로는 충분하지 않다. 그가 벌 받을 사람에게 은전을 베풀고, 천 번도 더 죽고 쫓겨나야 마땅한 사람을 살려주고 자기 나라에 그대로 있도록 함으로써 그것을 구부리고 비틀 수도 있기 때문이다. 은전을 베푸는 것은 사실 군주가 할 일이다. 왜냐하면 법관은 법에 따라 재판을 해야 하므로, 오직 군주만이 가혹한 벌을 경감하고 공정(公正)을 감안하여 법의 엄격한 적용을 완화할 수 있기 때문이다.[92] 그러나 아무리 군주라도 정의와 국가를 침해하는 사람에 대해서는 결코 은전을 베풀어서는 안 된다. 정의를 침해해서는 안 되는 이유는, 그것이 모든 정치적 통치에서 규율이자 규범이므로, 어떤 사람이 무지나 그럴 만한 비통함으로 범죄를 저질렀다고 소명되지 않는 한 그를 사면하는 것은 은전을 베푸는 것이 아니라 불공정을 범하는 것이기 때문이다. 국가를 침해해서는 안 되는 이유는, 인민이 군주에게 공물과 세금을 바치는 주요 목적이 정의의 집행을 통해 평화와 평온을 유지하고자 하는 것이기 때문이다. 공정함이나 공공선에 대한 고려 없이 은전을 베푸는 것은 만사를 혼란스럽게 만들며, 바로 그 이유로 국가가 몰락하는 경우가 종종 나타난다. 왜냐하면 신은 그가 사면한 살인자나 악당의 죄를 그에게 묻기 때문이다. 사울과 아합에게서 이러한 경우를 볼 수 있다.[93] 나는 여기서

∙∙

92) 공정(epieikeia) 개념은 특별한 경우에 보편 규칙의 엄격함을 교정하도록 하는 데 관한 고전적 명제였다(Aristoteles, *Ethika Nikomacheia*, V, 14, 1137 b 26; Thomas Aquinas, *Summa Theologiae*, IIa IIae, q. 120). 보테로는 여기서 공정성은 법관이 행사한다는 전통에 반하여 그 권한을 군주에게 돌리고 있다.
93) 「사무엘기」 15장 9~28절; 「열왕기상」 20장 34절.

이 말 역시 빠뜨리지 않고 싶은데, 그것은 벌의 성격을 쉽게 변질시켜서는 안 된다는 점이다. 시칠리아 총독이었던 후안 데 베가[94]는 존속살해로 사형을 언도받은 그 왕국의 한 귀족이 자신의 죽음을 비밀리에 해달라고(그는 대가로 3만 스쿠도를 주었다) 계속해서 간청하였다. 이에 대해 총독은, 정의란 만약 그것에 적합한 장소에서 집행되지 않으면 집행되는 것이 아니라는 인상적인 말로 응답하였다. 다른 조건은 그것이 신속해야 한다는 것이다. 이는 모두가 원하는 바이다. 하지만 군주와 장관에게 탄원서와 진정서를 넣는 것으로 끝이 아니다. 왜냐하면 사실 소송이 길어지면 승소한 쪽조차도 힘이 소진하여 별 이득이 없게 되는데, 이는 판결이 유리하게 내려져도 관련 비용이 때때로 받을 돈을 상회하기 때문이다. 내가 기억하는 바로는, 6스쿠도를 두고 다툰 파리의 한 소송에서 패소한 쪽이 가외의 비용으로 60스쿠도를 지불하라는 판결이 내려진 적이 있다.[95] 정의를 얻기 위해 그처럼 많은 비용이 들게 되면 가난한 사람이 그것을 원하고 추구하는 것이 무망하며, 그리하여 그들로서는 송사를 하는 것보다 차라리 자신들의 권리를 포기하는 편이 더 낫게 되는 것이다. 신속히 정의를 집행하고 그러한 지연을 차단하기 위해서 어떤 방법을 써야 하느냐는 위대한 인물이라면 한 번 숙고해볼 만한 일이다. 왜냐하면 나는 그것이 불가능하다고 생각지 않기 때문이다. 전쟁에서 대단한 용맹을 보인 인물인 율리우스 카이사르는 이에 대한 숙고가 자신에게 부적절한 일이라고 생각지 않았다. 그래서 당시 여기저기 흩어져 있거나 거의 유실된 상태에 있던 민법 체계를 일단의 유능한 사람에게 맡겨 그것의 틀을 잡고 가장 필요하고도 유익한 법

∴

94) 후안 데 베가는 1547년에서 1557년 사이에 시칠리아 총독을 지냈다.
95) 보테로는 1585년 2월에서 12월까지 프랑스(주로 파리)에 머물고 있었다.

령을 선별하도록 하였다. 고트인의 왕 알라레익스는 아니아누스를 통해,[96] 유스티니아누스 황제는 일단의 유능한 사람을 통해[97] 역시 이러한 일을 수행하였다. 베스파시아누스는 소송이 신속히 마무리되도록 하기 위해 많은 노력을 기울였으며, 일단의 유능한 사람을 뽑아서 즉결재판을 할 수 있는 권한을 주었다.[98] 또 그의 아들인 티투스는 소송을 단축하겠다는 열의로, "동일한 사안을 다루는 수많은 법"을 금지하고, "망자의 재산 문제에 관한 소송은 일정한 햇수가 지나야만 가능하도록" 정하였다.[99] 가톨릭 왕은 최근에 밀라노 원로원에다 누군가가 정의를 집행하고 소송을 끝낼 아주 간편하고 신속한 방법을 제안한다면 크게 기여하게 될 것이라고 썼다. 법령은 수없이 많으나, 만약 이리저리 머리를 써서 그토록 많은 모순(적어도 외견상으로는)과 잡다하고 상반되는 해석을 찾아내고, 진실을 모호하게 만들며 확실한 것을 논란에 휩싸이도록 하는 태도를 취함으로써 정의의 집행을 열악한 상태에 빠뜨리지만 않는다면, 이는 별로 중요하지 않을 것이다. 그러나 계속해서 글을 써댈 뿐만 아니라, 제대로 된 판결은 잘하지도 못하

.•

96) 알라레익스(=알라릭)에 대한 언급은 『알라레익스 총람(Breviarium alaricianum (=Liber Aniani)』을 가리키는 것으로 보인다. 이 책자는 484년에서 507년 사이 서고트의 왕 알라레익스가 수합한 법령집으로, 당시 자신의 치하에 있던 갈리아-로마인에 대한 법령을 제정하기 위한 것이었다. 재상인 아니아누스의 감독 아래 진행되어 506년 반포된 『총람』은, 『유스티니아누스 법전(Corpus Iuris Civilis)』이 재발견된 11세기 이전에도 『테오도시우스 법전(Codex theodosianus)』과 『가이우스 법전(Institutiones di Gaius)』과 같은 로마법이 여전히 잔존하고 있었음을 여실히 보여준다.

97) 6세기 중엽 이전 유스티니아누스 황제는 로마법을 집대성하여 법령화하는 대사업을 시행하였다. 그 결과물이 『유스티니아누스 법전』이다.

98) Suetonius, De Vita Cæsarum, Vespasianus, 10. 좀 더 정확히 말하자면 수에토니우스는 베스파시아누스가 이 법관들을 제비로 뽑았다고 말하고 있다.

99) Suetonius, De Vita Cæsarum, Titus, 8, 14.

면서 숫자만 더하는 수많은 학자는 큰 해악이며, 잘 말하는 쪽보다 더 많이 인용하는 쪽이 이긴다. 하지만 진실은 권위가 아니라 이성에 의해, 다수의 견해가 아니라 증거의 효력에 의해 판단되어야 마땅하다.[100] 스웨덴에서는 원고가 두 번째로 법에 호소하는 데도 법관이 확정판결을 내리지 않고 미루는 경우 그를 처벌하였다. 또한 그 왕국은 고대에 소송을 신속히 진행하기 위해 쌍방 어느 쪽에도 검사와 변호사를 인정치 않는 제도가 있었다. 즉 모든 사람이 자기 자신을 변호했고, 그렇게 할 수 없으면 그의 가장 가까운 혈족이나 혹은 그를 변호하기 위해 원로원이 지명한 후견인이 이를 대행하였다.

[19]
관대함에 대하여

사람은 관대함을 통해 이익을 얻게 되는데, 여기에는 두 가지 방법이 있다. 그 하나는 가난한 사람을 빈곤에서 벗어나게 하는 것이고, 다른 하나는 덕을 신장하는 것이다.

∵

100) 이는 당시의 법률가에 대한 휴머니스트 비판의 일단을 보여준다. 법률가들이 논증을 위해 권위에 대한 인용을 과도하게 늘리는 현상은 16세기 말이 되면 거의 관행으로 굳어졌다.

[20]
가난한 사람을 빈곤에서 벗어나게 하는 것에 대하여

가난한 사람을 돕는 것보다 더 훌륭하고 신성한 일은 없다. 그래서 성경에서는 신의 자비와 함께, 그가 고통받고 가난한 사람에게 내리는 배려와 보호를 다른 어떤 것보다 칭송하고 있으며 군주에게도 그와 똑같이 할 것을 강력히 권하고 있다. 사실 인민의 마음을 달래고 그들을 영주와 결속시키기 위해 그보다 더 적절하고 효과적인 것은 생각할 수 없다. 히브리인은 자선이 가족을 보존하고 자신들을 번영케 한다는 것을 격언으로 삼았다.[101] 그래서 우리는 그리스도교 세계의 가장 유명한 군주들이 가난한 사람에 대해 매우 관대하다는 것을 안다. 콘스탄티누스, 샤를마뉴, 테오도시우스 등이 그러했는데, 나는 그중에서도 프랑스 왕 로베르[102]를 뺄 수 없다. 그는 엄청난 구호금으로 왕국을 안정시켜 위그 카페(로베르는 그의 아들이었다) 가문을 프랑스의 왕조로 안착시켰는데, 이는 그가 가난한 사람 천 명을 먹여 살렸을 뿐 아니라, 그들에게 마차를 제공하여 그들이 자신의 궁으로 따라와 그를 위해 신에 기도할 수 있도록 했기 때문이다. 또한 44년간이나 행복하게 통치한 루이 9세[103]는 평시에는 가난한 사람 120명을, 사순절 동안에는 140명을 부양하였다. 우리는 가난한 사람에게 그토록 자애롭고 궁핍한 사람에게 그토록 관대했던 사보이아 공작 로도비코[104]에 대해서도 말하고자 하는데, 굶주린 사람을 먹이고 헐벗은 사람을 입히며 도

··

---

101) 예를 들자면 「집회서(書)」(구약외전 중 하나) 3장 30절; 4장 1절; 7장 10절.
102) 경건왕 로베르 2세(재위 996~1031).
103) 성왕 루이 9세(재위 1226~1270).
104) 관대공 로도비코(=루이)(Lodovico il Generoso)는 1440년에서 1465년까지 사보이아 공작이었다.

움이 필요한 사람을 돕는 것 외에 다른 소일거리를 알지 못했던 인물이 과연 그 외에 누가 있겠는가? 포르투갈 왕 주앙 2세[105]는 이러한 면에서 탁월하였다. 그는 금을 찾기 위해 사람을 쓰는 것이 아니라 궁핍 속에 있는 사람을 일으켜 세우기 위해 금을 찾는다고 말하곤 했다. 그는 이러한 마음을 나타내기 위해 자신의 문장(紋章)을 펠리컨으로 정했는데, 이 새는 자기의 피로 뱀에 물려 죽은 어린 새를 되살린다는 것이다. 전쟁과 평화의 기예로 오랫동안 가장 뛰어난 인물 중 하나로 꼽혔던 코르테스[106]는 종종 자선을 위해 돈을 빌리곤 하였다. 비록 관대함이라는 것이 언제나 군주에게 잘 어울리는 것이기는 하지만, 그것은 특히 기아, 기근, 역병, 지진, 화재, 홍수, 적의 침입, 전쟁을 비롯한 다른 모든 유사한 사건이 사람을 괴롭히고 그들에게 고통을 주는 공공 재난의 시기에 우리가 이야기하는 결과를 통해 더 큰 효험을 보여준다. 또한 대단히 다정한 군주의 귀감으로, 이 때문에 '사람의 즐거움'이라 불린 티투스[107]는, 역병이나 다른 재난의 시기에 편지를 써서 그들을 위로하고 가능한 한 모든 방법을 동원하여 그들을 효과적으로 도움으로써 스스로 군주의 친절함뿐 아니라 고통을 받는 사람에 대한 아버지의 애정까지도 보여주었다. 만약 재난이 너무 커서 도저히 치유책이 없다면, 독일에서 바루스의 군대가 괴멸한 후 아우구스투스 황제가 그랬던 것처럼, 군주는 적어도 자신이 슬퍼한다는 것만이라도 보여야 마땅하다.[108] 유대인의 왕 역시 예루살렘이 포위되어 기아가 극심해지자, 신의 분

··

---

105) 주앙 2세는 별칭이 '완벽한 군주'로, 1481년에서 1495년까지 재위하였다.
106) 에르난 코르테스(1485~1547)는 신에스파냐의 장군으로, 쿠바 및 멕시코를 정복하고 캘리포니아를 '발견'하였다.
107) Suetonius, *De Vita Cæsarum*, Titus, 1.
108) Suetonius, *De Vita Cæsarum*, Augustus, 23, 2.

노를 달래고 백성들의 고통을 함께 나누기 위해 거친 삼베옷을 걸쳤다.[109] 사실 공공 재앙은 군주에게는 신민의 정(情)과 마음을 얻을 수 있는 적절한 재료이자 좋은 기회이다. 그러한 때에 자애로움의 씨앗을 뿌리고 신민의 마음속에 사랑을 심을 필요가 있으며, 이는 뒤에 꽃을 피워 백배의 크나큰 이자가 붙어 되돌아올 것이다. 군주는 자신의 지위와 관직이 요구하는 만큼 그 일을 신속히 해내야만 한다. 왜냐하면 한 사인(私人)이 필요로 하는 것은 한 개인이 줄 수 있으나, 공동체의 재앙은 그 군주에 의한 치유책을 요구하기 때문이다. 더욱이 어떤 개인이 좋은 치유책을 제시하고자 하는 생각이 있다고 해도 그가 그렇게 하도록 놔두는 것은 적절치 않은데, 한 공동체가 어떤 사인에게 빚을 지는 것은 안전한 일이 아니기 때문이다. 이를 알고 있던 로마인은 카시우스와 만리우스 카피톨리누스, 그리고 그라쿠스 형제를 죽였다. 왜냐하면 그들은, 일부는 극심한 기근의 시기에 곡물을 아낌없이 나눠줌으로써, 또 일부는 민중에게 대단히 유리한 법령들로써 일개 시민의 신분에 적절한 한도 이상으로 로마 인민에게 빚을 지웠기 때문이다. 티베리우스는 그런 기회를 아주 잘 이용했는데, 도시 일부가 불에 탔을 때 "황제는 집과 공동주택에 대해 피해액을 지불함으로써 재난을 자신의 영광으로 바꾸어놓았기" 때문이다.[110] 하지만 만약 군주가 인민의 짐을 덜고 그들을 비탄에 빠지지 않게 하려고 자기 자신에게 올 이익을 일부라도 줄인다면, 그것은 사랑의 불을 지피는 데 아주 효과적인 방법이 될 것이다. 마르쿠스 아우렐리우스는 마르코마니 전쟁을 이유로 제국의 속주

•••

109) 이스라엘의 왕 여호람을 가리킨다. 보테로는 여기서 숌론(사마리아)을 예루살렘으로 혼동하고 있다. 아마 기억을 더듬어 인용한 데 연유한 듯싶다. 「열왕기하」 6장 30절을 볼 것.
110) Tacitus, *Annales*, VI, 45.

들에 과도한 세금을 부과하지 않으려고 금은제 항아리와 수정, 몰약, 코린트제 황동, 진주, 보석류, 그림, 황궁 가구 등을 비롯하여 조상 대대로 모아둔 귀중하고 희귀한 물건들을 공개적으로 경매에 부쳤으며, 여기서 나온 돈으로 그 힘든 전쟁을 헤쳐나갈 수 있었다.

[21]
덕[111]의 고취에 대하여

관대함은 빈궁한 사람을 빈궁에서 구해낼 뿐 아니라 그 이상으로 덕을 장려하고 고취하는 데 기여한다. 왜냐하면 이러한 종류의 너그러움은 그것을 받을 만한 사람에게 베풀어지므로 질시를 일으키지 않는 것은 물론이고, 재능을 키우고 예술을 지원하며 여러 학문을 번성하게 하고 종교에 빛을 더한다. 그것은 국가 최상의 장식이자 광휘이며, 아울러 모든 인민을 군주와 결속시킨다. 왜냐하면 문필에서나 다른 분야에서 탁월한 인물은 민중의 지도자와 같아서, 그들은 그의 판단을 따르기 때문이다. 민중은 그들이 왕에게서 받는 은혜와 혜택을 그에게 빚지고 있는 것이며, 그 외의 다른 사람 모두도 마찬가지이다. 그래서 탁월한 왕들은 모두가 훌륭한 재능과 덕을 장려해왔다. 테오도시우스는 다양한 학문과 자유 학예를 촉진하기 위하여, 어떤 사람이 주장하듯이 볼로냐 대학을 설립했으며, 로마의

••

111) 보테로는 비르투–덕(virtú)을 도덕적 혹은 효능적 함의로 사용하는데, 이 장에서는 특히 후자의 의미를 지니고 있다. 마키아벨리 역시 특히 『군주론』에서 이러한 고대적 함의를 살리고 있다.

대학에 학자의 수와 봉급을 늘려주었다.[112] 유스티니아누스 황제는 비록 문맹에다 배우지 못했지만, 문필과 자유 학예를 크게 장려하는 분별을 보여주었다. 프랑스 왕 샤를마뉴는 이런 측면에서 특출하였다. 그는 자신의 왕국 거의 전체에 걸쳐 수많은 그리스어 및 라틴어 학교를 세웠을 뿐 아니라, 파리 대학과 파비아 대학을 설립하고, 볼로냐 대학을 복원하였으며, 모든 노력을 다하여 유능한 사람을 찾아내고 기예를 칭송하며 덕을 고무하였고, 그리하여 그의 치세에는 학문과 풍속이 놀라울 정도로 발전하였다. 그는 무용(武勇)뿐 아니라 그에 못지않은 이러한 통치술 덕분에 '대왕'이라는 칭호를 얻게 되었다. 콘스탄티노스 두카스 황제[113]는 비록 문필에 전혀 식견이 없었으나, 학문과 학식 있는 사람을 열성을 다해 장려했으며 자신은 황제라는 지위보다는 학식을 통해 고귀해지고 싶다고 말하곤 하였다. 오토 3세는 어려서부터 문필과 문필가에 대해 보여준 후원 덕분에 온 세상의 칭송을 얻었다. 또한 나폴리 왕 알폰소 데 아라곤과 헝가리 왕 마티야스 코르빈 역시 칭송받았다.[114]

∴

112) 테오도시우스 황제의 특권에 대한 언급으로, 이는 사실 1220년 볼로냐에서 만들어진 위작이다. 이에 의하면, 테오도시우스 2세(5세기 전반)가 볼로냐대학(Studium)을 설립했으며, 따라서 이 대학이야말로 유일한 합법적 지위를 가진다는 것이다.

113) 동로마 황제로 1059년에서 1067년까지 재위했다.

114) 알폰소 데 아라곤은 알폰소 대왕으로 1442년에서 1458년까지 나폴리 왕으로 재위했고, 마티야스 코르빈은 1458년에서 1490년까지 마티야스 1세로 헝가리를 통치했다.

[22]
관대함에 대한 주의 사항

선물을 줄 때는 세 가지를 고려해야 한다. 첫째는 그것을 줄 가치가 없는 사람에게는 주지 말라는 것이다. 왜냐하면 (선물이라는 것을 줄 가치가 없는 사람에게 주면 제대로 쓰인 것이 아니라는 점은 차치하고) 그것은 가치 있는 사람에게는 물론이고 덕에도 해가 되기 때문이다. 그래서 군주가 그럴 만한 가치가 없는 사람에게 후하고 관대하게 대하는 것을 본 신민들은 재능을 멸시하면서, 오직 덕에 대해서만 주어져야 함에도 불구하고 다른 모든 사람에게 더 쉽게 주어지는 군주의 은총을 받고 보상을 얻기 위해 온갖 수단을 사용하려고 할 것이다. 마케도니아인 바실레이오스 황제[115]는 그의 전임자가 공공수입과 재정을 부적절하게 사용했기 때문에, 그로부터 돈을 선물로 받았던 사람은 누구든지 그것을 배상해야 한다는 포고를 내렸다. 람프리디우스가 썼듯이, 알렉산데르 세베루스는 "공인으로서 속주의 인민이 낸 돈을 자신과 친구를 위해 쓰는 것은 옳지 않다고 말하면서, 병사를 제외하고는 누구에게도 선물을 주지 않았다."[116]

두 번째 고려할 점은 터무니없이 많은 선물을 주지 말라는 것이다. 왜냐하면 이는 군주가 그렇게 해서는 안 되는 곳에 손을 뻗치고 강도로 돌변하여 왕이 아니라 폭군으로 변하지 않고는 오래 갈 수 없는 것이기 때문이다. 네로는 14년의 치세 동안 5,000만 스쿠도 이상을 선물로 뿌렸는데, 아첨꾼과 그와 유사한 부류에게 선물을 주기 위해 훌륭한 사람을 죽이고 악

••

115) 동로마제국 황제로 867년에서 886년까지 재위했다.
116) *Historia Augusta*, 32, 4.

당과 무용한 사람의 배를 불리기 위해 부자와 명사(名土)를 파멸시켰다. 그래서 갈바는 네로가 준 선물을 모두 취소하였다.

끝으로 선물을 주고자 할 때는 그것을 한꺼번에 모두 주지 말고 조금씩 주라는 것이다. 그러면 선물을 받는 사람이 그것을 더 받으려고 주는 사람에게 매이기 때문이다. 반면 받을 것을 한 번에 모두 받은 사람은 한발 물러나 그쯤에서 만족해버릴 것이다. 그리하여 조용히 내리는 비가 땅을 더 잘 적시고 더 잘 스며드는 것처럼, 관대함이라는 것도 정도와 이유에 맞추어 쓰게 되면 시혜를 받는 사람의 선의를 불러일으키고 보존하는 데 더 효과적이다. 군주가 다수에게 적당히 시혜를 베풀거나 혹은 소수에게 후히 베풀거나 둘 중 어느 쪽이 그에게 더 나을지에 대한 논쟁이 있을 수 있다. 그 답은 의심의 여지 없이 다수에게, 가능하다면 모두에게 적당히 베푸는 것이다. 왜냐하면 군주의 덕은 더 보편적일수록 더 커지기 때문인데, 이는 마치 태양이 빛을 만물에 골고루 비추는 것과 같다.

2권

[1]
분별에 대하여

우리는 이제 명성으로 이어지는 것들에 이르게 되는데, 그것은 주로 분별과 용맹이라는 두 가지이다. 이는 모든 통치의 토대가 되는 두 기둥이다. 분별은 군주에게 눈의 역할을 하고, 용맹은 손의 역할을 한다. 즉 전자가 없다면 그는 눈먼 사람이 될 것이고, 후자가 없다면 무력하게 될 것이다. 분별은 정책을, 용맹은 힘을 제공한다. 전자는 명령하고 후자는 실행한다. 전자는 전쟁의 어려움을 식별하고 후자는 그것을 극복한다. 전자는 계획하고 후자는 그것을 실현한다. 전자는 판단력을 연마하고, 후자는 위대한 인물들의 마음을 굳세게 만든다.

[2]
분별의 연마를 위한 적절한 지식에 대하여

베게티우스가 말하고 있듯이[1] 군주는 그 누구보다도 많이 아는 것이 필요한데, 그의 지식은 자신의 수많은 신민에게 유익하고 유용하기 때문이다. 하지만 특히 그에게 유익할 뿐만 아니라 필수 불가결한 것은 정념과 행동 방식(도덕 철학자들에 의해 수없이 표명되고 있는)에 관한 모든 것과 통치의 방법(정치 저술가들에 의해 설명되고 있는)에 대한 지식이다. 왜냐하면 도덕은 모두에게 공통된 감정들에 대한 지식을 알려주며, 정치는 잘 통치하는 법과 함께 이러한 감정들과 이로부터 신민에게 야기되는 결과들을 어떻게 누그러뜨리거나 부추기는지를 가르쳐주기 때문이다. 또한 전쟁 역시 군주의 소관이기 때문에, 그는 군사(軍事)와, 훌륭한 장군과 훌륭한 병사의 자질과 그들을 선발하고 배치하며 강화하는 방법, 기하, 건축, 그리고 율리우스 카이사르가 탁월함을 발휘했던 공학과 관련된 모든 것, 말하자면 군사학의 시녀 격인 학문에 대해 정통해야만 한다. 하지만 나는 그가 이러한 것들에 대해 공학자나 장인으로서가 아니라 군주로서 참여하기를 바란다. 즉 그는 그것들에 대한 충분한 지식을 갖추어서 진위와 선악을 식별하고 자신에게 제안된 수많은 사항 중에서 최선책을 가려내야 하는 것이다. 왜냐하면 그의 직무란 다리를 놓고 전쟁용 기계를 만들거나 포를 쏘고 조작하거나 요새를 설계하고 짓는 것이 아니라, 이 모든 것을 업으로 하는 사람을 제대로 쓰는 것이기 때문이다. 그러나 평화나 군대에 관한 기술도 감정을 누그러뜨리고 국가를 평온하게 하며 인민을 다루는 웅변 없

∴

---

1) Vegetius, *Epitoma rei militaris*, I, Prologus.

이는 별 소용이 없기에, 이에 대해서도 뛰어나야 한다. 또한 웅변이란 인공물의 토대인 자연물에 대한 지식 없이는 날카롭고 효과적이며 웅대하게 될 수 없기 때문에, 그는 스스로 판단을 내리고 지식에 대해 조리 있게 말할 수 있을 정도로 그것을 충분히 익혀야 한다. 왜냐하면 세상의 성향과 자연의 질서 및 천체의 운동과 단순하고 복잡한 물체의 성질과 사물의 발생 및 부패와, 영혼의 본질 및 그것이 지닌 힘과, 풀, 나무, 암석, 광물의 성질과, 동물의 감정 및 행동 방식과, 비, 안개, 우박, 천둥, 눈, 번개, 무지개 등의 불완전 혼합물[2]과, 샘, 강, 호수, 바람, 지진, 강의 들고 남, 바다의 밀물과 썰물에 대한 지식을 갖는 것은 지성을 일깨우고 판단력을 높이고 위대한 것을 향한 의지를 불러일으키기 때문이다. 바로 이로부터 우리가 알렉산드로스 대왕에게서 보듯이 국가의 경영과 전쟁의 위용에 대한 지혜가, 그리고 번개처럼 번쩍이고 천둥처럼 우렁차게 그리스를 휘저어 인민이 반대하던 것들을 오히려 선호하도록 만든 페리클레스에게서 보듯이 말과 논설의 위대한 어떤 것이 나타나는 것이다. 이 탁월한 인물은 수사학자가 아니라 당대 최고의 철학자에게서 웅변을 배웠다.[3] 코르넬리우스 타키투스는 황제 중 논변에서 다른 사람의 도움이 필요했던 첫 번째 인물로 네로를 꼽고 있는데, 왜냐하면 율리우스 카이사르는 가장 유려했고, 아우구스투스는 군주로서 손색없는 언변을 갖추었으며, 티베리우스는 비록 모호하고 이중적인 말로 가장하기는 했지만, 그 역시 말의 경중을 따지고 날카롭

••

2) 'misti imperfetti'. 스콜라철학적 개념으로, 예컨대 프랑스 학자 앙트완 퓌레티에르의 『보편사전(Dictionaire universel)』(1690)에는 이렇게 쓰여 있다. "완전 혼합물은 원소들이 하나의 완전한 혼합물로 변화한 활성 물체로, 식물, 동물, 인간이 그러하다. 불완전 혼합물은 그 형태가 원소의 형태와 다르지 않은 불활성 물체로, 유성, 무기물, 금속이 그러하다."

3) Plutarkos, *Vioi Paralleloi*, "Pericles", 5. 여기서 철학자란 아낙사고라스를 가리키는 것으로 보인다.

게 설파하는 기술을 지니고 있었고, 칼리굴라 또한 비록 종종 자신을 통제하지는 못했지만 그럼에도 언변의 힘을 잃지는 않았으며, 클라우디우스도 미리 숙고한 사항에서만큼은 웅변을 보여주었기 때문이다.[4] 군주는 여기서 우리가 그에게 제기한 사항들이 너무 다양하고 심대하다고 결코 놀라서는 안 되며, 그렇게 할 재능과 시간이 없다고 염려해서도 안 된다. 왜냐하면 사인(私人)에게는 어려운, 아마도 불가능한 일도 군주에게는 비록 쉽지는 않겠지만 그럼에도 헤쳐 나가지 못할 것이 아니기 때문이다. 이를 훌륭하게 성취하는 여러 수단 중 하나는 수학자, 철학자, 장군, 병사, 뛰어난 연설가 등 각 부문에서 보기 드문 인물들을 자신의 주변에 두는 것이다. 그는 그들로부터 식탁에서든 다른 어느 곳에서든, 학교에서 여러 달에도 배우지 못하는 것을 단지 몇 마디만으로 배울 수 있다. 걸을 때든 말을 탈 때든 기회 닿을 때마다 이들에게 토론할 만한 문제를 제기하도록 하자. 그들이 경각심을 갖고 항상 그의 존재를 유념하며 주목할 만한 특별한 것들에 대해 이야기할 의욕을 지니도록 하자. 다른 사람이 광대와 보내는 시간을 그들과 함께한다면, 그는 자신의 지성을 완성하고 인민을 통치하기 위한 최상의 계기가 될 귀중한 것들을 얻게 될 것이다. 그 누가 알렉산드로스 대왕과 율리우스 카이사르보다 더 전쟁에 끝없이 몰두했겠는가? 하지만 그들 누구도 결코 학문 연구를 포기하지 않았으며 칼보다 펜을 더 낮춰보지도 않았다. 그 누가 샤를마뉴보다 더 바빴겠는가? 하지만 그는 학식이 뛰어난 사람의 말을 경청할 시간이 결코 부족하지 않았으며 오히려 그것을 아주 즐거워했다. 프랑스의 현명왕 샤를[5]이 지식인과 신학 공부를 좋

••

4) Tacitus, *Annales*, XIII, 3.
5) 샤를 5세(재위 1364~1380)를 가리킨다.

106

아했다는 데 대해서는 더 논할 필요도 없으며, 마찬가지로 카스티야 왕 알폰소 10세[6]는 바쁜 일정에도 불구하고 짬짬이, 해설을 포함하여 성경(다른 공부 외에도)을 40번이나 통독하였다. 또한 나폴리 왕 알폰소 1세는 어느 누구보다도 난관이 많았지만, 무지한 군주는 왕관을 쓴 나귀와 같다는 말을 하곤 했으며,[7] 학식을 높이 평가하여 자신의 궁과 왕국을 모든 방면에 뛰어난 사람으로 가득 채웠다. 프랑스왕국의 프랑수아 1세 역시 이와 같았다. 큰 명성을 지닌 트라야누스 황제는 아무 부끄러움 없이 플루타르코스에게 제국을 칭송할 만하고 권위 있게 통치하는 방법을 써 달라고 부탁했으며, 만약 자신이 그의 교시를 다양하고도 많은 실례로써 예증한다면 아주 기쁠 것이라고 덧붙였다.[8]

[3]
역사에 대하여

그러나 분별의 완성과 훌륭한 국가 경영을 위해서는 앞서 말한 덕의 어머니인 경험보다 더 필요한 것은 없다. 왜냐하면 많은 일이 회의실에 앉아

··

6) 1252년에서 1282년까지 재위했다.
7) 알폰소 대왕은 나폴리 왕 알폰소 1세로 1442년에서 1458년까지 재위하였다. "무지한 군주는 왕관을 쓴 나귀와 같다(rex illiteratus est quasi asinus coronatus)"라는 유명한 말의 연원은 사실 12세기의 잉글랜드 역사가 윌리엄 오브 맘즈베리 및 철학자 존 오브 솔즈베리의 저작 『폴리크라티쿠스(*Policraticus*)』(IV, 6)까지 거슬러 올라간다.
8) *Institutio Traiani*. 플루타르코스가 썼다고 알려진 이 책자는 후일 앞서 언급한 존 오브 솔즈베리의 저작 『폴리크라티쿠스』 제5권에 통합되었다. 보테로는 이 장에서 이 부분을 광범위하게 활용하고 있다.

한가하게 이야기할 때는 이성에 근거한 것처럼 보이겠지만, 막상 실행에 옮기면 성공하지 못하기 때문이다. 많은 것들이 쉽게 실행될 것처럼 보이지만 실제로는 그것이 어려울 뿐만 아니라 불가능하다. 그런데 경험은 두 종류로 나뉘는데, 이는 우리가 직접 얻거나 다른 사람을 통해 얻기 때문이다. 첫 번째 것은 당연히 장소와 시간에 의해 매우 제한되는데, 사람이 혼자 여러 장소에 있을 수도 많은 일을 실제로 해볼 수도 없기 때문이다. 하지만 그럼에도 그는 자신이 보고 들은 것에서 분별의 정수를 추출하기 위해 스스로 힘껏 노력해야만 한다. 두 번째 것에는 다시 두 종류가 있는데, 이는 산 자로부터 배울 수도 혹은 죽은 자로부터 배울 수도 있기 때문이다. 첫 번째 경우는 비록 시간상으로는 배울 것이 그리 많지 않겠지만, 그럼에도 수많은 곳을 아우를 수는 있다. 왜냐하면 대사, 간첩, 상인, 군인 등의 사람이 즐기거나 협상을 하거나 혹은 다른 여러 일로 다양한 곳에 거주하며 다양한 사건에 참여함으로써 우리가 하는 일에 필요하거나 유용한 수많은 사항에 대해 알려줄 수 있기 때문이다. 그러나 우리는 죽은 자들이 쓴 역사를 통해 훨씬 더 많이 배울 수 있다. 왜냐하면 이는 세상의 모든 삶과 그 모든 면면을 다루고 있기 때문이다. 사실 역사는 우리가 상상할 수 있는 가장 거대한 극장이다. 그곳에서 우리는 다른 사람이 수고한 덕분에 자신에게 유익한 것들을 배우게 된다. 그곳에서 우리는 아무 두려움 없이 조난 사고를, 아무 위험도 겪지 않고 전쟁을, 아무런 대가도 지불하지 않고 다양한 민족의 풍속과 다양한 국가의 제도를 본다. 그곳에서 우리는 제국의 흥망에 대한 원리와 수단 및 목적과 그 원인을 깨닫는다. 그곳에서 우리는, 왜 어떤 군주는 평온하게 통치하는 반면 어떤 군주는 난관에 봉착하는지, 왜 누구는 평화의 기술로 번성하는 반면 누구는 군대의 힘으로 번성하는지, 왜 누구는 무용하게 마구 돈을 써대고 누구는 절제하고 위엄을 지키는지를 배운다. 바로 그러한 것이 역사의 유용성이다. 미트라다티스 전쟁에 나가 있던 루쿨루스는 다른 스승이 없었음에도 불구하고, 여정 중에 과거의 일들이 주는 교훈을 공부하여 당대 최고의 장군이 되었다.[9] 우리 역사에서의 예는 더 들지 않더라도, 튀르크인의 왕 메흐메드 2세는 "위대한 튀르크인"으로 불렸던 첫 번째 인물로서, 옛 역사책을 손에서 떼지 않았다.[10] 셀림 1세는 알렉산드로스 대왕과 율리우스 카이사르의 업적에 대해 읽는 것을 매우 즐겼고 그것을 튀르크어로 옮기도록 했다. 그리하여 그는 전쟁에서 보인 과감함과 신속함에서 그들 둘과 흡사하게 되었다.[11] 시 역시 간과되지 않는다. 알렉산드로스 대왕이 호메로스의 작품을 읽음으로써 많은 도움을 받았다는 것을 우리도 읽어서 알고 있기 때문이다. 설사 시인이 허구적인 이야기를 한다 해도 그들은 사람의 기백을 일깨우고, 자신들이 칭송하는 영웅들을 모방하려는 그들의 열망에 불을 지피는 방식으로 그렇게 하는 것이다. 페스카라 후작 페르디난도에 대해서 말하자면, 그는 젊은 시절 영웅 이야기를 읽고는 영광을 향한 욕망에 불타올라 유명한 장군이 되었다고 한다.[12] 내가 여기서 말하고 있는 시인은 호메로스, 핀

---

9) Cicero, *Academica priora*, "Lucullus," I, 2. 루쿨루스(기원전 118~56)는 로마 집정관으로, 아나톨리아 북부 폰토 왕국의 미트라다티스 6세와의 전쟁에 참전하였다.

10) 메흐메드 2세는 오스만튀르크의 술탄(재위 1444~1446, 1451~1481)으로, 콘스탄티노폴리스를 점령함으로써 "정복의 아버지"로 불렸다.

11) 셀림 1세는 오스만튀르크의 술탄(재위 1512~1520)으로, 제국의 영토를 크게 확장하였다.

12) 페르디난도 프란체스코 다발로스(1489~1525)는 페스카라 후작으로, 일명 페란테로 불린다. 부인은 시인인 비토리아 콜론나이다. 그는 신성로마 황제 카를 5세 휘하의 장군으로 파비아 전투(1525)에서 프랑스 왕 프랑수아 1세를 포로로 잡았다. 여기서 보테로가 쓴 이야기의 출처는 파올로 조비오의 저작이다. Paolo Giovio, *La vita di Ferrando Davalo marchese di Pescara* … *tradotta per m. Lodovico Domenichi* (Firenze, Torrentino, 1551), 23~24.

다로스, 베르길리우스처럼 고원하고도 진중한 문체로 위대한 인물들의 무용을 칭송한 경우인데, 다른 시인은 대개 뮤즈를 고귀하고 명예롭게 만들기보다는 부덕함과 음란함으로 그들을 모욕하고, 독자의 덕을 일깨우기보다는 그들의 정신을 산만하게 만들기 때문이다.

[4]
신민의 본성과 성향에 대한 지식에 대하여[13]

그러나 선정(善政)을 위해서는 그 어떤 것도 신민의 본성과 마음과 성향을 아는 것보다 더 필요하지 않기에(이러한 것들에 따라 통치의 형태가 취해지므로), 앞서 말한 사항들을 숙고하는 것으로 돌아가보자. 사람의 본성과 성향과 기질은 그들이 사는 위치와 나이와 재산과 교육 정도로 알 수 있다. 하지만 교육에 대해서는 이미 많이 이야기했고, 아리스토텔레스 역시 『수사학』에서 나이와 재산에 대해 훌륭하게 말한 바 있기 때문에[14] 나는 여기서 지리적 위치에 대해 두어 마디 이야기하는 것으로 그칠까 한다.

∙∙

13) 여기서 보테로는 이미 이전부터 운위되어 오다가 마키아벨리와 보댕에 의해 다시 되살아난 주장을 제기하고 있다. 이들이 논의하는 이른바 기후 이론이라는 것은 지리적 지역이 사람의 관습과 통치 형태와 서로 연관되어 있다는 것이다. 다음을 볼 것. Thomas Aquinas & Tolomeo di Lucca, *De regimine principum*; 마키아벨리, 『군주론』, 곽차섭 번역·주해(길, 2015), 헌정사; Bodin, *Les Six Livres de la République*, IV, 7, V, 1.

14) Aristoteles, *Rhetorike*, II, 12~17. 본서 1권 6장도 볼 것.

[5]
각 나라의 위치에 대하여

위치에 대해서는 그것이 북쪽인지 남쪽인지, 동향인지 서향인지, 평지인지 산지인지, 바람이 많은지 그렇지 않은지를 고려해야 한다. 왜냐하면 삼라만상이 그렇듯이 모든 일에서 중간이 최선이기 때문이다.[15] 북쪽과 남쪽 사이, 더운 곳과 추운 곳 사이에 사는 민족은 다른 경우보다 더 나은데, 이는 그들의 마음과 정신이 뛰어나서 지배하고 통치하는 데 더 적절하기 때문이다. 그래서 우리는 아수르, 마다,[16] 페르시아, 카타이,[17] 튀르크, 로마, 프랑스, 에스파냐 등 강대한 제국들은 모두 그런 민족의 손에 있었다는 것을 알고 있다. 북쪽(하지만 아주 북쪽은 아닌)의 민족들은 용맹하지만 교활하지 않다. 반대로 남부인은 교활하지만 대담하지 못하다. 북부인은 자신들의 기상에 맞는 몸을 갖고 있는데, 즉 그들은 크고 장대하며 피가 용솟음쳐서 활력이 넘친다. 반면 남부인은 몸이 호리호리하고 말라서 맞서기보다는 피하는 쪽이다. 전자는 단순하고 직설적인 마음을 갖고 있으며 후자는 은밀하고 간교하게 행동한다. 전자는 흡사 사자와 같고 후자는 여우와 같다. 전자는 행동에서 느긋하고 한결같으며 후자는 변덕스럽고 경박하다. 전자는 명랑하고 후자는 우수적이다. 전자는 바쿠스의, 후자는 베누스의 지배 아래 있다. 그리하여 양극단의 기질을 공유하는 중부인은 온건하고 절제하는 방식으로 행동하고, 교활하지 않으면서도 분별이 있으며, 광

..

15) Aristoteles, *Ethika Nikomacheia*, II, 5, 1106a 24~1106b 28.
16) Māda=Media. '마다'는 이란 서부와 북부 사이에 있는 지역의 고페르시아어 이름이다. 이곳 주민은 현재 'Medes'로 불린다.
17) 고 · 중세의 중국 북부 지역을 이르던 말이다.

폭하지 않으면서도 용감하다. 그래서 북부인은 힘에 의존하며, 오늘날 트란실바니아인, 폴란드인, 덴마크인, 스웨덴인이 그런 것처럼 공화국 혹은 직접 선출에 의한 왕국으로 통치된다. 설사 지금 북부 민족 대부분이 세습군주국 아래 있다 하더라도, 이는 그들의 본성이 절대 왕국을 선호해서가 아니라 왕국이야말로 다른 모든 정치 체제가 결국 그것으로 수렴될 정도로 뛰어나기 때문이다.[18] 하지만 우리는, 비록 프랑스인이 왕 아래 있다 해도 그들은 그가 평화롭고 다정하며, 마치 형제처럼 혹은 적어도 자신들이 말하듯이 사촌처럼 행동하기 바란다는 것을 알고 있다.[19] 스코틀랜드인은 지금까지 106명이라는 거의 믿을 수 없을 정도로 많은 왕은 갖고 있었지만, 그들 중 절반 이상을 살해하였다. 잉글랜드인이 얼마나 많은 내전과 국정 교체와 왕권 변화를 겪었는지는 이미 알려져 있다. 남부인은 생각에 너무 경도된 탓에 종교와 미신의 지배를 크게 받고 있다. 점성술이 그곳에서 탄생했고 마법이 그곳에서 유래했으며, 사제, 고행자,[20] 브라만, 현자[21]가 존경받는다. 극히 우매한 미신과 매우 야만적인 법(하지만 그들은 그것을 하늘에서 내려온 것으로 생각한다)이라는 헛된 것에 전적으로 기초하고 있는 사라센인의 제국은 아라비아에 그 기원이 있다. 당대에서 별로 멀지 않

∴

18) Cf. Thomas Aquinas, *De regno*, I, 2.
19) 이러한 생각은 특히 다음에서 보인다. Claude de Seyssel, *La grant Monarchie de France* (Paris, 1519).
20) gennosofisti. '나체의 현자'라는 뜻으로, 고대 그리스인이 금욕과 명상적인 삶을 사는 인도의 수행자들을 일컫던 말이다.
21) 'magi.' 단수형은 마구스(magus). 이는 원래 조로아스터교의 성직자를 가리키는 말이었으나, 그리스인에 의해 현자, 마법사 등의 뜻을 갖게 되었다. 마태복음에 나오는 동방박사는 '동쪽에서 온 마고이(magoi)'를 우리말로 옮긴 것이다. 예수 참배 설화에 나오는 'magi'는 그 당시에 큰 세력을 갖고 있던 미트라교 — 조로아스터교의 후신 — 와의 관련성을 말해 주는 것으로 보인다.

은 때에, 샤리프는 순례자 혹은 은자의 복장으로 사람을 속여 모로코와 파스의 왕이 되었다.[22] 또한 우리가 프레테 잔니라고 부르는 네구스 대왕[23]은 추종자들이 거의 경배하다시피 했는데, 이는 발 외에 다른 어떤 부분도 그들에게 보여주지 않았기 때문이다. 우리가 보는 바로는 신의 교회에 해를 끼친 이단 중에서 남부 출신일수록 더 사색적이고 예민한 편이다. 반면 북부 출신은 좀 더 물질적이고 거칠다. 남부에서는 어떤 자는 그리스도의 신성을, 어떤 자는 인성을, 어떤 자는 그에게 복수(複數)의 의지가 존재함을 부정하며, 또 어떤 자는 말씀으로부터 성령이 발출되었음을 부정하는 등등의 일이 일어난다. 그렇게 고원하고 미묘한 문제에 관심을 두지 않는 북부인은 금식, 철야 예배, 참회 등 자신들에게 충만한 혈액의 증가를 방해하는 모든 것을 부정한다. 또한 그들이 비록 이성과 복음을 깊이 확신하기는 하지만 자신들을 완전히 휘어잡고 있는 몸과 감각을 혐오하는 사제의 독신과 기타 등등의 것들을 부정한다. 그들은 그리스도의 대리자인 교황의 권위를 부정하는데, 이는 심장이 커서 자유를 과도하게 애호하기 때문이다. 또한 그들이 세속적으로 공화국 아래 있거나 혹은 자신들의 의지로 뽑은 왕의 치하에 있는 것처럼, 영적으로도 이런 방식의 통치를 원한다. 그리고 북부의 장군과 병사가 전쟁에서 계책보다는 힘을 더 선호하듯이, 그들의 목사는 가톨릭교도와의 논쟁에서 이성보다는 저주의 말을 더 많이 사용한다. 그러나 중부의 민족은 자신들이 북부와 남부 사이에 거주하듯이 절제된 방식으로, 즉 정의와 이성에 의해 통치한다. 그래서 그들은

••

22) 이는 틀림없이 1554~1557년 재통합된 모로코의 사디조(朝) 첫 술탄인 모하메드 알세이크 흐를 가리킨다.

23) 아비시니아(에티오피아)의 왕으로, 프레테 잔니는 중세 유럽에서 프레스터 존이라고도 불리던 전설적 이름이다.

법을 창안했고 통치제도를 만들었으며[24] 평화와 전쟁의 기술에 통달하였다. 하지만 과도한 추위와 더위를 겪으며 북부와 남부라는 양극에 살고 있는 민족은 다른 경우보다 훨씬 더 야만적인 면을 보여주고 있다. 북부인이든 남부인이든 모두가 물질적으로 빈약하고[25] 품행도 고르지 못하다. 왜냐하면 전자는 추위에 시달리고 후자는 더위로 숨이 막히는 지경이기 때문이다. 한편에서는 점액이 넘쳐 우둔하게 되고, 다른 한편에서는 흑담즙 때문에 거의 야수로 변한다.[26] 그리고 적도(赤道) 이편의 민족에 대해 내가 말한 것은 적도 저편의, 똑같은 거리에 있는 민족에 대해서도 역시 마찬가지이다. 동부인은 느긋하고 순응적인 성품에다 아름답고 장대한 신체를 갖고 있다. 서부인은 좀 더 자긍심이 강하고 내성적이다. 토스카나인과 제노바인처럼, 동남부의 민족은 미묘한 심성과 기민한 행동 방식을 갖고 있다. 반면 북서부의 민족은 좀 더 솔직하고 소박한 마음을 지니고 있다. 거대한 광풍이 불어오는 지역의 주민은 불안정하고 격동적인 습관을 갖고 있으며, 평온하고 조용한 곳에 사는 주민은 그곳의 자연적 환경을 닮아 온화하고 일관된 행동 방식을 지니고 있다. 산악 거주민은 오만하고 거칠며, 계

∙∙

24) 보테로는 의도적으로 그리스어 용어 폴리테이아(politeia), 즉 국가에 해당하는 라틴어 폴리티아(politia; polizia)를 적법한 헌정적 통치라는 아리스토텔레스적 의미로 사용하고 있다.

25) 'sono e piccioli di corpo.' 직역하면 '몸이 왜소하다'가 되겠으나, 바로 앞서 북부인은 몸이 장대하다고 말한 바 있기 때문에 여기서는 'corpo'를 'materia'로 새겨 이렇게 번역하였다.

26) 'flegma(=flemma, 점액)'와 'maninconia(=malinconia, 흑담즙)'에 대한 언급으로 보아 이는 고대 그리스의 이른바 4체액설을 시사하는 것으로 보인다. 히포크라테스의 체액론에 따르면, 인간의 몸은 혈액, 흑담즙, 점액, 담즙으로 구성되는데, 혈액이 과다하면 명랑함이 지나치게 되고, 흑담즙이 지나치면 우울하게 되며, 점액이 많으면 차갑고 냉소적이 되고, 담즙이 많으면 급한 성격을 나타낸다고 한다. 체액설에 기초한 성격과 정치 및 처세술의 관련에 대해서는 다음을 볼 것. 곽차섭, 『마키아벨리즘과 근대국가의 이념』(현상과인식, 1996), 249~250.

곡의 거주민은 연약하고 부드럽다. 땅이 척박한 지역의 사람은 근면하고 성실하며, 땅이 기름진 곳의 사람은 섬세하고 한가한 경향이 있다. 외국인과 많이 접촉하고 교역하는 해양 민족은(플라톤은 그들을 "부정직의 교사"로 부르고 있다)[27] 기민하고 똑똑하며 사업 수완이 좋다. 반면 내륙 민족은 성실하고 의리가 있으며 쉽사리 자족한다.

[6]
분별에 대한 금언[28]

군주의 결정에는 이익이 다른 모든 것을 앞선다는 점을 확고한 사실로 받아들여야 한다. 따라서 군주를 대하는 사람은 이익에 기초하지 않는 한 어떠한 우정도 혈연도 조약도 혹은 다른 어떤 유대도 믿어서는 안 된다. 폴리비오스는 이렇게 말하고 있다. 즉 그들이 친구가 되고 적이 되는 것은 태생적인 것이 아니라 이익에 의해 친구인지 적인지를 판단한다는 것이다.[29] 또한 플루타르코스는 말하기를, 왕은 평화나 전쟁이란 말을 때에 따라 마치 돈 쓰듯이 쓴다는 것이다.[30]

병은 초기에 강력한 조치로 대처하라. 왜냐하면 무질서는 시간과 함께

••

27) 'improbitatis magistrum.' Platon, *Nómoi*, IV, 705a.
28) 이 장은 1570~1580년 간행된 프란체스코 귀차르디니의 『조언과 경고(*Consigli e avvertimenti*)』 — 이는 19세기 이후 'Ricordi'란 서명으로 알려지게 된다 — 의 노선을 따라 경고성 금언을 모은 것이다.
29) Polybios, *Historíai*, II, 47, 5.
30) 플루타르코스가 했다는 이 말은 그 출처가 확인되지 않는다.

더 커지고 힘도 더 세지기 때문이다.[31] "결정을 늦추어서는 안 된다. 그것은 단지 효과를 볼 때만 칭송되는 법"이라는 오토의 말을 기억하라.[32]

하지만 혼란이 너무 커서 당신의 힘에 부친다면 시간을 벌어라. 왜냐하면 시간과 함께 일의 성격이 바뀌고 변화하며, 시간을 가지는 사람이 삶도 가지기 때문이다.[33]

국가 내에 어떤 변화나 새로움을 동반하는 일은 아예 논의를 허용하지 말라. 왜냐하면 일단 협상이나 논의가 진행되면 원래 이상하고도 유해한 일이라도 이름을 얻고 긍정적으로 평가되기 때문이다. 프랑스와 플랑드르의 몰락은 두 제안서로 인해 시작되었다. 그 하나는 가스파르 드 콜리니가 프랑수아 2세에게 올린 것이었으며, 다른 하나는 브레데로데의 군주가 파르마의 귀부인에게 보낸 것이었다.[34]

작은 혼란도 무시하지 말라. 왜냐하면 어떤 병도 처음에는 미미하지만, 시간이 경과하면 점점 커져서 결국 파국을 초래하기 때문이다. 이는 처음에는 거의 느끼지도 못하는 약한 바람이 점점 더 커져 거센 바람이 되고 결국 무시무시한 폭풍으로 변하는 것과 같다.

숙고를 거듭하면 모든 난점을 피할 수 있을 것이라고 생각하지 말라. 왜

••

31) 마키아벨리는 자신의 전 저작을 통해 이러한 관념을 옹호하고 있다.

32) Tacitus, *Historiae*, I, 38, 2.

33) 이 금언은 마키아벨리와 귀차르디니에게서도 발견된다.

34) 1560년 8월 퐁텐블로 의회에서 위그노 지도자인 가스파르 드 콜리니는 노르망디 위그노의 탄원 두 가지를 제출하였다. 그것은 프랑수아 2세에게 그들의 예배당에서 자유로이 예배를 볼 수 있도록 해달라는 것이었다. 이에 왕은 교회 개혁을 위해 전국신분회 및 성직자 회의의 개최를 선포했다. 1556년 4월 5일, 헨드릭 판 브레데로데와 로데비익 판 나사우는 네덜란드 소귀족 집단의 이름으로 당시 펠리페 2세를 대신하여 그곳을 다스리던 마르게리타 디 파르마에게 청원을 올렸다. 귀족들의 타협 혹은 브레다 타협으로 알려진 이 청원은 위그노에 대한 종교적 박해와 이단 재판관 심문의 종식을 요구했다.

냐하면 이 세상에서 어떤 것이 다른 것의 부패 없이 생겨나기는 불가능하며, 그래서 어떤 좋은 질서도 무질서를 동반하기 때문이다. "비록 공공선을 위한 벌이라 해도 그 안에는 언제나 사악함이 내포되기 마련이다."[35]

중요한 일을 한꺼번에 많이 하려고 하지 말라. 너무 많은 것을 하려는 사람은 아무것도 하지 못하는 법이다. 메흐메드 1세는 맘루크와 로도스와 오트란토와의 세 전쟁을 동시에 치렀다. 결국 그는 맘루크에 패배했고, 로도스에서는 막대한 손실을 입었으며, 오트란토를 점령하는 데도 실패하였다. 그에게는 각각의 전쟁을 치를 충분한 군세가 있었지만, 그들 모두를 한꺼번에 대항하기에는 역부족이었다.[36]

획득한 것에는 발을 단단히 내리고 그것이 확실해지기 전에는 다른 일을 도모하지 말라. 타키투스는 푸블리우스 오스토리우스가 "자신이 앞서 획득한 영토가 확고해질 때까지는 다른 어떤 전쟁도 벌이지 않으려 했다"라는 것을 칭송하고 있다.[37] 그래서 현명한 왕이라면 자신의 치세 초년에는 새로운 전쟁을 일으키지 않는 법이다. 아리오스토는 프랑수아 왕을 칭송하고자 했으나, 그가 롬바르디아 전쟁에 뛰어들었던 일을 이야기하던 중에 무심코 분별없이 이렇게 읊었다.

행운의 치세 첫해에
왕위는 아직 앞날이 그리 밝지 않구나.[38]

∴

35) Tacitus, *Annales*, XIV, 44, 4.
36) 텍스트상의 오기로 보인다. 여기서 보테로는 메흐메드 2세에 의해 시작되어 1480년 왕국의 마지막까지 계속된 전쟁에 대해 언급하고 있다.
37) Tacitus, *Annales*, XII, 32, 1.
38) Ludovico Ariosto, *Orlando furioso*, XXVI, 44, 1~2.

에페이로스의 왕 피로스는 새로운 영토에 대한 탐욕 때문에 이미 획득한 도시와 왕국을 잃어버렸다. 디메트리오스 왕의 경우도 마찬가지였다.[39] 샤를 3세의 아들이자 나폴리 왕인 라니슬라오[40]는 부친의 왕국을 아직 공고히 하지 못한 상태에서 자신을 추대한 헝가리 왕국을 차지하려고 나섰다. 하지만 그가 자라에 겨우 도착하자마자, 곧 헝가리인이 (마음을 바꾸어) 보헤미아의 왕 지기스문트를 왕위에 옹립했으며, 자신의 왕국 귀족들은 반란을 일으켰다는 소식을 접했다.

더 힘이 센 자와는 부딪치지 말며 동시에 여러 개의 전쟁을 치르지도 말라. 왜냐하면 "헤라클레스조차도 둘을 이길 수는 없기" 때문이다.[41] 로마인은 이러한 점에 항상 주의를 기울였고 튀르크인 역시 그러하였다. 더 강한 자에 의한 침탈과 처벌할 수 없는 범죄에 대해서는 모른 척하라.

궂은 날씨와 거센 난관이 오면 때로는 물러서는 것이 현명한데, 엄청난 폭풍우에는 돛을 내리는 것보다 더 나은 대책이 없기 때문이다. 이 점에서 마케도니아인의 왕 필리포스는 탁월했다. 왜냐하면 치세 초기에 자신이 수많은 적에 둘러싸여 있음을 안 그는 손해를 감수하고라도 그중 가장 강력한 적과 화평을 맺고 가장 약한 적과 싸우기로 하였다. 그리하여 그는 자신들의 기백을 높이고 적에게 맞서는 대담성을 보여주었다. 베네치아인은 헝가리 왕 라요스 1세와 그의 연합군에 공격받았을 때 현명하게도 한발 물러남으로써 자신들의 재산을 지켰으나,[42] 프랑스 왕 루이 12세와 다른 연

∴

39) 두 인물의 예는 이 책 1권 4장에서도 언급된다.
40) 라디슬라오는 1383~1414년 나폴리 왕이었다.
41) 플라톤이 『파이돈(*Phaidon*)』, 89c에서 소크라테스에게 하게 만들었다는 속담이다. 이는 후일 마르실리오 피치노(38절)와 에라스무스(*Adagia*, I, 5, 39)에 의해 번역되었다.
42) 1358년 2월의 달마티아의 자다르에서 맺은 조약을 가리킨다.

합에 의한 전쟁에서는 물러서지 않아 거의 멸망 직전에까지 이르렀다.[43] "권력은 성급한 판단이 아니라 침착한 결정으로 더 안전하게 지켜진다"라고 한 타키투스의 말은 옳다.[44]

신중한 군주에게 자의적인 운과 우연을 믿는 것보다 더 적절치 못한 것은 없다. 이 점에서 티베리우스 황제는 아주 확실하였다. "사안의 핵심을 무시하지도 않고 우연을 신뢰하지도 않겠다고 결심한 티베리우스는 그들의 말에도 흔들리지 않고 자기 입장을 확고히 유지하였다."[45] 파비우스 막시무스나 다른 고대인은 말할 필요도 없고, 현대의 장군 중에서는 프로스페로 콜론나와 우르비노 공작 프란체스코 마리아도 그러하였다.[46] 하지만 에스파냐 왕 펠리페[47]야말로 이 점에서 대적할 상대가 없는 인물이었다.

자신보다 더 강력한 인접국이 있는 군주는 그들과 화평을 유지하도록 모든 방안을 모색해야 한다. 왜냐하면 만약 그가 이쪽을 돕고 저쪽을 공격한다면 그들은 전쟁에 돌입할 것이고, 만약 둘 모두를 돕는다면 그는 아무 것도 얻는 것 없이 자신의 것만 낭비하게 될 것이며, 만약 그가 어떤 쪽과도 손잡지 않으면 둘 다 그를 적으로 생각할 것이기 때문이다.[48]

갑작스러운 변화를 꾀하지 말라. 왜냐하면 그러한 것은 폭력적인 것을

∴

43) 교황과 프랑스 왕과 신성로마 황제가 연합한 반베네치아 캉브레 동맹이 결성된 때이다. 1509년 5월 14일 아냐델로 전투에서의 대패로 베네치아는 테라페르마 대부분을 비록 일시적이지만 잃고 말았다.

44) Tacitus, *Annales*, XI, 29, 2.

45) Tacitus, *Annales*, I, 47, 1.

46) 프로스페로 콜론나(1452~1523)는 이탈리아 전쟁에서 프랑수아 1세와 에스파냐 왕들 휘하에서 봉사한 유명한 로마 출신 장군이다. 프란체스코 마리아 델라 로베레(1490~1538)는 이탈리아 전쟁의 용병대장이다.

47) 합스부르크가의 펠리페 2세(1527~1598)이다.

48) 마키아벨리, 『군주론』, 곽차섭 번역·주해(길, 2015), 21장 참조.

유발하며, 폭력은 거의 성공하지 못할 뿐 아니라 결코 지속적인 결과도 만들어내지 못하기 때문이다. 샤를 마르텔은 프랑스의 왕이 되고 싶었지만, 왕의 집사로서 갑자기 왕이란 칭호를 사용하고자 하지 않았으며, 그보다는 프랑스 귀족의 군주로 불리고자 하였다. 그래서 그의 아들 피핀은 쉽사리 왕의 칭호와 왕국을 얻었다. 카이사르로 불리는 사람도 처음에는 종신 독재관이었다가 호민관이 되었고, 이어서 군주가 된 뒤 결국 황제의 자리에 올라 절대 권력자가 되었다.

어떤 전쟁을 준비하고 있을 때는 결코 그것을 지연시키지 말라. 왜냐하면 이런 경우 지연은 적보다는 자신의 군대에 더 혼란을 가져오기 때문이다. "준비 중의 일을 지연시키는 것은 언제나 해롭다."[49]

새로운 것보다는 오래된 것을, 혼란스러운 것보다는 평온한 것을 택하라. 왜냐하면 이는 불확실한 것보다 확실한 것을, 위험한 것보다는 안전한 것을 앞에 두기 때문이다. 이 점에서 탁월한 인물은 황제 막시밀리안 2세였다. 왜냐하면 그의 생각은 모두 평화와 공공의 평안에 쏠려 있었기 때문이다.

디미트리오스 팔리로가 프톨레마이오스 필라델포스에게 아무도 감히 말하려 하지 않을 수많은 비밀을 책에서 발견하게 될 것이라고 한 말을 기억하라.[50]

승리가 확실해서 큰 이익을 얻을 것이 아니라면 강력한 공화국과는 분쟁을 일으키지 말라. 왜냐하면 공화국에서는 자유에 대한 사랑이 너무 커

∙∙

49) Lucanus, *De Bello Civili*, I, 281.
50) 이는 소요학파 철학자인 팔리로 출신 디미트리오스(기원전 345~282)가 이집트의 프톨레마이오스 2세(기원전 285~246 치세)에게 유대의 종교서 번역에 관해 말한 것으로 보인다. Flavius Josepus, *Antiquitates Iudaicae*, XII. 혹은 2세기경 만들어진 것으로 추정되는 그리스의 위경(僞經) 『아리스테아가 필로크라티스에게 보내는 편지(*Lettera di Aristea a Filocrate*)』에 기록된 것일 수도 있다.

그것을 향유한 사람의 마음에까지 뿌리를 내림으로써, 자유를 원하는 마음을 극복하기 어려울 뿐 아니라 제거하기는 거의 불가능하기 때문이다. 군주의 전쟁과 정책은 그와 함께 사멸하나, 자유 도시의 계획과 결정은 거의 불멸에 가깝다.[51]

마찬가지로 교회와의 분쟁도 일으키지 말라. 왜냐하면 그러한 전쟁은 정당성을 확보하기가 어렵고, 언제나 불경스럽게 보일 뿐 아니라 아무것도 가져다주지 못할 것이기 때문이다.[52] 밀라노 공작들과 피렌체인, 나폴리 왕들, 베네치아인이 이를 가르쳐주고 있다. 그들이 교황과 치른 전쟁은 엄청난 비용을 소모했음에도 아무런 이익을 얻지 못했다.

장관의 선임에는 티베리우스가 항상 그렇게 한 것처럼, 상위든 하위든 그들이 맡은 일에 적합한지를 살펴보라. 왜냐하면 일이 자신의 재능에 비해 하찮다고 느끼는 사람은 그것을 경멸할 것이고 재능이 열등한 사람은 그것을 해낼 수 없기 때문이다.

인접국과 전쟁을 계속하지 말라. 왜냐하면 이는 그들을 전투적이고 호전적으로 만들기 때문이다. 아게실라오스가 테바이인에 의해 부상을 입은 뒤 그들에게서 그에게 어울리는 보상을 받았다고 전해오는데, 즉 그는 그들과의 전쟁을 지속함으로써 오히려 그들에게 군대를 어떻게 다루는지 가르쳐준 셈이 되었다는 것이다.[53] 튀르크는 그리스도교 군주들과의 관계에서 이 기술을 사용했는데, 왜냐하면 그들은 그들 누구와도 전쟁을 오래 치르지 않았지만, 이번에는 이쪽을 다음에는 저쪽을 공격하여 여기서는 요

••

---

51) 마키아벨리, 『군주론』, 곽차섭 번역 · 주해(길, 2015), 5장; Guicciardini, *Ricordi*, C 38, B 154 [A 130].
52) Guicciardini, *Ricordi*, C 29, B31 [A8].
53) Plutarkos, *Vioi Paralleloi*, "Agesilaos," 26.

충지를 저기서는 왕국을 빼앗은 뒤 그들에게 군대를 운용할 시간을 주지 않으려고 화평을 맺거나 휴전하고는 또다시 다른 곳으로 향했다. 튀르크인들은 그곳에서도 마찬가지로 전쟁을 계속하여 상대방이 기백과 용기를 다잡을 시간을 주지 않았고, 일부 국가나 도시를 빼앗은 뒤 쉽사리 그들에게 평화나 휴전을 허용하였다. 그리하여 그들의 군대는 언제나 참전 경험이 풍부했으나 우리 군대는 항상 모두가 신참이었으며, 그들은 계속해서 우리 군주 중 어느 하나와 전쟁을 치렀으나 우리 군주 중 그 누구도 그들과 전쟁을 지속하지 못함으로써, 그들은 자신들이 획득한 영토에서 확고한 위치를 차지할 수 있었다.

그러나 특히 원래의 신민과 전쟁을 계속하는 것은 훨씬 더 나쁘다. 왜냐하면 전쟁은 그들을 독하게 만들고 점점 더 소외시키기 때문이다. 그들은 처음에는 단지 분개하는 정도로 그치겠지만 결국에는 공공연히 반란을 일으킬 것이다. 이는 지기스문트 왕이 보헤미아 전쟁에서, 그리고 가톨릭 왕이 플랑드르 전쟁에서 겪은 바와 같다. 반역과 반란이란 말은 오명과 증오를 뜻하기 때문에, 어떤 사람도 처음부터 아무런 경고도 없이 자신들의 군주에게 반란을 일으킬 만큼 뻔뻔스럽지는 않다. 하지만 일단 칼이 피로 물들고 일이 정당하게 진행되지 않으면 결국 완전한 파국과 반란이 일어난다. 유대인의 왕 알렉산데르는 자신의 신민과 6년간 전쟁을 치른 후에도 (그동안 6만 명이 죽임을 당했다) 전쟁이 끝날 기미를 보이지 않자, 결국 어떻게 하면 좋게 평화를 이룰 수 있겠느냐고 물었다. 그들은 당신의 죽음 외에 다른 방도는 없다고 응답하였다. 그는 자신이 처음에 해야 했던 것을 마지막이 되어서야 한 것이다.[54]

‥

54) Flavius Josephus, *Antiquitates Iudaicae*, I, 4, 4.

당신이 무장하고 있지 않을 때 맺은 평화를 너무 믿지 말라. 무장하지 않은 평화는 취약한 법이기 때문이다.[55] 콘스탄티누스 대제는 전면적인 평화로 변방 군대가 필요 없다고 생각하고 그들을 해산시킴으로써 야만인에게 성문을 열어주고 말았다.

전쟁에서는 힘보다 기민함이 훨씬 더 중요하다는 것을 명심하라. 왜냐하면 기민함이란 갑자기 치는 것이지만 힘은 통상적으로 예견되기 때문이다. 기민함은 적을 혼란스럽게 만들고 힘은 그들을 무너뜨린다. 카이사르는 기병 300과 보병 5,000으로 내전을 시작했으나, 예측불허의 기민함을 발휘하여 적을 놀라게 함으로써 더 이상 병사를 충원할 틈을 주지 않고 그들을 격파하여 불과 60일 만에 이탈리아 전역을 점령하였다.

마찬가지로 큰 전쟁일수록 충동적으로 행동하기보다는 인내를 발휘하는 편이 결과가 좋다는 것을 명심하라. 왜냐하면 충동적인 공격은 힘으로 강압하며, 인내는 기회와 때에 맞추어 적을 약하게 만들기 때문이다. 적을 한 번에 제압하기보다는 약하게 만들어서 쓰러뜨리는 편이 더 쉽다.

전쟁과 사건에 적당한 때를 인지하여 기회가 오면 그것을 잡아라.[56] 왜냐하면 호기(好機)라고 불리는 어떤 시간보다 더 중요한 것은 없기 때문이다. 그것은 그때 전이나 후에는 어려울 일을 쉽게 만들어주는 조건들의 결합과 다르지 않다. 왜냐하면 리비우스가 올바로 말한 것과 같이, "중요한 일은 종종 때가 결정하기" 때문이다.[57] 이 점에서는 마케도니아의 왕 필리

··

55) "무장하지 않은 예언자는 패망한다"라는 마키아벨리의 말을 생각게 하는 구절이다. *Il Principe*, VI, [21].
56) 마키아벨리, 『군주론』, 곽차섭 번역·주해(길, 2015), 6장; Guicciardini, *Ricordi*, A 27, B 76 [A 51], B 142 [A 118].
57) Livius, *Ab Urbe condita libri*, III, 27.

포스 1세가 탁월했다. 그는 자신의 목적을 이루기 위해 그리스 도시들의 취약함과 혼란을 놀라울 정도로 잘 이용하였다. 또한 튀르크인의 왕 무라트 1세 역시 그에 못지않게 기민했는데, 그는 유럽에서 자신의 제국을 확장하는 데에 그리스 군주들의 불화를 십분 활용하였다. 결국 힘이든 교활함이든 호기(好機)에 의해 인도되지 않으면 별 소용이 없다. 아이밀리우스 프로부스가 에파메이논다스에 대해 말한 것처럼, "기회를 이용할 수 있어야 하는 것이다."[58]

다른 군주에 의존하는 사람을 국가 회의에 넣지 말라. 왜냐하면 다른 군주의 이익을 심중에 품은 사람의 조언은 진실할 수가 없기 때문이다. 군주든 다른 누구든 그들의 논의에서 이익보다 더 자주, 더 미묘하게 고려되는 것은 없다.

논의 중 전쟁을 하자는 의견을 내지 않은 사람에게 전쟁의 수행을 맡기지 말라. 왜냐하면 의지란 지성에 의해 움직이지 않을 때는 효과적일 수가 없기 때문이다. 레판토 전쟁 당시 오키알리(전쟁을 치러야 한다는 의견을 내지 않은)는 전쟁을 회피하였다.[59]

큰일을 준비할 때는 충분히 숙고하라. 하지만 그 실행 방법을 미리 정하지는 말라. 왜냐하면 이는 대개 시간상의 호기와 당시의 상황에 달려 있으며, 이러한 것들은 계속해서 변하기 때문이다. 실행 방법에 제한을 두는

⁘

---

58) Temporibus sapienter utens. 이 말은 로마 전기작가 코르넬리우스 네포스의 『명사전(傳) (De viris illustribus)』, XVI, 3에 나온다. 16세기에는 이 전기의 작가가 아이밀리우스 프로부스라고 생각하였다.

59) 오키알리 혹은 우찰리는 오스만튀르크의 제독 윌뤼그 알리의 이탈리아식 이름이다. 원래 칼라브리아 출신으로 이슬람으로 개종한 그는 1587년에 죽었다. 그는 보테로의 말과는 달리, 레판토에서 그리스도교 군대에 막대한 손실을 입히고 콘스탄티노폴리스로 귀환하였다.

것은 장관들의 재량권을 빼앗고 결국 일을 그르치게 하는 것과 다르지 않다. 이는 헝가리 왕에 대한 전쟁에서 라니에리 바스코가 범한 바와 같다.[60] 왜냐하면 "생각은 천천히 하고 일단 생각한 것은 신속히 시행하는 것이 현명하기" 때문이다.[61] 세세한 지시사항보다 신속한 행동에 더 저해되는 것은 없다. 따라서 신중히 숙고하되 거리낌 없이 실행하는 인물을 기용하라.

고통과 위험을 피함으로써 거기서 벗어날 수 있다고 생각지 말라. 그보다는 그것과 맞서고 그것을 쫓아야 한다. 왜냐하면 만약 그것을 피하게 되면 그것이 오히려 당신을 따라와 힘이 더 커질 것이고, 만약 스스로 그들과 맞서면 그것은 뒤로 물러나 소멸할 것이기 때문이다.

당신이 인민보다 귀족 편을 더 들든 혹은 그 반대이든 어느 쪽으로 보이지 않도록 주의하라. 왜냐하면 이렇게 되면 당신은 전 신민의 군주가 아니라 파당의 수장이 될 것이기 때문이다.

당신에게 침해당했거나 혹은 그렇다고 스스로 생각하는 사람은 믿지 말라. 왜냐하면 복수의 열망은 아주 강력하며 기회가 오면 그것이 나타나기 때문이다. 이는 훌리안 백작[62]과 샤를 드 부르봉[63]의 예가 보여주는 바와 같다.

궁에 당신과 함께 있는 장관들은 자기 자신을 돌볼 것이기 때문에, 오히

∵

60) Ranieri Vasco. 14세기 후반 활동했던 움브리아 출신의 장군 라니에리 데 바스키를 가리킨다. 대(對) 헝가리 전쟁이란 1372~1373년 베네치아가 헝가리와 싸운 것을 말하는 것으로 보인다.

61) 이는 인용이 아니라 속담으로 보인다.

62) 일부 전설적인 전거에 따르면, 아프리카 북부 해안에 있는 에스파냐 자치도시 세우타의 그리스도교 총독 훌리안 백작이 711년 우마이야조(朝)의 이베리아반도 정복을 부추기고 도왔다고 한다. 왜냐하면 톨레도 궁에 있던 서고트 왕 로데리고가 그의 딸을 범했기 때문이라는 것이다.

63) 샤를 드 부르봉 원수(1490~1527)는 프랑수아 1세가 부르봉가의 유산을 빼앗으려 하자, 왕에 대한 복수로 그의 숙적인 카를 5세 황제의 선임 장군이 되었다. 그는 1527년 로마 약탈 초기에 전장에서 살해되었다. 특히 다음을 볼 것. Guicciardini, *Storia d'Italia*, XV, 3.

려 밖에 있는 장관들을 더 살펴주라. 그들은 보통 지출할 것도 더 많고 노고도 더 크기 때문이다.

민중과 직접 맞서지 말라. 왜냐하면 당신은 그들을 쉽게 이길 수도 없고, 설사 이긴다 해도 그들의 사랑을 크게 잃어버릴 것이기 때문이다. 그보다는 솜씨 있는 뱃사람처럼 맞바람을 이용하여 나아가며, 당신이 빼앗을 수도 막을 수도 없는 것을 원하거나 줄 것처럼 보이도록 하라. "범죄는 성급한 데서 나타나고 좋은 판단은 시간을 써야 나온다."[64]

[7]
비밀의 준수에 대하여

평화와 전쟁에 관한 중요한 협상을 수행하는 사람에게 비밀 준수보다 더 필요한 일은 없다. 계획의 실행과 전쟁의 수행이 가능한지는 바로 여기에 달려 있다. 만약 비밀이 새나가면 큰 난관에 처할 것이다. 감춰져 있으면 놀라운 효과를 내지만 그렇지 않으면 이익보다는 손해를 초래하는 지뢰처럼, 군주의 정책 역시 비밀이 지켜지면 매우 효과적이고 쉽게 수행되지만, 일단 그것이 드러나게 되면 곧 그 힘과 용이함을 잃게 된다. 왜냐하면 적이든 경쟁자든 모두 그것을 저지하거나 방해하려고 할 것이기 때문이다. 리비아는 아우구스투스가 죽었을 때 대단한 수완을 발휘하여 티베리우스를 로마제국의 확고한 계승자로 만들었다. "리비아는 집과 주변 거리에 물샐틈없이 경계를 세우고 수시로 자신들에게 유리한 소문을 퍼뜨렸

••
64) Tacitus, *Historiae*, I, 32, 2.

다. 이리하여 그녀가 필요한 모든 조치를 다 취한 뒤, 아우구스투스의 죽음과 티베리우스의 권력승계를 동시에 발표하였다."[65] 매우 현명한 군주였던 코지모 데 메디치 대공작은 비밀 준수를 국정의 주요 사항 중 하나로 간주했다. 그리고 그가 비밀을 지키는 방식은 아무에게도 그것을 말하지 않는 것이었다. 에마누엘레 디 사보이아 공작이 말한 바와 같이, 마음속에 넣어둔 것은 알려질 수 없지만, 다른 사람에게 말한 것은 결코 감춰질 수 없는 것이다. 그러나 일에 대한 풍부한 경험과 스스로 올바른 판단을 내릴 수 있는 군주라야 온전히 비밀을 지킬 수 있다. 아시아의 왕 안티고노스[66]가 그런 인물이었다. 아들인 디미트리오스가 언제 군대를 숙영지에서 차출하고 싶으냐고 묻자 그는 아주 퉁명스럽게 대답했다. "넌 너 혼자만 나팔 소리를 들을 수 없을 거라고 생각하는 게냐?"[67] 메텔루스 마케도니쿠스[68] 역시 그랬다. 그는 한 사람이 에스파냐 전쟁을 위한 계획이 뭐냐고 묻자 이렇게 말했다. "알려고 하지 마시오. 만약 내가 입은 셔츠가 내 심중을 알려 한다면 난 즉시 그것을 불에다 던져버릴 테니까."[69] 페드로 데 아라곤[70] 역시 마르티누스 4세가 그에게 무슨 목적으로 대함대를 모으냐고 묻자 똑같이 대답하였다. 그는 이후 그 함대로 프랑스 치하의 시칠리아를 빼앗았다. 군주에게 비밀 준수의 능력은 그와 상대하는 사람에 대한 자신감을 준다.

∴

65) Tacitus, *Annales*, I, 5.
66) 외눈이란 별칭의 안티고노스(기원전 382~302)는 알렉산드로스 대왕 휘하의 장군이자 총독으로, 마케도니아에 안티고노스 왕조를 세워 기원전 306년에서 301년까지 통치하였다.
67) Plutarkos, *Vioi Paralleloi*, "Demetrio," 28, 10.
68) 메텔루스 마케도니쿠스(기원전 210~115)는 로마 집정관이자 장군으로, 마케도니아를 점령해 로마의 속주로 삼았다. 그래서 마케도니쿠스란 별칭이 붙었다.
69) Pseudo-Aurelius Victor, *De viris illustribus urbis Romae*, 61.
70) 페드로 3세 데 아라곤(재위 1276~1285)은 시칠리아를 정복하였다.

하지만 만약 군주가 스스로 판단할 능력이 부족하거나 혹은 사안으로 보아 다른 사람의 개입이 필요하다면, 이때는 당연히 최소한의 사람으로 비밀스럽게 이루어져야 한다. 왜냐하면 많은 사람에게 알려진 비밀은 더 이상 유지될 수 없기 때문이다. 케이론은 어려운 세 가지 일이 있다고 말했는데, 이는 분노를 참는 것, 여가를 잘 이용하는 것, 비밀을 지키는 것이었다.[71] 또한 고문, 대사, 비서, 첩보원은 통상적으로 비밀을 다루는 위치에 있기에 이 직책에는 성품으로나 의지로나 과묵하고 아주 기민한 인물을 뽑아야 한다. 여기에는 은폐가 큰 도움이 될 터인데, 프랑스 왕 루이 11세는 이것이 통치술의 주요한 특징이라고 보았다.[72] 티베리우스 황제는 다른 어떤 것보다 스스로 탁월했던 은폐의 기술을 더 자랑스러워했다. 은폐란 자신이 알거나 관심을 기울이는 일에 대해 모르거나 무관심한 척하는 것이며, 반면 위장은 이것을 저것인 양 하거나 이것을 저것으로 오인하게 하는 것이다. 분노를 쏟아내는 것보다 은폐에 더 반하는 것은 없기 때문에, 군주는 무엇보다 이 감정을 누그러뜨려서 말을 불쑥 내뱉거나 혹은 자신의 마음이나 느낌을 표출하는 어떤 기색도 내비쳐서는 안 된다. 칼라브리아 공작 알폰소는 페라라 전쟁으로 롬바르디아에 있는 동안, 종종 자신이 나폴리로 돌아가면 신민 중 어떤 자를 처벌하여 왕국의 정사(政事)를 바로 잡겠다고 호언하곤 하였다. 이 말이 알려지자 이는 결국 아퀼라와 봉신의 반란을 야기하는 원인이 되었다.[73] 만토바의 영주 파세리노는 루이지 곤차가

•
•

---

71) Diogenes Latertios, *Vioi kai gnomai ton en filosofia evdokimisanton*, I, 3, 69.

72) 필리프 드 코민(1447~1511) 및 파올로 에밀리의 『프랑크인의 업적에 대하여(*De rebus gestis Francorum*)』(1515)에서 시작된 "은폐할 줄 모르는 자는 통치할 줄도 모른다"라는 금언적 공식은 루이 11세(1423~1483)가 한 말로 알려져 있다.

73) 알폰소 2세 데 아라곤(1448~1495)은 칼라브리아 공작이자 나폴리 왕 페르디난도 1세의 아들로, 1483년 반베네치아 동맹의 총사령관으로 임명되었다. 말년에 잠시(1494~1495) 나

를 위협하다가 오히려 선수를 빼앗기고 아들과 함께 죽임을 당했다.[74] 프란체스코 오르시 다 포를리는 지롤라모 리아리오 백작으로부터 위협을 받는다는 것을 알았으므로 불안한 나머지 방에 있던 그를 살해하였다.[75] 왜냐하면 위협은 위협받는 사람의 무기이기 때문이다.

[8]
정책에 대하여

앞서 정책과 계획에 대해 이미 언급했고, 또한 "최고의 권력을 다루는 데는 무기와 힘보다는 현명한 정책이 더 요긴하기"[76] 때문에, 나는 여기서 군주의 정책이 어떠해야 하는가에 대해서도 빠뜨리지 않고 언급하고자 한다.[77]

지나치게 미묘하고 예민한 정책은 피해야 한다. 왜냐하면 정책은 미묘

∵

폴리 왕으로 재위하였다. 페르디난도 1세에 대한 봉신들의 반란은 1485년에 일어났다. Cf. Camilio Porzio, *La congiura de' baroni del regno di Napoli contra il re Ferdinando primo* (Roma, 1565).

74) 만토바 및 모데나 영주였던 라이날도 보나콜시(리날도 데이 보나콜시), 일명 파세리노는 15세기 초 북이탈리아 황제당의 주요 일원이었다. 그는 1328년 8월 16일 루이지(루도비코) 1세 곤차가(1267~1360)에게 권력을 빼앗긴 뒤 죽임을 당했다.

75) 프란체스코 오르시(1458~1488), 일명 케코 오르시는 자신의 일당과 함께 이몰라와 포를리의 영주 지롤라모 리아리오(1443~1488)를 살해하였다. Machiavelli, *Istorie fiorentine*, VIII, 34.

76) Tacitus, *Annales*, XIII, 6, 4.

77) 1589년 초판에는 다음 구절이 덧붙어 있다. "무엇보다도 군주는 교활성이 아니라 분별을 천명해야만 한다. 분별이란 목적을 달성하는 데 적합한 수단을 탐색하고 찾아내는 기능을 가진 하나의 덕성이다. 교활성은 동일한 목적을 지향하나 분별과는 다음의 점에서 구별된다. 즉 수단의 선택에서 전자가 이익 외에는 아무것도 고려하지 않는 데 반해, 후자는 유용성보다는 명예를 추구하는 것이다."

할수록 더욱 정밀한 실행이 필요해서 대개 성공하기 어렵기 때문이다. 이러한 정책이 보통 이루어지지 않는 이유는 거창한 계획을 성사하려면 수많은 수단이 필요하고, 결과직으로 에기치 못한 수많은 상황과 만나게 되기 때문이다. 시계가 더 복잡한 구조로 조립될수록 더 쉽게 작동하지 않고 시간도 정확하지 않은 것처럼, 세세하고 미묘한 성격의 계획과 일은 종종 아무런 결과도 가져오지 못한다. 그래서 고대에 스파르타인이 정책 판단에서 아테나이인보다 더 성공적이었듯이, 베네치아인은 이 점에서 피렌체인보다 더 성공적이다.

단순하고 안전한 정책보다 원대하고 화려한 정책을 더 높이 평가해서는 안 된다. 왜냐하면 보통 그러한 정책은 창피하고 나쁜 결과를 가져오기 때문이다. 안티오코스 대왕의 계획이 바로 그러하였다. 그는 필리포스 왕과 퀸크티우스 플라미니누스 간의 전쟁에서 죽은 마케도니아인을 명예와 의전을 갖춰 장례를 엄수했지만, 이는 인민의 사의(謝意)를 얻지 못했을 뿐 아니라 오히려 왕과의 관계가 완전히 단절되는 원인이 되었다. 리비우스의 말과 같이, 왕은 자신의 본성과 허영심으로 인해 보통 훌륭하게 보이기는 하지만 별 내실이 없는 정책을 따르곤 한다는 것이다.[78] 더욱 추진되어서는 안 될 정책은, 원대한 계획에다 수많은 사항이 필요하지만 정작 돈도 힘도 보탤 수 없고 생전에 이룰 수도 없을 뿐 아니라 우리가 도저히 조달할 수 없을 만큼 많은 수단을 요구하는 것이다. 막시밀리안 황제와 레오 10세의 생각이 보통 이러하였다. 매우 대담한 성격의 정책 역시 위험한데, 이는 처음에는 당차고 용맹하게 시작하지만 일이 진행되면서 갖가지 난관과 혼란에 부딪혀 결국 고통과 절망으로 끝난다. 그러므로 군주는 이런 정

：

78) Livius, *Ab Urbe condita libri*, XXXVI, 8, 4.

책 대신에 기초가 단단하고 충분히 숙고하여 우연적인 사건에 좌우되지 않을 정책을 따라야 한다. 비록 이러한 것을 항상 준수해야 하겠지만, 그럼에도 전쟁에서 적을 제압하고 승리해야 할 때는 때로 위험을 무릅쓰고라도(위험 없이는 이익도 없기에) 대담성을 보여주어야만 할 수도 있다. 왜냐하면 대담성은 공격하는 측에게 유익하기 때문이다(한니발의 전쟁이 그러하였다). 하지만 자신의 것을 보존하고 획득한 것을 유지하고자 할 때는 지혜로운 왕이라면 위험을 무릅쓰는 것보다 더 무익한 것은 없다. 왜냐하면 유익함보다 손해가 너무 크기 때문이다. 위대한 군주에게는 오랫동안 숙고하는 편이 유익한데, 왜냐하면 그들은 종종 영토를 획득하기보다는 보존하는 일을 더 많이 하기 때문이다. "권력은 성급한 판단이 아니라 침착한 결정으로 더 안전하게 지켜지는 것이다."[79] 영토를 보존하기보다는 더 늘리고자 하는 군주에게는 신속하고 재빠른 판단이 더 낫다. "로마의 권력은 행동과 대담성에 의해 자라났다"라는 것이다.[80] 그러나 긴급하고 갑작스러운 상황에서는 어중간한 정책과 타협보다 더 나쁜 것은 없다. 그래서 타키투스는 파비우스 발렌스에 대해 이렇게 썼다. "위기의 순간에는 어중간한 방책이 언제나 최악이다. 그것은 대담함도 신중함도 아니다. 행동해야 할 때 시간을 지연하는 정책은 무용하다."[81] 오토의 언명 역시 되새길 만하다. "결정을 늦추어서는 안 된다. 그것은 단지 효과를 볼 때만 칭송되는 법이다."[82] 판단을 내릴 때는 신중하되 실행과 행동에서는 과감해야 하는 것이

..

79) Tacitus, *Annales*, XI, 29, 2. 앞의 2권 6장에서도 같은 인용이 나온다.
80) Livius, XXII, *Ab Urbe condita libri*, 14, 14.
81) Tacitus, *Historiae*, III, 40, 2.
82) Tacitus, *Historiae*, I, 38, 2. 앞의 2권 6장에 같은 인용이 나온다. 하지만 여기서는 원문 구절 중 일부가 약간 불완전한 형태로 변형되어 있다.

다. 정책의 선호는 생각이 아니라 실행에 달려 있기 때문에, 재주가 뛰어난 사람보다는 실천적인 사람의 조언을 더 높이 평가해야 한다. 왜냐하면 (아리스토텔레스가 말했듯이) 실천석인 사람의 판단은 박식한 사람익 판단에 결코 못지않기 때문이다.[83] 그러므로 만약 경험이 그것을 먼저 보증하지 않았거나 혹은 기술자가 전쟁에 대한 지식이 부족하다면 새로운 발상을 쉽사리 믿어서는 안 된다. 레하밤을 파멸시킨 조언자들에 대해 성경은 그들이 "그와 함께 자라나고 그를 섬겼던 젊은이들"이라 말하고 있다.[84] 조언하는 사람은 그것에 뒤따를 수도 있는 해악을 고려해야 한다고 결론을 짓자.

[9]
새로운 일을 하지 않는 것에 대하여

오랜 세월에 걸쳐 명성을 얻어온 것을 바꾸는 것보다 통치에 더 해로운 일은 없다. "고래(古來)의 방식을 바꾸지 않는 것이 좋다. 사람은 관습이 명백히 잘못되었다고 생각하지 않는 한 그것을 그대로 두는 쪽을 더 좋아한다"라고 리비우스가 말한 바 있다.[85] 이는 특히 통치의 초기라면 언제나 피해야만 한다. 이 때문에 사울은 왕으로 선출되어 사무엘에 의해 성유로 축복받았지만, 이후 2년 동안 궁도 호위대도 없이 마치 사인(私人)처럼 살았

∙∙

83) Aristoteles, *Metafisica*, A, I, 981 a 14.
84) 「역대기하」 10장 8절.
85) Livius, *Ab Urbe condita libri*, XXXIV, 54, 8.

다.[86] 그렇게 함으로써 질시와 경쟁을 피할 수 있으리라 생각했다. 아우구스투스 황제는 원수(元帥)의 지위가 주는 새로운 느낌을 줄이기 위해 황제나 왕으로 불리기보다는 호민관이란 이름으로 제국을 확립하고자 했으며, 가능한 한 옛날의 예를 따라 법과 조례를 제정하고자 하였다. 하지만 티베리우스 황제보다 옛것을 더 잘 이용한 사람은 없을 것이다. 왜냐하면 그는 자신의 칭송할 만한 법령과 제도는 말할 나위도 없고, 매일 저지르는 자신의 악행과 폭정까지도 고풍스러운 말로 감추고 명예롭게 만들었기 때문이다. "새로운 범죄를 옛 이름 아래 감추는 것이 티베리우스의 특징이었다."[87] 새로움은 증오를 낳으며, 옛 관습의 변화는 분노 없이는 이루어질 수 없다. 파르티아인의 왕 오노네스는 자신의 왕국에서 쫓겨났는데, 왜냐하면 그는 스스로가 오랫동안 머물렀던 로마의 관습에 따라 살았기 때문이다.[88] 하지만 이 점에서 가장 중대한 실수를 범한 인물은 프랑스 왕 루이 11세였다. 왜냐하면 그는 왕국을 계승한 후 부왕의 총애와 존경을 받아온 사람의 관직과 지위를 모두 빼앗아버렸기 때문이다. 그는 통치에 신출내기여서 정사(政事)에 필요한 지식도 경험도 없었으므로 적어도 옛 장관들은 그대로 두었어야 했다. 왜냐하면 만약 군주와 장관이 똑같이 신출내기이면, 루이 11세가 여러 번 커다란 난관에 부닥쳤을 때 그 스스로가 보여준 것처럼, 그는 새로움에 따른 변화에 처할 수밖에 없기 때문이다. 만약 새로운 조치를 취해야 한다면, 그것은 자연을 모방하여 거의 느낄 수 없을 정도로 조금씩 진행해야 한다. 자연은 결코 겨울에서 여름으로 혹은 여름

••

86) 「사무엘상」13~15장.

87) Tacitus, *Annales*, IV, 19, 2.

88) Tacitus, *Annales*, II, 2. 오노네스 1세(기원 전후 활동)는 기원전 247년에서 기원후 224년까지 고대 이란에 있었던 파르티아 제국의 왕이다.

에서 겨울로 바로 넘어가지 않으며, 그사이에 봄과 가을이라는 온화한 계절이 있어, 그것을 즐기는 것으로 추위에서 더위로 또 더위에서 추위로 되돌아오는 이행 과정을 참을 수 있도록 해준다.

> 부드러운 것은 시험을 견딜 수 없다네
> 더위와 추위 사이에 그처럼 평온한 휴식이 없다면
> 그리고 땅이 하늘의 온기로 보호받지 못한다면.[89]

[10]
용기에 대하여

발로레는 분별과 정신의 활력으로 이루어진다. 이 두 성품이 한 사람 안에서 합쳐지면 경이로운 업적이 산출된다. 국가를 유지하기 위해서는 권력보다 발로레가 훨씬 더 중요하다. 이는 아리스토텔레스가, 일단 획득한 것은 거의 혹은 결코 잃지 않는 군주와 선조의 권력은 이어받았으나 여러 덕성은 물려받지 못한 자손의 예를 통해 입증한 바 있다.[90] 그러나 여기서 우리는 단지 대담하다는 의미에서의 발로레에 대해서만 논의할 것이다.[91] 대담함이란 일부는 정신에서 일부는 육체에서, 또 일부는 나중에 적절한 곳에서 언급할 외력(外力)에서 생겨난다. 비록 정신의 대담함이 종종 병약한

∴

89) Vergilius, *Georgica*, II, 343~345.
90) Aristoteles, *Politika*, III, 15, 1286 b 25.
91) 발로레(valore)는 우수한 능력과 용기(대담함)라는 두 의미를 함께 갖고 있다.

육체를 이겨내고 그것을 다스리며 지탱하기 때문에 으뜸이기는 하지만, 그럼에도 보통은 건강하지 못하고 체형이 잘 갖추어지지 않은 육체 역시 정신을 침체하게 만든다. 그래서 군주는 모든 점이 잘 짜여서 건강하고 강인한 육체를 지닌 사람이어야 하며, 또한 건강을 유지하고 증진시키는 다양한 방법들을 사용하여 타고난 체질을 보완하는 것이 바람직하다. 술에 취하지 않고 음식도 절제하는 것이 건강을 유지하게 만든다. 왜냐하면 과식, 만취, 대식의 악습은 몸에 나쁜 체액의 발생과 소화불량에 시달리게 하는데, 이 때문에 군주의 삶은 비참해지고 자기 자신뿐 아니라 다른 사람까지도 진력나게 하는 통풍과 다른 여러 질병이 생겨난다. 또한 건강과 힘을 보존하기 위해서는 금욕하는 것이 좋다. 왜냐하면 고삐 없는 방종은 사람은 물론이고 짐승까지도 허약하게 만들며, 노화를 촉진하고 정기를 감퇴시키고 신경을 무디게 하며, 통풍으로 고생하면서 침을 질질 흘리다가 결국 죽음에 이르는 수많은 길을 열어젖히기 때문이다. 운동은 힘을 증진하는데, 이는 공을 사용하는 경기(갈리노스가 각별히 추천한)[92]나 사냥처럼 온몸을 자극하고 각성시키는 것이라야 한다. 이런 효과를 확실히 얻기 위해서는 추위와 더위, 밤샘, 허기, 갈증을 이기고 물과 포도주를 멀리하는 등, 생활과 식사 전반에 걸친 다양한 악조건에 익숙해지도록 하는 것이 좋다. 사람은 바로 이러한 방식으로 건강을 지키고 몸을 튼튼히 하며 인성을 강화하여, 모든 우연적 사건과 역경을 이겨내고 그것에 대비할 수 있게 되는 것이다. 군주의 훈련이 무수한 상황에 맞설 수 있도록 해준다면, 그의 신

..

92) 다음을 볼 것. Klaudios Galinos, *De parvae pilae exercito*; *Il libro di Claudio Galeno dell' essertio della palla* (Milano, Francesco Meschini, 1562)(하지만 이 이탈리아 역본은 그리스어가 아닌 라틴어본을 번역한 것이다).

체는 어떠한 역경도 새삼스럽고 어려운 일이 아닐 정도로 단단하게 단련되어 있을 것이다. 하지만 때로는 타고난 성품이 허약하여 이러한 기술의 도움도 아무 소용없으므로(신체의 상태와 관계 없이), 적어도 정신은 원기와 담대함으로, 그리고 필연적으로 나타나는 다양한 어려움과 위험에 맞설 준비를 갖추도록 할 어떤 활력 같은 것으로 충만해야만 한다. 끝으로 군주는 신체적 고통을 강인한 정신으로 극복해야 하는데, 카를 5세가 독일 전쟁에서 이를 잘 보여주었다. 이때 그는 통풍으로 고통스러운 나머지 등자에 발을 올려놓을 수도 없어서 발에 천을 둘둘 감아 겨우 지탱할 정도였지만, 눈과 진흙탕으로 얼룩진 전장에서 온 겨울(특히 혹독했던)을 견뎌냈으며, 강인한 정신으로 신체의 난관을 극복하였다. 정신을 각성하고 깨어 있게 만드는 방법은 무엇이든 건강에 도움이 되며, 우울증을 막고 사람이 명예와 영광을 원하도록 분기케 한다. 군주에 어울리는 여러 덕성과 위대한 장군들의 전쟁에 대해 논의하고, 고원한 용기를 지닌 황제와 인물들의 삶에 대해 읽고, 분별은 물론 대담성까지도 갖춘 사람과 이야기를 나누고, 끝으로 자기 직분에 대해 숙고하는 것이 바로 그러한 방법이다. 이에 대해서는 생의 마지막 순간 졸도한 상태에서도 "황제는 자기 발로 서서 죽어야 한다"라고 했다는 베스파시아누스 황제의 기억할 만한 말을 새삼 상기하게 된다.[93]

··

93) Suetonius, *De Vita Cæsarum*, "Divus Vespasianus," 24, 2.

[11]
명성을 보존하는 방법에 대하여

우리는 지금까지 명성을 가져오는 덕성들인 분별과 용기에 대해 논의하였다. 이제부터는 자기 자신을 유지하고 증진하게 하는 몇몇 각별한 방법에 대해 말해보고자 한다.

첫째는 자신의 약점을 교묘하게 숨기는 것인데, 왜냐하면 비록 취약한 군주라 하더라도 많은 경우 자신을 더 강화하기보다는 무력함을 숨김으로써 신뢰와 명성을 유지하기 때문이다.

명성을 고양하기 위해서는 자신의 힘을 가식 없이 보여주는 것이 좋다. 로도비코 스포르차는 힘의 사용에서보다는 이 점에서 탁월했던 반면, 나폴리 왕 아라곤의 알폰소 1세[94]는 양자 모두에서 뛰어났다. 에제키엘이 이에 대해 비난받기는 했지만, 그것은 그가 이교도들에게 자신이 오직 신만을 믿기보다는 자신의 부에 의존하고 있다는 것을 보여주었기 때문이다.[95]

또한 말보다는 행동을 하는 편이 더 좋다. 왜냐하면 말보다는 행동이 더 존중되고 결과적으로 말만 앞서는 사람보다는 행동으로 보여주는 사람이 더 높이 평가받기 때문이다. 그래서 과묵하고 우울한 기질의 사람이 쾌활하고 말이 많은 사람보다 더 존중받는다. 요컨대 군주가 행동으로 스스로를 알릴 수 있으면 말은 필요가 없다는 것이다.

명성을 얻으려면 말을 할 때 진중하면서도 단호해야 하고, 자신이 할 수 있는 것보다 더 낮추어서 약속하고 자만과 허세의 말을 해서는 안 된다.

∙∙

94) 알폰소 1세 대왕(재위 1442~1458)을 이른다.
95) 「열왕기하」 20장 12~19절, 개역 성경에서는 에제키엘을 히스기야로 표기하고 있다.

이 점에서는 스키피오 아프리카누스가 탁월했는데, 리비우스에 따르면 에스파냐 여러 도시의 사절들에게 "그는 자기 능력에 믿음이 있었기 때문에 자신감에 찬, 하지만 전혀 오만해 보이지 않은 어투로 말했으며, 그래서 그가 한 모든 말은 자신의 자신감만큼이나 대단한 위엄을 보여주었다."[96]

말을 할 때는 과장과 허풍을 피하라. 왜냐하면 그것은 말하는 사람에 대한 신뢰감을 떨어뜨리고 스스로가 그 일에 대한 경험이 없다는 것을 드러내며, 그래서 이러한 말은 여자와 어린애들이나 쓰는 것이기 때문이다.

말에 책임을 지는 것 역시 못지않게 중요하다. 왜냐하면 그것은 의지와 판단이 확고하다는 것을 보여주기 때문이다. 이는 파르마 공작 알레산드로 파르네제에게 플랑드르에서의 승리를 가져다주었다.

역경을 꿋꿋이 견디는 것은 대단히 중요한데, 왜냐하면 그것은 마음과 힘이 뛰어나다는 것을 의미하기 때문이다. 일이 잘되어갈 때 절제하는 것 역시 매우 중요한데. 이는 정신이 운보다 더 뛰어나다는 것을 말해주기 때문이다. 로마인은 제2차 포에니 전쟁과 안티오코스와의 전쟁에서 양자 모두에서 매우 뛰어났는데, 그들은 적에 대해 승리 이전에 마치 그들이 이미 승리한 것 같은 조건을, 승리 이후에는 마치 그들이 승리하지 않은 것 같은 조건을 제시하였다.[97] 아이밀리우스 파울루스가 말했듯이, "그는 일이 번창한다고 우쭐대지도 않고 역경에 처해서도 의기소침하지 않는다."[98]

자신의 힘에 부치는 과업은 시도하지 않도록 조심해야 하며, 명예롭게 성공을 거둘 수 없는 거래나 일에 뛰어들어서는 안 된다. 이 점에서 에스파

..

96) Livius, *Ab Urbe condita libri*, XXVI, 19, 14.
97) Livius, *Ab Urbe condita libri*, XXXVII, 45, 11~18.
98) Livius, *Ab Urbe condita libri*, XLV, 8, 7.

냐인이 잘 대처했다는 것은 의심의 여지가 없는데, 그들은 결정적인 승리가 보이지 않으면 결코 싸우려 들지 않았다. 이는 젊은 스키피오가 에스파냐 통치 초기에 카르타고를 공략한 데서 잘 나타난다. "그는 명성을 얻으면 그것을 즉시 공고하게 만들어야 한다는 것, 그리고 처음에 한 일의 결과가 과업 전체의 결과를 결정한다는 것을 결코 모르지 않았다."[99] 반면, 프랑스인은 나폴리 왕국과의 전쟁에서 처음에는 로카 세바에서, 다음에는 치비텔라에서 패배하였다.[100]

군주는 보잘것없고 저급한 일에 뛰어들어서는 안 된다, 왜냐하면 위대한 일이 아니면 명성을 얻을 수 없기 때문이다.

전쟁은 원대한 것이어야 하며, 특히 치세와 통치 초기에 그러한데, 왜냐하면 바로 이로써 이후의 치세가 판단되며 또한 시작이 반이기 때문이다.[101]

그러나 일단 명예로운 전쟁을 시작했으면 쉽게 포기해서는 안 되는데, 이는 자신이 제대로 판단하지 못하고 전쟁에 뛰어들지도 않았으며 그것을 기백 없이 그만두지도 않았다는 것을 보여주기 위함이다. 마르켈루스가 퀸투스 파비우스에게 말했듯이, "지휘관이 결코 공격해서는 안 되는 경우가 많이 있지만, 일단 공격했으면 쉽게 물러나는 것 역시 잘못된 일이다. 왜냐하면 두 경우 모두 그의 명성을 위태롭게 하기 때문이다."[102]

∴

99) 이 인용구는 사실 스키피오에 관한 것이 아니며, 타키투스에게서 따온 것이다. 보테로가 혼동한 것으로 보인다. Tacitus, *De vita et moribus Iulii Agricolae*, XVIII.
100) 로카 세바는 라치오에 있는 로카세카를 가리킨다. 보테로는 여기서 1503년 프랑스가 패한 가릴리아노 전투를 언급하고 있다(Guicciardini, *Storia d' Italia*, VI, 7). 1557년에는 기즈 공작 프랑수아 드 로렌이 이끄는 프랑스-교황 연합군이 아브루초 부근의 치비텔라 요새에서 에스파냐군에 패했다.
101) 플라톤에게서 유래한 속담. Platon, *Nomoi*, VI, 753e.
102) Livius, *Ab Urbe condita libri*, XXIV, 19, 7. 여기서 보테로의 인용구는 정확하지 않다.

이에 못지않게 중요한 점은 군주 자신이 고문(顧問)이나 다른 어떤 사람의 도움에 의존하고 있다고 보여서는 안 된다는 것이다. 왜냐하면 이는 국정에서 자신의 상위사 혹은 대등한 자가 있음을 인정하는 것이며, 또한 자기의 무능함과 허약함을 드러내는 것이기 때문이다.

군주에게 적절한 것이 아니라면, 베르길리우스가 시에서 읊은 것처럼 그 어떠한 일에도 종사해서는 안 된다.

> 기억하시오 로마인이여, 권력으로 여러 민족을 다스리고
> 백성을 아끼며 오만한 자들을 제어하는 일이야말로
> 평화로운 통치를 위한 당신들의 기예인 것이니.[103]

그러므로 군주가 네로처럼 악기를 연주하거나 시를 짓는다든지,[104] 도미티아누스처럼 활을 쏜다든지,[105] 마케도니아 왕 아에로포스처럼 등(燈)을 제작한다든지,[106] 발렌티니아누스 황제처럼 밀랍이나 점토로 인형을 만든다든지, 프로방스 백작 르네처럼[107] 그림을 그린다든지, 프랑크인의 왕 킬페릭과 나바르의 왕 티보처럼 시를 짓는 것[108]은 적절하지 못하다. 마찬가

..

103) Vergilius, *Aeneis*, VI, 851~853. 원문과는 달리, 여기서는 2행과 3행이 바뀌어 있다.
104) Suetonius, *De Vita Cæsarum*, "Nero," 20~24.
105) Suetonius, *De Vita Cæsarum*, "Domitianus," 19.
106) 아에로포스 1세(기원전 602~576). Plutarkos, *Vioi Paralleloi*, "Demetrios," 20.
107) 르네 드 앙주(1409~1480). 앙주 공작이자 프로방스 백작(1434~1480)이었으며, 르네 1세로 나폴리 왕국을 통치하였다(재위 1435~1442).
108) 킬페릭은 네우스트리아(수아송)의 왕(재위 561~584)이다. 그의 일화는 그레고아르 드 투르(538?~594)의 『프랑크인의 역사(*Historia Francorum*)』 5권에 나온다. 샹파뉴 백작 티보 4세(Theobald, Teobaldo라고도 불린다)는 나바르의 왕 테오발드 1세(재위 1234~1253)이자 13세기의 가장 중요한 음유시인 중 한 명이다.

지로 해서 안 되는 일은, 디미트리오스 왕이 한 것처럼 전쟁용 목제 기계를 만든다든지,[109] 프랑스 왕 샤를 9세처럼 온종일 사냥만 한다든지, 페라라 공작 알폰소 1세처럼 대포를 쏜다든지,[110] 카스티야 왕 알폰소 10세처럼 점성술 연구에 진력한다든지, 비잔틴 제국 황제 마카일처럼 철학을 공부하는[111] 것이다. 마케도니아 왕 필리포스 1세[112]는 한 탁월한 음악가와 음악에 대해 이야기를 나누다가 의견이 맞지 않자 그에게 입장을 굽히라고 명했는데 음악가는 이렇게 답했다. "오 필리포스여, 음악을 논함에 있어 부디 신이 그대를 나에게 필적하지 못하게 하소서." 그는 군주가 그런 종류의 공부에 몰두하는 것이 판단력의 부족을 보여주는 것이라는 말을 하고 싶었던 것이다. 무파르라는 사람은 바그다드의 칼리프 야지드[113]에게 반란을 일으켰는데, 다른 이유가 아니라 야지드가 왕홀을 주무르기보다는 시를 쓰는 편이 더 그에게 더 어울린다는 것 때문이었다.

또한 비밀을 지키는 것은 아주 중요한 일인데, 왜냐하면 이는 군주를 신과 유사한 존재로 만들어줄 뿐 아니라, 그의 심중을 모르는 사람이 그의 계획에 대해 주시하면서 큰 기대를 걸도록 만들기 때문이다.

군주의 삶과 행동에 일관성이 있고 통치 방식에도 변함이 없으면 큰 명

∙∙

109) Plutarkos, *Vioi Paralleloi*, "Demetrios."
110) 페라라 공작 알폰소 1세 데스테(1476~1534)는 이탈리아 전쟁 시기에 대포를 다루는 능란한 기술로 유명했다.
111) 미카일 7세 두카스, 일명 파라피나키스를 가리키는 것으로 보인다. 그는 1071~1078년 비잔틴 황제였다. 그의 스승이었던 철학자 미카일 프셀로스는 황제 역시 철학자로 불릴 만하다고 쓰고 있다. Cf. Michail Psellos, *Cronografia*, VII, 4.
112) 기원전 640년 왕이 되었으며 38년간 재위했다.
113) 아마 우마이야 왕조의 2대 칼리프 야지드 1세를 가리키는 것으로 보인다. 시인이기도 한 야지드 이븐 무아위야 이븐 아비 수르얀의 재위 기간은 680~683년이다.

성을 얻게 된다, 타키투스의 말처럼,[114] 갈바 황제가 결코 갖지 못했던 이 품성에는 천상과 신의 알 수 없는 그 무엇이 있기 때문이다.

탁월한 인물이 아니라면 자신과 관련된 일에 침여하도록 용인하지 말라. 알렉산드로스 대왕은 위대함을 잃지 않기 위해 아펠리스 외에 그 누구도 자신을 그리지 못하게 했으며 리시포스 외에 그 누구도 자신을 조각하지 못하게 하였다.[115]

저급하거나 무능한 인물을 통해 국정을 수행하지 말라. 시리아 왕 안티오코스는 자신의 주치의인 아폴로파니스[116]를 국무회의의 장(長)으로 삼았고 프랑스 왕 루이 11세 역시 주치의를 재상으로, 이발사를 대사로 썼다. 수단이 저급하면 일의 품격이 낮아지고 능력이 없으면 일을 망치게 된다. 그러므로 군주는 명예롭고 분별 있는 인물, 용기와 위엄을 갖춘 인물을 기용해야 한다.

어떤 부류의 사람과도 교제하거나 친해져서는 안 되며, 특히 말이 많거나 남 이야기를 좋아하는 사람을 멀리하라. 왜냐하면 이들은 비밀을 지켜야 할 사항을 밖으로 퍼뜨려 인민이 그를 믿지 않게 할 것이기 때문이다.

매일 같이 모든 경우에 모습을 드러내지는 말라. 오직 큰일이 있을 때만 위엄을 갖추어 그렇게 하라. "위대한 인물이 너무 자주 나타나면 존경심을 잃게 된다."[117] 잉글랜드의 헨리 4세는 왕위에 오른 뒤에는[118] 젊은 시절을 함께 보낸 사람과는 전혀 교제하지 않았으며, 자신과 가까운 사람을 진중

∴

114) Tacitus, *Historiae*, I, 19, 2; 32, 2.
115) Plinius, *Naturalis historia*, VII, 38, 125.
116) Polybios, *Históraí*, V, 56, 58. 아폴로파니스는 안티오코스 3세(재위 기원전 223~187) 의 주치의였다.
117) Livius, *Ab Urbe condita libri*, XXXV, 10, 6. 보테로의 인용은 정확하지 않다.
118) 1399년.

하고 고귀한 인물로 대우하여 그들의 조력과 조언을 받아 통치의 부담을 덜고 평화 시에나 전쟁 시에나 국정 전반을 잘 헤쳐나갈 수 있었으므로 훌륭한 군주로 큰 칭송을 받았다.

멋진 옷보다는 안정감 있는 옷을, 화려한 옷보다는 적당히 절제된 옷을 입어라.

극단적인 것을 피하라. 너무 서둘러서도 너무 늦어서도 안 되며 숙고하고 침착하게 행동하라. 서두르기보다는 차라리 늦는 편이 더 낫다. 왜냐하면 늦는 것은 분별을 닮았지만 서두르는 것은 무모함과 같은 것으로, 명성에 그보다 더 반하는 것은 없기 때문이다.

엄격한 것(메난드로스가 도시를 위해서는 이편이 더 좋다고 말한 것처럼)[119]이 다정한 것보다 더 낫다. 이는 달콤한 것보다 쓴 것이 더 몸에 좋은 것과 같다.

자신에 관한 모든 것이 훌륭하며 적절한 방식[120]으로 수행되고 있는지 항상 살펴보라. 아이밀리우스 파울루스는 암피폴리스에서 그리스 사절에게 베푼 연회 덕분에 자신이 페르시아 왕에 승리를 거두고 그를 사로잡은 것[121]에 못지않은 큰 명성을 얻었다.

모든 행사는 장려하게 치르고 다수가 명예롭다고 생각하는 일에 돈을 쓰라. 명예로운 일이란 신에 대한 경배나 국가에 이익이 되는 일, 그리고 아주 특별한 경우들을 말한다.

••

119) 메난드로스는 기원전 4세기 말에서 3세기 초의 그리스 희극작가로 단편밖에 전해오는 것이 없으며, 보테로의 인용구는 찾을 수 없다.

120) "적절한 방식/상황(circumstantiae debite)"이라는 관념은 아퀴나스에게서 비롯되었다. Thomas Aquinas, *Summa Theologiae*, Ia IIae, q. 18, 3.

121) Livius, *Ab Urbe condita libri*, XLV, 32, 8~11.

넓은 도량을 보여주고, 다른 모든 것을 바로 이 덕성으로 장식하라. 귀족과는 고귀한 풍모로, 자신과 동등한 자와는 인간적 풍모로 처신하라. 누군가의 의견보다는 진실을 더 고려하라. 그가 하는 모든 일이 고귀하고도 완벽하게 탁월하고도 경이롭게 이루어지도록 노력하라.

너무 많은 일을 하려고 하지 말며 뛰어나고도 영광스러운 소수의 과업에 집중하라.

자신이 하는 모든 행동에서 고원하고 영웅적인 어떤 것을 보여주라. 이 점에서는 스키피오 아프리카누스와 나폴리 왕 알폰소, 그리고 대장군[122]이 탁월하였다.

신민의 충성과 복종을 확고히 하고 중요한 일을 자신에게 의존하도록 하라.

자신의 위대함, 위엄, 우월함에 관한 것, 즉 법을 만들고 특권을 부여하며, 전쟁을 선포하거나 평화를 이루고, 평화 시에나 전쟁 시에나 주요 장관 및 관리를 임명하며, 법적으로 목숨과 명예와 재산을 빼앗긴 사람에게 그것들을 되돌려주는 은전을 내리고, 화폐를 주조하고 도량형을 확립하며, 인민과 요새의 장군들에게 부역과 세금을 부과하고, 혹은 국가와 위엄에 관한 다른 유사한 일에 대해서는 그 누구와도 공유하지 말라.[123]

살루스티우스 크리스푸스의 다음과 같은 말을 기억하라. "통치의 조건은 그 권한이 오직 한 사람에게 부여되지 않는 한 유지될 수 없다는 것이다."[124]

∴

---

122) 곤살로 페르난데스 데 코르도바(1453~1515)를 이른다. 에스파냐의 장군으로, 1496년 가톨릭왕 페르난도 2세 데 아라곤의 명으로 나폴리 왕국을 정복한 후 '대장군(El Gran Capitan)'의 칭호를 받았다.
123) 이 구절은 순서로 볼 때 '군주권의 지표' 첫째에서 넷째까지를 열거한 것으로, 장 보댕에게서 비롯된 것이다. Bodin, *Les Six Livres de la République*, I, 10.
124) Tacitus, *Annales*, I, 6, 3.

이 말 역시 기억하라. "가혹하든 후하든 오직 그만이 할 수 있도록 하라."[125]

티베리우스 황제의 이 말도 기억하라. "자기 자신의 이익을 도모하는 것은 다른 사람의 일이며, 군주의 숙명은 이와 다르다. 왜냐하면 그의 주요한 관심사는 명성에 이르는 것이기 때문이다."[126]

끝으로 명성은 그런 것처럼 보이는 것이 아니라 실제로 존재하는 것에 달려 있음을 명심하라. 왜냐하면 "자기 자신의 힘에 기초하지 않은 권력의 명성만큼 불안정하고 덧없는 것은 없기" 때문이다.[127]

나이가 들면 그와 함께 무력해지고 명성 역시 쇠퇴하는 법이므로 인도와 일본의 왕들은 그런 나이에 이르면 권력을 포기하고 물러난다. 우리 시대의 카를 5세 황제가 바로 그러했다.

[12]
뛰어난 명성으로 위대하거나 현명하다고 불리는 사람에 대하여

우리는 명성이 지혜와 용기에 기초한다고 말해왔다. 이제 어떤 뛰어난 군주들은 어떤 기예로써 '대왕(Magno)'과 '현명왕(Savio)'의 칭호를 얻게 되었으며, 그리하여 우리의 군주가 그들을 모방함으로써 과연 똑같은 위대성을 열망할 수 있을 것인지 알아보기로 하자. 하지만 우리는 이런 칭호를

••

125) Tacitus, *Annales*, I, 46, 2.
126) Tacitus, *Annales*, IV, 40, 1. 보테로의 인용이 정확하지 않다.
127) Tacitus, *Annales*, XIII, 19, 1.

가진 인물들이 다른 모든 군주보다 더 용맹하거나 지혜롭다고 생각해서는 안 된다. 왜냐하면 스키피오도, 한니발도, 마리우스도, 율리우스 카이사르도, 트라야누스도, 세베루스도 위대하다는 칭호를 갖지는 못했지만 위대하다고 불리는 사람보다 결코 못하지 않기 때문이다. 단지 그런 칭호를 가진 사람에게서는 비록 정도의 차이는 있겠지만 특출한 용기나 분별의 빛이 환히 비친다고만 말해두자.

누구도 필적할 수 없는 위대한 업적 덕분에 뛰어난 명성으로 이 영광을 차지한 첫 번째 인물은(그 이전에는 이집트 왕 호루스 대왕[128]이 있었다) 마케도니아 왕 알렉산드로스였다. 왜냐하면 그는 10년도 채 안 되는 시간 동안 전 동방 세계를 정복하고 승리의 명성으로 세계를 가득 채웠기 때문이다. 그의 계승자 중 한 명인 안티오코스는 용기보다는, 비록 후일 로마인에게 패하여 잃어버리게 되지만, 자신이 가진 여러 나라의 광대한 영토 덕분에 동일한 명예를 얻었다.

퀸투스 파비우스 막시무스[129] 역시 그렇게 불렸지만, 이는 전쟁에서 보인 무용(武勇) 때문이 아니라 공화국을 위협하는 자유민들의 반란과 위험을 솜씨 있게 진압했기 때문이다.[130]

폼페이우스는 승리한 청년을 향한 군인의 환호(우리 시대의 '대장군'[131]과 같은) 덕분에 일찍부터 위대하다는 칭호를 얻었지만, 그가 실제로 그런 칭호를 받을 만한 전쟁을 수행한 것은 아니었다. 파르티아인의 왕 미트라다

⁘

128) 호루스(헤루, 호르, 하르로도 불린다)는 고대 이집트에서 매의 신 호루스의 현현 중 하나였다.

129) 퀸투스 파비우스 막시무스 룰리아누스(그의 자손인 퀸투스 파비우스 막시무스 '쿵크타토르'와 혼동하지 말 것)는 기원전 4세기 말의 로마 콘술이자 삼니움 전쟁의 영웅이다.

130) Livius, *Ab Urbe condita libri*, IX, 46, 15.

131) 본서 2권 11장을 볼 것.

티스와 폰토의 또 다른 왕 미트라다티스는 대왕으로 칭송되었는데,[132] 전자는 정복으로 얻은 광대한 영토로, 후자는 로마인에 맞서 싸운 오랜 전쟁으로 그렇게 불렸다. 헤로데 1세 역시 대왕으로 불렸는데, 내 생각으로 이는 그를 사인이자 이방인에서 유대인의 왕이 되도록 만든 기술과 놀라운 용기 덕분이었다. 그는 클레오파트라의 미움과 안토니우스에 이은 옥타비아누우스 카이사르의 멸시까지 받으면서 매우 위험한 몰락의 기로에 섰으나 잘 헤쳐나갔다. 또한 그가 일부는 세우고 일부는 복구하면서 확장해나간 도시와 웅장한 모습으로 올려 세운 다양한 건축물 역시 그의 명성에 일조하였다. 승리와 제국의 위대함은 타타르인의 왕 칭기즈[133]에게 대왕이라는 칭호를 부여하였는데, 이는 그의 계승자들에게 세습되어 그들 모두가 대칸(大汗)으로 불렸다. 메흐메드 1세[134]는 자신이 얻은 수많은 승전 덕분에(왜냐하면 그는 두 개의 그리스도교 제국과 12개의 왕국과 200개의 도시를 정복했기 때문에) 튀르크 대왕으로 불렸는데, 이 칭호는 뒤에 그의 계승자들에게도 여전히 남아 있었다. 그는 자신의 용기와 조상에게서 물려받은 다른 능력들을 발휘하여 그런 업적을 이뤘다. 같은 이유로 이집트 왕들은 대술탄으로 불렸지만, 맨 처음 스스로 그것을 얻어 계승자들에게 물려준 인물은 카이트바이로, 그는 타르수스에서 튀르크인에 승리를 거두고 페르시아인을 격퇴했으며 아랍인을 복속시키고 그리스도교국 군주들과는 우호 관계를 유지하였다.[135] 티무르 역시 웅대한 규모의 군대와 전쟁 덕분에 동일

∴

132) 파르티아 왕 미트라다티스 1세는 기원전 165~132년 동안 재위하였고, 폰토(폰투스)의 왕 미트라다티스 6세는 기원전 120~63년 아나톨리아 북부의 그리스 왕국을 통치하였다.

133) 칭기즈는 마르코 폴로의 저작을 통해 알려진 테무친의 이름이다.

134) 고귀왕 메흐메드 1세(1386?~1421)는 오스만제국의 5대 술탄으로 바예지드 1세의 아들이다.

135) 아부 알나스르 사이프 아드딘 알아쉬라프 카이트바이. 초판(1589)과 2판(1590)에는 '카이

한 칭호를 갖게 되었는데, 그중 가장 기억할 만한 사건은 튀르크 왕 바예지드를 포로로 잡은 것이었다. 우리 시대의 그의 계승자 무함마드는 80만 명의 보병과 기병으로 오리엔트를 정복했고, 갠지스강과 인더스강 사이에 광활한 제국을 건설하였다. 그는 몽골 대왕으로 불렸는데, 이는 그의 종족이 몽골인으로 불렸기 때문이다.[136] 이스마일은 웅대한 규모의 전쟁과 페르시아 왕국의 정복으로 소피 대왕으로 불렸다.[137] 에스파냐인은 아프리카와 에스파냐의 왕 알 만수르에게 동일한 칭호를 부여하였다.[138]

이제 그리스도교 군주에게로 가보자. 자신이 지닌 광대한 제국과 그리스도교 신앙을 만방에 전파하는 데 도움을 준 덕분에, 이 영광된 칭호를 받은 최초의 인물은 콘스탄티누스 황제였다. 왜냐하면 그의 치세에 당시 수없이 쪼개져 있던 제국이 다시 하나로 통일되었고, 우리의 신성한 신앙은 그 범위를 믿을 수 없을 만큼 확장했기 때문이다. 그 뒤를 이어 테오도시우스 황제가 대왕으로 불렸는데(비록 콘스탄티누스만큼 뚜렷한 명성은 없었지만), 이는 그가 제국을 큰 권력을 가졌던 폭군들과 위험에서 해방했기 때문이다. 하지만 그 누구도 프랑스 왕 샤를 1세[139]보다 더 영광스럽게 위대한 칭호를 부여받은 경우는 없다. 이는 그가 평화 시에나 전시에나 광대한

••

트바이'란 이름 대신에 "그가 누군지 아직 알아내지 못했다"라고 적혀 있다.

136) 자히르 우드 딘 무함마드(1483~1530)로 흔히 '바부르(호랑이)'로 불린다. 테뮈르(티무르)의 후손인 그는 인도 북부를 정복하여, 1526년 무굴제국을 세웠다.

137) Gran Soffi Ismaelle. 페르시아 사파비 왕조의 첫 왕(재위 1501~1524)인 이스마일 아부이 모자파르 이븐 샤이크흐 하이다르 이븐 샤이크흐 유나이드 사파위이다.

138) 아부 아미르 무함마드 이븐 압둘라흐(938?~1002). 통상 승리자라는 뜻의 '알 만수르'라고 부른다. 그는 코르도바 왕국을 치하에 두었고 뒤에는 산티아고 데 콤포스텔라를 손에 넣고 아라곤의 라미로 1세를 봉신으로 삼았다.

139) 샤를마뉴(748~814)를 가리킨다. 그는 800년 12월 25일 교황 레오 3세에 의해 로마에서 '로마 황제'로 즉위하였다.

제국을 치하에 두었고 그리스도교 신앙을 널리 전파했으며 문학과 과학을 애호함으로써 그것을 되살렸기 때문이기도 하지만, 가장 큰 이유는 그가 서양 최초의 황제라는 것이었다.

미카일 콤네노스 팔라이올로고스는 콘스탄티노폴리스와 그리스에서 라티노인을 몰아내 그리스인에게 제국을 되찾아 주었기 때문에, 혹은 리옹 공의회에서 그리스 정교회를 라티노 교회와 통합했기 때문에 대왕이라 불렸다.[140]

오토 1세 황제는 독일, 보헤미아, 헝가리의 군주들과 그에게 패한 뒤 이탈리아에서 쫓겨난 베렌가르 일족[141]에 대해 그가 거둔 수많은 승리 덕분에 동일한 칭호를 받았다. 더욱이 그는 그리스도교 신앙을 열정적으로 전파했으며, 그리하여 그리스도교는 그의 치세에 북부 여러 지방으로 끝없이 확장되었다.

에스파냐 왕 중에서는 페르난도 3세가 대왕의 칭호를 얻었는데, 이는 그가 레온과 카스티야 왕국을 하나의 왕관 아래 통일한 최초의 인물이었을 뿐 아니라, 자신의 탁월한 용기로 무어인에게서 수많은 국가를 빼앗았으며, 나아가 정의와 종교와 전쟁의 기술과 승전에서도 못지않게 영광스러운 업적을 쌓았기 때문이다. 알폰소 3세 역시 같은 칭호를 갖는 명예를 안았는데, 이는 뛰어난 용기로 반란을 진압하고 무어인에게서 수많은 도시를 빼앗았으며, 웅장한 모습의 많은 교회와 궁전을 세웠을 뿐 아니라, 산티아고 데 콤포스텔라 교회의 구조와 수입을 강화하고 확장하였기 때문

• •

140) 미카일 8세(재위 1261~1282). 제2차 리옹 공의회(1274)에서 동서교회의 통합을 결의했으나, 이에 우호적이었던 교황 그레고리우스 10세가 죽은 후(1276) 각계의 반대에 부딪혀 무산되었다.
141) 베렌가르 일족은 이탈리아 왕이었던 베렌가리오 2세(재위 950~961)와 그 일가를 가리킨다.

이다. 프랑스 왕 중에서는 샤를 1세 외에 프랑수아 1세가 대왕으로 불렸다. 나는 이것이 '프랑수아 소(小)왕'으로 불린 그의 조카 프랑수아 2세와 구별하기 위해 붙인 것인지, 혹은 대부분 실패로 끝나긴 했지만 그가 일으킨 대규모의 전쟁 때문인지, 혹은 많은 수의 훌륭한 법을 제정하여 프랑스에서 정의를 다시 세우고 학문 연구를 되살렸기 때문인지를 알지 못하겠다. 폴란드 왕 중에 이 영광스러운 칭호를 가진 인물은 카지미에시 2세였는데,[142] 이는 그가 이룬 수많은 승리 때문이라기보다는 그가 다시 세운 도시, 그가 건설한 요새, 그가 더 부유하게 만든 교회를 비롯한 여타 유사한 평화의 업적 덕분이었다.

우리는 대군주로 불린 마테오 비스콘티도 빼놓을 수 없는데, 용맹함을 발휘하여 자신과 자손들을 위해 비할 데 없는 밀라노 공국을 획득한 것 못지않게 운의 시험을 인내로 극복한 것 때문이었다.[143] 같은 칭호로 이름이 높은 칸그란데 델라 스칼라도 마찬가지인데, 이는 그가 롬바르디아에서 수많은 국가를 정복하여 인근 국가들을 두려움에 떨게 했기 때문이다.[144] 나폴리 왕 알폰소 1세는 대왕이 아니라 '관대왕(寬大王)'으로 불렸는데, 이는 역경에 처하든 번영할 때든 왕국의 행정에서나 정복 전쟁에서나 그가 보인 관대한 행동 때문이었다.[145]

정치적 분별이 언제나 특이할 정도로 빛나는 메디치가에는 '그란데'라는

∴

142) 실제로 대왕이라 불린 인물은 카지미에시 2세가 아니라 3세였으므로, 보테로의 실수로 보인다. 그는 폴란드 피아스트 왕조의 마지막 왕으로 1333년에서 1370년까지 재위하였다.
143) 마테오 1세(재위 1287~1322)를 이른다.
144) 칸 프란체스코 델라 스칼라(1291~1329). 보통 칸그란데 1세로 불린다. 베로나의 영주(재위 1308~1329)이자 용병대장이다.
145) 알폰소 1세 대왕(재위 1442~1458)을 가르킨다.

칭호를 얻은 인물이 셋 있는데, 노(老)코지모와 대인 로렌초와 코지모 대공작이다. 노코지모는 사인(私人)의 신분으로 왕의 업적을 이루었으며,[146] 대인 로렌초는 피렌체 공화국의 수장으로 용기를 발휘하여 이탈리아에서의 사건들과 통치자들의 중재자가 되었다.[147] 코지모 대공작은 뛰어난 지혜로써 가문의 이름으로 피렌체 공국을 세웠고, 여기에 시에나를 더했을 뿐 아니라, 나아가 헌신적인 신앙심으로 피우스 5세(나는 그의 분별과 신성함에서 어느 쪽이 더 나은지를 알지 못하겠다)에 의해 대공작의 칭호를 부여받는 명예를 안았다.[148] 이는 그의 아들 돈 프란체스코에게 세습되었고, 현재는 돈 페르디난도가 상속의 권리와 자기의 재능으로 이 칭호를 보유하고 있다.[149]

로마 교황 중에서 이러한 명예를 얻은 인물로는 레오 1세와 그레고리우스 1세가 있다. 레오는 열정적이고 경이로운 말솜씨로 로마라는 도시에 대한 강렬한 분노로 가득 찬 아틸라를 물러나게 했을 뿐 아니라, 칼키도노스에서 개최된 630명 주교회의에서 자신의 권위로 네스토리우스와 에프티키스를 이단으로 단죄했고 디오스코로스의 오만함을 절하했다.[150] 그레고리우스가 그 칭호를 받게 된 것은 신성한 삶을 살았고 교리에 대해 깊이 이

∴

146) 코지모 일 베키오(1389~1464)는 공화국인 피렌체에서 메디치 가문 일인 권력의 초석을 깐 인물로 평가된다.

147) 대인 로렌초(1449~1492)는 메디치가의 권력을 제거하려는 파치 음모에서 살아남은 후, 이와 관련하여 나폴리와 함께 피렌체를 공략하려는 교황 식스투스 4세에 맞서, 단신으로 나폴리 왕 페르난도 1세와 담판하여 위기를 극복하고 권좌를 지켜냄으로써 일약 큰 명성을 얻었다.

148) 코지모 1세는 1537년부터 피렌체를 통치했으며, 1569년에 토스카나 대공의 칭호를 획득하였다.

149) 페르디난도 데 메디치는 1587년 10월에 프란체스코 대공(재위 1574~1587)으로부터 권좌를 이어받았다. 보테로가 이 책 초판을 낸 때가 1589년이었으니 바로 직전의 일이다.

150) 레오 1세(재위 440~461). 주교회의는 451년에 있었다. 여기서 알렉산드리아의 대주교 디오스코로스 1세가 폐위되었다.

해했으며 이단을 절멸했고 의례와 그 외 교회 훈육의 모든 부분을 개혁했으며 잉글랜드인을 개종시켰기 때문이다.[151]

앞서 말한 것들로부터 우리는 '위대하다'라고 불리는 사람이 어떤 경우는 통상적으로 용맹함보다 상황이 더 득세할 때 자신의 왕관 아래 통일한 광대한 영토 덕분에, 또 다른 경우는 평화 시에나 전시에나 그들이 행한 과업의 위대함 때문에 이 영광을 얻었다는 사실을 알 수 있다. 어떤 과업이 위대하다고 평가된다면 이는 그 자체가 중요한 것이거나 혹은 그것을 최초로 시도했기 때문이다.

[13]
현명한 군주에 대하여

왕들 가운데 솔로몬 이후 현명왕이라는 칭호를 얻은 최초의 인물은 카스티야의 왕 알폰소 10세였는데, 이는 통치의 지혜나 정치적 분별 때문이 아니라, 그를 철학으로 이끌고 또한 그의 천문표가 보여주듯이 천계 운동에 대한 사고에 진력하게 한 개인적 연구 덕분이었다.[152] 그 이후에는 외스터라이히 대공작 알브레히트가 '현명공'이라는 칭호를 받았는데, 내 생각으로 이는 협상에서, 그리고 자신의 가문을 융성하게 만든 기술 때문이었

••

151) 그레고리우스 1세(재위 590~604)는 교회의 4교부(그레고리우스, 암브로시우스, 아우구스티누스, 히에로니무스) 중 하나로, 초기 중세 교회에서 가장 영향력 있는 교황이었다.
152) (재위 1252~1284). 이 천문표는 '알폰소의 표'로도 잘 알려져 있다. 이는 알폰소 자신이 발원하고 히브리 박사 이삭 이븐 시드(Ishaq ibn Sid)의 감독 아래 수많은 아랍 천문학자를 동원하여 1252년 완성한 작업의 결실로서, 16세기까지도 여전히 통용되었다.

다.[153] 프랑스 왕 샤를 5세도 동일한 칭호를 가졌는데(그럴 만한 더 큰 이유도 있다), 이는 그가 학문과 지식인에 대한 최고의 옹호자였다라기보다는 스스로는 전쟁에 나가지도 무기를 지니지도 않은 채 오직 장관들을 통하여 잉글랜드인에 맞서 훌륭히 싸워 부친이 잃어버린 영토 전부를 되찾았기 때문이다.[154] 오토 3세 역시 그냥 넘어가고 싶지 않다. 그는 비록 위대하다거나 현명하다고 불리지는 않았지만 그럼에도 커다란 명예를 얻었는데, 이는 아직 젊은 나이에 그가 보여준 수완과 용기 덕분에 '세계의 경이'로 불렸기 때문이다.[155] 나폴리 왕 로베르 역시 자애롭고도 정중한 데다 엄청난 박식과 뛰어난 교학(敎學)으로 '소(小)솔로몬'이라 불렸다.[156]

[14]
앞서 말한 자질들을 보존하는 여러 가지 덕에 대하여

우리가 지금까지 논의해왔고 또한 사랑과 명성이 의존하고 있는 여러 덕은, 만약 두 가지 다른 것들에 의해 보조되고 유지되지 않는다면 오래 지속되기 힘들 것인데, 그것은 바로 신앙과 절제이다. 국가란, 만약 천계의 영향에 조응하고 필요 없는 것을 다듬고 잘라내는 인간의 노력이 뒷받침되지 않는다면 꽃도 피우지 못하고 열매도 맺지 못하는 포도나무와 같

..

153) 알브레히트 2세 공작(재위 1330~1358)을 이른다.
154) 현명왕 샤를 5세(재위 1364~1380).
155) 신성로마 황제(재위 996~1002)이다.
156) 현명왕 로베르 1세와 솔로몬의 비교는 로베르가 나폴리 왕에 오른 1309년, 그의 고문이던 법률가 바르톨로메오 다 카푸아가 처음 언급한 뒤, 이후 그대로 상용되었다.

다. 신앙은 신의 은총이란 초자연적 도움과 함께 국가를 유지하도록 하는 것이며, 절제란 국가를 파멸로 이끄는 유약한 행위와 악습을 조장하는 모든 것을 멀리하도록 하는 것이다.

[15]
종교에 대하여

아리스토텔레스가 가르치고 있듯이,[157] 영웅적 시기에는 군주들 또한 성사(聖事)의 후견인이었다는 것은 명확한 사실이다. 이는 그들이 직접 봉헌하지는 않았지만(물론 말키세덱은 왕이자 사제였지만[158]), 그럼에도 그들의 도움으로 봉헌을 성대하게 치를 수 있었기 때문이다. 또한 아리스토텔레스는 최고 장관이 봉헌을 장엄하고 성대하게 올리는 것이 좋다고 말한 바 있다.[159] 로마인은 먼저 어떻게 하면 좋은 전조를 확보할 것인지, 그리고 어떻게 신의 분노를 달래고 그들의 호의를 얻고 자신들이 받은 은사에 답할 것인지 숙고하지 않고는 결코 어떤 전쟁, 어떤 공사(公事)에도 착수하지 않았다. 결국 그들은 종교를 통치의 주요 부분으로 견지했으며 어떤 경우에도 이를 바꾸거나 위반하지 않았다. 디오티모스는 왕에게는 신앙심과 정의와 군대라는 세 가지가 필요하다고 썼다.[160] 첫 번째는 자신의 완전함을

∶∶

157) Aristoteles, *Politika*, III, 14, 12~13(1285b 11~19).
158) 원문의 "Matusalem"은 'Malkisedeq (Melchizedek)'의 오기로 보인다. 「창세기」 14장 18절; 「시편」 110장 4절; 「히브리서」 7장 1절.
159) Aristoteles, *Ethika Nikomacheia*, IV, 5(1122b 19~23).
160) 디오티모스는 기원전 100년경에 살았던 스토아 철학자로, 에피쿠로스를 중상 모략한 죄로 죽임을 당했다. 어쨌든 이 인물이 그런 말을 했다는 증거는 없다. 아마 보테로가 무언

위한 것이고, 두 번째는 관리를 통제하는 것이며, 세 번째는 적을 멀리 두는 것이다. 아리스토텔레스는 심지어 참주조차도 자신이 신앙심이 깊고 경건한 것으로 보이도록 최선을 다해야 한다고까지 조언하고 있다.[161] 이는 첫째, 사람들은 그를 그렇게 생각함으로써 신을 숭배한다고 믿는 참주가 자신들을 학대할 것이라는 두려움을 갖지 않을 것이기 때문이며, 또한 그들 스스로가 신들에게 소중하다고 믿는 자에게 대항하고 분란을 일으키는 것을 주저할 것이기 때문이다. 그러나 진정으로 믿음이 깊지 않은 사람을 그렇게 보이도록 하는 것은 어려운 일인데, 왜냐하면 위장만큼 오래가지 못하는 것도 없기 때문이다. 그러므로 군주는 신의 존엄 앞에 온 마음을 바쳐 자기 자신을 낮추어야 한다. 그는 왕국과 인민의 복종이 바로 신에게서 온다는 것을 인식해야 한다. 그가 자신을 다른 사람보다 더 우위에 두는 것만큼 신의 존재 앞에서는 자신을 더욱 낮추어야 하며, 신의 법에 부합한다고 확신하지 못하는 그 어떤 협상에도 그 어떤 전쟁에도 혹은 다른 어떤 일에도 손을 대서는 안 된다. 왜냐하면 신 스스로가 왕에게 자신의 법을 옆에 두고 그것을 온 힘을 다하여 준수하라고 명하기 때문이다. 신의 이러한 말씀은 대단히 중요하기 때문에 여기서 그것을 빠뜨리고 싶지는 않다. 신은 말씀하시기를, "그가 왕위에 오르거든 이 율법서의 등사본을 레위 사람 제사장 앞에서 책에 기록하여 평생에 자기 옆에 두고 읽어 그의 하나님 여호와 경외하기를 배우며 이 율법의 모든 말과 이 규례를 지켜

∴

가를 착각한 것으로 보인다.

161) Aristoteles, *Politika*, V, 11, 25 (1314b 38~1315a 4). 마키아벨리 역시 군주(참주)는 "자신이 언제나 자비와 성실함과 신앙심을 가진 사람으로 보이도록 깊은 주의를 기울여야 한다. 그리고 마지막 성품[신앙심]을 가진 것처럼 보이는 것보다 더 중요한 일은 없다"라고 말하고 있다. 마키아벨리, 『군주론』, 곽차섭 번역·주해(길, 2015), 18장 16절.

행할 것이라. 그리하면 그의 마음이 그의 형제 위에 교만하지 아니하고 이 명령에서 떠나 좌로나 우로나 치우치지 아니하리니 이스라엘 중에서 그와 그의 자손이 왕위에 있는 날이 장구하리라."[162] 이러한 이유로, 군주는 심의할 어떤 사안이든 신학과 교회법에 뛰어난 학자들이 포함된 양심의 회의에서 먼저 평가받지 않는 한 국정자문회의에 올리지 않아야 한다. 왜냐하면 그렇게 하지 않으면 자신의 양심에 짐이 될 것이고, 만약 자신과 후계자들의 영혼이 단죄받기를 원하지 않는다면 뒤에 원상태로 돌릴 일을 지금 하는 것이기 때문이다. 페르난도와 이사벨은 큰 칭송을 받을 만한데, 그들은 신세계의 장군과 장관들에 대해 성직자와 주교들에게 먼저 고지하지 않는 한 전쟁은 물론 다른 어떤 중요한 일에도 착수하지 말라고 분명하게 지시했기 때문이다. 이를 결코 이상하다고 보아서는 안 된다. 만약 로마인이 새(鳥) 점으로 전조를 미리 보고 그것에 부합하지 않는 한 아무것도하지 않았다면, 그리고 오늘날 튀르크인이 이슬람 법학자와 상의하여 그들의 성문 판결을 받지 않고는 전쟁을 치르거나 다른 어떤 중요한 일도 시작하지 않는다면, 그리스도교 군주들이라고 해서 왜, 복음과 그리스도에게 자신의 비밀스러운 회의실 문을 닫아놓은 채 신법에 반하는 국가이성을 마치 그것이 우리의 제단에 대항하는 또 하나의 제단인 것처럼 따라야하는 것인가? 혹은 군주가 지복의 주관자이신 분에 대해 아무런 존경심도없이 심의한 사안들이 어떻게 좋은 결과를 가져다줄 것이라고 바랄 수 있단 말인가? 십자가에 자신의 모든 믿음을 쏟아부었던 콘스탄티누스 대제보다 전쟁에서 더 신앙심이 깊고 더 성공적이었던 사람이 과연 있었던가? 니케포로스는 테오도시우스에 대해 그가 병사들의 용기보다는 기도자들

162) 「신명기」, 17장 18~20절.

의 열정으로 그토록 신속하게 수많은 승리를 얻었다고 썼다.[163] 외스터라

이히 군주들의 위대함은 결코 그들의 뛰어난 신앙심 아닌 다른 데서 연유

하는 것이 아니다. 왜냐하면 이런 이야기를 알고 있기 때문이다. 합스부르

크 백작 루돌프는 폭우에 사냥을 하다가 혼자 걷고 있는 한 사제를 만났는

데, 그가 이처럼 나쁜 날씨에 어디로 가는 중이며 왜 가는지를 묻자 그 사

제는 병자에게 성례를 하러 가는 중이라고 답했다. 루돌프는 즉시 말에서

내려 성별(聖別)된 빵 아래 감추어져 있는 예수 그리스도에 겸손히 존숭의

염을 표하면서 외투를 벗어 그의 어깨에 둘러주었고, 그리하여 사제는 비

에 더 심하게 젖지 않게 되어 성찬 역시도 더 위엄 있게 가지고 갈 수 있었

다는 것이다. 선한 사제는 백작의 친절함과 신앙심을 칭송하면서 그에게

끝없이 사의를 표했고, 그에게 신의 은총이 넘쳐나기를 간구하였다. 놀라

운 것은 루돌프 백작은 얼마 후 황제가 되었고,[164] 그의 후계자들은 외스터

라이히 대공작, 저지대지방의 군주, 에스파냐와 신세계 왕국의 왕, 그 외

무수한 국가와 수많은 나라의 영주가 되었다는 것이다. 카롤링거 가문은

그들이 종교와 그리스도의 대리자에게 표한 보호와 호의를 통하여 프랑스

왕국을 얻었다. 카페 가문 역시 동일한 신앙의 방법으로 동일한 왕국을 얻

었다. 종교는 모든 군주국의 토대이다. 왜냐하면 모든 권력은 신에게서 오

며, 종교 아닌 다른 것으로는 결코 신의 은총과 호의를 얻지 못할 뿐 아니

라 다른 어떤 토대도 재앙만을 가져올 뿐이기 때문이다. 종교는 군주들을

신과 친밀하게 만든다. 그러니 신을 곁에 두는 사람이 무엇을 두려워하겠

..

163) Nikephoros Kallistos Xanthopoulos(1256?~1335?). *Historia ecclesiastica*, in J. P. Migne, *Patrologia Graeca*, 161 voll. (1857~1866), vol. 146, col. 1066.

164) 루돌프(1552~1612)는 신성로마 황제 막시밀리안 2세의 장남으로, 1576년 루돌프 2세로 역시 황제가 되었다.

는가? 군주의 선함은 종종 인민이 번영하는 원인이 된다. 하지만 신은 또한 종종 사람이 지은 죄로 인해 군주들의 불행과 죽음과 여러 나라에서의 반란과 도시들의 멸망을 허용하며, 이는 곧 신의 영광과 그에 대한 봉사를 실행하는 과정이기 때문에, 왕은 자신의 국가에 종교와 신앙을 도입하고 그것을 증진하는 데 모든 공과 노력을 다해야 한다. 바로 이러한 이유로, 노르망디 공작 기욤은 잉글랜드 왕국을 취한 뒤 그곳을 안정시키고 굳건하게 만들기 위해 교황 알렉산데르 2세의 권위를 빌려 윈체스터에 대종교회의를 소집하였다. 여기서 그는 성직자와 인민의 부패한 관습들을 훌륭한 법으로 개혁하고, 종교와 신을 경배하는 모든 일에 질서가 제대로 잡히도록 노력하였다.[165] 헨리 2세 역시 아일랜드를 정복한 뒤 그곳의 제도를 바꾸기 위해 카이실에서 유사한 종교회의를 개최하였다.[166] 아르눌프 황제[167]와 그에 뒤이은 시기에 종교는 교회에 더없이 무례했던 황제들의 나쁜 선례와 잘못들 때문에 모든 덕성을 잃어버렸다. 이탈리아는 사라센인에게 유린되었고 결국 야만인에 의해 파멸상태에 이르렀다. 하지만 가장 성스러운 삶을 살았고 가장 경건한 영혼의 소유자였던 교황 세르기우스 2세[168]와, 전쟁에서 대단한 용기를 발휘했고 삶의 모든 부분에서 그에 못지않은 신앙심을 갖고 있었던 황제 하인리히 2세[169]는 다시 한번 세상에 빛을 밝혔

••

165) 윈체스터 종교회의는 1070년에 개최되었다. 여기서 노르망디 공작 기욤(정복왕 윌리엄)은 로마 교회의 지지 아래 종교개혁을 단행하고 잉글랜드 성직자들을 내쫓았다.
166) 잉글랜드 왕 헨리 2세(재위 1154~1189)는 1171~1172년 교황의 후원으로 아일랜드를 정복했다. 카이실 종교회의(1172)에서 아일랜드 주교단은 아일랜드에 대한 잉글랜드 왕의 속권과 로마가톨릭 교회의 교권을 승인하는 데 동의하였다.
167) 아르눌프 폰 캐른텐은 896년에서 899년까지 신성로마 황제로 재위했다.
168) 세르기우스 2세(재위 844~847).
169) 성왕 하인리히 2세는 1002~1024년 게르마니아의 왕이었고, 이탈리아에 제국의 통치를 재확립하여 1014년 황제로 즉위했다.

고 교회를 옛날의 찬란함으로 되돌려 놓았다. 종교는 말하자면 모든 덕성의 어머니와 같기에 신민을 군주에게 복종하게 하고, 전쟁에 임해서는 용감하게 만들며, 위험에 처해서는 담대하게 하고, 결핍의 시기에는 관대하게 해주며, 국가에 필요한 모든 경우에 기민하게 대처할 수 있도록 한다. 이는 군주를 섬기는 것이 곧 그가 다스리는 곳에서 신을 섬기는 것임을 신민들은 알고 있기 때문이기도 하다. 마이케나스가 카이사르 아우구스투스에게 해준 조언으로 끝을 맺도록 하자. 그는 이렇게 말했다. "언제나 신을 경배하시오. 그리고 다른 사람도 똑같이 하도록 만드시오. 신성한 일에 관한 한 새로운 것을 하려는 자들을 미워하고 벌하시오. 이는 신들에 대한 존숭 때문만이 아니라(하지만 그들을 경멸하는 자라면 다른 어떤 것도 존경하지 않는 법이오), 종교를 바꾸면 곧 다른 많은 것도 바뀔 것이고 그리하여 음모와 소요와 비밀회합이 속출할 텐데, 이 모든 것이 군주에게는 매우 바람직하지 못한 일이기 때문이오."[170]

[16]
종교를 전파하는 방법들

종교는 그것 없이는 국가의 다른 어떤 토대도 불안정하게 만들 만큼 큰 힘을 갖고 있다. 그래서 말하자면 새로운 제국을 확립하려는 사람은 모두

••

170) 이는 다음에서 나오는 구절을 자유로이 풀어쓴 것이다. Dion Kassios, *Historia Romana*, LII, 36, 1~2.

페르시아 왕 이스마일[171]과 모로코 왕 샤리프[172]처럼 새로운 종파를 도입하거나 옛것을 혁신하였다. 하지만 모든 법 중에서도 그리스도교보다 군주에게 더 호의석인 것은 없는데, 왜냐하면 이야말로 필요한 경우 신민의 몸과 재산뿐만 아니라 그들의 영혼과 양심까지도 그 아래 두도록 하기 때문이다. 또한 그리스도교는 그들의 수족뿐 아니라 감정과 생각까지도 결속시키고, 온건한 군주뿐 아니라 무도한 군주에게까지도 복종하도록 하며, 아울러 평화를 어지럽히지 않기 위해서는 이 모든 것을 참아야 한다고 가르치기 때문이다. 자연 혹은 신의 법에 반하는 것 말고는 군주에게 당연히 행해야 할 복종에서 신민을 벗어나게 하는 것은 아무것도 없다. 심지어 이러한 경우에서조차도 그리스도교는 공공연히 반란을 일으키기 전에 해볼 수 있는 모든 노력을 다해야 한다고 명한다. 원시교회의 그리스도 교인이야말로 이에 대한 강력한 예증을 제공한다. 왜냐하면 그들은 순교를 당하고 온갖 잔혹한 고문에 처했음에도 불구하고, 우리는 어디에서도 그들이 제국에 반란을 일으키거나 군주에게 대항했다는 기록을 보지 못한다. 그들은 공공의 평화를 위해 바퀴와 칼과 불과 폭군이며 사형 집행인의 잔인함과 광폭함을 참아 내었다. 우리는 결코 그들에게 힘이 없었기 때문에 이러한 일이 일어났다고 생각해서는 안 된다. 왜냐하면 수많은 사람이 전부 무기를 내던지고 스스로 고문에 몸을 맡겼기 때문이다. 그에 못지않게 놀라운 것은, 그럼에도 그들이 매일 같이 신에게 로마제국의 보전을 위해 기도했다는 점이다. 그리고 이 시대에 우리는 가톨릭교도들이 스코틀랜드,

.·.

171) 이스마일 왕은 16세기 초 페르시아를 정복한 뒤, 수니파 및 다른 모든 시아파를 배격하고 시아파 중 열두 이맘파만을 정통으로 삼았다.
172) 1554년 이후 모로코를 지배했던 사디 왕조 술탄들의 종교개혁을 가리키는 것으로 보인다.

잉글랜드, 프랑스, 플랑드르 그리고 독일의 많은 지역에서 이단들에 의해 내내 억압받고 있는 것을 보고 있다. 이는 가톨릭 신앙의 진리야말로 신민을 군주에 복종하게 만들고 그들의 양심을 붙들어 매며 그들이 평화를 염원하고 소요와 분쟁에 적대하도록 한다는 것을 보여주는 징표이다. 그러나 루터와 칼뱅을 비롯한 많은 사람은 복음의 진리를 멀리함으로써 곳곳에 불화의 씨를 뿌리고 여러 나라에서의 반란과 여러 왕국의 붕괴를 초래하고 있다. 통치의 안녕과 나라의 평온을 위한 종교의 중요성이 이러하므로, 군주는 그것을 애호하고 모든 공을 다하여 그것을 발전시키도록 해야만 한다. 사보이아 공작 에마누엘레[173]가 한 말처럼 종교와 신앙에 헌신하는 민족은 되는대로 사는 민족보다 훨씬 더 복종하는 삶을 산다는 것이다. 군주는 무엇보다 기만과 미신이라는 두 가지 극단을 피해야 하는데, 전자는(내가 이미 이야기한 것처럼) 오래 갈 수도 없을 뿐 아니라 일단 적발되면 기만한 자를 완전히 불신하게 만들기 때문이고, 후자는 경멸을 불러일으키기 때문이다. 허위가 아니라 진정한 신앙심을, 미신이 아니라 올바른 경건을 견지하도록 해야 한다. 신은 곧 진리이며 진실과 영혼의 신실함으로 경배받기를 원하는 것이다.

이러한 토대 아래 군주는 그리스도의 대리인과 성사(聖事)를 주관하는 신부들에게 마땅한 존경심을 표해야 하며 이 점에서 타인의 모범이 되도록 해야 한다. 그리하여 교황이나 사제들과 싸우는 것보다 더 어리석은 행동은 없으며 그보다 더 정신의 저급함을 드러내는 일도 없다는 점을 명심해야 한다. 신(그들은 신을 대리하고 있는데)을 경배하기 때문에 그들을 존경하기는 하겠지만 그럼에도 그들을 따르지 않는다면 이는 불경한 것이 된

173) 사보이아 공작(재위 1553~1580) 에마누엘레 필리베르토를 가리킨다.

다. 만약 그들을 신에 대한 경배 때문이 아니라 그들이 지닌 능력 때문에 존경한다면 이는 어리석은 행동일 것이다. 발레리우스가 말한 바대로 "최고의 국가 권력도 종교 아래에 있다."[174] 프랑스 왕 앙리 2세는 의기양양한 개선식[175]을 가진 후 왕국의 제후들에게 관례에 따라 성대한 향연을 베풀었다. 여기서 성직자와 속인 간에 암묵의 논쟁이 일어나자 그는 다음과 같은 품위 있는 말로써 이를 중단시켰다. "나는 이미 오래전에 교회에 오른팔을 바치고 봉헌하였다." 이 점에서는 신에스파냐의 정복자 에르난 코르테스[176]는 아무리 칭송해도 충분하지 않은데, 왜냐하면 이 탁월한 인물은 그가 사제와 믿음이 깊은 사람에게 보인 믿을 수 없을 정도의 존경심으로 그 지방에서 그리스도교 신앙과 종교에 대한 신뢰와 위신을 크게 신장시켰기 때문이다. 그가 보인 귀감은 아주 강력해서 지금까지도 신에스파냐에서보다 사제가 더 존경받고 믿음이 깊은 사람이 더 공경되는 곳은 이 세상 어디에도 없을 정도이다. 믿음이 깊은 사람을 공경하지 않는 사람이 종교를 우러러볼 리 없다. 신심이 깊은 사람을 눈앞에 바로 보면서도 그들을 존경하지 않는다면 눈에 보이지도 않는 종교는 도대체 어찌 경배할 수 있단 말인가?

군주는 신심이 깊고 학식과 덕이 뛰어난 사람을 뽑아 할 수 있는 한 그들이 인민의 신뢰를 얻도록 만들어야 한다. 만약 그가 설교자라면 자주 그의 말을 듣고, 만약 경험이 풍부한 사람이라면 그의 분별을 십분 활용하며, 귀감을 보여주는 신부가 있는 교회의 성사에 참석하고, 때로는 자신의

••

174) Valerius Maximus, *Factorum ac dictorum memorabilium*, I, 1, 2.
175) 앙리 2세는 1549년 6월 16일 파리에 입성했다.
176) 신에스파냐 총독인 그는 먼저 멕시코를 정복한 뒤, 중앙 및 북아메리카를 점령했고, 필리핀까지 진출했다.

식탁에 그들을 초대하기도 하며, 어떤 일에 그들의 조언을 묻기도 하고, 양심이나 빈자의 구휼이나 혹은 다른 성사에 관한 어떤 종류의 서한 혹은 탄원서를 그들에게 보내기도 하며, 끝으로 재주 있는 사람을 공익을 위해 쓸 수 있도록 하는 물질과 기회를 제공해야 한다.

인민에 대한 영적 도움에서 가장 중요한 부분이 설교자에게 달려 있으므로, 군주는 이들의 수가 충분하도록 세심히 살펴야 한다. 하지만 말은 번지르르하지만 알맹이가 없어 아무런 결실도 맺지 못하고 무익한 스타일의 말을 하는 사람은 설교자가 아니라 광대에 불과하므로 도와주어서는 안 되며, 청산유수에다 뻔뻔스러운 말을 경멸하고 설교를 하면서 듣는 사람의 영혼에 성령과 진리를 불어넣으며 악습을 질타하고 죄악을 증오하며 신의 사랑으로 영혼을 불타게 만들고 끝으로 자기 자신이 아니라 예수 그리스도와 '십자가에 못 박힌' 그에 대해 설교하는 사람을 후원해야 한다.[177]

군주는 성직자가 걸식으로 멸시당하는 것을 그대로 두어서는 안 된다. 왜냐하면 대중에게는 사제가 결핍과 빈곤 상태에 있는 것보다 종교와 신에 대한 경배를 더 저하시키는 일은 없기 때문이다.

교회는 장엄한 스타일로 건축해야 하며, 새 교회를 세우기보다는 옛것을 복원하는 것이야말로 그리스도교 군주에게는 더할 나위 없이 가치 있는 일이라고 생각해야 한다. 왜냐하면 재건이란 언제나 경건한 일이지만 신축은 종종 허영심을 감추고 그것을 깃들도록 만들기 때문이다. 폴란드 왕 미에슈코는 교회를 세우고 기증하고 아울러 신에 대한 경배를 만방에

∵

177) 「고린도전서」 2장 2절: "내가 너희 중에서 예수 그리스도와 그가 십자가에 못 박히신 것 외에는 아무것도 알지 아니하기로 작정하였음이라." 여기서 보테로는 카를로 보로메오의 요청으로 쓴 『신이 말씀의 설교자(De Praedicatore verbi Dei)』(Paris, 1582)의 주장을 되풀이하고 있다.

전파함으로써 자신의 왕국에 믿을 수 없을 정도로 신앙을 충만하게 했으며, 그의 아들 볼레스와프가 그의 뒤를 따랐다.[178]

끝으로 군주는 가능한 모든 수단을 통히어 창조주에 대한 경배를 진작해야 한다. 다윗은 전쟁의 와중에도 성전을 장엄하게 짓는 데 필요한 것은 무엇이든 준비했고, 좀 더 나은 형태로 이동식 예배소를 이용하도록 노력했으며, 성무 일과를 위한 악기와 성부(聲部)를 개선하고 그 수를 늘렸다. 샤를마뉴는 성무(聖務)를 위해 멀리 로마에서 뛰어난 음악가를 불러올 정도였다. 그는 교부의 설교와 옛 순교자들의 생애에 대한 기록을 주의 깊게 조사하여 그것을 간행하는 제도를 만들었으며, 파울루스 디아코누스[179]에게 성인 행전을, 위수아르드[180]에게는 순교록을 쓸 수 있도록 배려하였다. 그리고 콘스탄티누스 대제는 신앙심을 선양하고자 과거의 박해 때문에 유실된 서적들을 자기 돈으로 수집하여 그것을 보관할 훌륭한 도서관들을 짓도록 명하였다.

그러나 교회 내정에 관한 한, 군주는 교리와 관습의 방향에 대한 판단, 그리고 선한 영혼의 유지에 필요하고 법규집과 그것의 법이 허용하는 모든 사법권을 고위 성직자들에게 자유롭게 맡겨놓아야 한다(아우렐리우스 황제는 비록 그 자신은 이교도였지만, 주교 선출에 대한 분쟁이 일어나자, 삼사트

∴

178) 미에슈코 1세와 볼레스와프 1세는 10세기 말에서 11세기 초 공작으로서 폴란드를 다스렸다. 볼레스와프는 1025년 폴란드 최초의 왕이 되었다.

179) (720~799). 8세기 후반의 베네딕투스 교단 수도승으로, 780년 이후 샤를마뉴 휘하에서 봉직할 때『메스 주교좌 공훈록(Gesta episcoporum Mettesium)』을 썼다. 여기서 그는 특히 프랑크인 메스 주교 성 아르눌프의 인물됨을 강조하였다. 하지만 보테로의 언명과는 달리, 그는 어떤 종류의 성인전 선집도 쓴 적이 없다.

180) (?~875). 파리 생-제르맹-데-프레 베네딕투스 수도원의 수도승이자 카롤링거 왕조 시대의 학자.

교회는 로마 교황이 지명한 인물들에게 주어야 한다고 명하였다). 군주는 자신의 권위, 힘, 돈 혹은 행동을 통해 교회 사법권의 집행을 모든 방법을 다하여 강화해야 한다. 왜냐하면 이 신의 길에 더 익숙해지고 더 열렬할수록 그들은 군주에게도 더 다루기 쉽고 순종적이 될 것이기 때문이다. 고트인의 왕 테오도릭에게 심마쿠스 교황에 관한 불평이 들어오자, 그는 그 문제를 전적으로 주교회의에 맡기면서 이렇게 덧붙였다. "교회 일은 그것을 존중하는 것 말고는 나와는 아무런 상관도 없다."[181]

[17]
절제에 대하여

종교가 덕의 어머니라면 절제는 덕의 유모이다. 왜냐하면 그것의 협력과 도움이 없다면 분별은 눈이 멀고 힘은 약해지며 정의는 부패하고 아울러 다른 모든 선(善)도 그 활력을 잃기 때문이다. "탐식과 잠과 나태"[182]는 이 세상에서 품위 있고 관대한 모든 것을 몰아내며, 폭식은 지성을 둔하게 만들고 힘을 약하게 만들며 목숨을 단축한다. 또한 향락과 지나친 안락함은 유약함을 낳는다. 하지만 병폐는 여기서 멈추지 않는다. 왜냐하면 사람은 호화로운 식사와 눈부신 의복을 비롯한 모든 사치품과 헛된 것들에서 동등자를 뛰어넘고 상위자와 동등해지기 위해, 재산에서 나오는 수입

..

181) 이탈리아의 동고트인 왕 테오도릭이 이런 언명을 한 것은 502년 심마쿠스 교황 재위 기간에 일어난 교회 분열로 인해 로마에서 주교회의가 열렸을 때였다. 다음을 볼 것. *Acta Synodus Rom. sub Symmacho* (Cesare Baronio, *Annales ecclesiastici*, 502, XIV 참조).
182) 이는 페트라르카의 소네트 중 하나(*Canzoniere*, VII, 1)에서 따온 것이다.

과 사업을 통해 얻는 이익에 만족하지 못하고 성스러운 일까지 손을 뻗쳐 온갖 악행을 자행한다. 그리하여 개개인은 파산하고 공공 재정은 붕괴하여 토대가 없는 국가는 파멸한다. 로마세국의 멸망에 대해 숙고하는 사람이라면 누구나 그것이 사치스럽고 과시적인 생활 태도 때문이라는 것을 알게 된다. 아시아와 그리스의 향락이 로마에 유입되고 그것이 마르스의 민족에게 즐거움을 주기 시작하자, 지금까지 칼로도 정복되지 않았던 그들의 정신은 쾌락으로 물들고 말았다. 이제 로마인은 남자가 여자가 되고 지극히 정의롭던 주인은 자신에게 복속된 사람을 무자비하게 도살하는 자가 되고 말았다. 왜냐하면 제각각 왕처럼 살고자 하는 자들이 자신의 통치 아래 있는 도시들을 오히려 약탈했기 때문이다. 그리하여 향락에 찌들어 용맹함은 사라졌고 총독의 폭정에 억눌려 속주민의 애정 역시 찾을 수 없게 되었다. 이로부터 야만인들은 속주를 침략할 용기를 얻었고 결국 로마까지도 공격받기에 이른 것이다. 향락의 풍조는 스키피오 아시아티쿠스[183]와 만리우스 불소[184]의 개선(凱旋)과 함께 로마로 들어왔는데, 이후 그 독성이 점점 더 확산하여 위대한 정신과 옛날의 관대함까지 빼앗는 지경에 이르렀다. 그리하여 로마인은 티베리우스의 무시무시한 폭정과 칼리굴라의 야수성과 네로의 비인간성과 헬리오가발루스[185]의 게으름을 지지하였고, 전혀 분개도 하지 않고 그 괴물 같은 인간들에게 복종하였다. 설사 이

••

183) 스키피오 아프리카누스의 동생으로, 기원전 190년 집정관을 지냈고 기원전 184년에 죽었다.
184) 기원전 189년 집정관이 된 불소는 소아시아의 갈라티아인을 무찌른 공으로 개선의 영예를 얻었다.
185) 로마 황제 안토니누스(재위 218~222)의 별칭으로 엘라가발루스라고도 한다. 이는 그의 가문이 대대로 아랍-로마계 태양신인 엘라가발(Elagabal)의 사제직(Elagabalus)을 갖고 있었던 데서 유래하였다.

들 중 누군가가 살해되었다고 해도, 그것은 남자보다는 여자, 로마인보다는 야만족, 원로원보다는 어떤 개인 덕분이었다. 사실 그들만큼 폭군이 자신들을 그렇게 마구 짓밟고 학대하도록 방치한 경우는 결코 없었다. 이 모든 것이, 그들의 덕이 극장에서 사라졌고 루쿨루스[186]의 별장에서 말라 죽었으며 메살라[187]의 양어장에서 익사했고 나태와 쾌락으로 쇠락했다는 것을 보여준다. 그러므로 고트인의 왕 알라레익스와, 반달인의 왕 아타울프 및 가이사릭스와, 에룰리인의 왕 오도아케르와, 서고트인의 왕 테오도릭과 토틸라[188]가 로마를 점령하고 약탈하고 불태워 거의 잿더미로 만들고, 또한 힘을 상실한 속주들을 야만족들의 먹잇감으로 전락시키기는 손쉬운 일이었다. 바로 이야말로 인간의 위대함이 가진 본성이다. 그 정점에 이르면 향락이라는 벌레와 사치라는 녹이 발생하여 조금씩 위대함을 갉아먹다가 결국 그것을 멸망에 이르게 하는 것이다. 우리 시대의 포르투갈 왕국이 이에 대한 훌륭한 예가 되는데, 그 나라는 무어인이 아니라 인도의 향락 때문에 멸망하였다. 이를 치유하는 것보다 더 어려운 과업은 없다. 왜냐하면 통상적으로 처방을 낼 수 있을 만한 사람이 제일 먼저 발이 덫에 걸리고 쾌락에 빠지기 때문이며, 승리하고도 방탕하지 않고 번영함에도 태만하지 않으며 나쁜 일을 할 수도 있는 권력을 갖고도 사악해지지 않는 사람은 흰 까마귀보다 더 희귀하기 때문이다. 살루스티우스가 말하듯이, "성공

∵

---

186) 로마 정치가이자 장군인 루키우스 린키니우스 루쿨루스(기원전 118~57/56)는 막대한 전쟁 전리품으로 대규모 목축과 양식업에 투자하였다. 그는 로마에 유명한 루쿨루스 정원(horti Lucullani)을 건설하였다.

187) 로마 원로원 의원이었던 마르쿠스 실리우스 메살라는 218년 황제 헬리오가발루스에 의해 살해된 것으로 추정된다.

188) 이들은 대부분 5~6세기경 이탈리아를 대규모로 침입한 게르만 부족들의 수장이다. 테오도릭과 토틸라는 서고트가 아니라 동고트의 왕이었다.

은 현자의 마음도 약하게 만드는데, 하물며 부패한 생활을 하는 사람이 어떻게 승리의 순간에 절제할 수 있단 말인가?"[189] 만약 일부 군주의 용기가 어느 정도 뒷받침하지 않았다면 로마제국 그 자체는 아마 훨씬 더 일찍 멸망했을 것이다. 물고기가 황소보다 더 많이 팔리는 도시가(카토의 말처럼) 어떻게 그토록 오래 지속될 수 있었을까? "사치스러운 연회와 의상은 도시가 건강하지 않다는 징표"라고 세네카도 말한 바 있다.[190] 카이사르 아우구스투스는 건물에 지나친 비용을 쓰는 것을 줄이고자 했으며, 이를 위해 칙령을 내려 모두가 이 문제에 대한 푸블리우스 루틸리우스의 훌륭한 연설을 듣도록 조치하였다.[191] 티베리우스는 집의 가구와 식사를 바꾸었고, 그가 보인 모범은 대중의 검약을 진작하는 데 일조하였다. 그는 자신이 베푼 장엄한 향연에서 종종 전날 먹고 남은 음식을 내놓았으며, 심지어 반쪽짜리 멧돼지를 내놓고는 그것이 집돼지 한 마리와 다를 바 없다고 말하곤 했다.[192] 베스파시아누스는 옷을 소박하게 입고 식사를 검소하게 하면서 무절제를 대폭 줄이려 하였다. 그의 아들인 도미티아누스는 특정한 나이에 이른 소수의 사람과 특정한 날을 제외하고는 가마와 자주색 옷과 진주를 비롯한 다른 유사한 것들을 사용하지 못하도록 하였다. 하지만 이 점에서는 아우렐리아누스와 타키투스를 따를 사람은 없는데, 그들은 자신은 물론이고 다른 사람도 비단으로만 된 옷을 입지 못하게 했다.[193] 게티인 중에서 훌륭한 지혜를 가졌던 인물인 부레비스타는 인민의 용기를 북돋우려

∵

189) Sallustius, *De Catilinae coniuratione*, 11, 8.
190) Seneca, *Epistulae morales ad Lucilium*, XIX, 114, 11. 보테로의 인용이 정확하지는 않다.
191) Suetonius, *De Vita Cæsarum*, "Augustus," 89, 5.
192) Suetonius, *De Vita Cæsarum*, "Tiberius," 34, 3.
193) *Historia Augusta*, Aureliaus, 45, 4; *Historia Augusta*, Tacitus, 10, 4.

고 특히 포도나무를 베어버리도록 하였다.[194] 아우렐리아누스는 옷과 방과 가구를 비롯한 다른 모든 곳에 금을 사용하지 못하게 할 정도였는데, 그에 따르면 이는 무용한 짓이라는 것이다.[195] 그러나 여성의 사치와 과시적인 풍조를 제한하는 것보다 더 주의를 요하는 일은 없다. 왜냐하면 여자들의 타락한 의상은(아리스토텔레스가 가르치고 있듯이)[196] 그 자체로도 천박하고 꼴불견일 뿐 아니라 나아가서는 남자들을 탐욕스럽게 만들어 결국 사악함에 이르게 하기 때문이다. 남자가 여자를 절제하게 하기보다는 여자가 남자를 타락하게 하기가 훨씬 더 쉽기에, 아내에게 주인 노릇을 하는 남편은 거의 없을 정도이다. 과시적인 풍조는 야심과 허영을 불러일으킬 뿐 아니라 여성에게 음란함과 외설스러운 행동을 부추겨서 결국 남편의 소유물과 재산을 탕진하게 만든다. 과시적 풍조가 늘어날수록 필연적으로 혼수와 지참금도 많아진다. 그러므로 옷과 음식에 대한 과도한 지출을 중단시키는 것이 좋은데 이는 두 가지 방법으로 이룰 수 있다. 그 하나는 옷에 관한 한 포르투갈인과 제노바인이 그랬던 것처럼 어떤 종류의 직물과 장신구를 완전히 금하는 것이다. 다른 하나는 이런 것들을 금지하지는 않되 아주 고액의 세금이나 부담금을 매기는 것이다. 왜냐하면 이런 방식을 시행하면 군주에게도 어느 정도 이익이 될 뿐 아니라 군주나 귀족들이 아니면 그와 같은 장신구를 착용할 수 없을 것이기 때문이다. 앞서 말한 것들은 절제에 대해서뿐 아니라, 결과적으로 국가의 보존에도 대단히 큰 해악을 끼치게

．．

194) Strabon, *Geographika*, VII, 3, 11. 부레비스타는 기원전 1세기경 다키 및 게티인으로 구성된 트라케의 왕이다. 그들의 영토는 대략 지금의 로마니아(루마니아)에 해당된다.
195) *Historia Augusta*, "Aureliaus", 46, 1(하지만 원문과 비교할 때 보테로의 해석은 다소 편향적이다).
196) Aristoteles, *Politika*, II, 9, 5~13 (1269b 12~1270a 15).

된다. 또한 그것은 종종 막대한 양의 금은을 자국 밖으로 유출하는 원인이기도 하다. 진주, 보석, 향수, 방향제를 비롯한 다른 여러 물품이 외국인의 손에 들어가면 그것들은 그들이 원하는 가격에 팔리게 된다. 그러면 당신의 국가는 결국 여자들의 멋과 허영 때문에 진짜 부를 잃게 되는 것이다. 티베리우스가 여자의 방탕에 대해 말했던 것처럼 "보석에 대한 욕구 때문에 우리의 부는 외국인이나 적의 손에 넘어간다."[197] 또 플리니우스는 로마 제국에서 매년 일억의 금이 인도와 수마트라에 지불된다고 쓰고 있다.[198] 이에 대해서는 결코 간과해서는 안 되는데, 왜냐하면 모든 대제국이 두 가지 악습, 즉 이미 말한 대로 사치와 탐욕으로 멸망했으며 탐욕은 사치에서 연유하고 사치는 여성에 기인한다는 것은 매우 분명한 사실이기 때문이다. 한 가지 빠뜨릴 수 없는 것은, 유스티니아누스 황제가 에티오피아인에게 그들이 인도인으로부터 산 비단을 로마인에게 되팔아서 인민이 그리스도교의 신앙과 이름에 대한 적인 페르시아인에게 돈을 지불할 필요가 없도록 해달라고 요청했다는 사실이다.[199]

∴

197) Tacitus, *Annales*, III, 53, 4.
198) Plinius, *Naturalis historia*, IX, 54, 106. 여기서 저자인 노(老)플리니우스는 인도, 타프로바나, 아라비아산(産) 진주에 막대한 돈이 지출되고 있는 문제를 논의하고 있는데, 보테로는 고대 그리스와 로마인이 세일론(스리랑카)을 타프로바나로 불렀던 것과는 달리 그것을 수마트라와 동일시하고 있다.
199) Prokopios Kaisareús, *Hyper ton Polemon Logoi* (=*De Bellis*), I, 20.

3권

[1]
인민을 다루는 방법에 대하여

우리는 지금까지 군주가 사랑과 명성을 얻을 수 있도록 하는 여러 덕성에 대해 일반적 견지에서 논의하였다. 이 두 가지는 모든 국가 통치의 토대이다. 이제 우리는 통치를 위한 몇몇 요소들에 대해 좀 더 세세히 말해보기로 하자. 그 첫 번째는 이미 앞서 논한 바 있는 식량과 평화와 정의이다. 왜냐하면 외적과의 전쟁이나 내전에 대한 공포와 폭력이나 사기로 집에서 살해당할 수도 있다는 두려움 없이 좋은 가격에 필요한 식량을 얻을 수 있는 사람이라면, 그것에 만족하고 다른 문제에는 개의치 않을 것이기 때문이다. 이집트에 있던 이스라엘 민족이 이를 잘 보여주는데, 그들은 그곳의 엄혹한 노예 상태에서 파라오의 관리들에 의해 가혹한 대우를 받으면서 거의 숨 쉴 시간도 없을 정도였으나, 그럼에도 식량만은 풍부했기에 자유를 되찾는다는 생각은 전혀 하지 않았다. 하지만 사막을 지나면서 물과 여타 유사한 것들이 부족해지자 그들은 이집트에서 자신들을 데리고 나온 사람에 대해 몹시 불평하였다.[1] 또한 로마에서는 통치자가 되기를 갈망하는 사람이라면 모두가, 곡물을 나눠주고 농사지을 땅 한 뙈기를 내주고 농지법을 만들고 그 외 로마 인민을 배부르게 할 만한 모든 조치를 함으로써 이를 이루려 하였다. 카시우스, 마일리우스, 만리우스, 그라쿠스, 카이사르를 비롯한 여러 가문이 바로 그렇게 했다.[2] 베스파시아누스는 제위에 오르자 다른 어떤 일보다 식량 공급에 더 주의를 기울였다.[3] 세베루스 역시 이 문제에 진력하여 그가 죽었을 당시 공공 창고에는 로마 인민이 7년간 먹을 수 있는 곡물이 채워져 있었다.[4] 아우렐리아누스는 로마에서 곡물이 더 나은 가격에 팔리도록 1온스당 곡물 무게를 상향하였다. 왜냐하면 한 편지에서 밝힌 대로 그는 이 세상에서 로마 인민이 배불리 먹는 것보다 더 기쁜 일은 없다고 생각했기 때문이다.[5] 나폴리와 여타 다른 곳에서의 경험이 종종 우리에게 가르쳐주듯이 궁핍한 삶과 빵의 부족만큼 인민을 동요시키고 분노하게 만드는 것은 없다. 그러나 만약 외적의 폭력이나 분배하

..

1) 「출애굽기」 여기저기에 이러한 구절이 나온다.
2) 스푸리우스 카시우스 베켈리누스(기원전 485년에 처형됨); 스푸리우스 마일리우스(기원전 5세기에 킨키나투스의 독재정하에서 참수됨); 마르쿠스 만리우스 카피톨리누스(기원전 4세기에 카피톨리누스 언덕 남쪽 면의 타르페 암벽에서 떨어져 처형됨); 티베리우스 셈프로니우스 그라쿠스와 동생 가이우스 셈프로니우스 그라쿠스는 반란죄로 기원전 2세기에 처형됨); 율리우스 카이사르(44년에 살해됨). 이들 모두가 일인 권력을 추구했다고 비난받았다.
3) Suetonius, *De Vita Cæsarum*, "Vespasianus," 17~18.
4) *Historia Augusta*, "Severus," 23, 2.
5) *Historia Augusta*, "Aurelianus," 47, 1~4.

는 사람의 부정으로 식량을 풍족하게 즐길 수 없다면 아무 소용이 없다. 그래서 식량과 함께 평화와 정의가 동반되는 것이 필요하다. 또한 인민은 본성상 불안정한 데다 새로운 것을 원하기 때문에, 만약 군주가 다양한 방법을 통하여 그들을 위무하지 않으면 그들은 국가와 정부를 전복해서라도 스스로 그것을 찾으려 할 것이다. 그러므로 현명한 군주라면 누구나, 인민의 몸과 마음의 덕을 자극하여 그들을 더 잘 위무하게 될 어떤 방법들을 도입하였다. 그리스인은 올림피아, 네메아, 피티아, 이스트미아 경기를 통해 로마인보다 더 나은 판단력을 보여주었다.[6] 로마인도 아폴론, 사이쿨룸 및 검투 경기를 개최하고 희극 공연을 하고 사냥과 여타 유사한 것을 했으나, 로마 시민들은 여기서 몸도 마음도 수련하지 못했고 그리하여 그 모든 것들은 단지 오락에 그치고 말았다.[7] 하지만 그리스인의 경기는 오락에 그치지 않고 수련으로까지 나아갔던 것이다. 어쨌든 간에 대단히 분별 있는 군주였던 카이사르 아우구스투스는 개인적으로 경기에 참가하여 공연의 격을 높이고 인민에게는 만족감을 선사하였으며, 그리하여 자신이 인민의 오락과 놀이에 관심을 기울이고 있음을 보여주려 하였다.[8] 인민의 위무를 위한 이러한 행사는 홍수와 야만인과의 전쟁으로 오랫동안 중단된 뒤, 고트인의 왕이자 뛰어난 분별을 지닌 군주(만약 그가 아리우스파가 아니었더라

••

6) 올림피아(Olympia), 네메아(Nemea), 피티아(Pythia), 이스트미아(Isthmia)는 전 그리스인이 참가하는 4대 경기였다. 올림피아와 피테이아는 4년마다 각각 올림피아와 델포이에서, 네메아와 이스트미아는 2년마다 각각 네메아와 코린토스의 이스트모스에서 열렸다.
7) 로마의 아폴론 경기(Ludi Apollinares)는 아폴론을 기리기 위해 기원전 212년에 창설되었다 (Livius, *Ab Urbe condita libri*, XXV, 12). 사이쿨룸 경기(Ludi saeculares)는 로마 건국을 기념하기 위해 사이쿨룸(대략 100~110년)을 전후하여 3일 밤낮 동안 열렸던 종교행사였으나 규칙적으로 개최되지는 못했다.
8) Suetonius, *De Vita Cæsarum*, "Augustus," 43~45.

면) 테오도릭에 의해 재개되었다. 그는 극장과 원형극장, 경기장과 모의 해전장을 재건하였고 고대의 경기와 공연을 다시 도입했는데, 이는 대중에게 큰 즐거움을 선사하여 정권을 전복하려는 생각을 갖지 못하도록 하였다. 밀라노의 마테오 및 갈레아초 비스콘티와 피렌체의 로렌초 및 피에로 데 메디치가 동일한 방법을 사용했는데,[9] 그들은 다양한 마상경기와 마상시합 및 여타 유사한 것을 통해 사람의 사랑과 호감을 얻었다. 이런 공연들은 생명의 위험이 없는 정도에서 진행되어야 했는데, 왜냐하면 그것이 신법에 위배된다는 점은 차치하고라도 심각한 위해를 감수하거나 누구든 생명을 잃게 되는 것은 경기의 성격에 반하기 때문이다. 바예지드의 동생 지지모는 누군가가 자신이 참관한 우리의 마상시합에 대한 의견을 묻자, 이런 시합은 진짜로 싸운다고 하기에는 고려할 가치도 없고 소일거리로서는 위험 때문에 너무 과도하다고 대답한 바 있다.[10] 더욱이 경기 중에 다른 사람의 상처나 피나 죽음을 보는 데 익숙한 사람은 필연코 난폭하고 잔혹하며 유혈적으로 변하여 도시에 싸움과 살인과 다른 여러 분쟁을 쉽게 일으킨다. 몇몇 사람이 말하듯이 호노리우스 황제는 검투사들에게 경기를 하지 못하게 하였다. 왜냐하면 어떤 수도사가 검투 시합을 불경한 관습이라

••

9) 마테오 2세(1319~1355) 및 갈레아초 2세(1320~1378) 비스콘티는 스테파노 비스콘티의 아들들로, 동생인 베르나보와 함께 밀라노를 공동 통치하였다. 갈레아초 2세는 피렌체를 침공한 잔갈레아초(1351~1402) 공작의 아버지이다. 그는 1395년 신성로마 황제 바츨라프 4세로부터 공작 작위를 받았다. 이른바 '대인(il Magnifico)' 로렌초로 불리는 로렌초 데 메디치는 1469년에서 1492년 죽을 때까지 피렌체공화국의 실질적 수장이었다. 그의 아들 피에로 ― 보테로는 '피에트로'로 쓰고 있다 ― 는 1494년까지 2년간 통치하다가, 프랑스 왕 샤를 8세의 이탈리아 침입으로 피렌체가 함락되자 권좌에서 쫓겨났다.

10) 이탈리아어로 지지모라 불리던 쳄 술탄(1459~1495)은 오스만튀르크의 술탄(재위 1481~1512)이었던 바예지드 2세의 동생으로 왕좌를 차지하려다 실패하고, 이후 로도스, 프랑스, 로마를 전전하다가 샤를 8세의 나폴리 공략 시 카푸아에서 죽었다.

고 비난하자, 매일 같이 여흥으로 사람에게 상처를 입히고 그들을 죽이는 것으로 보는 데 익숙해진 사람들이 그를 쫓아가 살해했기 때문이다.[11]

앞서 말한 공연들이 좀 더 정숙하고 진중해질수록 사람을 끌고 즐겁게 만들며 그들의 관심을 바꾸도록 하는 힘은 더 커지게 된다. 왜냐하면 이러한 오락이 목표로 삼는 행복이라는 것은 두 가지, 즉 즐거움과 정숙함으로 이루어지기 때문이다. 비극이 희극보다 더 칭송받는 것도, 희극적 소재가 보통 정숙함이라는 것을 별로 담고 있지 않으며 배우 역시 연기를 한다기보다는 악당 역할에 더 쉽게 머물기 때문이다. 그래서 교회법이 이처럼 불명예스러운 일을 그만두지 않는 한 그들에게 세례도 고해성사도 성찬도 베풀지 않도록 하는 것에도 결코 이유가 없지 않다. 하지만 내가 굳이 교회법까지 들먹일 필요가 있을까? 스키피오네 나시카는 로마 인민이 희극을 봄으로써 악습에 물들까 두려워한 나머지, 원로원에다 감찰관이었던 메살라와 카시우스가 짓기 시작한 극장을 아예 없애버리라고 조언한 바 있었다.[12] 테르툴리아누스는 "감찰관들이 종종 극장이 방종한 행위를 조장할 위험이 크다는 이유로 이미 짓고 있던 것까지도 허물어버리곤 했다"라고 말하면서, "폼페이우스가 모든 사악함의 보루인 극장을 만들었다"라고

··

11) 플라비우스 호노리우스(384~423)는 393년 서로마 황제로 즉위하였다. 410년 로마 약탈이 있은 후, 수도를 라벤나로 옮겼다. 문제의 수도사는 성 텔레마쿠스로, 신학자이자 키로스 주교였던 테오도레토스에 따르면 그의 순교로 호노리우스 황제가 검투 경기를 없애버렸다는 것이다. Theodōritou episkopou Kyrou, *Ekklēsiastikē historia*(*Historia ecclesiastica*), V, 26.

12) 마르쿠스 발레리우스 메살라(기원전 161년 집정관)와 카이우스 카시우스 롱기누스(기원전 171년 집정관)가 로마 최초의 석조 극장 건축에 착수하였으나, 고대 관습의 강력한 옹호자였던 푸블리우스 코르넬리우스 스키피오[네] 나시카 코르쿨룸은 기원전 151년 그것이 공공 도덕에 해롭다면서 공사를 중지시켰다. Valerius Maximus, *Factorum*, II, 4, 2.

비난하였다.[13] 교회 공연이 세속 공연보다 더 진지하고 경이로운데, 왜냐하면 그것은 성스럽고 신성한 것을 담고 있기 때문이다. 그래서 아리스토텔레스는 군주에게 성(聖) 세물을 바치라고 조언하였다.[14] 또한 우리도 알고 있는 바와 같이, 보로메오 추기경[15]은 종교 축연 및 그 스스로가 의식과 비할 데 없는 진중함으로써 발의한 교회 행사를 통해 밀라노의 수많은 주민을 위무하였고, 그리하여 교회는 아침부터 저녁까지 사람들로 가득 찼으며 밀라노 시민들은 그 어느 때보다 즐겁고 만족스러우며 평온하였다.

[2]
명예롭고 위대한 업적에 대하여

사람에게 큰 즐거움을 줄 뿐 아니라 아주 진지하면서도 거의 영웅적이기까지 한 것이 바로 군주의 명예롭고도 위엄 있는 행적과 업적이다. 여기에는 두 종류가 있는데, 어떤 것은 인민을 위한 것이고 또 어떤 것은 군사적인 것이다. 인민을 위한 것에는 놀랄 만큼 규모가 크거나 쓸모가 있는 건축물들이 있는데, 예를 들면 페리클레스가 세운 프로필라이아,[16] 프톨레

..

13) Tertullianus, *De spectaculis liber*, X. 다음을 보라. J. P. Migne, *Patrologia Latina*, 1, col. 642b.
14) Aristoteles, *Politika*, III, 14, 12~13 (1285b 11~19).
15) 1582~1584년, 보테로는 밀라노 추기경이자 대주교인 카를로 보로메오(1539~1584, 1610년 시성[諡聖]됨)의 비서로 봉직하였다.
16) 기원전 437년 페리클레스의 명으로 므니시클리스는 아크로폴리스로 들어가는 기념비적인 관문 프로필라이아(propylaia)를 건설하였다.

마이오스가 축조한 등대,[17] 클라우디우스가 만들고 트라야누스가 넓힌 오스티아의 항구, 송수로, 강이나 시내를 가로지르는 다리, 습지의 배수와 개선, 시내에서 사용되거나 혹은 에밀리아 가도, 아피아 가도, 카시아 가도 등과 같이 시외로 이어지는 도로, 밀라노의 운하처럼 항해나 농경을 위한 강의 수로 변경, 병원, 사원, 수도원, 도시가 그런 것들이다. 우리는 여기에다 아라곤의 알폰소 1세[18]의 것과 같은 엄청난 크기의 선박과 디미트리오스[19]가 만든 것과 같은 도시 공성용 전쟁 기계[20] 역시 덧붙일 수 있다. 그러나 이러한 일을 할 때는 두 가지 문제점에 유의해야 한다. 하나는 그것이 전적으로 무용한 일이어서는 안 된다는 것이고, 다른 하나는 인민이 그로 인해 너무 부담을 지면 안 된다는 것이다. 이 점에서 이집트 왕은 비난받아 마땅하다. 왜냐하면 그들은 어리석게도 자신들의 엄청난 부를 과시하고자 수많은 건축물을 축조했기 때문이다. 산 위에다 16스타디움 높이의 조상(彫像)을 세운 세미라미스의 허영에 대해서는 또 뭐라고 할 것인가?[21] 고대인이 칭송해 마지않았던 로도스의 거상도 무용하기는 마찬가지였다. 솔로몬 왕이 신민에게 참을 수 없을 정도로 과중한 부담을 안긴 엄

⁕

17) 프톨레마이오스 필라델포스(기원전 309~246)의 명으로 크니도스 출신 건축가 소스트라토스가 만들었다는 알렉산드리아의 유명한 등대.
18) 아라곤의 왕 알폰소 5세. 본서 1권 21장을 보라.
19) 정복자 디미트리오스 1세(기원전 336?~283)는 기원전 306~287년 마케도니아의 왕이었다.
20) 실제로는 공성용 망루를 뜻한다. Cf. Plutarkos, *Vioi Paralleloi*, "Dimitrios," passim.
21) Diodoros Sikeliotes, *Bibliothiki Istoriki*, II, 13, 2. 디오도로스는 세미라미스를 아시리아의 전설적인 여왕으로 묘사하고 있으나, 역사적 인물로서의 그녀는 아시리아 왕 삼시-아다드 2세(재위 기원전 824~811)의 아내이자 후일 여왕이 된 사물라마트를 가리키는 것으로 보인다. 그녀가 세웠다는 조상은 박사스타나산 암벽의 인각을 가리키는데, 디오도로스(그리고 보테로)는 그 높이가 16스타디움에 이른다고 쓰고 있다. 1스타디움=200야드=183미터이므로 16스타디움은 약 2,925미터에 이른다. 하지만 실제로 그 높이는 166미터를 넘지 않는다.

청난 비용으로 건축한 많은 궁전과 환락의 별장 역시 못지않게 비난받을
만하다. 인민을 위무하기 위해, 그리고 그들을 평온하게 만들기 위해 그러
한 것들을 축조한다고 하면서 그들을 어압하고 절망으로 내모는 것은 옳
지 못하다. 인민을 만족스럽고 평화롭게 하기 위해서는 건축 혹은 그와 같
은 다른 일들이 주는 공통적인 유용성과 즐거움이 더 크도록 하는 것이 좋
다. 이는 주어진 일을 쉽게 하도록 만들고 어려운 일도 즐겁게 노고도 달
콤하게 만드는데, 이익은 모두를 진정시키기 때문이다. 페루의 왕은 인민
에게는 언제나 할 일이 있어야 한다는 것을 통치의 금언으로 삼았는데, 이
를 위해 그들은 수많은 건물과 도로를 건설하였다.[22] 디오니시오스 할리카
르나소스는 로마인의 모든 업적 중에서도 무엇보다 송수로와 도로와 하수
도를 칭송하면서, 바로 이런 것으로부터 제국의 위대함을 알 수 있다고 말
한 바 있다.[23]

[3]
전쟁의 과업에 대하여

그러나 전쟁의 과업이야말로 인민과 함께 수행하는 가장 큰 공연이다.
왜냐하면 중요한 전쟁보다 사람의 마음을 더 잘 모으는 것은 없기 때문이
다. 그것은 경계를 확보하기 위해, 통치를 확장하고 정당하게 부와 영광을

..

22) Agustín de Zárate, *Le historie del sig. Agostino di Zarate contatore et consigliero
dell'imperatore Carlo V dello scoprimento et conquista del Perú* (Venezia, Gabriele
Giolito de' Ferrari, 1563), I, 14, p. 35.
23) Dionysios Halikarnassos, *Rhomaike Arkhaiologia*, III, 67, 5.

획득하기 위해, 혹은 동맹국을 수호하거나 우방을 원조하기 위해, 혹은 종교와 신에 대한 경배를 보전하기 위해 수행된다. 통상적으로 손이든 조언이든 무언가 기여할 수 있는 모든 사람이 그러한 과업에 참여하며, 사람은 바로 그것을 통하여 공통의 적에 대한 자신들의 감정을 분출하게 된다. 나머지 사람은 식량 조달이나 여타 유사한 일을 수행하기 위해 군 주둔지를 따라다니거나, 집에 남아 승리하게 해달라고 신에게 기도를 올리고 서원을 하거나, 혹은 전쟁에 대한 기대로 전황에 초조하게 귀를 기울임으로써 신민의 마음속에는 반란의 여지가 전혀 남아 있지 않게 되며, 모든 사람이 행동에서나 생각에서나 오직 전쟁에만 몰두하게 되는 것이다.[24] 통상적으로 로마인은 평민의 반란에 대해 최후의 방법으로 이런 식의 처방에 호소하곤 했다. 즉 그들은 군대를 적에 대항하도록 함으로써 귀족에 대한 적의로 가득 찼던 평민들의 마음을 진정하게 했던 것이다.[25] 아테나이 청년들이 평온 상태를 유지할 수 없다는 것을 눈치챈 키몬은 200척의 갤리선을 무장시켜 페르시아인에 대해 그들의 용기를 증명하도록 했다.[26] 왜냐하면

..

24) 대외 전쟁이 국내의 평화를 유지하는 데 도움이 된다는 이런 유의 주장은 당시 여러 프랑스 저술가들, 특히 보댕에게서 찾아볼 수 있다. Bodin, *Les Six Livres de la République*, V, 5.

25) 우리는 리비우스의 저술에서, 평민을 가만히 두면 반란을 일으킬 것이므로 끊임없이 그들을 징병해야 한다는, 로마공화국 초기의 귀족에게 전형적으로 나타나는 생각을 읽을 수 있다(Livius, *Ab Urbe condita libri*, II, 28, 5). 이 저술의 2권과 3권에는 외적에 대한 전쟁이 도시의 단합을 가져온다는 취지의 구절들이 다수 나온다. 특히 2권 44~45장을 볼 것. 하지만 시민 간의 갈등과 대외 전쟁의 기간이 길어지면서, 실상은 보테로가 강조하는 논리대로만 되지는 않을 것이라는 예상이 가능하다.

26) Plutarkos, *Vioi Paralleloi*, "Kimon," 18, 1. 보테로가 든 예는 별로 적절치 못한 것으로 보인다. 플루타르코스에 따르면, 키몬(기원전 510~450)이 아테나이인의 마음을 돌려놓으려 한 것은 반란 때문이 아니라, 그들이 지닌 정복의 욕망이 다른 그리스 도시로 확장될 위험 때문이었다.

"악인은 평화롭게 사는 것보다 전쟁을 하는 편이 더 쉽기" 때문이다.[27] 우리 시대에 에스파냐는 지극히 평온한데 프랑스는 왜 끊임없이 내전에 휘말리고 있는지 그 이유를 잘 살펴본다면, 우리는 이러한 것이 부분적으로 에스파냐가 이단에 대항하여, 그리고 튀르크인과 무어인에 대항하여 인도 제도(諸島)나 저지대지방과 같은 외국과 먼 타국에서 전쟁을 수행하고 있기 때문이라는 것을 알게 될 것이다. 이는 에스파냐인의 손과 마음을 온통 전쟁에 쏠리도록 함으로써, 그들의 조국은 지극한 평온상태를 누리게 되었고 모든 불온한 기질[28]을 다른 데로 돌릴 수 있었던 것이다. 반면 프랑스는 외국인과는 평화로웠지만 자체적으로는 반란상태에 놓여 있는데, 이는 다른 이유에서가 아니라 칼뱅의 이단적 교리와 새로운 복음으로 인한 것으로, 이는 그러한 것들이 들리는 곳마다 기쁨이 아니라 애도를, 평화가 아니라 무시무시한 전쟁을 알리고 있으며 모두의 마음을 선의가 아니라 분노와 광기로 가득 채우고 있다. 오스만인 역시 큰 전쟁과 승리를 지속함으로써 자신들의 영토를 넓혔을 뿐 아니라, 나아가(이는 결코 그 중요성이 작지 않은데) 획득한 영토를 지키고 인민들을 평온하게 유지하였다. 스위스인의 경우, 대부분 인민 중심으로 통치되어 분란의 소지가 많음에도 지금까지 무려 300년 동안이나 평온하게 유지되어왔는데, 이는 다른 어떤 이유보다도 가장 용맹이 뛰어난 사람이 외국 군주 휘하에서 전쟁에 참가했기 때문이다. 한니발의 말처럼 "어떤 위대한 도시도 평온 상태로 있을 수는 없

∵

---

27) Tacitus, *Historiae*, I, 54, 3. 보테로의 인용문은 원문과는 약간 다르다. 아마 스스로 암기한 것을 옮긴 것으로 보인다.

28) ogni umor peccante. 고대 의학적 개념에서, 'l'umor peccante'는 양적으로 혹은 질적으로 나쁜 기질을 뜻한다. 이런 의학적 개념을 정치-사회적 영역에 적용한 것이 마키아벨리 사상의 특징이기도 하다. 하지만 정치체의 '불온한 기질'이라는 개념의 사용(대외 전쟁으로 그것을 공략할 수 있다는)을 되살린 것이 몽테뉴의 『에세(*Essais*)』(1580)이다.

다. 만약 외부의 적이 없다면 내부에서라도 그것을 찾게 될 것이다. 왜냐하면 강인한 육체는 외부의 힘으로부터는 안전한 듯이 보이지만 자기 자신의 힘에 짓눌릴 수도 있기 때문이다."[29] 간단히 말해서 즐거움을 주는 것이든 유익한 것이든 집에서든 바깥에서든 인민을 어떤 일에 몰두하도록 만들어야 한다. 그것은 그들을 위무하며 무도하고 사악한 생각에서 벗어나도록 해줄 것이다.

[4]
군주가 전쟁에 직접 나가는 것이 유익한가

여기서 과연 군주가 직접 전쟁에 참가하는 것이 좋은지 그렇지 않은지에 대해 논하는 것도 부적절하지는 않을 것이다. 어느 쪽이 좋은지에 대해서는 예를 통해서나 논변을 통해서나 큰 논쟁이 있을 수 있다. 왜냐하면 한편으로 볼 때, 군무에 전념해온 수많은 장군과 귀족 중에는 판단력이 탁월하고 용맹스러우며 운이 따르는 인물이 한두 명은 있기 마련이고, 군주라고 해서 이러한 품성들을 언제나 갖고 있지는 못하기 때문이다. 이 경우 군주는 직접 참여하기보다는 다른 사람을 통해서 전쟁을 이끄는 편이 더 낫다. 왜냐하면 만약 그가 장군에게 있어야 할 이런 품성들을 지니고 있지 못하다면, 그의 존재는 오히려 올바른 결정을 내리는 데 혼란만 줄 것이고 그것의 시행을 촉진하거나 고무하기보다는 그것을 방해할 것이기 때문이다. 유스티니아누스는 콘스탄티노폴리스를 떠나지도 않고 탁월한 인물이

∴

29) Livius, *Ab Urbe condita libri*, XXX, 44, 8.

지닌 분별과 용기를 발휘하게 하여, 고트인에게서 이탈리아를, 반달인으로 부터는 아프리카를 해방하였고 페르시아의 대담한 공격을 저지하였다. 그는 자신 휘하의 벨리사리오스 및 나르시스[30]를 비롯한 여타 장군들의 더성 때문에 행운을 얻은 것으로 생각된다. 마찬가지로, 프랑스 왕 샤를 6세는 부르주에 머물면서 훌륭한 지휘관들을 통하여 잉글랜드인을 왕국에서 몰아냈으며, 그리하여 현명왕이라는 별칭을 얻었다.[31] 다른 한편으로 볼 때, 만약 군주가 지금까지 기술한 정도의 인물이라면, 직접 전쟁에 참가함으로써 그는 장군들이 지닌 그 모든 품성을 활용할 수 있을 뿐 아니라 나아가 자신의 명성과 권위가 주는 이점까지 가지게 되어 장군들의 경각심과 병사들의 열의를 배가시킬 수 있을 것이다. 왜냐하면 "투르누스의 존재는 그들을 분발케 하기" 때문이다.[32]

이처럼 적절한 품성을 지닌 군주가 바람직한 것은 당연하지만 그것은 신이 아닌 다른 존재가 만들어내는 것이 아니기 때문에, 우리에게 남은 것은 과연 어떤 전쟁이 군주의 존재를 절대적으로 요구하는지 혹은 또 어떤 전쟁이 그렇지 않은지를 논증하는 것과 다르지 않다. 그러므로 먼저 군주는 중요한 전쟁이나 전역(戰役)이 아니면 결코 움직여서는 안 된다고 가정해보자. 그런데 이러한 전쟁은 방어나 공격을 위해 그리고 다른 사람의 영

⁘

30) 플라비오스 벨리사리오스(505~565)와 나르시스(478~573)는 비잔틴 제국 유스티니아누스 1세 휘하의 유명한 장군들이다.

31) 이는 오식이거나 실수인 것으로 보인다. 사실 샤를 6세(1368~1422)는 광인왕으로 불렸기 때문이다. 현명왕이란 별칭을 가진 인물은 샤를 5세(1338~1380)로, 백년전쟁에서 브르타뉴 출신의 프랑스 장군 벨트람 게스클린(베르트랑 뒤 게클렝) 덕분에 잉글랜드에 빼앗겼던 영토를 되찾았다. 보테로는 앞서 이 책 2권 13장에서는 이 점을 바르게 밝히고 있다. 백년전쟁은 샤를 7세(1403~1461)에 의해 1453년의 카스티용 전투를 끝으로 종결된다.

32) Vergilius, *Aeneis*, IX, 73.

토를 빼앗기 위해 수행된다.[33] 방어는 자신이 거주하는 주요 국가를 위한 것이거나 혹은 멀리 떨어져 있는 다른 영토를 위한 것이다. 따라서 만약 적이 엄청난 군세로 자신이 있는 곳을 공격한다면 군주는 직접 그들에 맞서는 편이 좋다고 말할 수 있다. 왜냐하면 그가 전쟁에 끼칠 명성의 영향과 또한 자발적이면서도 동시에 경쟁적으로 뜻을 함께하는 귀족 및 인민의 추종으로 그는 스스로 귀감을 보임으로써 신민들의 기백을 높일 수 있을 것이며, 아울러 왕국과 왕의 수호와 안녕을 위하여 용맹하게 싸워야 할 필요를 느끼게 될 것이기 때문이다. 타키투스가 게르만인에 대해 말한 바와 같이, "전쟁에서 지휘관이 용기에서 뒤지는 것은 수치스러운 일이며 그를 수행하는 자들이 그만큼 용맹하지 못하다면 이 역시 수치스러운 일이다. 지휘관이 죽었음에도 자신은 살아서 전장을 떠나는 것은 일생일대의 불명예이자 오욕을 뜻한다. 그를 지키고 방어하며 나아가 스스로의 용맹한 무용(武勇)을 그의 덕분으로 돌리는 것은 숭고한 의무이다. 지휘관은 승리를 위해 싸우며, 그를 따르는 사람들은 자신들의 지휘관을 위해 싸우는 것이다."[34] 이는 공격에서만큼이나 방어에서도 대단히 중요하다. 더욱이 국가의 방어와 보존은 그 이익이 너무 크고 보편적이기 때문에, 군주는 결코 그것이 자기 자신이 아니라 다른 사람을 위한 것인 양 처신해서는 안 된다. 그렇지 않으면 프랑스 왕 킬데릭의 경우처럼 국가의 위기를 겪게 된다.[35] 에스파냐 왕 아브드 알라흐만이 45만 이상의 사라센군을 이끌고 그

∶∶

33) 원문의 "e per acquisto dell'altri"는 'e per acquisto dell'altri;'의 오식으로 보인다. 즉 끝에 ';'이 추가되어야 한다.

34) Tacitus, *De origine et situ Germanorum*, 14, 1~2. 보테로의 인용에는 정확하지 않은 부분이 있다.

35) 보테로는 여기서 킬데릭(프랑크어로는 힐디릭. 5, 7, 8세기 사이 세 명의 메로빙 왕이 이 이름을 쓰고 있다)을 킬페릭이란 이름과 혼동하고 있는 듯하다. 아마 킬페릭 2세(672?~721)

고귀한 왕국을 침입하여(당시 킬데릭은 사르다나팔루스처럼 왕궁의 향락에 도취하여 즐거운 나날을 보내면서, 점점 더 관능적 쾌락에 몰입하고 있었다), 생통주와 푸아투의 쾌적한 가도(街道) 전역에서 맞닥뜨린 모든 것을 죽이고 태움으로써 사람을 공포와 절망으로 몰아넣었다.[36] 하지만 샤를 마르텔은 잠자고 있지 않았다. 그는 프랑스의 귀족 및 인민의 돈과 정예를 포함한 강력한 군대를 끌어모아 용감하게 야만인과 맞섰고, 무시무시한 접전 속에서 무려 37만 5,000[37]을 살상하였다. 이 용맹스러운 방어는 대단히 효과적이고도 긍정적이어서 프랑스인의 마음은 모두 마르텔에게 쏠리게 되었고, 왕은 아무것도 아닌 존재로 전락하였다. 그래서 752년 그의 아들 피핀이 그렇게도 쉽게 프랑스 왕으로 환호를 받은 것도 결코 놀랍지 않다.[38] 인민이 그에게 충성한 이유는 그가 국가와 세속 권력을 수호했을 뿐 아니라 그에 못지않게 영적인 것과 종교를 유지했다는 데 있었다. 왜냐하면 이 역시 모든 사람에게 대단히 중요한 이익을 주기 때문이다. 같은 프랑스 왕국

∵

를 가리키는 것으로 보인다. 그는 715년 이래 프랑스 서북부 지역인 네우스트리아를, 718년부터 죽을 때까지 프랑크 왕국을 다스렸다. 그가 죽은 해, 샤를 마르텔은 궁정 집사장이 되었다. 보테로는 여기서 킬데릭이 방만한 향락에 빠져 있었다고 하지만, '태만왕'이란 별칭을 가졌던 인물은 732년 샤를 마르텔이 투르와 푸아티에 사이에서 아브드 알라흐만의 사라센군을 격파했을 당시 프랑스 왕이었던 테오도릭 4세(711?~737)였다.

36) 아브드 알라흐만은 우마이야 왕조의 코르도바 칼리프로 732년 푸아티에 전투(투르 전투라고도 불린다)에서 죽었다. 일부가 전승되는 기원전 5세기에 살았던 그리스 역사가 크테시아스의 『페르시카(Persika)』에 따르면, 사르다나팔루스는 기원전 7세기에 살았던 아수르(아시리아)의 왕으로, 일생을 자기 탐닉 속에서 보내다가 죽음의 의식을 치르고 죽었다고 한다. 그가 곧 아수르바니팔이라는 견해도 전해오지만, 아시리아 왕계에 사르다나팔루스란 이름이 나타나지 않기 때문에 명확하지 않다.

37) 상당히 과장된 숫자로 보인다.

38) 피핀은 751년에 프랑크(프랑스가 아니라) 왕으로 추대되었고, 752년에 수아송에서 축성식을 가졌다.

에서 사람들은 어떤 군주들이 언제나 신의 믿음과 대의를 견지하는 자신들의 보호를 통하여 얼마나 큰 사랑과 명성을 얻게 되었는지를 본다. 하지만 군주가 언제나 무기를 들어야 할 필요는 없다. 때때로 군대와 전장을 방문하되, 결국 국가의 안녕이 전적으로 혹은 대부분 자신의 판단과 조언과 경각심과 위엄과 용기에 달려 있다는 것이 인지되도록 하는 방식으로 이를 수행하는 것으로 충분하다. 이러한 것들은 근거리에서 싸우는 공격을 위한 중요한 전쟁에서도 똑같이 지켜져야 한다. 왜냐하면 더 가까이에서 싸울수록 전쟁을 끝내는 군주에 대한 감사와 호의가 더 증가하기 마련이며, 그로 인한 이점 역시 더 커질 것처럼 보이기(아니 사실 더 커진다) 때문이다. 레온과 카스티야의 왕, 그리고 그를 이어서 에스파냐의 다른 왕들은 무어인과의 전쟁에 친히 참여했고, 특히 아라곤의 왕 페르난도와 그의 아내인 카스티야 여왕 이사벨은 그라나다 전쟁 및 함락 시 그렇게 하였다.[39] 그러나 만약 전쟁이 나라에서 멀리 떨어진 곳에서 일어난다면 군주는 자신의 권위와 힘을 주변 만방에 널리 퍼뜨리는 자국의 심장을 결코 떠나서는 안 된다. 티베리우스 카이사르는 이를 성실히 따랐다. 왜냐하면 독일의 로마 군단이 소요를 일으킨 대단히 위험한 상황에서 소요를 가라앉히기 위해서는 군주가 직접 그곳에 가봐야 한다는 다수의 여론에도 불구하고, 그는 대중의 불평이나 그 누구의 판단에도 개의치 않겠다고 스스로 다짐했으며, 대군주가 필요하지도 않은데 제국의 옥좌로부터 그리고 모든 사람에 대한 통치의 원천인 장소로부터 떠나는 것은 적절하지 않다고 생각했기 때문이다.[40] 바로 이 점에 대하여 헤로도토스는, 페르시아 왕은 전쟁 시

••

39) 그라나다는 1492년 1월 2일 함락되었다.
40) Tacitus, *Annales*, I, 46~47. 다음도 볼 것. Suetonius, *De Vita Cæsarum*, "Tiberius," 38.

왕의 휘장과 칭호를 가진 왕 대리를 두지 않는 한(내전을 피하려고) 왕국을 떠나지 못하게 되어 있다고 말하고 있다.[41] 다윗 왕이 살해의 위험에 처하자 "다윗의 부하들은 그에게 맹세하여 말하기를, 왕께서는 더 이상 우리와 함께 전장에 나가지 않을 것이며 이스라엘의 등불을 꺼뜨리지 않게 하리라고 하였다."[42] 또한 오스만인은 쉽사리 해전에 나가지 않았다. 모든 사람 중 오직 술레이만 혼자 로도스 전쟁에서 섬과 육지를 갈라놓은 짧은 구간을 건넜을 뿐이다.[43] 나는, 마키아벨리가 군주 혹은 참주에게 그가 획득한 영토로 자신의 주거를 옮길 것을 조언하고 있는 것이 놀랍다.[44] 왜냐하면 이는 정복지를 위해 본래의 신민을, 부수적인 것을 위해 본질적인 것을 위험에 빠뜨리는 것과 다르지 않기 때문이다. 그가 주거지를 부르사에서 콘스탄티노폴리스[45]로 옮긴 대튀르크 메흐메드 1세를 예로 든 것은 유효성이

••

41) Herodotos, *Historiai*, VII, 2. 하지만 헤로도토스는 단지, 법은 페르시아 왕에게 후임 왕을 지명한 후가 아니면 전쟁을 시작하지 말 것을 요구하고 있다고 말하고 있을 뿐이다. 말의 뉘앙스가 약간 다르다.

42) 「사무엘하」 21장 17절.

43) 술레이만은 1522년 로도스를 완전히 정복하였다.

44) 마키아벨리, 『군주론』, 3장 12절: "가장 유력하고 효과적인 처방 중 하나는 그것을 획득한 그 자신이 그곳에 가 사는 것일 터이다. 이는 그 속지(屬地)를 더 안전하고 영속하도록 하는 것으로, 튀르크가 그리스 땅에서 했던 바와 같다. 설사 그러한 국가를 지키기 위해 아무리 많은 다른 제도를 채택한다 해도, 그가 그곳에 가 살지 않는다면 그것을 지킨다는 것이 가능하지 않을 것이다." 보테로는 내전을 겁내고 있으나, 마키아벨리의 강조점은 안정된 세습군주국을 가정할 때 "말과 풍속과 제도가 다른 지방의 국가를 획득한"(11장) 경우—특히 "스스로의 법에 따라 자유롭게 사는 데 익숙한" 공화국을 정복했을 때, 군주가 "그곳에 가 사는 것"이 한 방도라고 말하고 있다(5장 1~2절).

45) 1453년 오스만튀르크가 이 도시를 점령함으로써 이름을 이스탄불로 바꾸었다는 것이 일반적인 중론이다. 하지만 사실은 좀 더 복잡하다. 17세기 여행기 작가 에블리야 첼레비는 이스탄불이 당시에 통용되던 이름이었다고 적고 있다. 하지만 이 이름이 공식적으로 사용된 최초의 예는 1730년 술탄 마흐무드 1세하에 발행된 주화에 새겨진 "Istambol"로 알려져 있다. 학자들은 이스탄불이란 명칭은 원래 '도시'라는 뜻의 중기 그리스어 'εἰς τὴν Πόλιν(is

없다. 왜냐하면 튀르크인은 본래의 신민을 갖고 있지 않으며 콘스탄티노폴리스가 자신의 국가들 중앙에 있어 가능한 최상의 편리함을 누릴 수 있기 때문이다.[46]

∴

tim bolin)'에서 유래했다고 주장한다. 튀르크인이 그것을 'Der Saadet(번영의 문)'이라는 별칭으로 부른 것도 콘스탄티노폴리스가 오랫동안 주변 지역에서 매우 중요한 곳이었다는 점을 말해준다. 다음을 볼 것. Necdet Sakaoğlu, "İstanbul'un adları" ["The names of Istanbul"] in *Dünden bugüne İstanbul ansiklopedisi Cilt 1~8. Ab-Z* ([Ankara]: Kültür Bakanlığı, 1993~1995); Edwin Augustus Grosvenor, *Constantinople*, 2 vols. (Boston: Roberts Brothers, 1895), 69; Caroline Finkel, *Osman's Dream: The Story of the Ottoman Empire 1300~1923* (New York: Basic Books, 2005), 57, 383. 보테로를 비롯한 유럽인(지금의 학자들까지도!)은 비잔틴 제국이 멸망한 후에도 이 도시를 이스탄불이 아닌 콘스탄티노폴리스(콘스탄티노플)로 부르고 있는데, 이는 시대착오적이기도 하고 문명적 편견이기도 하다.

46) 보테로는 여기서 메흐메드 2세를 1세와 혼동하고 있다. 전자는 1453년 콘스탄티노폴리스를 함락한 후 그곳을 제국의 수도로 정하고 상주하였다.

4권

[1]
소요와 반란을 피하는 방법에 대하여

그러므로 인민을 위무하는 기술을 지니는 것만으로는 충분하지 않으며 (왜냐하면 이는 사람을 호도하는 것에 불과하기 때문에), 나아가 그들이 반란을 일으켜 공공의 평화와 군주의 존엄을 동요시킬 수 없도록, 적어도 그렇게 해서는 안 되도록 해야 할 필요가 있다. 무엇보다도 반란의 기회와 용이함을 제거할 필요가 있다.

[2]
도시를 구성하는 세 종류의 사람에 대하여

모든 국가에는 부자와 빈민과 중산층이 있다. 이 세 종류의 사람 중 양극단 사이에 있는 중산층은 보통 가장 평온하고 통치하기 쉬우나 양극단의 사람은 통치하기 어려운데, 왜냐하면 힘 있는 자들은 자신들의 부가 가져오는 안락함으로 악행을 삼가기가 어렵고, 가난한 사람은 궁핍으로 역시 수많은 악습에 젖곤 하기 때문이다.[1] 그래서 솔로몬은 신에게 엄청난 부도 주지 말 것이며 또한 지독한 가난도 내리지 말아 주십사고 기도하였다.[2] 더욱이 부가 넘쳐나고 고귀함, 친족, 수하들로 둘러싸여 있는 사람은 자신들이 받은 세련된 양육 때문에 다른 사람에게 머리를 숙이는 법을 모르며 자존심이 높아 그렇게 하려고도 하지 않는다. 반대로 빈민들은 부당하든 아니든 어떤 것도 기꺼이 할 태세가 되어 있다. 전자는 폭력에 물들고 난폭한 행동에 빠진다. 후자는 사악하고 기만적으로 변한다. 전자는 공공연히 이웃을 모욕하고 후자는 일을 하면서도 뒤로는 불평을 지껄인다. 부자는 자신들의 행운 덕분에 자기 자신을 다스릴 줄 모른다[3](그래서 플라톤은, 키레네인에게서 통치하는 법을 내려달라는 요청을 받자, 그처럼 행운이 넘

:.

1) Aristoteles, *Politika*, IV, 11, 3~15 (1295a 35~1296a 21); Bodin, *Les Six Livres de la République*, V, 2.
2) 「잠언」 30장 8절. 사실 이는 솔로몬이 아니라 30장의 편집자로 전해지는 '아구르 벤 야카(야카의 아들 아구르)의 말이다. 보테로가 이를 솔로몬의 말로 오인한 것은, 당시의 불가타판 성경이 '아구르'라는 이름을 인지하지 못해 단지 "함께 있는 자의"라고만 쓰고 있기 때문이다.
3) 번영과 훌륭한 통치가 서로 잘 화합되지 않는다는 것은 고전고대 정치사상의 단골 주제 중 하나였다. 이 구절에 대한 보테로의 전거는 아리스토텔레스 외에도 플루타르코스인데, 특히 다음을 볼 것. Plutarkos, *Vioi Paralleloi*, "Pericles-Favio," I.

치는 사람에게는 그런 법을 제정하기 어렵다고 말하면서 자신은 그렇게 하지 않겠다고 하였다).[4] 빈민들은 법 아래서 살 수가 없는데, 왜냐하면 그들이 당면한 필요성은 법을 알지 못하기 때문이다.[5] 그러나 중산층은 자신들의 지위에 필요한 정도는 부족함이 없이 충분히 갖고 있지만, 그렇다고 큰 과업에 대한 계획을 세우고 그것에 참여할 만큼 중요하지는 않다. 그들은 보통 평화의 친구로서 자신들의 지위에 만족한다. 야심이 그들을 날뛰게 만들지도 않고 절망이 그들을 꺾어놓지도 않는다. 아리스토텔레스의 말대로, 그들은 덕을 갖추기에 가장 적합한 사람이다.[6] 그러므로 중산층은 본래 평온하다고 가정하고, 우리는 이제 양극단의 사람 및 그들이 질서를 어지럽히거나 반란을 일으키지 않도록 하는 방법에 대해 논하고자 한다.

[3]
대(大)신민에 대하여

권위와 권력으로 인해 군주의 의심을 받을 만한 세 종류의 사람이 있다. 친척 및 혈통을 이유로 왕좌를 요구하는 사람, 중요한 봉토와 전략적 위치를 점한 영주, 그리고 전쟁에서의 용맹함이나 평화를 유지하는 기략으로 사람 사이에서 명성과 신망을 얻은 인물이 바로 그들이다.

∴

4) Plutarkos, *Ethika*, 50, 1.
5) "필요는 법을 알지 못한다(necessitas non habet legem)"라는 금언의 전거는 그라티아누스 황제의 칙령(C. I, q. r. c. 39)이다. 이는 이후의 교회법과 시민법에도 적용되었다. 여기서는 빈민들이 궁핍이라는 그들의 필요성 때문에 법을 지키기 힘들다는 뜻으로 쓰이고 있다.
6) Aristotels, *Politika*, IV, 11, 3 (1295a 35~39).

[4]
혈족 군주에 대하여

국가를 다스리는 것보다 더 질시의 원인이 되는 것은 없다. 그것은 종종 군주를 분노와 광란에 빠지게 한다. 우리가 말하는 야심과 질시는 그것의 폭정 아래 있는 사람의 마음을 사로잡아서 그들의 인간성은 물론 거의 인간 본성까지도 빼앗는다. 알렉산드로스 대왕은 아시아에서 전쟁을 시작하고자 하면서 자신의 모든 친척을 죽이도록 하였다. 튀르크인은 제국을 이어받는 즉시 형제를 모두 살해한다. 무라트 3세는 임신한 부친의 첩의 목을 잘랐다. 호르무즈 왕국이 포르투갈인의 치하로 넘어가기 전에 그곳의 왕은 친척의 눈을 멀게 만들었고, 콘스탄티노폴리스의 일부 황제 역시 그와 같은 관습을 가지고 있었다. 이러한 잔혹성을 혐오한 중국의 왕은 혈족을 온갖 편의시설과 오락기구로 가득 찬, 크고 넓은 장소에 가두어두는 좀 더 인간적인 조치로 만족하였다. 에티오피아의 왕 역시 같은 방법을 사용하였다. 친척을 아마라라고 하는 높고 쾌적한 산에 유폐해 운명이 그들을 왕권의 계승자로 부를 때까지 그곳에 머물러야만 했다. 이 산은 아주 가팔라서 거의 공략 불능의 요새라고 말할 수 있었다. 그곳은 매우 좁은 통로를 통하지 않고는 오를 수 없었고, 산 위에는 꽤 넓은 경작지가 있어서 그 소출로 한 무리의 사람을 충분히 먹여 살릴 수 있을 정도여서 공격에 매우 안전할 뿐 아니라 포위되어도 굶어 죽을 염려가 없었다. 하지만 우리의 출발점으로 다시 돌아오자면 이렇게 말할 수 있겠다. 즉 친척을 유폐한 중국의 왕과 에티오피아 황제도, 그들을 살해한 튀르크인도, 혹은 그들의 시력을 빼앗은 무어인도 자신들의 국가를 반란과 봉기로부터 지키지는 못했다는 것이다. 중국인도 에티오피아인도 그렇게 하지 못했던 이유는, 그 친척들이 별 말썽 없이 조용히 있을 때조차도 분노와 격분에 휩싸이거나 처벌에 대한 두려움이나 복수의 욕망으로 동요된 인민과 귀족이 유폐된 인물들을 부추기고 경비대를 매수하거나 제압하여 그들을 감옥과 유폐지에서 빼내어 왕좌에 앉힐 수 있었기 때문이다. 이는 에스파냐의 반란자들이 당시 하티바 요새에 투옥되어 있던 칼라브리아 공작[7]을 옹위하려 했던 바와 같다. 하지만 나는 중국인과 에티오피아인의 관습이 그래도 덜 야만적이고 덜 불의적임을 부인하지는 않겠다. 왜냐하면 관습은 법과 같은 힘을 가지는 것이며, 아울러 왕국을 위험과 의심으로부터 해방하기 위해서라면 왕의 친척들은 그와 같이 쾌락적인 유폐에 만족하는 것이 합리적이기 때문이다. 그러나 그곳에서도 생각대로 안전이 전적으로 보장되지는 않는다. 왜냐하면 중국에서도 수많은 왕이 살해되었고 잔혹한 참주와 심지어 여자까지도 그곳을 통치한 바 있기 때문이다. 또한 에티오피아에서도 아브드 알말릭이 아마라산이 아니라 자신이 격리되어 있던 아라비아로부터 제위로 소환된 것이 그리 오래되지 않았다. 그러나 안전을 가장 잘 지키지 못한 것은 살해를 택한 튀르크인과 형제와 친척의 시력을 앗아간 무어인의 잔혹성인데, 왜냐하면 다른 왕국들에서는 명예와 통치에 대한 열렬한 욕망이 야심 외에 사람을 봉기하고 무기를 들게 만드는 다른 자극제를 갖지 못했고, 이러한 야심을 다양한 방식으로 포획하거나 제어하거나 그것을 다

⋮⋮

7) 1512년 칼라브리아 공작 페르난도 데 아라곤(나폴리 왕 페데리코 데 아라곤의 아들)은 프랑스군에 합류하고자 획책하다가 가톨릭왕 페르난도 2세에 의해 발렌시아주 남부 하티바 요새에 감금되어 9년을 보냈다. 그는 당시 일어난 민중봉기에서 지도자로 추앙되었으나 이를 거절하였다. 이에 카를 5세는 이듬해 그를 풀어주고 명예를 복권해주었다. 귀차르디니는 하티바 감옥을 가리켜, "아라곤 왕들이 고귀함이나 덕성으로 이름 높은 인사들을 내쫓기 위해 흔히 사용하곤 하던" 곳이라고 말하고 있다. Guicciardini, *Storia d'Italia*, XI, 6; XIV, 1; XV, 1.

른 데로 돌리고 바꿀 수 있었으나, 오스만인이나 무어인에게는 야심을 넘어서 자신들의 생명을 확보해야 한다는 필요성까지 있었기 때문이다. 그리하여 그 어떤 곳에서도 호르부스, 튀니스, 모로코, 파스의 무어인 간에서, 그리고 튀르크인 간에서보다 더 많은 내전이나 반란이 일어난 곳은 없었다. 이는 오르한과 무사, 무사와 무함마드, 바예지드와 지지모, 셀림 1세와 그의 아버지 바예지드 2세, 셀림 1세와 그의 조카 알렘샤흐,[8] 술레이만과 그의 아들 무스타파, 셀림 2세와 그의 동생 세흐자데 바예지드 간의 전쟁이 보여주는 바와 같다. 바예지드는 결국 페르시아 왕 타흐마스프에게로 도피했으나 금화 백만을 약속받은 집주인에 의해 살해되었다. 제위를 장악한 자에 의해 죽임을 당하게 되어 있음을 알고 있던 당사자들은 자기 처지를 생각하여 신민이든 외국인이든 누구의 도움이라도 얻어 무기를 들게 되어 있었다. 그래서 셀림 1세는, 설사 자신이 그렇게도 많은 형제와 사촌과 조카와 모든 촌수의 친척들을 죽였다 해도 변명할 여지는 있다고 말하곤 했다. 왜냐하면 지위가 아무리 낮아도 오스만 가문 출신이라면 누구나 그러한 위치에 오르기 위하여 자신에게 똑같은 조치를 취했을 것이기 때문이다. 반대로 우리가 보기에 에스파냐, 포르투갈, 프랑스 왕국 및 독일의 군주국을 비롯한 다른 그리스도교 국가에서는, 비록 그곳에도 왕좌에 대한 권리를 가진 수많은 혈족과 군주가 있었고 지금도 있기는 하지만, 그럼에도 앞서의 야만인만큼 많은 전쟁과 긴 반란은 일어나지 않고 있다. 왜냐하면 잔혹한 법과 관습은 사람을 잔혹하게 만들지만, 인간적인 것은 사람을 인간적으로 만들기 때문이다. 아우스트리아 가문보다 더 많은 혈족 군

∵

8) 알렘샤흐는 셀림 1세가 1512년에 죽인 그의 동생 중 하나로, 조카는 그의 아들인 오스만 알렘샤흐이다. 그 역시 같은 해에 죽임을 당했다.

주와 형제와 사촌이 있는 곳이 그 어디에 있겠는가? 하지만 그들은 서로의 애정에 반하는 행동을 하지 않았고 야심으로 국가를 어지럽히지도 않았다. 오히려 그들은 자신들의 권리와 주장을 서로에게 양보하면서 마치 다수의 육체가 하나의 정신에 의해 움직이고 하나의 의지로 다스려지는 것처럼 아주 평온하게 살고 있다. 또한 프랑스에서는 언제나 왕가에 속하는 수많은 군주가 있었지만 샤를 마르텔과 위그 카페와 혹은 그들을 이은 메로빙가의 후손들 간에 계승을 둘러싼 혼란은 결코 일어나지 않았다. 하지만 통치의 달콤함이 그토록 강할 수가 있고 그것의 만족감이 그토록 클 수가 있으며 그것의 즐거움이 그렇게 충만할 수 있다고 해도, 그것을 과연 형제의 죽음과 친척의 절멸 및 파괴와 비교할 수 있겠는가? 혹은 만약 자신의 옆에 이익을 나누고 번영을 함께할 혈족이 한 사람도 없다면, 기쁨과 즐거움을 누릴 수 있을 만큼 풍족하고 행복한 왕국을 가진들 무슨 소용이겠는가? 그러므로 계승의 권리를 가진 군주들의 입장에서 국가의 평온과 평화를 유지하는 길은 정의와 분별이다. 이와 함께 인간의 본성과 기질을 인지하고 격노를 피하며 그 무엇보다 크고 격정적인 감정인 질시의 모든 원인을 제거함으로써 스스로의 영토는 평온해질 것이다. 왜냐하면 오만함과 잔혹함이 대신민의 정신을 성나게 하고 노하게 하듯이, 온건함과 좋은 예법은 그들을 자기 의무에 충실하게 하고 이성적으로 행동하게 만든다. 튀르크인은 형제를 죽이려 하기 때문에 스스로 무기를 들어야 할 필요성에 놓이게 된다. 반면 철인 황제 안토니누스는 동생인 루키우스 베루스를 제위의 동반자로 삼았고[9] 발렌티니아누스 역시 동생인 왈렌스와 함께 통치

••

9) 161년 마르쿠스 아우렐리우스(안토니누스 혹은 마르쿠스 안토니누스라고도 한다)는 황제에 즉위하자, 단독 통치를 원하는 원로원의 요청을 물리치고 입양 동생인 루키우스 베루스와

하였다.[10] 그래서 사랑과 자애로움을 배가하는 것 외에 다른 어떤 것도 결과하지 않았다. 그라티아누스는 제위를 자신의 친척이 아닌 테오도시우스와 함께 나누었는데,[11] 이 두 군주 사이보다 정신적 통합이 더 큰 경우는 없었다. 내가 또한 빠뜨리고 싶지 않은 것은, 친척에 대한 바로 이같은 잔혹성이야말로 장차 튀르크 제국을 파멸시킬 가장 가능성 높은 원인일 것이라는 점이다. 그 이유는 오스만인은 여자를 자신들이 원하는 만큼 취할 수 있고, 이로 인해 수많은 아들을 가지게 되며, 그들 모두는 왕위를 차지하는 자에 의해 살해될 것이 분명하므로 결국 제국에 내전이 발발하여 그 세력이 약화되고 국가는 더욱 분열될 것인데, 이런 식으로 적이 그들을 공격하고 복속하게 할 길을 여는 꼴이 될 것이기 때문이다. 이러한 일이 아직 일어나지 않았다고 놀랄 필요는 없다. 왜냐하면 베네딕투스 11세 치세인 1328년에 죽은 오스만이 튀르크 제국을 세운 지 몇 세기도 지나지 않았기 때문이다.[12] 하지만 우리는 이미 잔혹성이 극에 달한 그들 간의 전쟁을 목도한 바 있으며, 이는 우리의 이러한 예언을 신뢰하게 만들고 있다.

•••

공동 통치를 시작하였다.

10) 발렌티니아누스(재위 364~375)는 제국의 서쪽과 아프리카를, 그의 동생인 왈레스(=발렌스, 재위 364~378)는 제국의 동쪽을 다스렸다.

11) 발렌티니아누스의 아들이자 계승자인 그라티아누스(359~387)는 379년 장군인 테오도시우스(347~395)를 공동 황제의 자리에 올렸다. 그는 테오도시우스 1세가 된다.

12) 오스만 1세는 교황 이오아니스 22세의 치세(재위 1316~1334)인 1325년에 죽었다. 베네딕투스 11세는 1304년에 세상을 떠났다.

[5]
봉건 영주에 대하여

왕국의 영주 각각에게는 좋은 점과 나쁜 점이 있다. 나쁜 점은 상위의 군주에게 의심의 대상이 되는 그들의 권위와 권력인데, 왜냐하면 그것은 반역과 모반을 꾀하는 자, 혹은 전쟁을 시작하거나 국가를 공격하려는 자를 위한 지지대이자 준비된 피난처인 것처럼 보이기 때문이다.[13] 이는 나폴리 왕국의 타란토 및 살레르노의 군주들, 그리고 세사 및 로사노의 공작들에게서 보는 바와 같다.[14] 좋은 점은 이 영주들이야말로 국가의 골격이자 견실한 토대라는 것인데, 만일 그들이 없다면 국가는 마치 뼈와 신경이 없이 살과 육(肉)으로만 이루어진 육체와 같아서 전쟁에서 크게 맞붙거나 군대가 패주하거나 왕이 죽는 경우가 닥치면 쉽사리 붕괴하고 말 것이다. 왜냐하면 출신이 고귀하거나 타고난 권위를 가지고 다른 사람보다 특출하여 수장에 적합한 품성을 갖춘 인물이 없다면, 인민은 혼란에 빠져 함께 뭉치지 못하고 취할 아무런 방책도 없이 적에게 굴복하고 말 것이기 때문이다. 이는 이집트에서 이미 여러 번 일어났고, 만일 전쟁에서 적을 한 번이라도 패배시키는 것이 신을 기쁘게 한다면 앞으로 튀르키예에서도 보게 될 것이다. 반면에 우리는 프랑스와 페르시아에서 보듯이 귀족의 수가 많고 거의 불사인 것처럼 보이는 왕국들도 보게 된다. 왜냐하면 프랑스는 잉글랜드의 왕들 아래에서 거의 몰락 직전이었으나 그곳 수많은 귀족의

··

13) 마키아벨리는 『군주론』 4장에서 프랑스 왕국과 오스만제국에 대한 비교분석을 통해 그 기원을 다루고 있다.
14) 이 구절은 1485년 아라곤의 페르난도에 대항한 영주들의 음모를 시사한다.

노력으로 되살아났으며, 페르시아는 마찬가지로 타타르인이나 사라센인에 복속되었으나 넘쳐흐르는 귀족들의 용기 덕분에 언제나 유지될 수 있었기 때문이다. 에스파냐 역시 귀족들의 용기와 노력으로 무어인의 압제로부터 해방되지 않았던가? 하지만 누군가는 이렇게 말할 수도 있겠다. 즉 작위를 가진 영주들은 나라와 국가의 보존을 위해서는 유익하나 왕에 대해서는 그렇지 않은데, 만약 그들이 나라를 유지하고 민중을 분기시킬 수 있다면 그만큼 군주를 괴롭히고 그에게 고초를 줄 수도 있기 때문이라는 것이다. 만약 군주가 자신이 짊어질 책무에 취약하고 위대함을 이룰 능력이 없으며 자신의 운을 헤쳐가기에 부적절하다면, 그가 정의에 대한 열정도 정책의 빛도 갖지 못한다면, 끝으로 지금까지 기술했던 그런 인물이 못 된다면 그 누가 이를 의심하겠는가? 어떤 경우든 그는 영주들에 의한 고통뿐 아니라 자신의 고문과 심지어 익살 광대에게도 속을 것이며, 왕이 아니라 졸(卒)로 전락하고 말 것이다. 이는 프랑스의 킬데릭과 단순왕 샤를[15](그들 치세의 왕국에서 봉토가 생겨났다. 왜냐하면 왕의 무능력으로 각 봉건 영주는 그가 통치하는 도시와 지역들을 탈취했기 때문이다), 게르마니아의 바츨라프,[16] 에스파냐의 라미로,[17] 포르투갈의 상슈 1세,[18] 나폴리의 안드라시,[19] 밀라노의 마시밀리아노 스포르차[20]에서 보는 바와 같다. 그런 사람에게는 어떤

∴

15) 단순왕 샤를 3세(879~929)는 893년부터 프랑스 왕으로, 911~922년 로타린기아의 왕으로 재위했다.
16) 보헤미아의 바츨라프 2세(재위 1271~1305)를 가리키는 것으로 보인다.
17) 레온과 갈리시아의 왕 라미로 2세(재위 931~951)를 가리키는 것으로 보인다. 아라곤의 라미로 2세(1086~1157)와 혼동하지 말 것.
18) (재위 1185~1211).
19) 나폴리 여왕 요안나 1세(재위 1343~1382)의 사촌이자 남편인 헝가리의 안드라시. 그는 1345년 교살되었다.
20) 1512년 스위스군은 밀라노에 스포르차 가문을 다시 세웠고 그 자리를 마시밀리아노 스포

종류의 안전도 소용없을 것이다. 왜냐하면 그는 조언도 그것을 써먹을 판단력도 없기 때문이다. 그래서 나는, 만약 어떤 봉건 영주가 공공의 안녕에 중요한 어떤 항구나 다른 요충지를 갖고 있다면 그것을 대신하는 다른 곳을 그에게 주고 그곳을 그로부터 받아내는 것을 허용할 수 있음을 부인하지 않겠다. 이는 가톨릭 왕이 시칠리아에서 아우구스타[21]의 영주들에게 했던 바와 같다. 왜냐하면 공공의 안전은 언제나 개인의 안전을 앞선다는 것이 합리적이기 때문이다. 잉글랜드 왕 헨리 2세는 봉건 영주가 왕국의 평화와 평온을 어지럽히고 혼란스럽게 하지 못하도록 스티븐 왕[22]이 그들에게 허용한 각 요새 전부를 완전히 허물어버렸다. 이제 군주가 앞서 말한 인물들을 어떻게 다스려야 하는지에 대해서는 우리가 지금까지 말한 바로부터, 그리고 다음 장에서 말하고자 하는 바로부터 쉽게 이해할 수 있을 것이다.

[6]
자신의 실력으로 위대해진 신민에 대하여

자신이 지닌 권력 때문에 의심을 받을 만한 세 번째 종류는, 비록 혈통이 고명하거나 부나 휘하의 영주가 많아 힘이 커진 것은 아니지만, 중요한

∴

르차가 차지했다. 하지만 1515년 밀라노는 프랑스 왕 프랑수아 1세에게로 넘어갔다.

21) 시칠리아 동쪽 해안 아우구스타의 백작들이 사라센 및 오스만군의 수많은 침입에도 불구하고 항구를 방어할 수 없다는 것이 드러나자, 1567년 왕은 아우구스타의 봉토를 왕령지로 귀속시켰다.

22) 블루아의 스티븐이라고도 불리는 잉글랜드의 왕(재위 1135~1154). 그가 죽자 헨리 2세(재위 1154~1189)가 왕위를 계승하였다.

문제를 다루는 방법이나 평화 시든 전쟁 시든 다양한 경우에서 실력을 발휘함으로써 큰 권위를 가지게 된 사람이다. 그리고 사실상 어떤 특정 인물이 지나치게 위대한 것보다 공화국에 위험한 것은 없다. 이런 연유로 아테나이인은 도편추방제도를 통해 그들을 제거하였다. 또한 이는 군주국에 대해서도 결코 그 위험이 적지 않다. 아리스토텔레스가 생각하기에 군주국의 보존을 위해서는 어떤 누구도 권위에서든 부에서든 다른 사람보다 너무 높이 올라서서는 안 되는 것이었다.[23] 왜냐하면 번영하고 있을 때 자신을 낮추고 순풍에 닻을 내리는 방법을 아는 사람은 거의 없기 때문이다. 이러한 난점은 먼저, 중요한 문제를 다룰 때 오만하고 지나치게 대담한 사람을 쓰지 않음으로써 해결할 수 있다. 왜냐하면 그러한 사람은 본성적으로 새로운 일을 꾀하기 마련이며 권력과 결합한 대담성은 제어하기가 어렵기 때문이다. 교활하고 음울한 사람은 훨씬 더 믿기 어려운데, 카시우스, 로렌치노 데 메디치,[24] 당대로는 기백은 없지만 매우 사악한 가스파르 드 콜리니,[25] 양보다 더 겁이 많지만 여우보다 더 기만적인 빌렘 판 나사우[26]가 그런 인물들이다. 왜냐하면 대담한 자들이 자신의 용기를 지나치게 올려보듯이 교활한 자들은 자신의 재능을 너무 과신하기 때문이다. 그러나 불안정하고 경박한 자들을 신뢰하는 것보다 더 적절치 못한 것은 없다. 왜냐하면 그들은 마치 갈대와 같이, 희망이든 두려움이든 약간의 낌새라도 있으면 이리저리 휘둘리기 쉬우며, 대담한 자들과 교활한 자들의 놀

••

23) Aristoteles, *Politika*, IV, 11 (1295b~1296b).
24) 알레산드로 데 메디치의 사촌으로, 1537년 그를 암살하였다.
25) 샤티용의 영주 가스파르 2세 드 콜리니(1519~1572)는 프랑스 제독이자 위그노파의 수장으로 샤를 9세와는 가까운 친구 사이였다.
26) 일명 '과묵한 사람'으로 불린 빌렘 판 나사우(1533~1584)는 플랑드르 봉기의 지도자이자 네덜란드공화국의 수장으로, 빌렘 판 오랑주라고도 한다.

잇감이 되기 때문이다. 최상급에 가까운 사법권이나 권력을 가진 장관직은 만들지 않는 것이 좋다. 왜냐하면 지휘권이 주는 달콤함은 사람이 공정성과 정의로움의 경계를 넘어서도록 만들기 때문이다. 만약 그런 장관직이 이미 존재한다면 조용히 그것을 제거해야 한다. 프랑스의 대원수직과 에스파냐의 알칸타라 및 칼라트라바 산티아고 기사단 단장들이 여러 번에 걸쳐 제거된 것도 이와 같다. 만약 제거할 수 없다면, 특히 임기를 단축함으로써 그것을 약화하고 그 권위와 힘의 일부라도 잘라내는 것이 좋을 것이다. 왜냐하면 장시간 지속되는 권력은 사람이 본분을 잊게 만들고,[27] 해야 할 것이 아니라 할 수 있는 것 혹은 할 수 있다고 생각하는 것을 갈망하게 하기 때문이다. 마메르쿠스 아이밀리우스는 이에 대해 정말로 옳은 말을 한 바 있다. "주요 관직의 임기를 길게 잡지 않는 것이야말로 자유를 지키는 가장 큰 안전장치이다."[28] 그래서 나는 그리스도교 세계의 수많은 왕국에서 대원수, 제독, 원수, 팔라틴과 같이 가장 높고 중요한 관직들의 임기가 영구하다는 것이 놀랍다. 이 외에도 프랑스에서는 지방을 다스리는 지사직 역시 영구직인데, 그것은 대귀족에게 종신토록 부여되기에 그들은 마치 주인 같은 존재가 된다. 설사 왕이라 해도, 큰 소동 없이 혹은 반란이나 혁명에 대한 의심 없이 그들을 그 직에서 물러나게 할 수는 없다. 왜냐하면 가장 부유한 지방의 통치를 자신들의 손안에서 종신토록 영구화함으로써, 그리고 그것을 아버지로부터 아들에게 물려줌으로써 그들은 수많은

••

27) 마키아벨리는 『군주론』 4장 20절에서 '그란디', 즉 대시민 혹은 권력자에 대해 군주가 느끼게 되는 불안과 함께 장기 집권이 그러한 불안을 해소하는 데 도움을 준다고 말한다. 특히 여기서 보테로는 마키아벨리가 쓴 'diuturnità' — '장기간' 혹은 '오랫동안'을 뜻하는 — 라는 단어를 차용해 쓰고 있다.

28) Livius, *Ab Urbe condita libri*, IV, 24, 4. 마메르쿠스 아이밀리우스는 기원전 438년 로마 집정관, 437년, 434년, 426년 세 차례 독재관을 지냈다.

친구와 피후원자와 신봉자를 얻게 되며(관직이 부여하는 권위나 왕과의 사이에서 얻는 은전 덕분에), 그들 스스로가 주인이라고 말할 수 있는 가장 중요한 도시와 정부에 수많은 지지자와 종복들을 배치해두기 때문이다. 그리하여 공작령, 백작령, 후작령을 비롯한 다른 모든 종신직 지위와 통치권이 세습화하는 것이다. 가톨릭왕 페르난도와 그의 계승자들은 이를 피하려고 장군들에게 그들이 획득한 왕국과 지방의 통치를 맡기지 않았다. 콘살보 페란테[29]는 왕국을, 크리스토포로 콜롬보는 그가 발견한 섬과 땅을, 바스코 누녜스[30]는 황금의 카스티야를, 에르난 코르테스[31]는 신에스파냐를 결코 하사받지 못했다. 정의의 집행은 영속적이어야 하지만, 이 사람 저 사람에 의해서가 아니라 원로원이나 의회의 더 많은 사람에 의해 이루어져야 한다. 하지만 군대의 운영은 종신토록 그리고 다수에게 맡겨서는 안 된다. 다수에게 맡겨서는 안 되는 이유는, 장군이 많으면 전쟁 수행에 방해될 뿐 아니라, 한 장군이 이끄는 군대가 다수의 장군이 이끄는 군대를 언제나 이기기 때문이다. 종신직이 안 되는 이유는 군사적 권력이란 것이 사람을 무모하고도 대담하게 만들기 때문이다. 그래서 고귀한 시인은 아킬레우스에 대해 이렇게 말했다.

무기를 들고도 오만하지 않은 자는 없다.[32]

그러므로 로마인은 모든 관직(감찰관은 제외하고)을 1년 임기로 만들었으

∙∙

29) 곤살로 페르난데스 데 코르도바(1453~1515).
30) 바스코 누녜스 데 발보아(1475~1519).
31) 코르테스(1485~1547)는 아즈텍 왕국을 무너뜨린 에스파냐의 콩키스타도르이다.
32) Horatius, *Ars poetica*, 122.

며, 최고의 권위를 지닌 독재관은 1년을 다 채우는 경우가 드물 정도였다. 마리우스, 카이사르, 폼페이우스는 자신들의 관직을 계속해서 맡고, 아울러 매우 광범위한 지방과 대규모 군대를 통할함으로써 공화국의 일부 혹은 전부의 주인이 되었다. 티베리우스가 말했듯이, "인간이란 불과 1년짜리 관직을 갖는 것만으로도 우쭐해진다. 그런데 그에게 5년 동안 그것을 맡게 한다면 어떻겠는가?"[33] 끝으로 관직의 영속화에는 세 가지 난점이 있다. 첫째는 이미 언급한 것이고, 둘째는 군주가 시기적절하게 더 나은 신민을 발탁하여 봉사토록 할 힘을 빼앗는 것이며, 마지막은 군주가 그러한 종신직을 부여한 사람이 병으로 무력해지거나 노령으로 무능해지거나 혹은 정념 때문에 유용하기보다는 유해하게 될 수도 있다는 것이다. 그렇게 되면 그의 수중에 있는 군대는 왕에 봉사하기에는 거의 무력해지거나, 혹은 선보다는 악을 만들어내든지 아니면 아예 무익하게 되어버릴 것이다. 하지만 군주는 주요 관직을 영구직으로 만듦으로써 자신의 손을 묶어두게 해서는 안 되는 만큼, 법률이나 법규로 항상 그러한 관직을 바꾸어야 한다는 편견을 가져서도 안 된다. 즉 그는 어느 정도 재량을 발휘하여 사람의 성격이나 상황의 요구에 따라 그것을 확정할 것인지 혹은 폐지할 것인지를 자유롭게 결정할 수 있어야 한다는 것이다. 그래서 카이사르 아우구스투스는 퀸크틸리우스 바루스[34]가 죽었다는 소식을 듣자 모든 속주 총독의 임기를 연장했는데, 그리하여 그처럼 불길하고 이상한 상황에는 그리고 그같이 위험스러운 때에는 경험이 많고 분별 있는 사람이 신민을 통치

∙∙

33) Tacitus, *Annales*, II, 36, 3.
34) 푸블리우스 퀸크틸리우스 바루스(기원전 46~기원후 9)는 9년 토이토부르크 숲의 전투에서 헤르만(라틴명은 아르미니우스)이 이끄는 게르만인의 매복에 걸려 3개 로마 군단을 잃고 자신도 죽었다.

하도록 한 것이다.[35] 티베리우스는 속주 및 군대 관리에서 나이를 먹은 많은 사람을 그대로 놔두었다.[36] 안토니누스 피우스는 자신이 언제나 훌륭하고 재능 있는 장관을 발탁하고자 했던 만큼 일단 그런 사람을 구하게 되면 교체하지 않고 그에게 명예와 부를 가득 안겨주었다.[37] 그러나 만사가 유동적이라 해도 그것은 결코 유동적이지 않은 어떤 원리로 되돌아가는 법이므로, 군주는 특정한 속주 총독, 군 지휘관, 요새의 수문장 및 이와 유사한 경우처럼 종신직이 아닌 경우는 제외하고 자신의 자문회의는 그것에 사법권은 주지 않되 바꾸지 말고 영속도록 해야 한다. 중요 문제들과 전쟁 및 평화에 대한 심의가 여기서 이루어지게 되며, 또한 후속 사안들에 대한 지식과 인민의 통치에 대한 경험과 일반 시민이든 군대든 선정(善政)에 관한 모든 일이 여기에 보존될 것이다.

[7]
빈민에 대하여

공공의 평화에 마찬가지로 위험한 것은 그것에 전혀 관심이 없는 사람, 즉 큰 고통과 빈곤 속에 사는 사람이다. 왜냐하면 그들은 잃을 것밖에 없으므로, 소요가 일어나면 쉽게 동요하며 타인의 몰락을 통해 자신들이 상승할 수 있다면 가능한 어떤 수단 방법도 마다하지 않는다. 그래서 로마에

••

35) Suetonius, *De Vita Cæsarum*, "Augustus," 23.
36) Suetonius, *De Vita Cæsarum*, "Tiberius," 41.
37) Suetonius, *De Vita Cæsarum*, "Antoninus Pius," 5, 3; 8, 6.

서는 제5계급[38]을 구성하는 빈민들을 통상적으로 군대에 등록시키지 않았다. 다만 해군은 예외였는데, 이는 해군이 언제나 육군보다 덜 명예롭다고 생각했기 때문이다. 리비우스에 따르면 그리스에 페르세우스 왕과 로마인 간에 전쟁이 일어난다는 소문이 돌자 가난의 압박 속에 있던 사람은 세상이 뒤집히기를 바란 나머지 페르세우스 쪽으로 기울어진 반면, 아무것도 바뀌기를 원치 않던 선인(善人)들은 로마인 편에 섰다고 한다.[39] 또한 공화국을 혼란하게 하고자 한 카틸리나는 궁휼한 삶 혹은 운에 처해 있던 사람을 밑천으로 삼았다. 왜냐하면 살루스티우스가 말하듯이 "권력을 추구하는 사람에게 가장 유용한 존재는 재산이 없는 궁핍한 사람인데, 그들은 아무것도 가진 게 없을 뿐 아니라 무언가 이익이 될 만한 것이라면 무엇이든 악착같이 찾으려 하기 때문이다."[40] 조국의 수장이 되기를 갈망한 카이사르는 빚 때문이든 부실한 경영 때문이든 혹은 다른 어떤 이유로든 지독한 궁핍을 겪는 사람을 끌어들였는데, 왜냐하면 그들은 현 상태에 만족할 아무런 이유도 없었으므로 공화국을 전복하려는 자신의 계획에 유용한 존재라고 생각했기 때문이다. 만약 그가 도울 수 없을 정도로 극심한 걸식 상태에 있는 사람이 있다면 이들은 내전을 원할 것이고, 조국의 자유를 빼앗으려는 사람이라면 그 누구든 이들을 이용할 것이라고 그는 공공연히 말한 바 있다.[41] 왜냐하면, 살루스티우스의 말처럼 "도시에서는 언제나, 아무것도 가진 게 없는 사람이 선인을 질시하고 악인을 칭송하며 옛 제도를 혐

··

38) 로마 제6대 왕으로 전해지는 세르비우스 툴리우스(재위 기원전 578~535)의 군사 개혁에서 최하위에 속하는 계급을 말한다. 다음을 볼 것. Livius, *Ab Urbe condita libri*, I, 43.

39) Livius, *Ab Urbe condita libri*, XLII, 30, 4~6.

40) Sallustius, *Bellum Iugurthinum*, 86, 3.

41) Suetonius, *De Vita Cæsarum*, "Caesar," 27, 3.

오하고 새로운 것을 원하면서 만사를 바꾸려 하는데, 이는 그들이 스스로가 처한 상황을 싫어하기 때문이다."[42] 언제라도 악행을 저지를 태세가 되어 있는 빈민 중에는 이전에 부자였던 사람도 있다. 그래서 권위와 명성을 가진 인물에게는 극심한 궁핍이 부유한 것만큼이나 위험스럽다. 다윗이 사울의 분노를 피해 도망갔을 때, "곤경에 처한 모든 사람, 빚을 진 모든 사람, 불만을 가진 모든 사람이 그에게 모여들었다."[43]

　프랑스에서는 우리가 심지어 여기서도 들을 수 있었던 시끄러운 소문이 다른 부류가 아닌 바로 이들에게서 나왔다. 왜냐하면 가장 그리스도교적인 왕들과 가장 가톨릭적인 왕들 간의 전쟁 속에서 엄청난 빚으로 군주들은 극심한 재정난에 시달리고 병사들은 일상적으로 생활하고 쓸 아무런 방도가 없게 되자, 그들은 그 왕국에서 600만 스쿠도를 상회하는 수입이 있던 교회의 부를 자신들의 부로 만들어보려고 획책하였기 때문이다. 그리하여 그들은 스스로 새로운 신앙으로 부르는 이단이란 기회를 이용하여 무기를 들었고, 그렇지 않았다면 번영했을 왕국을 비참한 지경으로 몰아넣었다. 카이키나 알리에누스가 이미 말했듯이 "그들은 국가의 상처 뒤에 자기 자신들의 상처를 숨기고자 작정하였다."[44] 그러므로 왕은 그들로부터 안전을 확보하지 않으면 안 되었는데, 여기에는 그들을 자신의 국가에서 쫓아내거나 혹은 그들에게 이익을 주어서 국가의 평화를 유지하는 두 가지 방법이 있었다. 그들을 몰아내는 데는 스파르타인이 파르테니아

: :

42) Sallustius, *De Catilinae coniuratione*, 37.
43) 「사무엘상」 22장 2절.
44) Tacitus, *Historiae*, I, 53, 3. 카이키나는 1세기경에 살았던 로마 장군으로, 비텔리우스 휘하에 있다가 뒤에 베스파시아누스에게 몸을 의탁하였다가 79년 티투스에 의해 살해되었다. 여기서 보테로의 인용문은 타키투스의 원문을 정확하게 옮기지 못하고 있다.

인에게 했던 것처럼 식민지로 보내는 방법이 있는데, 전자는 후자가 무언가 혼란을 일으킬까 우려하여 그들을 타라스로 보냈다.[45] 혹은 그들을 전장에 보내는 방법이 있는데, 이는 베네치아인이 도시에 득실대는 수많은 악당에게 쓴 것이었다. 그들은 키프로스와의 전쟁이라는 기회를 이용하여 이들을 재빨리 해치워버렸다. 혹은 그들을 그냥 완전히 쫓아버릴 수도 있는데, 에스파냐 왕 페르난도는 집시들에게 60일 안에 떠날 것을 명하였다. 그들을 어떤 일들, 즉 충분히 생계를 이을 만큼 수입이 보장되는 농업이나 수공업 또는 여타 활동에 참여하도록 해서 이익을 주는 방법도 있다. 이집트 왕 아흐모스는 모든 신민에게 지방 장관에게 출두하여 각자가 어떻게 무슨 방도로 살고 있는지를 직접 설명하라는 법령을 내렸으며, 그렇게 하지 못하는 사람은 사형에 처했다.[46] 아테나이에서는 아레오파고스회가 어떤 기술도 갖지 못한 게으름뱅이들을 가혹하게 처벌하였고, 솔론은 만약 아버지의 게으름으로 인해 아들이 아무런 기술도 배우지 못했다면 아들은 아버지를 부양할 필요가 없다고 말했다.[47] 중국의 법은 아들이 아버지의 기술을 반드시 배우고 사용하도록 했는데, 여기에는 두 가지 이점이 있었다. 그 하나는 이런 방식으로 기술이 아주 탁월하게 발전한다는 것이고, 다른 하나는 각자가 먹고살 기술을 집에서 편하게 배울 수 있다는 것이었다. 직업이 없거나 나태한 자는 어떤 경우에든 용인되지 않았다. 심지어는 눈먼 사람이나 불구자조차 힘이 닿는 한 일을 해야 했고, 그들이 완전히 힘을 쓸 수 없을 때가 아니면 병원으로 들어가는 것이 결코 허용되지 않았

..

45) Aristoteles, *Politika*, V, 7, 2 (1306b 27~32).
46) Herodotos, *Historiai*, II, 177. 기원전 6세기에 이집트를 다스린 아흐모스 2세를 가리킨다.
47) Plutarkos, *Vioi Paralleloi*, "Solon," 22, 1.

다. 보피스쿠스는 알렉산드리아를 일컬어, "풍요롭고 부유하며 번창하는 도시로, 그곳에는 게으른 사람이 없다. 불구자와 눈먼 사람에게도 할 일이 주어지며, 심지어 통풍으로 잘 움직이지 못하는 사람조차 게으름을 부리지 않는다"라고 말했다.[48] 중국이 스스로 유지될 수 있을 만큼 수많은 기술 훈련을 시켰던 진시황은 여성들이 아버지의 기술을 이어받든지 아니면 실패와 바늘로 하는 일에 종사하도록 하였다. 카이사르 아우구스투스는 "딸과 질녀에게 직물 짜는 것까지도 배우게 하였다."[49] 로마의 왕들은 인민이 국가 수호에 가능한 한 많은 관심을 가지도록 그들 모두가 부동산을 소유하게끔 했으며, 그리하여 그들이 자신들의 땅을 사랑함으로써 현재의 국가를 사랑하고 수호하는 데도 진력하도록 만들었다. 또한 리쿠르고스는 (나비스가 퀸크티우스 플라미니누스에게 말한 바와 같이)[50] "부와 지위의 평등은 많은 사람이 공화국을 위해 기꺼이 무기를 들고자 한다는 사실에 기인했다"라고 생각하였다.[51] 하지만 모두가 땅을 소유하거나 기술을 가질 수는 없기 때문에(왜냐하면 사람이 생활하는 데는 다른 일도 필요하기 때문에), 군주는 그 스스로나 다른 사람을 통하여 빈민에게 생계 수단을 제공해주어야 한다. 디오니시오스 할리카르나소스는 대중이 게으른 것보다 군주에게 더 위험한 일은 없다고 말했다.[52] 이러한 이유로 카이사르 아우구스투스는

∴

48) *Historia Augusta*, "Firmus," "Saturninus," "Proclus," "Bonosus," 8, 5~6. 4세기경에 살았던 보피스쿠스는 이 책의 수많은 전기편을 쓴 작가로 추정된다.

49) Suetonius, *De Vita Cæsarum*, "Augustus," 64, 4.

50) 나비스는 기원전 205년에서 192년까지 재위한 스파르타의 마지막 참주였다. 티투스 퀸크티우스 플라미니누스는 로마의 정치가로, 기원전 195년 나비스와 전쟁을 시작하기 2년 전 그와 담판을 벌였다.

51) Livius, *Ab Urbe condita libri*, XXXIV, 31, 18.

52) Dionysios Halikarnassos, *Rhomaike Arkhaiologia*, IV, 44, 1.

수많은 건물을 짓고[53] 도시의 유력 인물들에게도 그처럼 하라고 촉구했으며, 이러한 방식으로 가난한 대중을 평온하게 유지할 수 있었다. 한 기술자가 베스파시아누스에게 엄청난 크기의 기둥들을 저렴한 비용으로 캄피돌리오 언덕까지 옮기는 방안을 제의하자, 그의 발상을 매우 기뻐할 만하지만(그에게 그에 대한 상도 내렸다), 자신은 대중에게 생계를 유지토록 하는 방법을 제공하는 편을 택하겠다고 대답하였다.[54] 즉 그는 그같이 기발한 계획 때문에 뒷전으로 내몰리게 될 수많은 사람에게 그들이 살아갈 방도를 마련해주기 위하여 기꺼이 비용을 지불하겠다는 것이었다. 끝으로 군주는 평화와 평온을 중요하게 여기고 혼란과 변화를 위험하다고 생각하는 사람이 아니면 결코 국정을 맡기지 않음으로써 안전을 확보할 수 있을 것이다. 그래서 테살리아의 도시를 재조직하고자 했던 퀸크티우스 플라미니누스는 공화국이 안전하고 평온하게 되는 데 도움이 되는 무리에게 더 많은 권력을 부여하였다.[55]

••

53) Suetonius, *De Vita Cæsarum*, "Augustus," 29.
54) Suetonius, *De Vita Cæsarum*, "Vespasianus," 18.
55) Livius, *Ab Urbe condita libri*, XXXIV, 51, 5~6.

5권

[1]
획득한 영지의 신민은 어떻게 다루어야 하는가

내가 잘못 안 것이 아니라면 우리는 지금까지 원래의 신민에 대해 충분히 논의하였다. 이제 우리의 관례대로 획득된 영지의 신민에 대해 간략히 다루는 일이 남았다. 군주는 무엇보다 획득된 영지의 신민이 영지와 통치에 이익 관계를 갖도록 해서 원래의 신민처럼 되도록 모든 노력을 아끼지 말아야 한다. 왜냐하면 그렇게 하지 않아서 만약 인민이 그에 대한 애정을 갖지 않는다면, 그의 군주국은 마치 뿌리 없는 식물처럼 되고 말 것이기 때문이다. 그리하여 땅에 제대로 뿌리를 내리지 못한 나무가 약한 바람에도 쓰러지듯이, 자신의 영주에게 애정을 느끼지 못하는 신민은 별일 아닌 상황에서도 그로부터 멀어지고 말 것이다. 즉 그들은 쉽사리 운에 휘둘리고 정복자의 깃발을 따르게 마련이며, 그로부터 국가의 변동과 변혁이 나타난다. 프랑스인은 단 하룻저녁에 시칠리아를 잃었으며,[1] 나폴리 왕국과 밀라노 공국을 상실하는 데도 별로 더 많은 시간이 걸리지 않았다.[2] 이는 그들의 통치가 인민을 이롭게 하거나 그들을 포용하고 수호하도록 할 아무런 방책이 없었다는 것 외에 다른 이유 때문이 아니었다. 인민은 프랑스인 치하에서 사는 것이 에스파냐인 혹은 다른 사람 아래서 사는 것보다 더 나을 것이 없다고 생각했기 때문에 그들을 위해 칼을 뽑으려 하지 않았다. 똑같은 이유로 프랑스 왕들과 밀라노의 공작들은 종종 제노바에 대한 지배권을 상실했으며, 좀 더 과거에는 라티노인이 콘스탄티노폴리스의 통치권을 빼앗겼고, 잉글랜드인은 그들이 대륙에 가지고 있던 광대한 영토를 잃어버렸다. 왜냐하면 그들은 신민의 마음을 얻고, 그들이 원하는 것을 들어주며, 그들이 그곳에서 이로움을 얻도록 다스리는 방법을 알지 못했기 때문이다. 셀림이 맘루크와 치른 전쟁에서[3] 시리아 및 이집트의 인민은 그 야만인의 통치에 싫증이 나고 만족을 느끼지 못했기 때문에(그들은 본래 오만한 데다 무례한 관습을 갖고 있었다), 그들을 돕지 않았을 뿐 아니라 튀르크에 신속히 성문을 열어주고 말았다. 그러므로 신민을 자기편으로 만들고, 그들을 우리의 통치 아래 놓고 우리의 영토를 위해 싸우도록 하는 것이 필요하다. 이는 우리가 앞서 말했듯이, 호의를 얻고 명성을 가져오는

∵

1) 시칠리아 만종 사건(Vespri siciliani)을 가리킨다. 1282년 3월 31일, 주현절(부활절 후의 월요일) 저녁 종이 울릴 무렵, 민중봉기가 팔레르모를 휩쓸었고 곧 섬 전체로 번져나갔다. 이로써 앙주가는 시칠리아를 잃었고, 권좌는 페드로 3세 데 아라곤에게로 넘어갔다.
2) 이탈리아 전쟁의 와중에 프랑스는 1503년에 나폴리 왕국을, 1521년에는 밀라노 공국을 잃었다.
3) 보테로는 여기서 오스만 술탄 셀림 1세가 1516년부터 맘루크와 치른 전쟁을 언급하고 있다. 노예 출신으로 이루어진 맘루크 왕조는 13세기부터 이집트 및 시리아를 통치하고 있었다. 이 전쟁으로 맘루크 정권은 1517년 전복되고 말았다.

모든 방법을 통해 실행될 수 있다. 특히 이러한 목적을 위해서는 그들을 정의와 평화와 풍요로움으로 다스리고 종교와 문예와 덕을 장려하는 것이 좋을 것이다. 왜냐하면 성직자와 문인과 유덕한 사람은 다른 사람들의 지도자와도 같기 때문이다. 그리하여 이들을 얻으면 나머지 사람도 쉽게 얻게 되는데, 왜냐하면 성직자는 인민의 양심을, 문인은 그들의 마음을 손에 쥐고 있으며, 양자의 판단은 모두에게 커다란 권위를 갖고 있기 때문이다. 즉 전자는 신성함으로 후자는 교설로, 전자는 존경심으로 후자는 명성으로 그들이 행동하고 말하는 것은 무엇이든 좋은 것이며 그 행동과 말에 분별이 있으므로 그것을 포용하고 따를 가치가 있다고 생각하게 되는 것이다. 또한 온갖 종류의 일에 뛰어나고 유덕한 장인은 다른 사람에게 즐거움을 선사하므로, 군주가 만약 그들을 자기편으로 둔다면 모두에 의해 쉽사리 사랑과 존경을 받을 것이다. 샤를마뉴가 바로 그와 같았는데, 그가 종교에 대해 보여준 존경심과 항상 문인에게 베푼 호의는 제쳐두고라도, 빈민들에 대해서도 믿을 수 없을 정도로 관대하고 자애로웠다. 사람의 감사와 애정을 얻기 위해 이보다 더 우아하고 효과적이며 모두가 더 칭송하고 극찬하는 방법도 없다. 헤프게 보이지만 않는다면 자비로운 것이 좋다. 사면하고 은사를 베풀 경우도 그것이 자연스럽고 분명한 선택으로 이루어진다는 것, 그리고 벌을 줄 경우도 그것이 필요성이 있고 정의와 공공 평화를 위한 열정에서 나온 것이라는 점을 보여주어야 한다. 그래서 네로는 자신의 통치 초기에 스스로가 자비로운 척함으로써 놀라울 정도로 모든 사람의 사랑과 호의를 얻었다. 그는, 어떤 사람을 사형에 처하는 판결이 앞에 놓였을 때(그의 결재를 받으려고), 한숨을 쉬며 "내가 글을 쓸 줄 모르는 것이 얼마나 다행인가"라고 말했다는 것이다.[4] "통치 초기에 자비롭다는 명성을 얻는 것이 유익하다."[5] 탁월한 덕이 비춰주는 광채는 단지 신민을 결속하는 데 그치지 않고 심지어 적조차도 흠모하게 만드는데, 이는 알렉산드로스 대왕 및 스키피오의 절제와 팔리시인에 대한 카밀루스의,[6] 피로스 왕에 대한 파브리키우스의,[7] 그리고 미에슈코 공작에 대한 콘라트 황제의[8] 드높은 기백이 보여주는 바와 같다. 콘라트에게 쫓긴 이 폴란드 공작은 구제와 호의를 얻을 것이라는 희망으로 보헤미아의 군주 올드리히에게서 피난처를 찾았으나, 곧 자신의 생각이 틀렸음을 알게 되었다. 경박함에서든 탐욕에서든 그 보헤미아인은 협상 끝에 그를 황제의 손에 넘겨주기로 했지만, 충직한 마음의 소유자인 콘라트는 그처럼 사악한 행위를 싫어했으므로 미에슈코에게 집주인을 조심하라는 경고를 보냈고, 그리하여 그는 적의 선의와 덕을 칭송하면서 황제에게 스스로 항복하였다.[9] 그러나

∴

4) Suetonius, *De Vita Cæsarum*, "Nero," 10, 3.

5) Tacitus, *Historiae*, IV, 63, 1. 보테로의 인용문은 정확하지 않다.

6) Plutarkos, *Vioi Paralleloi*, "Camillus," 10. 플루타르코스에 따르면, 로마 장군 마르쿠스 푸리우스 카밀루스(기원전 446?~365)가 에트루리아 남부의 팔리시인의 수도 팔레리를 공격하는 중에, 그 도시의 학교 선생 하나가 팔리시인을 배반하고는 학생들을 로마군 진영으로 데리고 왔다. 이를 본 카밀루스는 그 선생의 불의를 나무라면서, 그의 옷을 벗기고 손을 포박한 뒤 아이들 손으로 매를 때리면서 집으로 되돌아가도록 했다. 이에 팔리시인은 카밀루스의 높은 기개에 감동하여 로마군에 항복했다는 것이다. 다음도 볼 것. John of Salisbury, *Policraticus*, V, 7, 5; Dante, *De Monarchia*, II, 5, 11.

7) 로마 집정관 가이우스 파브리키우스 루스키누스는 에페이로스의 왕 피로스 앞에서 그가 보인 의연함으로 유명하다. Frontinus, *Stratagemata*, IV, 3~4; Plutarkos, *Vioi Paralleloi*, "Fabricius"; John of Salisbury, *Policraticus*, V, 7, 6~9; Dante, *De Monarchia*, II, 5, 11.

8) 미에슈코 2세는 1025~1031년 폴란드 왕으로 통치했으며, 1032년부터 죽기 직전인 1034년까지는 공작의 지위에 있었다. 콘라트 2세는 1027년부터 1039년까지 신성로마 황제로 재위하였다.

9) 1032년 콘라트 2세는 폴란드를 독립 국가로 만들려는 미에슈코 2세의 시도를 포기하도록 강요하였고, 이에 미에슈코는 올드리히에게로 피신하였다. 여기서 언급된 사건의 주요 전거(다양한 판본이 있지만)는 콘라트 2세의 고해신부였던 비포의 연대기이다. Wipo, *Gesta Chuonradi II imperatoris*, cap. 29. 다음의 근대 판본을 볼 것. *Wiponis Gesta Chuonradi II. Ceteraque quæ supersunt opera*, ed. H. Bresslau (Hannover, 1878), 36.

군주에게 무엇보다 중요한 것은 정복지 신민과 맺은 협약과 합의를 지키는 일인데, 왜냐하면 자신 치하의 여러 조건을 변경하는 것만큼 정복지 봉신과 신민의 마음을 상하게 하는 것도 없기 때문이다. 이렇게 되면 그들은 자신들의 처지가 날이 갈수록 나빠지리라는 의심과 두려움을 갖게 된다. 우리를 시리아에서 쫓아낸 디마슈크의 왕 누르 아드-딘[10]에게는 약속을 지키는 일보다 더 유익한 것은 없었다. 왜냐하면 그가 자신에게 항복한 사람에게 과도한 부담을 지우지도 않고, 자신이 약속한 것은 어떤 것도 간과하지 않는 것을 안 인민은 자신들을 기꺼이 그에게 맡기고 충성을 다하여 복종하였기 때문이다. 마찬가지로 매우 중요한 것은 교육이다. 왜냐하면 이는 제2의 천성과 같은 것으로, 이를 통해 정복지 신민은 원래의 신민과 같아지기 때문이다. 이를 위하여 알렉산드로스 대왕은 3만 명의 페르시아 젊은이를 뽑아 옷과 무기와 학식과 관습을 마케도니아식으로 양육하였는데, 이는 그들을 마케도니아인과 다르지 않게 전쟁에 이용하기 위해서였다.[11] 튀르크 역시 그리스도 교인 부모를 가진 정복지 신민인 예니체리의 교육을 통해 그들을 자신에게 가장 충실한 군인으로 만들었다. 즉 그들은 근위병으로 복무했을 뿐 아니라, 나아가 신뢰와 용기가 요구되는 모든 중요 사안에 활용되었던 것이다. 이렇게 교육함으로써 튀르크는 두 가지 큰 이익을 얻었다. 왜냐하면 불만을 가진 신민의 힘을 빼앗고, 바로 그들의 아들을 이용하여 자기의 권력을 증대시켰기 때문이다. 이를 위해서는 군주 자신 및 원래의 신민을 정복지 신민과 인척 관계로 맺어지게 하는 것

••

10) 누르 앗-딘 마흐무드 젠기(1118~1174), 일명 누르 아드-딘(아랍어로 믿음의 빛이라는 뜻)은 터키계 출신으로 1146년 이래 할라브(알레포)의 족장이었으며, 디마슈크(다마스쿠스)를 정복하고 제2차 십자군 전쟁을 통해 시리아를 통일하였다.

11) Plutarkos, *Vioi Paralleloi*, "Alexandros," 47, 5~6.

이 유익하다. 페르시아 여인 록사나를 아내로 맞은 알렉산드로스 대왕은 그 야만인들을 믿을 수 없을 만큼 잘 회유할 수 있었으며, 이런 방식으로 자신의 통치와 치세가 안정되고 너그럽다는 확고한 희망을 심어술 수 있었다.[12] 리비우스는, 카푸아인이 반란을 일으켜 한니발에게로 넘어가려 했을 때, 로마인과 맺은 인척 관계보다 더 그들을 주저하게 하고 꺼림칙하게 만든 것은 없었다고 쓰고 있다.[13] 정복지 신민의 마음을 얻는 가장 훌륭한 방법은 다르퀴니우스 프리스쿠스가 사용한 것이었다. 가장 강력한 라티노인을 정복한 뒤, 그는 그들을 종속국이나 신민으로 만들지 않고 연맹과 동료집단으로 대했으며,[14] 이는 로마의 위대함을 낳은 주요한 토대 중 하나였다. 왜냐하면 이후 라티노인 군대는 로마인 못지않게 용감하게 싸웠기 때문이다. 이 동맹은 후일 타르퀴니우스 수페르부스에 의해 갱신되었는데, 그는 모든 라티노인 젊은이를 모은 뒤, 그들만의 장군이나 깃발 없이 로마인과 섞어놓음으로써 한 로마 장군 아래의 두 동료집단으로 만들었다.[15] 그리고 이에 위엄을 부여하기 위하여, 47개 동맹 도시가 알바누스 산정에다 유피테르 라티아리스(라티움의 수호자 유피테르)에 바치는 신전을 짓도록 하였다. 여기서 1년에 한 번 모든 도시가 참가하는 라티노 축제가 열렸으며, 로마인이 제물로 바친 황소를 앞서 말한 도시들과 나누었다.[16] 비록 이

∵

12) Plutarkos, *Vioi Paralleloi*, "Alexandros," 47, 7~8.
13) Livius, *Ab Urbe condita libri*, XXIII, 4, 7.
14) Livius, *Ab Urbe condita libri*, I, 33, 1~2, 5.
15) Livius, *Ab Urbe condita libri*, I, 52, 5~6.
16) 보테로는 여기서 로마가 라티움 인민과 맺은 동맹을 신성한 것으로 만들기 위해 디오니시오스 할리카르나소스의 설명을 따르고 있다. Dionysios Halikarnassos, *Rhomaike Arkhaiologia*, IV, 49. 타르퀴니우스 수페르부스는 매년 4월 알바누스 산정에서 라티노 축제(Feriae Latinae)가 열릴 때, 로마와 인근 도시들이 로마 남동쪽 알바노 구릉지의 카보산 유피테르 신전에 공물로 황소를 바치도록 하였다(물론 모든 사항은 로마가 다 알아서 하게 된다).

것이 연맹이자 동료집단으로 불리기는 했지만, 그럼에도 우리가 다른 곳에서 언급한 바와 같이[17] 로마인은 모든 일에서 우위를 점했다는 것을 보여준다. 정복한 나라에 우리의 언어를 도입하는 것 역시 도움이 된다. 이를 탁월한 방식으로 실행한 것이 로마인인데, 아랍인 역시 아프리카 대부분 및 에스파냐에서 이같이 하였고, 500년 전 노르망디 공작 기욤도 잉글랜드에서 이를 실천하였다. 우리의 언어를 도입하기 위해서는, 법률을 이 언어로 써야 하고, 군주와 관리들이 이 언어로 들어야 하며, 상거래 서류와 위원회와 특허장을 비롯한 여타의 것들도 모두 그래야만 한다. 튀르크는 아나톨리아 주민들에게 신성한 일을 제외하고는 튀르크어 외 다른 어떤 말도 쓰지 못하도록 하였다. 튀르크 치하에서는 그들의 말을 알지 못하고서는 어떠한 요직에도 오를 수 없었고 그들의 말이 아닌 다른 언어로 쓰인 것은 공적 기록으로 인정받을 수 없었다. 이제 샤를마뉴의 예로 끝을 맺겠다. 그는 그리스 총주교의 관할구를 빼앗아 그것을 로마 교회에 넘겨주면서 그것을 로마냐라고 불렀으며, 그리하여 그곳 주민들은 이전에 사용했던 그리스어를 잊어버리고 로마와 로마 교황에 애착을 느끼게 되었다.[18]

.•.

17) 본서 8권 13장.
18) 라벤나 관할구의 증여는 754년 피핀에 의해 이루어졌다. 샤를마뉴는 774년 랑고바르디인과의 전쟁 후 이를 확정하였다.

[2]
이교도와 이단에 대하여

이제 우리는 이교도 혹은 이단 신민이라는 두 부류에 대해 말해보고자한다. 무엇보다도 이들을 원래의 상태로 되돌려서 수중에 넣는 것이 필요하다. 왜냐하면 믿음이 다르거나 반대인 것보다 사람을 서로 간에 더 다르거나 반대로 만드는 것은 없기 때문이다. 물론 이들에게 앞서 말한 방법들을 사용할 수도 있겠지만, 그럼에도 그들을 융합시킬 주요 토대는 개종에서 찾아야 한다. 그들을 개종시킬 방법은 다양하다. 먼저 많은 수의 선인이 함께하여, 가르침을 통해, 그리고 방정한 삶의 귀감을 통해 이 길 잃은 양들을 진리로 인도해야만 한다. 이교도의 아이들을 교육할 학교를 세우고 자유 학예를 비롯한 모든 견실한 훈련과 여흥을 위한 교사들을 양성하는 것이 생각보다 큰 도움이 된다. 왜냐하면 이런 방식으로 부모와 자식모두를 자기편으로 끌어올 수 있기 때문이다. 부모가 받은 교육과 가르침은 곧 자식에게로 전해질 것이다. 우리는 세르토리우스가 좋은 교사들을양성하고 아동 교육에 주의를 기울임으로써 포르투갈인으로부터 깊은 애정을 얻었다는 것을 알고 있다.[19] 아이들은 학교생활에서 그리스도교 신앙과 덕성들을 쉽게 받아들였기 때문에 그들의 마음을 얻을 수 있었다. 이를위해 포르투갈 왕들은(특히 주앙 3세[20]) 동인도제도에 대학과 신학교를 세웠고, 여기서 만방의 수많은 소년이 예수회 신부들의 훈육을 받았다. 그들은 독일과 신세계에서도 이런 식으로 하여 놀랄 만한 결실을 거두었다. 왜

∙∙

19) Plutarkos, *Vioi Paralleloi*, "Sertorius," 14, 3~4.
20) (1502~1557).

냐하면 그들이 머문 독일의 도시들에서 가톨릭 신앙을 유지할 수 있었고, 이미 이단에 감염된 도시에도 도움을 주었기 때문이다. 브라질에서는 얼마나 많은 부족이 개종했는지, 그리고 신에스파냐 및 페루에서는 이미 개종한 사람으로부터 어느 정도의 결실이 있었는지 실로 가늠할 수 없을 정도이다. 왜냐하면 초기에는 최초의 선교사들에 의해 충분한 가르침 없이 우선 세례부터 받았지만, 작금에는 아동을 위한 학교와 기관들을 통해 아이들의 믿음이 갱신되고 신심이 개혁되고 있다. 하지만 그 교사들은 교화를 바라지만 추문은 두려워하지 않으며, 필요한 가르침을 넘어서 정결을 선물하고 탐욕과 추악함을 멀리하는 그런 사람이어야만 한다. 왜냐하면 음욕과 소유물에 대한 애착만큼 부족들에 대한 선행과 영적 원조를 더럽히는 것은 없기 때문이다. 그러므로 군주는 아동을 가르치기 위해 좋은 선생과 가르침과 은혜로 우리 성스러운 믿음의 신비를 잘 설명하여 이해할 수 있도록 만들 훌륭한 설교자를 다수 확보하도록 노력해야 할 것이다. 그 사람을 진리로 끌어당기기 위해서는 무기를 준다든지, 군에 복무하게 한다든지, 관직을 준다든지, 세금 일부나 전부를 면제해준다든지 하는 것과 같이 시간적, 공간적 조건들이 허용하는 것이라면 무엇이든 명예롭고 유익한 특권을 개종 예정자에게 제공하는 것이 좋을 것이다. 포르투갈의 인도제국(諸國) 총독이었던 콘스탄티노 데 브라간사[21]는 그곳에서 세례자와 새로운 그리스도 교인들을 영예롭게 하고 위무하는 모든 방법을 써서 믿을 수 없을 정도로 믿음을 촉진하였다. 또한 이단을 개종시키기 위해 자비와 자선이 얼마나 중요한지는 두말할 나위가 없다. 특히 성직자는 자신들의 수입에 부과된 의무 때문에, 그리고 타인에 대한 귀감으로 교회에 남겨진 재

••

21) (1528~1575).

산을 교화의 목적으로 빈민들에게 나누어줄 때는 그것을 신속하고 후하게 시행해야 한다. 우리는 유스티니아누스 황제의 열정을 결코 간과해서는 안 될 것인데, 그는(에바그리오스가 밀하듯이)[22] 헤룰리인에게 돈을 주고서라도 그들을 믿음으로 이끌었으며, 같은 방법으로 황제 레온 6세 역시 수많은 유대인을 믿음에 이르게 하였다.[23]

[3]
복종치 않는 사람에 대하여

이교도 중에서 그리스도교 신앙과 가장 반대편에 있는 사람은 무함마드 교도들이다. 왜냐하면 그들 종파가 가장 경도된 육체야말로 복음의 정신에는 혐오스러운 것이기 때문이다. 같은 이유로 이단 중에서 진리와 가장 먼 사람은 칼뱅이란 인물을 따르는 자들이다. 그들은 가는 곳마다 천사가 우리에게 고지하고 그리스도가 우리에게 설교했던 평화의 장소에 전쟁을 일으킨다. 국정 문제에서 그들을 신뢰하는 것은 완전히 미친 짓이다. 왜냐하면 경험이 우리에게 보여주듯이, 그들이 권력을 잡기만 하면 어디서나 혼란이 일어나고 무기를 잡게 되며, 불경함과 사악함으로 뒤덮인 어떤 신앙의 이름 아래 불과 칼로써 그들의 사악한 의도를 관철하려 들 것이다. 그들은 교리의 합리성도 성인의 권위도 갖고 있지 않기에, 튀르크인처

..

22) Evagrios Scholastikos, *Ekklisiastikí Istoría*, IV, 20 (in J. P. Migne, *Patrologia Graeca* [1857~1866], vol. 86, col. 2738~9).
23) 레온 6세(866~912)는 886년부터 912년까지 동로마 황제로 재위하였다.

럼 자신들의 종파를 무력으로 수호할 것이다. 그들은 양심의 자유라는 변명 아래, 아니 언어와 행동과 삶의 자유를 내세우면서 대부분 육욕적인 인민을 쉽사리 유혹하여 자신들이 좋아하는 쪽으로 기울게 만든다. 왜냐하면 국가의 멸망으로써 자신들의 악행을 감추기 위해, 혹은 상황을 어지럽혀서 자신의 행위를 유익하게 만들기 위해 혁신과 혼란을 원하는 사악한 사람이 언제나 있기 때문이다. 지금 모든 나라에서 그런 행동을 하는 사람의 수장과 기수는 칼뱅과 그 추종자들이다. 그들의 업무라는 것은 폭동을 일으키고, 흉악한 범죄를 부추기며, 사악한 자에게는 먹을 것을, 야심가에게는 희망을, 궁핍한 자에게는 무기를 제공하고, 탐욕스러운 자들을 위해 교회와 그 재산을 약탈하며, 나팔과 북소리 속에 들려오는 자신들의 복음이라는 그늘 아래 평민을 귀족에, 신민을 군주에 맞서도록 선동하고, 가톨릭교도들에 대해 온갖 사악한 말을 아무런 부끄럼 없이 내뱉으며, 단순한 자들을 유혹하고, 공사를 막론하고 만사를 조금씩 뒤집어엎는 것이다. 한편 그들은 도시를 점령하고, 요새를 세우며, 바다를 해적질하고, 세상에서 평화란 평화는 모두 내쫓아버린다. 그들에 대처하는 최선의 처방은 다른 모든 병에서도 그렇듯이 처음부터 그것을 저지하면서 앞서 말한 방법들을 사용하여 그들을 개종시키는 것이다. 하지만 만약 그들을 진리로 되돌리고 그리하여 우리의 통치 아래 불러들일 아무런 희망도 없다면, 이들이나 굴복하지 않을 다른 모든 사람에게는 피나리우스의 결단을 고려할 필요가 있다. "그는 결단력 있는 사람이었으며, 기만당하지 않기 위해 대중의 충성심보다는 자기 자신을 믿었다."[24] 또한 테렌티우스 바로가 호스틸리

∙∙

24) 시칠리아 중부의 도시 헨나(엔나)의 장관이었던 루키우스 피나리우스는 만약 시민들이 반란을 일으키면 그들을 몰살하라고 명령하였다. Livius, *Ab Urbe condita libri*, XXIV, 37, 3.

우스에게 준 조언과 같이, 토스카나인이 반란을 일으킬 마음이 있어도 도저히 그렇게 할 수 없었던 것처럼 그들을 신뢰와 평화 상태로 유지하는 데 모든 희망을 걸 필요가 있다.[25] 이는 다음의 세 가지 방법으로 이룰 수 있을 것이다. 즉 그들의 기백을 떨어뜨리고 힘을 약화하고 그들을 단합하는 수단을 없애는 것이다. 왜냐하면 반란은 고양된 정신이나 과도한 힘, 혹은 대중의 단합으로부터 나타나기 때문이다.

[4]
그들의 기백을 어떻게 꺾어야 하는가

이러한 결과를 위해서는 그들로부터 정신과 대담성을 고양하는 모든 것, 즉 고귀함의 광채, 혈통의 특권, 튀르크 치하 그리스도 교인에게는 엄격히 금지된 말의 사용, 디오클레티아누스 및 교회에 대한 다른 박해자들이 믿음을 가진 자들에게, 그리고 고트인의 왕 테오도릭이 이탈리아인에게 금한 바 있는 민병대와 무장 군대와 같은 것들을 박탈하는 것이 좋다. 그들에게는 어떤 관직도 허용해서는 안 되고, 의복은 품위 있고 위엄이 넘쳐서는 안 되며 오히려 경박스럽고 저급하며 남루하게 해야 하는데, 왜냐하면 통상적으로 천박한 복색만큼 사람을 비굴하게 만드는 것은 없기 때문이다. 그래서 오스만인은 그리스도 교인에게 결코 흰색 터번을 허용하지 않는다. 사라센인은 페르시아인의 이름까지 빼앗았는데, 그리하여 그들은

::

보테로의 인용문은 정확지 않다.
25) Livius, *Ab Urbe condita libri*, XXVII, 24, 9.

옛날의 용기와 대담함에 대한 기억까지도 잃게 되었다. 노르망디 공작 기욤은 잉글랜드 왕국을 정복한 뒤 그들의 기백을 꺾기 위해 모든 관직을 교체하고 잉글랜드인에게 노르망디어로 쓰인 새로운 법령을 내렸으며, 그리하여 자신들이 다른 나라의 신민이며, 이제 새로운 말로 된 법 아래 스스로 정신과 생각까지도 바꾸도록 하였다. 또한 기욤은 그 인민을 유약하게 만들기 위해, 가장(家長)은 지금도 그렇듯이 저녁 8시에 모든 거리의 종이 울리면 모두가 불을 끄고 잠자리에 들어야 한다는 명을 내렸다.

또한 파라오가 유대인에게 그랬던 것처럼 사람들을 고되게 하거나, 유대인이 기베온인에게, 로마인이 칼라브리아인에게 했듯이 비루한 일을 시키거나, 혹은 농사나 수공업같이 기계적인 작업에 종사하게 하는 것이 중요하다. 왜냐하면 농사라는 것은 사람이 집과 땅에 집착하도록 해서 더 이상 고원한 어떤 생각을 품지 못하도록 만들기 때문이다. 그래서 키몬은 다른 그리스인을 쉽게 군무에서 벗어나도록 해서 그들이 농장 일에 몰두하고 빠져 국정과 통치 문제에는 관심을 두지 않도록 만들었으며, 그런 일은 시민들에게 맡기고 그리스인에게는 바다와 육지에서 지속적인 군사 훈련을 시켰다.[26] 기계적인 기술은 결국 사람을 소득과 생계가 달린 상점에 묶어두게 된다. 장인의 이익은 생산물과 노력을 판매하는 것에서 나오는 것이므로, 그들은 필연적으로 상업을 번성하게 하고 무역을 원활하게 해주는 평화의 친구일 수밖에 없다. 그래서 우리는 장인과 상인으로 가득 찬 도시들이 무엇보다 평화와 평온을 애호하는 것을 보게 된다. 바로 이러한 기술들을 이용하여 페르시아 왕 키로스는 매우 흉포하고 강력했던 리디아인의 기백을 꺾어놓았다. 카이사르 아우구스투스는 로마인의 자존감을 깨

26) Plutarkos, *Vioi Paralleloi*, "Kimon," XI, 1~2.

뜨리고 그들을 무기의 애호로부터 나태의 달콤함으로 옮아가도록, 이미 다른 곳에서 언급한 것처럼[27] 공연과 극장을 장려하였다. 그리하여 그는 앞서 로마의 장관에게 어떤 장소 어떤 시간이든 배우를 벌하는 것을 허용했던 반면, 수에토니우스의 말처럼 이제 공연이 개최되는 장소와 시간에서만 큔은 이러한 권위의 행사를 제한하였다.[28] 디오니시오스 할리카르나소스가 쿠마이의 참주 아리스토데모스에 대해 전하고 있는 것처럼, 옛 참주들은 앞서 말한 것들 외에 아이를 유약하게 만드는 교육을 부가하였다.[29] 그는 자신들이 죽인 사람의 아들이 고개를 쳐들기는커녕 그들의 정신을 저급하고 완전히 아무것도 아닌 것으로 만들기 위해, 그들을 스무 살이 될 때까지 여자처럼 키우도록 하였다. 즉 그들은 발까지 내려오는 길고 헐렁한 튜닉을 입었고, 머리칼은 마찬가지로 길고 곱슬거렸으며, 머리는 꽃으로 장식하였다. 그들의 얼굴은 원래보다 더 은은하고 부드럽게 보이도록 고안된 온갖 종류의 미용 물질로 뒤덮였고, 여인과 아무렇게나 교제하도록 하여 그들의 감정과 습관을 여성적이고 부드럽게 만들었다. 마치 키르케가 사람을 짐승으로 변하게 했던 것처럼 그 참주는 이러한 고안을 통하여 소년을 소녀로 바꾸고자 하였다. 하지만 이는 미친 짓이었는데, 왜냐하면 남자가 여자로 바뀌는 곳마다 여자들은 당연한 듯이 남자들의 일을 하게 되었고, 바늘과 실패는 남자들에게 주고 여자들은 무기를 들고 참주들에 대한 복수를 감행했기 때문이다. 이는 아리스토데모스 자신에게도 일어났는데, 그 역시 한 여자에게 죽임을 당한 것이다.[30] 미묘하고 부드러운 음악이

• •

27) 본서 3권 1장을 볼 것.
28) Suetonius, *De Vita Cæsarum*, "Augustus," 45, 6.
29) Dionysios Halikarnassos, *Rhomaike Arkhaiologia*, VII, 9, 3~5.
30) 디오니시오스는 이런 말을 한 적이 없다. 아리스토데모스는 기원전 490년경 음모에 휘말려

사람을 유약하고 저급하게 만든다는 점을 빠뜨릴 수 없다. 아르카디아인은 자신들이 사는 곳의 혹독한 환경으로 인해 관습도 야만적이고 난폭했기 때문에 원로들은 그들을 온순하고 부드럽게 만들기 위해 음악과 노래를 도입하였다. 그중에서도 가장 부드럽고 미묘한 것은 5도 및 7도 음정인데, 이는 고대에 나태와 쾌락을 탐닉했던 민족인 리디아인과 이오니아인이 자주 사용하였다. 그래서 아리스토텔레스는 『국가』에서 이와 유사한 노래를 금지하였고, 1도 음정을 사용하는 도리아식 화음을 쓰도록 하였다.[31]

[5]
문필은 사람을 군사적으로 용맹하게 만드는가, 그렇지 않은가

우리가 지금까지 교육에 대해 논의해왔고 그중 가장 고귀한 부분이 문필을 공부하는 것이기에, 그것이 전쟁에 얼마나 도움이 되는지, 그리하여 군주는 앞서 말한 복종하지 않는 사람에게 이를 허용하는 것이 현명한지 혹은 그렇지 않은지에 대해 몇 마디 해보는 것도 논지를 벗어나는 일은 아닐 것이다. 일단 문필이 군사적 덕에 매우 반하는 두 가지 결과를 만들어 낸다고 가정해보자. 첫째는 아르키메디스가 보여주는 것처럼, 문필이 그것을 대하는 사람의 마음을 차지하여 다른 어떤 것에도 즐거움을 느끼지 못하게 한다는 것이다. 그는 로마인이 시라쿠사를 약탈하는 와중에서도, 그것이 자신과는 마치 아무 관련도 없다는 듯이 사색에 잠겨 있었다. 두 번

자신이 거느린 사람과 함께 궁에서 살해되었다.

31) Aristoteles, *Politika*, VIII, 7, 12 (1342b 12~17).

째는 아리스토텔레스와 경험이 가르쳐주는 것처럼 문필이 사람을 우울하게 만든다는 것이다.[32] 이는 우리가 군인에게서 찾고자 하는 활력과는 아주 상반된다. 첫 번째 결과에 대해서 카토는 로마인이 그리스 문필을 배우게 되었을 때 제국을 잃게 될 것이라고 말하곤 했는데,[33] 왜냐하면 세 명의 아테나이 웅변가가 로마에 왔을 때 젊은이들이 서로 뒤질세라 그들 뒤를 쫓아다니는 광경을 보았기 때문으로, 그는 원로원을 설득하여 그들이 그렇게 하지 못하도록 모두 돌려보내야 한다고 하였다. 만약 그렇지 않으면 로마의 젊은이들이 학문에 빠져 군무에서 멀어진 것을 우려한 것이다. 또한 고트인은 문필이 사람을 유약하게 만든다고 생각했지만, 원래의 의도와는 달리 수많은 그리스 서적을 불태우지 않기로 결정하였다. 두 번째 결과에 대해서, 천성적으로 명랑하고 쾌활한 프랑스인은(나는 귀족에 대해 말하고 있다) 문필 혹은 문필가에 대해 전혀 고려하지 않는다. 국정에서 총명하고 판단이 뛰어난 군주였던 프랑스 왕 루이 11세는 아들 샤를이 "은폐할 줄 모르는 자는 통치할 줄도 모른다"라는 몇 마디 말 외에 다른 어떤 문필도 알기를 원치 않았다.[34] 이러한 견해에 대해서는 추후 다시 논의할 것이다.

다른 한편으로 문필 공부는 군사적 재능에 매우 중요한 두 가지 결과를

••

32) Aristoteles (Pseudo-Aristoteles), *Problemata*, XXX, 1 (953a).

33) 카토가 지금은 유실된 자신의 저서(*Ad Marcum Filium*)에서 했다는 이 말은 다음에 기록되어 있다. Plinius, *Naturalis Historia*, XXIX, 7.

34) 이 일화는 원래 필리프 드 코민에서 비롯되었으나, 16세기 후반 수많은 정치 저술가에 의해 다시 언급되었다. 여기서 보테로의 출전은 다음의 책으로 보인다. Francesco Sansovino, *Del governo dei regni et delle republiche cosí antiche come moderne*(Venezia, 1561), f. 14v. 보댕 역시 루이 11세에 대해 "아들 샤를 8세가 라틴어 세 마디 이상 배우기를 원치 않았는데, 이는 필리프 드 코민의 이야기에서 나왔다"라고 쓰고 있다(Jean Bodin, *Les Six Livres de la République*, III, 1, p. 344).

산출한다. 그 하나는 그것이 분별과 판단력을 정련한다는 것이고, 다른 하나는 명예와 영광에 대한 욕구를 자극한다는 것이다. 그러므로 이 문제를 판단하기 위해 나는 문필 공부가 장군에게는 거의 필수적이라 말하고 싶다. 그 이유는 그것이 그들의 눈을 뜨게 하고 판단력을 완전하게 만들며 분별과 수완을 가다듬는 데 도움을 주기 때문이다. 또한 그것은 영광에 대한 욕구로써 그들을 자극하고 분기하게 하며, 그리하여 그들이 한편으로는 분별을, 다른 한편으로는 대담함을 갖도록 만든다. 대담함과 결합한 분별은 장군을 탁월한 무인(武人)으로 이끌 것이다. 그래서 우리는, 지금까지 존재한 최고의 장군들, 즉 알렉산드로스 대왕과 율리우스 카이사르가 탁월한 군인이었던 것만큼이나 학문을 열심히 공부한 인물들이었다는 것을 보게 된다. 내가 여기서 스키피오 가문과 루쿨루스 가문을 위시하여, 학문을 연마하면서 동시에 군사적 업적에서도 크나큰 재능을 보여준 다른 수많은 인물에 대해 굳이 언급할 필요는 없을 것이다. 자신의 가문에 프랑스 왕좌를 안착시키기를 원한 위그 카페는 각 학문에 능통한 인물들에게 아들 로베르를 맡겨 키우게 하였고, 그리하여 그는 루이 왕의 아들 샤를에 비하면 마치 현자와 무지한 자의 차이만큼이나 더 뛰어난 군주가 되었다.[35] 나는 문필이 절대적으로 필요하다기보다는 거의 필수적이라고, 즉 대단히 유용하다고 말했다. 왜냐하면 문필이나 다른 어떤 교리도 알지 못하지만, 뛰어난 재능이나 오랜 경험을 통해 군사적 기술에서 완벽함에 도달한 탁월한 장군들도 많이 있었기 때문이다. 만리우스가(家), 데키우스가,

35) 위그 카페(940~996)는 987년에 프랑스 왕이 되었다. 경건왕으로 불리는 그의 아들 로베르 2세는 왕위를 이어받아 1031년 죽을 때까지 재위하였다. 루이와 샤를은 바로 앞서 언급된 루이 11세와 샤를 8세이다.

마리우스가, 디오클레티아누스 및 다른 황제들이 그러하였다. 그들이 어떤 종류의 문필과 공부를 해야 하는가에 대해서는 앞서 말한 바 있다.

하지만 병사들의 경우는, 고백하건대 문필이 별 소용이 없다. 왜냐하면 병사의 주요한 덕은 지휘관의 명령에 복종하고 신속하게 행동하는 것이기 때문이다. 문필은 분별과 조심성을 증대하므로 이는 장군에게만 적합한 것이다. 왜냐하면 장군은 병사 모두에 대해 생각하고 살펴야 하지만, 병사는 장군의 지시와 명령 아래 그를 무조건 따르면 되기 때문이다. 오토가 말했듯이, "무기와 용기가 너희의 일이니, 너희의 용기를 어떻게 어느 방향으로 쓸 것인지는 나에게 맡겨라. 위기 앞에서 가장 침착한 군대야말로 가장 강한 군대다."[36] 또한 안토니우스 프리무스가 말했듯이, "군대와 지휘관의 일은 서로 나누어져 있다. 전자의 일은 싸우는 것이고, 후자는 자신의 선견(先見)과 숙고를 통해 무모하게 행동하기보다는 예견하고 결정하며 때를 기다리는 데 종종 더 쓸모가 있다."[37] 우리는 이를 스위스인에게서 보는데, 왜냐하면 그들은 공부와는 거리가 먼 거친 민족이기 때문이다. 독일인, 헝가리인, 예니체리도 마찬가지다. 프란체스코 스포르차는 판단력과 언변이 좋은 병사가 아니라 주먹으로 열심히 싸울 준비가 된 병사를 좋아하였다.

••

36) Tacitus, *Historiae*, I, 84, 2. 보테로의 인용문은 정확하지 않다. 마르쿠스 오토는 69년 1월 15일에서 4월 16일까지 불과 석 달 동안 로마 황제의 자리에 있었다.

37) Tacitus, *Historiae*, III, 20, 1. 마르쿠스 안토니우스 프리무스는 20년에서 35년 사이에 태어나 81년 이후에 죽은 로마제국의 원로원 의원이자 장군이다.

[6]
그들의 세력을 어떻게 약화시킬 것인가

그러나 저급한 정신의 소유자조차 수중에 세력을 얻고 그것을 체감하게 되면 언제나 치고 올라오려 하기 때문에, 그들의 힘을 **빼앗을** 필요가 있다. 그들이 지닌 세력은 다수의 젊은이로 이루어져 있다. 그것은 한편으로는 말이나 코끼리처럼 활성적 요소이기도 하고, 다른 한편으로는 공수를 위한 무기나 육전 및 해전용 군사 기계, 군수품, 자연적으로 혹은 인위적으로 축조된 요새, 풍부한 재정으로 이를 가지고 사용하는 능력처럼 불활성의 요소이기도 하다. 그리고 군주는 젊은이와 그들을 이끌고 명령하는 수장을 자신에게로 끌어넣음으로써 그들로부터 이 모든 것들을 박탈해야만 한다. 카이사르는 도시를 함락했을 때 다른 무엇보다도 무기와 말과 인질을 넘기라고 하였으며, 특히 어떤 재능을 가진 사람은 모두 인질로 삼았는데, 그는 이런 식으로 그 도시에서 그들의 중추와 자문의 기능을 **빼앗았다**. 그가 브리튼에서 전쟁을 치르고자 했을 때[38] 갈리아의 귀족 정예군을 대동했는데, 그는 물론 그들의 충성을 믿기도 했지만 이렇게 해서 그들의 힘을 이용하고자 한 것이다. 이라클리오스 황제[39]는 사라센인과 아라비아를 통제하기 위하여, 그들을 고용한다는 명목으로 주요 인물 4,000명을 붙잡아놓았다. 그러나 그 누구보다 튀르크만큼 충성이 의심스러운 신민을 충성스럽게 만드는 데 뛰어난 교활성을 발휘한 경우는 없었다. 왜냐하면 이미 다른 곳에서 언급한 것처럼, 그들은 그리스도교 신민에게서 젊은이라

38) 율리우스 카이사르는 기원전 55년에서 54년 사이 두 번 브리튼 원정을 수행하였다.
39) 플라비오스 이라클리오스는 610~641년 비잔틴 제국 황제로서 통치하였다.

는 중추를 빼앗아 그들의 군대로 만들었기 때문이다. 로마인 역시 그런 방법을 사용했는데, 타키투스는 트라케에서 일어난 전쟁에 대해 "전쟁의 원인은 그곳 사람의 심성과는 별개로, 그들이 세금을 받아들이고 그들 중 가장 강인한 남성들을 우리 군대로 보내는 것을 거부한 데 있었다"라고 말했다.[40] 바타비아인[41]과 다수의 게르만인에게도 세금이 공물이 아니라 병사로 부과되었다. 그들은 무기 사용을 금지낭함으로써 무기만 빼앗긴 것이 아니라 그것을 만드는 재료와 기술까지도 빼앗긴 셈이 되었다. 왜냐하면 주민의 수가 많고 재료가 부족하지 않은 곳에서는 (물론 그곳에 장인이 있다고 할 때) 무엇이든 쉽게 만들 수가 있을 것이기 때문이다. 이는 카르타고의 함락에서 보는 바와 같다. 로마인이 카르타고인에게서 무기와 전쟁용 범선을 재빠르게 빼앗았음에도 불구하고, 그들은 필요가 생기면 그때마다 수많은 장인이 수중의 재료를 이용하여 화살과 투석기 외에도 하루에 백 개의 방패와 300자루의 칼을 만들어냈으며, 마(麻)가 부족하면 여자들의 머리칼을 이용하여 밧줄을 엮고 집 기둥을 빼서 배를 만들기까지 하였다. 그들을 요새나 혹은 쉽게 요새로 만들 수 있는 곳에 놔두는 것은 안전한 일이 아니다. 주거지의 가혹한 환경 때문에 대단히 거칠고 반항적인 리구리아 지방의 아푸아니인을 무기로 정복할 수 없었던 로마인은 그들을 산에서 쫓아내 평야 지대로 가게 하였다.[42] 또한 로마인은 그토록 자주 반란을 일으키던 카르타고인을 그들의 나라와 바다에서 떠나게 해 지중해의

··

40) Tacitus, *Annales*, IV, 46, 1.
41) 바타비아는 로마제국 시기 오늘날 네덜란드의 일부 지역에 해당한다.
42) Publius Annius Florus, *Bellorum omnium annorum septingentorum libri II* (=*Epitome de Tito Livio*, I, 19, 4~5); Livius, *Ab Urbe condita libri*, XXXIX, 32. 아푸아니족(Apuani)은 고대 이탈리아 서북지방의 리구리아인 사이에서도 가장 강력했던 부족이다.

한 곳으로 물러나도록 하고자 하였다.[43] 폼페이우스는 해적을 평정하기 위해 그들을 해안 지역에서 전원 지역으로 이동시켰다.[44] 카토는 켈티베리아인[45]의 모든 도시를 없애버리도록 했으며, 아이밀리우스 파울루스는 알바니아인에 대해 그렇게 하였다. 타키투스는 클라우디우스 카이사르의 장관들이 탐욕스럽다고 비난하고 있는데, 왜냐하면 그들은 유대인에게 자신들의 도시를 요새로 만들 권한을 팔았기 때문이다. "클라우디우스 시대의 탐욕을 이용하여 요새를 만들 권리를 산 그들은 전쟁에 대비하여 평화 시에 성벽을 쌓았다."[46] 고트인의 왕 비티자[47]는 반란이 두려워 레온과 톨레도를 제외하고 에스파냐의 모든 도시 성벽을 허물어버렸다. 또한 그와 같은 신민들을 아예 다른 지방으로 옮겨버린 경우도 있었다. 프로부스 황제는 팜필리아와 이사우리아의 가장 강력한 산적이었던 팔푸리우스를 꺾고, 그 지방들에서 유사한 무리를 쓸어내고자 했는데, 왜냐하면 당시 그곳이 그런 사악한 부류의 사람으로 우글거리는 것처럼 보였기 때문이다. 그는 "그곳을 아무도 없는 곳으로 만들기보다는 거기서 산적을 쫓아내는 편이 더 쉽다"라고 말했다. 이에 대한 처방책으로 그는 그곳을 참전 경험이 많은 병사들에게 주었는데, 조건은 그들의 아들이 막 18세가 되면 그들을 로마군에 보내 함께 싸우도록 해야 한다는 것이었다. 그리하여 그들은 산적보다는 군인의 생활에 먼저 익숙해질 것이었다.[48] 아우렐리아누스 역시,

••

43) Florus, *Epitome de Tito Livio*, I, 31, 5~6. 다음에 나오는 켄소리누스의 말도 볼 것. Appianòs Alexandreús, *Romaiká*, VIII, 86, 404~489, 422.
44) Plutarkos, *Vioi Paralleloi*, "Pompeius," 28, 5.
45) 켈티베리아인은 기원전 후기 이베리아반도에 거주하며 켈트어를 쓰던 사람들을 가리킨다.
46) Tacitus, *Historiae*, V, 12, 2.
47) 비티자는 대략 700년에서 710년간 통치한, 에스파냐의 마지막 서고트 왕 중 한 명이다.
48) *Historia Augusta*, "Probus," 16, 4~6. 마르쿠스 아우렐리우스 프로부스는 276년에서

지금의 루마네아스카인, 몰도베니인, 트란실바니아인으로 당시는 도나우 강 너머에 정주하고 있던 다키아인[49]이 로마제국에 쉽게 복종하지 않을 것이라고 생각하여 그들을 강 이쪽 편으로 이주시켰다. 삭센인의 빈번한 반란에 지친 샤를마뉴는 무려 만 가구를 지금은 그들의 자손인 플랑드르인과 브라반트인[50]이 사는 지역으로 이주시켰다. 당시 그들은 현재 모든 인간 권력과 직결된 돈을 보통세 및 특별세라는 명목으로 강탈당했다. 이에 대해서는 이미 군주들이 너무나 잘 알고 있으므로, 더 이상 언급할 필요는 없을 것이다.

[7]
그들 간의 단합을 어떻게 방해할 것인가

아무리 신민의 기백을 꺾고 그들의 힘을 떨어뜨리는 데 진력한다 해도, 만약 그들이 서로 단합하도록 내버려둔다면 그들의 대담성과 힘은 결코 사라지지 않을 것이다. 왜냐하면, 그러한 경우,

> 손에 든 것이 무엇이든
> 분노는 그것을 무기로 만들 것이니.[51]

282년 사이 로마 황제로 통치하였다.

49) 다키아인은 트라케인의 일족으로, 중부 및 동부 유럽에 걸쳐 있는 카르파티아산맥 인근과 흑해 서쪽 지역의 다키아의 거주민이다. 루마네아스카인(흔히 왈라키아인으로 불린다), 몰도베인, 트란실바니아인은 모두 현재의 로마니아(루마니아)에 살던 고대 민족이다.
50) 브라반트는 저지대지방의 여러 지역을 가리킨다.
51) Vergilius, *Aeneis*, VII, 507~508.

민중을 함께 단합시키는 것보다 더 기백을 높이는 것은 없다. 왜냐하면 하나가 모두를 모두가 하나를 고무하기 때문이다. 소요와 반란을 우려한 카이사르 아우구스투스는 이러한 이유로 로마 내에 세 부대 이상의 호위 대를 두려 하지 않았으며, 그들을 오만하게 만들지 않도록 따로 그들만의 숙소를 갖지 못하게 하였다. 또한 그는 다른 부대들을 로마 밖 인근 도시 와 성에 주둔하도록 했다.[52] 그러나 세야누스가 티베리우스 카이사르 아래 에서 근위대장이 되자, 그는 먼저 부대의 명성과 자신의 힘을 키우기 위하 여 흩어져 있던 부대들을 한곳에 집결시켰다. 이는 부대를 결집하게 해서 병사의 사기를 올리고 동시에 다른 사람에게는 두려움을 증대시키고자 한 조치였으나,[53] 결국 제국의 몰락을 초래한 원인이 되었다. 왜냐하면 그들 은 지나치게 오만하고 무례하게 되어 원로원의 권위를 무력하게 만들었기 때문이다. 티베리우스의 원수정 초기에 판노니아에서 반란을 일으킨 세 군 단은 자신들의 힘과 사기를 높이기 위해 세 부대를 하나로 만들고자 하였 다.[54] 로마인은 오래전부터 항상 이러한 단합의 결과를 잘 알고 있었다. 그 래서 아카이아 연맹(이는 여러 도시로 나누어져 있으나, 마치 지금의 스위스처럼 동일한 법을 가지고 한몸이자 하나의 공동체처럼 살았다)의 힘을 의심한 로마인 은 그들을 분리하고 해체하고자 하였다. 이에 크게 분노한 아카이아인은 화가 머리끝까지 차올라 마치 광포한 야수처럼 코린토스로 쳐들어가 많은 외국인을 죽이고 로마 사절들을 모욕하였다.[55]

••

52) Suetonius, *De Vita Cæsarum*, "Augustus," 49. 하지만 이러한 조치에 대한 해석은 보테 로가 첨가한 것이다.

53) Tacitus, *Annales*, IV, 2. 20년, 근위대장이었던 루키우스 아일리우스 세야누스는 로마에 서 멀지 않은 곳에 숙영지를 세워 근위대를 집결시켰다.

54) Tacitus, *Annales*, I, 16~18. 특히 18, 2를 볼 것.

55) Marcus Velleius Paterculus, *C. Vellei Paterculi Historiae Romanae ad M. Vinicium*

그들을 분열시키는 길에는 두 가지가 있다. 그 하나는 그들 스스로 귀를 기울이고 화합하고자 하는 정신과 의지를 제거하는 것이고, 다른 하나는 그렇게 하려는 그들의 능력을 꺾는 것이다. 그들 간에 의심과 불신을 조장하여 그들의 정신이 약해지면 아무도 감히 자기 자신을 드러내고 타인을 신뢰하지 못하게 된다. 이러한 결과를 가져오기 위해서는 은밀하고 믿을 수 있는 첩자가 매우 유용하다. 이러한 측면에서 내게 떠오르는 것은 베스트팔렌의 주민들을 통제하기 위해 샤를마뉴가 쓴 방법이다. 그들은 당시 세례를 받았음에도 불구하고 방탕하게 살면서 커다란 불신의 의혹을 받고 있었다. 샤를마뉴는 다른 일반 관리들 외에 비밀 재판관직을 만들었다.[56] 이 재판관에는 공명정대하고 성실하며, 특출한 분별과 선의를 지닌 사람을 임명하였다. 극히 탁월했던 그 군주는 이들에게 다른 어떤 형식의 절차도 거치지 않고 그들이 하고자 하는 대로 위증을 하는 자나 나쁜 그리스도교인은 그 누구든 즉시 죽일 수 있는 권한을 부여하였다. 그는 범죄자 추적을 위해 재판관 외에 첩자도 뽑았는데, 그들 역시 마찬가지로 부패하지 않은 인물로, 아무런 의심도 받지 않고 이곳저곳을 다니며 이야기를 나눈

••

Cos., I, 13. 벨레이우스 파테르쿨루스는 대략 기원전 19년에서 기원후 31년경까지 살았던 역사가이자 군인이며 원로원 의원이었다. 그의 (첫 번째) 이름이 무엇인지에 대해서는 여러 이설이 있다. 6세기경에 살았던 프리스키아누스는 그를 '마르쿠스'라 불렀고, 1520년에 발간된 위 역사서 초판에는 '푸블리우스'로, 그 외의 판본에는 '가이우스'로 적혀 있다.

56) 이는 785년 작센인 법령(Capitulatio de partibus Saxonniae)과 함께 설립된 베스트팔렌 비밀재판소(Judicium occultum Westpalicum) — 혹은 Corte Wehmica라고도 불렸다 — 를 가리킨다. 그것은 수많은 이교적 관습을 포기하지 않고 있던 작센인(색슨인) 주민들을 사형에 처하기 위한 것이었다. 여기서 보테로는 다음을 전거로 삼고 있다. Enea Silvio Piccolomini, *De Europa*, XXXVI, 125 (*Enee Silvii Piccolominei postea Pii PP. Il De Europa*, a cura di Adrianus van Heck, Biblioteca apostolica vaticana, Città del Vaticano, 2001, 145).

뒤 누가 무슨 짓을 했고 무슨 말을 했는지 재판관에게 보고하였다. 만약 고발된 자가 죄인으로 밝혀지면 재판관은 즉시 그를 사형에 처했다. 사람들은 그가 무슨 범죄를 저질렀는지 알기도 전에 목이 매달려 죽는 모습을 보았다. 이 비밀 재판관 제도로 그곳 사람의 불안정한 상황은 놀라울 정도로 잘 통제되었는데, 왜냐하면 그것은 대단히 은밀하고도 가혹하게 수행되었으므로 그 누구도 선한 생활을 하는 것 말고는 자기 자신을 어떻게 보호해야 할지 알 수 없었고, 아무도 감히 친구에게조차 자신의 마음을 드러내거나 털어놓을 수 없었기 때문이다.

그들에게서 단합의 힘을 빼앗는 방법에는 여러 가지가 있다. 첫째는 주민들 간에, 그리고 예속민을 거느린 가계 사이에 인척 관계를 맺지 못하게 하는 것으로, 로마인이 라티노인에게 했던 것이 바로 이러하였다. 왜냐하면 그들은 라티노인에게 통혼과 상호 접촉을 강력히 금했기 때문이다. 또한 로마인은 마케도니아를 복속시킨 후, 네 지역으로 나누어 암피폴리스, 테살로니키, 펠라, 펠라고니아를 각각의 수도로 삼고 그들 간에는 접촉도 통혼도 할 수 없게 하였다.[57] 그들은 이어 그럴 만한 이유가 있다 싶으면(불의라는 것은 결코 뿌리가 깊지는 않으므로) 그들의 상속권을 폐지함으로써, 혹은 그들을 아예 다른 곳으로 이주시킴으로써 일정한 명성을 지닌 마케도니아의 지도적 인물들을 제거해야만 했다. 아이밀리우스 파울루스는 마케도니아를 평온하게 만들기 위해 그곳의 주요 인사들에게 아들들과

••

57) 로마는 기원전 168년 제3차 마케도니아 전쟁에서 승리했다. 이듬해 그들은 마케도니아를 네 지역(Cf. merides) — 암피폴리스, 테살로니키, 펠라, 헤라클레이아, 린케스티스 — 으로 나누었다. 안드리스코스가 주도한 마케도니아인의 반란이 카이킬리우스 메텔루스 마케도니쿠스에 의해 진압된 이후인 기원전 146년에야 로마의 마케도니아 속주가 설치되었다. 그때까지 이 '메리데스'는 단지 로마의 사법 관할구역에 불과했다.

함께 이탈리아로 옮겨오라고 명했다.[58] 샤를마뉴는 작센인의 소요와 혼란을 평정하기 위해 그들의 귀족을 프랑스로 이주시켰다. 그는 그들에게 공적 회의도, 관리노, 그 어떤 형태의 단체도 만들지 못하게 하였다. 로마인역시 이러한 방식으로 카푸아를 완전히 무기력하게 만들었다. 즉 그들은그곳이 농민들이 살고 자주 오가는, 그들에게 적합한 넓은 땅과 장소가 되기를 원했지, 원로원도 평의회도 코무네도 공적 정부도 없는 도시의 형태로 남기를 원치 않았다. 그들은 이런 방식을 통해 그곳 민중이 소요나 반란을 일으킬 수 없을 것이라고 믿었다.[59] 또한 그들의 모든 집회도 금지하였다. 사라센인의 군주 압둘라는 그리스도 교인의 철야 기도를 금지했는데, 우리가 루터 교도와 칼뱅 교도, 튀르크인과 무어인의 집회를 금지하는것은 그 얼마나 더 합당한 것인가? 다마스쿠스의 왕 살라딘은 예루살렘을빼앗은 후, 그곳 주민들이 종소리에 맞추어 함께 모일 수 없도록 종을 없애버렸다.[60] 튀르크 또한 내내 똑같이 행동하였다. 사실 그것은(망치로 종을칠 때) 사람이 무기를 들고 달려오게 만드는, 믿을 수 없을 만큼 효과적이고 힘찬 소리인 것이다. 이는 보르도에서 염세 때문에 사람들이 장관을 죽이고 앙리 왕에게 반란을 일으켰을 때 보았던 것과 같다.[61] 단합의 끈은 곧언어이기 때문에 정복된 자들에게는 우리의 언어로 말하게 만들어야 한다.그리하여 만약 그들이 그렇게 말을 한다면 그들의 뜻도 경청할 것이다. 이는 가톨릭 왕이 그라나다의 무어인에게 했던 바와 같다. 그러나 때때로 가

•••

58) Livius, *Ab Urbe condita libri*, XLV, 32, 3~4 ("이 조치는 처음에는 잔인하게 보였지만, 곧
    수많은 마케도니아 민중은 그것이 그들의 자유에 오히려 유리한 것임을 인식하게 되었다.")
59) Livius, *Ab Urbe condita libri*, XXVI, 16, 9~11.
60) Carlo Passi, *Selva di varia istoria*, Venezia, Altobello Salicato, 1572, 49.
61) 1548년 염세에 반대하여 농민들이 피토에서 일으킨 봉기(révolte des Pitauds)를 이른다.
    이 과정에서 앙리 2세의 총독 트리스탄 드 모네인이 살해되었다.

벼운 바람과 작은 소문에도 금방 동요되어 무기를 들고 날뛰기 십상인 큰 도시에 대해서는 무어라 말할 것인가? 그 수가 엄청난 카이로 주민들의 동향을 우려한 이집트 술탄들은 도시를 가로질러 넓고 깊은 수많은 수로를 만들어, 그곳을 도시라기보다는 흡사 마을과 작은 도시들로 가득 찬 광활한 전원 지역처럼 보이도록 하였다. 왜냐하면 그들은 수많은 주민이 앞서 말한 수로에 가로막혀 쉽사리 단합하지 못할 것이라 생각했기 때문이다. 나는 베네치아가 평온함을 유지하는 많은 이유 중에서 가장 중요한 것 중 하나가 도시를 가로질러 그것을 수많은 구역으로 분할하고 있는 운하라고 믿는다. 그리하여 주민들이 모이기 위해서는 큰 어려움과 많은 시간이 걸릴 수밖에 없어서 그동안 혼란에 대한 처방책이 나올 수 있다는 것이다. 똑같은 이유로 에스파냐는 프랑스보다 더 평온한데, 왜냐하면 그곳은 도시와 거주지가 더 적을뿐더러 서로 간에 멀리 떨어져 있어서 결과적으로 소통과 단합이 더 어렵기 때문이다. 이러한 결과를 가져오기 위해서는 성채와 식민지가 문제의 장소에 인접해 있어야 하며 수비대 역시 그 안팎에 위치하는 것이 좋다. 바로 그런 이유로 대튀르크는 십만 이상의 기병으로 이루어진 군대를 일부는 아시아에, 일부는 유럽에 있는 200개 이상의 산작[62]에 분산시켜, 어떤 작은 소요도 즉시 진압할 수 있도록 만반의 태세를 갖추도록 하였다. 하지만 이것 중 어떤 것도 복종하지 않는 사람에게 아무런 도움이 되지 않는다면 그들을 어쩔 수 없이 다른 지방으로 흩어서 이주시켜야만 한다. 그래서 아시리아인은 유대인을 분산하여 칼데아로 가게 했고, 알렉산드로스 대왕은(만약 사람들의 말이 사실이라면) 다시 그들을 그곳

··

---

62) 산작(sancak; sanjak)은 오스만튀르크어로 '깃발'이란 뜻으로, 확장된 의미로는 봉토를 가리키기도 하지만, 뒤에 가서는 오스만튀르크의 소행정구역을 일컫는 말이 되었다.

에서 타르타리아[63]로 몰아넣었다. 이후 하드리아누스 황제는 그들을 에스파냐로 이주시켰는데, 주후(主後) 698년 그들은 그리스도와 에기카 왕에 대항하여 반란을 일으켰다(왜냐하면 그들은 거짓으로 그리스도 교인이 되었기 때문에).[64] 그들은 모든 재산을 빼앗겼고 아내와 자식들과 함께 노예가 되어 에스파냐 전역으로 분산되었다. 똑같은 일이 다고베르트 왕[65]에 의해 프랑스에서도 벌어졌다. 만약 알폰소 7세[66] 시대에 에스파냐를 다스리기 시작한, 무와히둔조(朝)의 아랍인이 그리스도 교인을 그들과 함께 살도록 허용하지 않고 억지로 무함마드 교인으로 만들려 하거나 혹은 그들을 잔인하게 죽였다면, 우리라고 해서 왜 우리가 개종과 평화를 포기한 자들을 우리 땅에서 몰아낼 수 없다는 말인가?

그러나 만약 그들이 이단이라면, 설교자든 서적이든 인쇄소든 이단을 부추기는 모든 것들을 그들에게서 빼앗아야 한다. 안티오코스는 유대인이 안식일에 그렇게 하듯이 모세 5경을 공개적으로 읽지 못하게 하였다.[67] 디오클레티아누스는 우리 법의 모든 성경을 불태우라고 명했다.[68] 그렇다

∵

63) 타르타리아는 유럽인의 지리적 인식이 아직 미비한 시기에, 카스피해와 우랄산맥에서 중국 및 인도의 북쪽 경계에 이르는 아시아의 광활한 지역을 통칭해 불렀던 일종의 포괄적 용어이다.

64) 에기카는 687년에서 702년(혹은 703년)까지 에스파냐의 서고트인 왕이었다. 보테로가 말한 반란은 실제로는 693년에 일어났다.

65) 다고베르트 1세는 629년~634년 전(全) 프랑크인을 통치했는데, 실제로 권력을 행사했던 메로빙거 왕조 마지막 왕이었다.

66) 무와히둔(알모하드라고도 한다)조(朝) 칼리프 국은 1146년부터 에스파냐를 침입해 들어왔다. 1126~1157년 카스티야와 레온의 왕이었던 알폰소 7세는 무라비툰(알모라비드)조와 합세하여, 이베리아반도 남부에서 무와히둔 칼리프와의 투쟁을 계속하였다.

67) 「마카베오기 상」, 1장 56~57절.

68) 그리스도교 서적을 불태우라는 디오클레티아누스의 칙령은 대략 303~304년에 공포된 것으로 추정된다.

면 우리가 칼뱅과 불경함과 분의(紛議)를 선동하는 다른 유사한 자들의 책을 불태우는 것보다 더 합당한 일이 어디 있겠는가? 특히 콘스탄티누스 대제의 예를 보라. 그는 아리우스의 책을 모두 불태울 것이며 이를 위반하면 죽이라는 칙령을 내렸다.[69]

[8]
어떻게 다른 민족들과 단합하는 수단을 빼앗을 수 있는가

앞선 장(章)에서 이미 언급한 것으로부터 우리는 이 장에서 말하고자 하는 바를 쉽게 이해할 수 있다. 자신의 신민에게서 스스로 단합하는 힘을 빼앗은 군주는 그들이 다른 신민과 단합하는 수단을 훨씬 더 쉽게 빼앗을 수 있을 것이다. 왜냐하면 이러한 단합은 인척 관계, 우정, 환대, 통상, 은밀한 소통이나 거래를 통해 이루어지기 때문이며, 이 모든 것은 미연에 방지하든지 끊어버려야 할 필요가 있다. 이는 자국이나 혹은 의혹을 받는 나라에 첩자를 둠으로써 가능하다. 또한 자신의 나라를 드나드는 항구와 통로에 수비대를 주둔시킬 수도 있다. 이는 특히 잉글랜드와 같이 바다나 산이나 강으로 둘러싸인 섬이나 지방에서 쉽게 사용할 수 있다. 그곳에서 윌리엄 루푸스[70]는 신민이 허가 없이 왕국 밖으로 나가는 것을 금지했는데,

••

69) 아레이오스=아리우스(256~336)의 교리는 콘스탄티누스 황제가 소집한 니카이아(니케아) 공의회(325)에서 단죄되었다.

70) 윌리엄 루푸스는 정복왕 윌리엄(기욤)의 셋째 아들로, 1087년에서 1100년까지 윌리엄 2세로 잉글랜드를 통치하였다. '루푸스(Rufus)'란 라틴어로 붉다는 뜻으로, 그의 붉은 안색, 혹은 붉은 머리카락에서 유래한 것으로 보인다.

이는 오늘날에도 여전히 지켜지고 있다. 중국인과 모스크바인 역시 위반하면 죽임을 당한다는 조건 아래 군주의 허락 없이는 그 누구도 경계 밖으로 나갈 수 없으며, 이는 매우 엄격하게 지켜지고 있다. 마찬가지로 여권 없이는 그 나라들에 들어갈 수도 없으며 이를 어기면 노예가 된다. 의심스러운 무리를 인근 지역에서 멀리 보내는 것도 이런 목적에 부합하는데, 이는 대(大) 튀르크가 레판토 해전 이듬해 했던 바와 같다. 왜냐하면 당시 그들은 오키알리[71]를 이용하여 그리스도 교인을 그리스 해안 늪지대로부터 멀리 떼어놓음으로써 그들이 라티노인과 담합할 수 없도록 만들었기 때문이다. 마케도니아 왕으로 두 번째 및 마지막 필리포스[72] 역시 자신들이 양을 모는 목자라도 되는 양, 전(全) 인민을 자기들 마음대로 이곳에서 저곳으로 이주시켰다. 페루의 왕들은 어떤 지방을 정복하면 즉시 그곳의 주요 인사들을 자신의 수도 혹은 다른 곳으로 이주시켰고, 그들과 동수의 자국 신민, 특히 기사들을 그곳으로 보내 이주한 사람의 자리를 채웠다.[73]

.. ..

71) 2권 6장을 볼 것. 1572년 10월 7일, 피우스 5세 교황의 기치 아래 뭉친 가톨릭 신성동맹은 레판토에서 오스만제국 함대에 승리하였다.

72) 필리포스 2세(재위 기원전 359~336)와 필리포스 3세(재위 기원전 323~317)를 가리킨다.

73) Agustín de Zárate, *Le bistoire del sig. Agostino di Zarate contatore et consigliero dell'Imperatore Carlo V dello scoprimento et conquista del Peru* ··· / nuovamente di lingua Castigliana tradotte dal S. Alfonso (Ulloa, 1563), I, cap. 14, p. 35.

[9]
이미 일어난 소요를 진정시키는 방법에 대하여[74]

하지만 군주가 아무리 분별이 있다고 해도, "잘못을 범하는 일이 없을 수는 없으며"[75] 혼란은 일어나게 마련이니, 이미 일어난 소요를 평정할 수 있는 방법이 무엇인지 또한 알고 있어야 한다. 소요는 군주와 그의 장관에 반(反)한 인민에 의해서 혹은 선동되거나 파당으로 나뉜 귀족들에 의해 발생한다. 나는 먼저 고백하건대 인간 육체의 병이 모두 치료되지는 [않는] 것과 같이,

> 의술은 우둘투둘한 통풍을 어떻게 치료하는지 알지 못하고,
> 물을 무서워하는 사람에 대한 처방도 내놓지 못하는 것이니,[76]

마찬가지로 통치를 하는 데 나타나는 혼란을 모두 바로 잡을 수는 없다. 왕국과 공화국 역시 치유 불가능한, 때로는 필멸의 질병을 앓고 있다. 이탈리아가 바로 이런 경우이다. 이미 모든 곳이 교황파와 황제파로 나뉜 이 나라는 아무런 치유책도 없이 손상될 대로 손상되어 완전히 파멸 지경에 이르렀다. 하지만 무언가 할 수 있는 것을 하기 위해서 우리는 소요와 혼란에 처한 군주가 힘에서 우위와 이점이 있는지 혹은 열세에 있는지에 대해 말할 필요가 있다. 만약 소요를 일으킨 무리가 그와 대등한 힘을 갖

••

74) 1590년판에 부가된 장(章).
75) 「마태복음」 18장 7절.
76) Ovidius, *Epistulae ex Ponto*, I, 3, 23~24.

고 있다면 그가 열세라고 보아야 한다. 첫 번째 경우 군주는 무력을 사용하여 소요를 초기에 진압하여 그 뿌리를 단번에 잘라내는 것이 좋으며, 이를 가능한 한 조용하고 은밀하게 진행하라고 말하고 싶다. 그리하여 그 수장들을 다른 사람이 알아채기 전에 제거할 수 있을 것이다. 그러나 만약 군주 스스로가 위험에 처한 것을 알고 있다면, 그는 스스로 격노한 민중에게 일단 양보하고 한발 물러남으로써 오히려 승리를 얻는 현명한 방법을 생각해볼 필요가 있다. 왜냐하면 통상적으로 민중의 반란이라는 것은 권위를 지닌 수장 없이 일어나므로 분열과 함께 곧 열기가 식고 힘을 잃기 때문이다. 하지만 그렇다고 해서 파리 민중의 소요에서 프랑스 왕 앙리 3세가 그랬듯이 군주가 반란의 현장에서 물러나거나 완전히 사라져서도 안 된다.[77] 왜냐하면 군주의 부재는 그에 대한 경외심을 감소시키며, 반란의 수장이 기세를 드높이게 만들고 민중에게는 용기를 주기 때문이다. 플랑드르에서 일어난 일련의 반란이 이를 보여준다.[78] 바예지드 2세는 아들 셀림 1세가 일으킨 반란에서 자신의 근위대인 예니체리가 아들 편으로 기울었음에도 결코 도피하지 않았다. 그는 오히려 위엄 있는 모습과 무게 있는 어조로써 근위대가 결국 자신을 배반하지 않도록 했고 오히려 그를 버린 것을 부끄럽게 만들었다. 카를 5세 황제는 헨트인의 반란에 대해 듣자 곧 에스파냐에서 플랑드르로 가 현장에 모습을 나타냄으로써, 반란을 가라앉히

••

77) 이는 1588년 5월 12일에 일어난 '바리케이드의 날(Journée des Barricades)'을 가리킨다. 5월 9일 왕의 금령에도 불구하고, 독일 프로테스탄트에 승리한 기즈 공작(1550~1588)은 엄격한 가톨릭 신앙을 지지하는 민중의 열광 속에 파리로 입성하였고, 급기야 13일 왕이 파리에서 도피하는 지경에까지 이른다. 하지만 같은 해 12월 23일 블루아에서 기즈 공작이 왕에 의해 암살됨으로써 사건의 막이 내린다.

78) 1566년 저지대지방에서 일어난 대규모 반에스파냐 반란을 가리킨다. 이는 결국 1588년 네덜란드공화국의 탄생으로 끝을 맺었다.

고 반도들을 벌하고 성채를 세워 불복종의 그 도시를 확보하였다. 로마인은 보통 반란을 평정하기 위해 두 가지 방법을 사용하였다. 그 하나는 수장을 제거하는 것이고 다른 하나는 민중의 마음을 국내의 소요에서 대외 전쟁으로 돌리도록 하는 것으로,[79] 아테나이의 페리클레스가 썼던 방법이기도 하다. 왜냐하면 의사가 지지거나 피를 흘리게 하는 방법을 통해 몸에 해로운 탁한 체액을 다른 곳으로 흘러가도록 하여 그것을 완화하는 것처럼, 지혜로운 군주 역시 성난 민중을 적을 향한 전쟁으로 이끌고, 또한 그들을 나쁜 의도에서 멀어지게 하고 다른 방향으로 마음을 돌리게 만듦으로써 그들을 가라앉힐 수 있기 때문이다. 호라티우스의 말과 같이 민중은 "머리가 많이 달린 짐승"인 것이다.[80] 그래서 민중이 발호할 때는 그 수장을 잡든지 혹은 다른 방법을 쓰든지 간에 그들을 억눌러야 한다. 또한 손이든 매든, 재갈이든 고삐든 무엇이나 사용하면서 교묘하게 그들을 통제해 나가야 한다. 여기서 풍부하고 다양한 방법과 발상이 필요한데, 그것을 통해 그들에게 기쁨과 공포와 의심과 희망을 느끼도록 함으로써 먼저 그들을 억제한 뒤 결국에는 복종하게 할 수 있다. 이러한 일에는 반도들이 고마움을 느끼고 애호하는 인물로, 똑똑하고 말을 잘하는 사람을 쓰는 것이 좋다. 아그리파는 인간의 몸과 사지에 대한 일화로 로마 평민들을 안정시켰지만,[81] 리비우스는 칼라비우스가 카푸아의 인민이 이성을 되찾도록 만든 탁월한 발상 역시 이에 못지않았다는 것을 우리에게 전하고 있다.[82]

⁝

79) 본서 3권 3장을 볼 것.

80) Horatius, *Epistularum*, I, 1, 76.

81) Livius, *Ab Urbe condita libri*, II, 32, 8~12.

82) Livius, *Ab Urbe condita libri*, XXIII, 2~3. 칼라비우스는 제2차 포에니 전쟁(기원전 218~201) 중 카푸아의 총독으로, 한니발에 항복하는 것에 반대하였다.

당시 그곳 인민은 분노에 휩싸여 원로원 의원들을 모두 죽이겠다며 을러대고 있었다. 칼라비우스는 그들의 분노에 맞서지 않고 먼저 의원들에게 자기 생각을 전한 뒤 인민을 한곳에 모은 다음 그들 앞에 나와 자신도 그들과 뜻을 함께한다고 말했다. "여러분이 의원들을 모두 죽이겠다고 했으니 먼저 여러분 중에 누가 그들의 자리에 들어가는 것이 가장 적절한지부터 결정해야 합니다." 그러고는 가장 미움을 받던 의원의 이름을 호명하며 "그를 사형에 처합시다!"라고 말했다. 이에 인민은 함성과 함께 그의 말에 찬성하였다. 칼라비우스는 계속 말했다. "하지만 누가 그의 자리를 대신할지 알아야 합니다." 그러자 상점주와 노동자들이 여기저기서 막무가내로 앞다투어 밀고 나오기 시작했다. 그들은 서로에게 양보할 마음이 전혀 없었기 때문에, 경쟁이 소동을 증폭하여 서로 으르렁거리는 상태로까지 이르렀다. 두 번째, 세 번째, 매번 의원을 호명할 때마다 똑같은 일이 벌어졌다. 결국 그들은 곧 누구 하나를 다른 사람보다 더 선호하는 데 동의하기보다는 옛 의원들의 생명만이 아니라 그 직위도 그냥 허용하는 정도로 만족하였다. 피렌체에서 큰 화재가 일어나 도시 전체가 다 타버릴 위험에 처했을 때, 대주교인 프란체스코 소데리니는 법복을 착용하고 사제들을 거느린 채 앞으로 나섰고 종교의 위엄으로 사람들을 집으로 돌아가도록 만들었다.[83] 많은 경우 설교자들과 성스럽고 특별한 덕을 지녔다고 평가받는 인물들을 통해 유익한 결과를 얻을 수 있다. 만약 민중들을 완전히 달랠 수 없다면, 그들을

··

83) 이 일화는 출처가 불분명하다. 1529~1530년 피렌체공화국 멸망 시의 일로도 보이지만 소데리니는 이미 수년 전에 세상을 떠났다. 프란체스코 소데리니(1453~1524)는 1503년 추기경 서임을 받았으나, 피렌체 대주교는 아니었으며 볼테라, 코르토나, 티볼리, 나르니, 알바노, 아나뉘, 오스티아 외 여러 곳의 주교직에 있었다. 마키아벨리가 봉직한 공화국 시절 곤팔로니에레였던 피에로 소데리니는 그의 형이다.

분열시키는 데 적절한 기술이라면 무엇이든 사용하는 것이 좋을 것이다. 앞서 말한 처방책이 모두 무용하다면 무력에 호소하기보다는 그들이 요구하는 일부 혹은 전부를 들어주는 편이 낫다. 왜냐하면 권력과 통치의 토대는 사랑과 명성인데, 군주가 그들에게 양보하면 비록 명성은 잃겠지만 그들의 사랑은 보존할 수 있을 것이기 때문이다. 이는 정복지 신민보다는 원래의 신민에 적용하는 것이 훨씬 더 쉽다. 군주 자신이 막을 수 없는 것을 마치 자신이 원하는 것처럼 보이게 하거나, 실제로는 힘으로 빼앗긴 것을 마치 자애롭게 하사한 것으로 가장하는 것도 그의 명성에 도움을 줄 수 있다. 이는 마치 상인이 때때로 예정된 곳에 장사를 하러 갈 수 없으면 바람 부는 대로 아무 데서나 장사를 하는 것과 같다. 이름은 기억하지 못하지만 한 플랑드르 백작이 있었다.[84] 그에 대한 반란을 일으킨 헨트의 주민들은 반란의 표지로 각자 흰 두건 같은 것을 쓰고는 미친 듯이 시골을 헤집고 다니며 모든 것을 뒤죽박죽으로 만들어놓았다. 백작은 그들을 가라앉히고 흰 두건을 벗게 하려고 무진 애를 썼으나 별 효과가 없었다. 그는 그처럼 별일도 아닌 것 때문에 왜 그렇게 고통을 겪게 되었을까? 그는 자신부터 흰 두건을 썼어야 했고, 그랬으면 그들의 수장으로 남을 수 있었을 것이다. 하지만 그 같은 양보는 반드시 사람이 아니라 사물에 관해 이루어져야 한다. 내가 보기에 군주가 장관을 광포한 군중에게 넘겨주는 데 동의하기는 어려운 일이다(얼마 전 튀르크 왕 무라드가 그런 것처럼).[85] 왜냐하면 만일 장관이 충성스럽

··

84) 플랑드르 백작 루이 2세 혹은 루이 드 말(네덜란드어로는 로데비익 판 말레)을 가리킨다. 1379년 헨트(프랑스어로는 강, 독일어로는 겐트)에서 일어난 '흰 두건의 난'은 수년간 계속되었다.
85) 이는 1574년에서 1595년까지 오스만제국의 술탄이었던 무라드 3세의 재상(바지르 혹은 사드라잠이라고 불렀다) 소콜루 메흐메드 파샤가 1579년 암살된 사건을 가리킨다. 소콜루는 이전에 술레이만 대제 및 셀림 2세의 재상이기도 했다.

고 아무런 잘못도 범하지 않았다면, 그러한 행동에는 군주가 그를 어떤 식으로 넘겨준다기보다는 어쩔 수 없이 빼앗기도록 놔둔다는 치욕이 동반되기 때문이다. 또한 이 경우 그 장관을 숨겨줄 수도, 도피하게 할 수도 혹은 어떤 식으로든 위험에서 벗어나게 만들 수도 없는 상황이어야 한다. 만일 더 큰 혼란 없이는 치유할 수 없는 혼란인 경우에는 가능한 한 그것을 모르는 것처럼 은폐하는 것이 가장 좋은 방법이다. 이는 카를 5세기 왕자-공작에 대해 현명하게 대처한 데서 보는 바와 같다.[86] 하지만 만약 귀족들에 의해 혼란이 발생한다면, 그것은 군주에 대해 음모를 꾸미거나 혹은 파당으로 나누어지는 두 가지 방식으로 일어날 가능성이 있다. 만약 군주에 대해 음모를 꾸민다면, 이 경우 주민들에 대해 앞서 말한 바와 같은

••

86) 루이지 피르포는 이 이야기를 보테로가 공화주의 논객이자 풍자작가 트라이아노 보칼리니의『파르나소 통신(*De' Ragguagli di Parnaso*)』 2권(1613), 67번째 통신에 나오는 것을 보고 쓴 것으로 추정한다(피르포는 1948년에 보칼리니의 다른 글들과 함께『파르나소 통신』을 3권으로 편집, 간행하였다). 이에 따르면, 카를 5세 황제는 황후와 함께 톨레도 외곽에서 개최한 마상시합을 관람한 뒤 막 시내로 돌아온 참이었다. 그런데 왕자-공작이 궁의 경계를 담당하는 한 관리가 자기 말을 회초리로 때렸다는 이유로 황제가 보는 앞에서 그를 칼로 찌르는 사건이 일어났다. 하지만 황제는 이에 대해 아무 말도 하지 않았다. 그는 공작의 과도한 행동에도 관용을 베풀고 그의 체면을 세워주고자 한 것이다. 공작은 이후 황제에게 자신의 무례함에 대해 용서를 빌었고, 그 관리에게 치료비로 500스쿠도를 보냈다는 것이다. 보칼리니는 사태에 잘 대처한 황제의 '특출한 분별'을 칭송하고 있다. 피르포는 자신이 편집한 보테로의『국가이성론』(Torino, 1948) 이 부분 각주(p. 200, n. 8)에서, 이 사건의 당사자가 제3대 왕자-공작으로, 1520년에 카스티야 왕국에서 일어난 코무네로스의 봉기를 진압한 디에고 후르타도 데 멘도사라고 본다. 하지만 본 역서의 저본이 된『국가이성론』(피에르 베네디티니와 로맹 데샹드르 편집) 각주에 따르면, 이 일화가 제4대 왕자-공작 이뷔고 로페스 데 멘도사와 카를 5세의 한 법관이 연루된 사건을 묘사한 것이라고 하면서 그 전거를 제시하고 있다(Alfonso de Ulloa, *La vita dell'invitissimo e sacratissimo imperatore Carlo Quinto*, Venezia, Valgrisio, 1566, III, f. 155v). 또한 황제가 이를 묵과하고 넘어간 이유도 이를 빌미로 에스파냐의 대귀족들이 자신에 대해 반란을 일으킬까 봐 우려해서였다는 것이다(p. 351, n. 14).

처방이 사용될 수도 있다. 또한 민중보다는 귀족들을 분열시키는 편이 더 쉬울 것이다. 왜냐하면 엄청나게 많은 사람 중에서보다는 그보다 적은 수의 사람 중에서 몇몇을 설득하는 것이 더 용이하기 때문이다. 지금까지의 그 어떤 인물보다 더 교활한 군주 중 하나였던 프랑스 왕 루이 11세의 생애는 반란과 음모라는 유사한 고통과 위험에 처한 사람에게 하나의 예증이자 본보기가 될 수도 있을 것이다. 하지만 만약 귀족들의 개인적 이해관계와 그것이 가져올 결과 때문에 왕국이 혼란 상태에 빠진다면 이는 깊이 숙고할 필요가 있다. 그들의 다툼은 사적일 수도 있고 공적일 수도 있을 것이다. 만약 그것이 사적이라면 당사자들은 그 문제를 판단할 법관이나 그것을 조정할 판관에게 복종하지 않으면 안 된다. 군주는 어느 한쪽에 호의를 베풀어서는 안 되며, 그렇지 않으면 다른 쪽과 멀어질 것이다. 이는 프랑수아 왕이 어머니인 마담 루이즈와 부르봉 공작 샤를 간의 분쟁을 다루는 과정에서 했던 바와 같다.[87] 어머니에 대한 왕의 호의로 인해 공작은 결국 반란을 일으킨 것이다. 군주와 그의 통치에 대해 느끼는 분노는 대개 정의에 기초하지 않은 호의에서 연유한다. 그러나 만일 사실 입증이 불가능하거나 혹은 다툼 그 자체보다 더 큰 혼란을 야기함으로써 조정이 어렵다면(이는 기즈 공작 앙리와 프랑스의 제독 가스파르 콜리니 간의 적대관계에서 보는 바와 같다. 콜리니는 공작의 부친인 프랑수아를 살해했다는 혐의를 받았다[88]), 그런 경

• •

87) 루이즈 드 사부아(1476~1531)는 아들이 프랑수아 1세로 왕이 된 뒤 부르봉가 소유이던 오베르뉴 공작령에 대한 권리를 주장함으로써, 이를 둘러싸고 결국 부르봉 공작 샤를 3세와 다투게 되어 결국 프랑수아 1세 및 루이즈와의 전쟁이 일어난다. 전쟁에서 패배한 샤를은 1527년에 죽었다.

88) 가톨릭인 프랑수아 드 기즈는 1563년 한 위그노(프랑스 프로테스탄트)에 의해 암살되었다. 그 배후에 위그노 수장 격인 가스파르 2세 드 콜리니가 있다는 소문이 돌았다. 1572년 성 바르톨로메오 학살의 와중에서 프랑수아의 아들 앙리가 콜리니를 살해함으로써, 가톨릭과

우 군주는 권위를 발휘하여 양 파당의 수장을 궁 밖으로 내보내든지, 서로 멀리 떨어진 지방으로 내쫓든지, 혹은 이와 유사한 방법을 사용하여 사태를 진정시켜야 한다. 하지만 분쟁이 공적인 것인데다(그 이면에는 종종 개인적 욕망이 감추어져 있다) 그것을 진정시키거나 중단하기도 어렵다면, 왕은 스스로 좀 더 나은 파당의 수장이 되어야 한다. 약한 쪽을 올리고 강한 쪽을 낮추어 양 파당을 서로 대적게 함으로써 이와 유사한 분쟁과 파당으로 인해 국가가 당면한 위험으로부터 자신을 지킬 수 있다고 생각하는 사람은 실수를 범하는 것이다. 프랑스에서는 이와 같은 일이 실제로 벌어졌는데, 이런 방식으로 앞서 말한 파당들이 번성하고 커져서 시간이 지나감에 따라 왕국은 강력한 힘을 가진 두 파당으로 나뉘었고, 그리하여 왕은 이름 외에 아무것도 남은 것이 없는 존재가 되고 말았다. 나는 이 장을 마치면서 이렇게 말하고 싶다. 초기에 진압되지 않은 소요와 내전은 통상적으로 시간이 지난다고 진정되지는 않으며, 결국 파당 중 하나가 몰락하거나(이는 로마사 내내, 그리고 플랑드르 및 프랑스에서도 볼 수 있다) 혹은 국가가 쪼개지는 결과를 가져오게 된다. 그 이유는 처음에는 걸어서 지날 수 있는 작은 개천과 같았던 질병이 시간이 경과하면서 점점 힘을 얻어 가공할 만한 정도로 커지기 때문이다. 분노는 증오로, 소요는 반란과 반역으로 바뀌게 된다. 만약 파당 중 하나가 훨씬 더 우위를 점하면 그들은 적이 파멸을 고하지 않는 한 무기를 내려놓지 않을 것이다. 만약 어느 쪽도 실질적인 우위를 점하지 못한다면 전쟁은 양자가 지칠 대로 지쳐야 끝날 것이며, 각자는 원래 그대로의 상태로 남을 것이다. 그러므로 국정에서 인간 분별의

∵

위그노 간의 오랜 적대관계를 다시 한번 노정하였다.

요점은 "처음부터 막아라"[89]라는 두 마디 말로 이루어진다. 왜냐하면 보통 "모든 것은 사소한 데서 시작되며, 모든 악은 처음에는 잡을 수 있으나 시간이 지나면 강해지기" 때문이다.[90] 아무리 큰 침해라도 단 한 번으로 국가를 혼란하게 하는 경우는 없지만, 작은 것을 간과하는 자는 큰 것의 토대를 잃게 된다.

89) Ovidius, *Remedia amoris*, 91. 이 시구는 거의 속담이 되었다. "병은 근원부터 막아야 한다"라는 속담 역시 이와 동일한 의미이다.

90) Cicero, *Philippicae*, 31.

6권

[1]
외적으로부터의 안전에 대하여

    지금까지 우리는 신민을 평화롭고 충성스럽게 만드는 방법에 대해 논의하였다. 이제부터는 국가에 혼란을 가져오고 몰락하게 하는 외적 원인으로부터 우리를 지키는 방법에 대해 말하고자 한다. 먼저 안전의 원칙은 적과 위험을 우리가 있는 곳에서 멀리 떼어놓는 것이라고 전제하자(왜냐하면 악이 가까이 있다는 것은 대개 그 자체로 악이기 때문이다). 이어서 적이 아무리 근접하더라도 우리를 침해할 수 없도록 하는 방법에 대해 알아보기로 하자. 위험을 멀리 떼어놓는 많은 방법이 있는데, 그중 첫째는 요새를 적절히 구축함으로써 출입구와 통로를 강화하는 것이다.

[2]
요새에 대하여

자연은 우리 자신을 지키는 요새화의 기술을 가르쳐주고 있다. 왜냐하면 자연이 뼈와 연골로 뇌와 심장을 둘러싸게 만든 것은 생명을 지키기 위해 위험을 멀리 떼어놓는다는 것 외에 다른 이유가 없기 때문이다. 또한 자연은 수많은 방법으로 열매를 단단한 껍데기와 껍질로 둘러싸도록 하고 있으며, 새가 잘 쪼아 먹지 못하도록 곡물을 이삭과 꺼끄러기로 덮어놓았다. 그래서 나는 왜 어떤 사람이 요새가 군주에게 유익한지 혹은 무익한지 의혹을 표하는지 잘 모르겠다.[1] 왜냐하면 자연 스스로가 그것을 이용하는 것을 보고 있기 때문이다. 아무리 위대하고 강력한 제국이라도 신민의 성향이나 인근 군주의 의도에 두려움을 갖지 않거나 적어도 의심하지 않는 경우는 없다. 어느 쪽이든 우리를 안전하게 지키는 것은 요새이다. 군주는 그곳에서 전쟁용 기계와 군수품을 비축하고, 일정한 수의 병사들을 모집하고 훈련하며, 작은 반경의 성벽으로 주위 많은 곳을 방어하고, 적은 비용으로 수많은 상황에 대처할 수 있다. 대단히 지혜로웠던 그리스인과 매사에 놀라운 판단력을 보여준 로마인은 항상 성채를 중요하게 생각했는데, 이는 코린토스, 타라스, 리기온 등지에서 보는 바와 같다. 로마인은 몬스 카피톨리누스가 변방이 아니라 국가의 중심이자 공화국의 심장부에 있

••

1) 이는 분명히 마키아벨리를 겨냥한 것이다. 다음을 볼 것. 마키아벨리, 『군주론』, 곽차섭 번역·주해(길, 2015), 20장; *Discorsi*, II. 24. 하지만 마키아벨리의 요점은 요새가 무조건 무익하다는 것이 아니라, 그것에 의존하기보다는 먼저 인민의 마음을 얻는 편이 더 중요하다는 것이다.

음에도 불구하고, 그곳의 성채 덕분에 통치권과 땅을 방어할 수 있었다.[2]

국가에 갑자기 닥칠 수 있는 사건은 무수하며, 전쟁이 발생할 상황 역시 셀 수 없을 정도겠지만, 그럼에도 불행과 혼란이 지나갈 만한 통로를 요새로 만듦으로써 이를 방비할 수 있다. 기병의 수와 질에서 언제나 자신감을 표했던 페르시아인도 이후 요새의 활용이 얼마나 유익하고 필요한지 시험받게 되었다. 왜냐하면 튀르크는 여러 차례 패하기는 했지만, 요지에 차례로 요새를 지음으로써 엄청난 영토를 차지할 수 있었고, 결국에는 대도시 타우리스[3]를 빼앗아 대규모 성채를 구축하여 그곳을 지켰기 때문이다. 이처럼 페르시아인은 요새를 갖추지 못했기 때문에 전쟁에서도 패하고 도시도 잃게 된 것이다.

[3]
요새의 조건에 대하여

그러면 이제 요새란 어떠해야 하는지에 대해 말해보기로 하자. 그것은 우선 아주 필요한 곳 혹은 적어도 유익한 곳에 있어야 한다. 필요한 곳이라는 것은, 만약 요새화하지 않는다면 당신의 영토는 열려 있는 상태가 되고 국가는 적의 폭력에 노출되는 경우이다. 유익하다는 것은 만약 인구가 많고 부유한 도시들을 방어하거나 사람에게 쉼터와 피난처를 제공한다면

••

2) 타라스는 현대 이탈리아의 타란토이고, 리기온은 레조 칼라브리아이다. 이 도시들은 고대에 그리스의 지배 아래 있었다. 고대 로마에서 몽스 카피톨리누스로 불렸던 이 암석 언덕은 물론 지금의 캄피돌리오이다.
3) 현재 이란 북서부의 타브리즈는 기원전 8세기 초에는 타루이 혹은 타우리스로 불렸다.

그러하다는 것이다. 또한 우리에게서 요새는 멀리 떨어져 있어야 하며, 그래서 적과 위험을 멀리 떼어놓아야 한다. 왜냐하면 적이 이러한 요새에 매달려 있는 동안 우리의 땅은 혼란과 고통을 겪지 않을 뿐 아니라 필요한 준비도 갖출 수 있기 때문이다. 시칠리아와 왕국에 대한 몰타의 경우, 베네치아에 대한 케르키라의 경우가 이런 유에 속한다.[4] 만약 요새가 우리에게서 멀리 떨어져 있을 뿐 아니라 적의 영토 그 자체 내에 있다면, 그것은 더 확실한 안전을 제공할 것이다. 와흐란, 멜리야, 페뇬데벨레스, 세우타, 탕헤르, 마자간, 아르질라의 에스파냐에 대한 관계도 마찬가지인데, 이 모두가 가톨릭 왕이 아프리카에 보유하고 있던 성채였다.[5] 요새의 숫자는 많지 않아야 하는데, 그래야 군세를 분산해도 약화하지 않으며 적절한 조치를 취할 수 있고 인명과 보급품을 조달할 수 있기 때문이다. 또한 그것은 위치에서 혹은 축성(築城)에서 강력한 이점을 가지고 있어야만 한다. 위치의 이점은 지형이 험하거나 혹은 흐르든 고여 있든 물로써 보호되는 경우를 말한다. 가장 좋은 예는 만토바, 페라라, 무엇보다도 베네치아이다. 독일 지방에서는 스트라스부르,[6] 저지대지방에서는 홀란드 및 제일란트의

∴

4) 이탈리아에서 '왕국(il Regno)'은 나폴리 왕국의 환칭(換稱)이다. 케르키라는 이오니아해의 작은 그리스 섬으로, 흔히 코르푸로 불린다.
5) 와흐란은 알제리아 북서쪽의 해안 도시로, 흔히 오란으로 불린다. 멜리야는 모로코 북부에 있는 에스파냐의 고립 영토로, 아랍어로는 말릴랴로 불린다. 페뇬데벨레스는 지중해 서쪽, 모로코와 짧은 지협(地峽)으로 연결된 스페인령 암석 섬이다. 세우타는 지중해에서 대서양으로 넘어가는 지점, 에스파냐와 모로코의 경계에 있는 에스파냐의 자율도시이며, 아랍어로는 사브타흐(Sabtah)이다. 에스파냐어로 탕헤르, 아랍어로 탄자는 지브롤터 해협 서쪽 입구에 있는 모로코 해안 도시이다. 마자간은 1514년 포르투갈이 요새로 만든 상업도시로, 현재 카사블랑카 남쪽에 있는 엘자디다이다. 아르질라는 대서양 북서쪽 연안, 탕헤르 남쪽에 있는 모로코 도시 아실라로, 1471년 포르투갈에 의해 요새화되었으나 1589년 이후 에스파냐로 넘어갔다가 1978년 이후 모로코로 반환되었다.
6) 원문의 아르젠티나 — 라틴어로는 아르겐토라툼 — 는 이 도시의 고대 지명이다. 기원전

수많은 지점이 그러한데, 특히 후자의 두 곳은 하늘 아래 가장 강력한 천혜의 요새이다. 넓디넓은 땅을 적시는 바다의 밀물과 썰물 덕분에, 그리고 여기저기를 흐르며 사방으로 에워싸고 있는 커다란 강들 덕분에 이 지역들은 믿기 힘들 정도로 안전하다. 그곳은 지대가 낮아 바다와 강이 둑과 제방을 무너뜨리면 물이 넘쳐흘러 범람할 수 있다. 축성의 이점이라는 것은 요새의 위치나 건축 자재보다는 그 형태가 좋아야 한다는 것을 말한다. 그것은 잘 고안된 측면 보루와 강하고 견고한 누도(壘道)와 넓고 깊은 해자(垓子)를 갖춘 성벽을 갖고 있어야 한다. 또한 외벽보다는 누도를, 이 둘보다는 해자를 더 중요시해야 한다. 가장 필요한 것은 넓은 광장인데, 왜냐하면 그곳에서 다양한 방식의 공격과 방어 훈련을 할 수 있으며, 그리하여 적을 지치게 만들고 만일의 사태 혹은 전쟁 시 원군을 기다리는 시간을 벌 수 있다. 이런 문제에 뛰어난 재능을 보인 글라브리오 세르벨로니[7]는 이렇게 말하곤 했다. "작으면 힘도 작다." 그러나 만일 요새가 식량과 기계류와 군수품과 병사, 그리고 특히 용맹한 장군을 갖지 못한다면 이 모든 것도 충분치 않다. 왜냐하면 요새가 있다고 해서 비겁하고 졸렬한 자가 용맹 무쌍한 수비대로 변하지는 않으며, 반대로 많은 수의 용맹한 병사가 있으면 약한 곳도 강하게 만들 수 있기 때문이다. 그래서 우리는 난공불락인 것처럼 보인 요새가 쉽게 함락된 사례를 보게 되는데, 왜냐하면 군주가 요새화한 것을 믿고 그곳에 적절한 수비대를 주둔시키지 않았기 때문이다. 또한

∴

12년 즈음에 그곳은 로마군의 전초기지였다.

7) 글라브리오 세르벨로니(1508~1580)는 교황 피우스 4세(조반니 안젤로 데 메디치)의 사촌이자 에스파냐 왕 휘하의 밀라노 용병대장으로, 유명한 군사 건축가이기도 했다. 가브리오 혹은 가브리엘로도 불린다. 그는 키비타스 레오니나(9세기경 교황 레오 4세의 명으로 건설된 로마시의 일부)의 성채 중건을 감독했으며, 안트베르펜 및 1565년 튀르크의 '대공략' 이후 몰타의 축성도 주관하였다.

바로 그 같은 요새가 매우 험준하고 접근하기 어려운 통로로 함락되는 사례가 통상적으로 일어나는데, 이는 마케도니아인이 아오르노스산과 인도의 암괴(巖塊)를 빼앗은 데서,[8] 스키피오가 카르타고를 호수 쪽으로 공격한 데서,[9] 그리고 기즈 공작 프랑수아가 칼레를 바다 쪽에서 공략한 데서[10] 볼 수 있다. 안티오코스 대왕은 그 유명한 전사 아카이오스가 지키던 스파르드를 난공불락이라 간주하던 쪽에서 공략하여 함락시켰다.[11] 그는 새들이 암벽 위를 평온하게 나는 모습을 보고 그곳에 보초가 없다는 것을 알았다. 왜냐하면 적이 두려움을 가장 적게 느끼는 곳에서 공략하는 것이 가장 좋으며, 수비대가 난공불락이라 생각하는 곳이야말로 가장 쉽게 공략될 수 있기 때문이다. 이에 대한 가장 최근의 사례가 캉브레시(市)와 그 성채이다.[12] 반면에 자연적으로 취약한 데다 기술적 지원도 부족했던 곳이 대단히 영광스러운 방어를 수행한 경우도 있다. 왜냐하면 자신의 요새를 자신할 수 없었던 군주가 그곳에 믿을 만한 병사와 장군을 배치했기 때문이

..

8) 기원전 327년 알렉산드로스 대왕은 바클로(박트리아)의 아오르노스(아오르니스) 산정 성채를 함락시켰다. 이에 대해서는 다음에 기록되어 있다. Curtius Rufus, *Historiae Alexandri Magni*, VIII, 11; Arrianos, *Alexandrou Anabasis*, IV, 28. 당시의 아오르노스산은 지금 파키스탄의 피르 사르에 해당하는 것으로 보인다. '인도의 암괴'라는 것은 알렉산드로스가 빼앗은 바클로의 장군 시시미트리스의 바위 성(城)을 가리키는 것이 분명하다. Plutarkos, *Vioi Paralleloi*, "Alexandros," 58, 3. 아리아노스는 이를 코리에니스의 암괴라고도 부르고 있다. Arrianos, *Alexandrou Anabasis*, IV, 21; "Chorienes," *Encyclopaedia Iranica*.
9) Livius, *Ab Urbe condita libri*, XXVI, 44~46. 스키피오 아프리카누스는 기원전 210년 카르타고를 정복하였다.
10) 기즈 공작 프랑수아 드 로렌은 1558년 잉글랜드인으로부터 칼레를 빼앗았다.
11) 기원전 213년의 일이었다. Polybios, *Historíai*, VII, 15. 고대 리디아의 수도 스파르드(사르디스)에 대해서는 다음을 볼 것. Herodotos, *Historiai*, I, 84.
12) 1595년 10월 합스부르크가의 저지대지방 총독이던 푸엔테스 백작 페드로 엔리케의 캉브레 정복을 가리킨다.

다. 당대에는 헝가리의 에게르와 몰타의 도시가 이를 예증한다.[13] 이 두 곳은 위치가 취약하고(쉽게 깨뜨릴 수 있기 때문에) 성벽도 부실했지만(조악한 기술로 지어졌기 때문에), 그럼에도 방어의 실제적 중추인 병사와 장군의 용맹 덕분에 훌륭히 방어할 수 있었다. 그래서 아게실라오스는 스파르타에 왜 성벽이 없느냐는 질문에 자신의 무장한 시민들을 가리키며 "여기에 있지 않소"라고 말했던 것이다. 그는 도시가 나무와 돌이 아니라 주민의 힘과 용기로 만들어져야 한다는 말을 덧붙였다.[14] 하지만 만약 요새가 지원을 받을 수 있는 위치에 있지 않으면 아무것도 도움이 되지 않는다. 왜냐하면 만약 공격이 강력하거나 집요한 공성(攻城)이 이어지면 어떠한 요새도 결국에는 적의 손에 넘어가고 말 것이기 때문이다. 지원이 불가능한 요새는 병사의 무덤이다. 키프로스의 레프코시아가 바로 그런 경우였다.[15] 이러한 이유로 좋은 요새란 바닷가에 위치하게 마련인데, 왜냐하면 강력한 바람을 이용하여 지원을 받을 수 있기 때문이다.

[4]
식민지에 대하여

로마인은 적과 호전적인 속주민을 제어하기 위해 제국 초기에 경계 내

..

13) 헝가리 북동부의 도시 에게르는 1552년 튀르크의 공격을 받았다. 역시 튀르크에 의한 몰타 대공성전은 1565년에 일어났다. 그리스도 교인에게는 두 경우 모두 영웅적인 저항의 상징이 되었다.

14) Plutarkos, *Vioi Paralleloi*, "Agesilaos," 29~30.

15) 레프코시아 혹은 니코시아는 1570~1573년 오스만–베네치아 전쟁 초기인 1570년에 이미 오스만제국에 함락되었다.

에다 요새 대신에 식민지를 세웠다. 그들은 전쟁으로 획득했거나 적에게서 빼앗은 땅을 상당한 수의 로마 시민이나 라티노인 동맹국에게 주어 그곳에 정착하게 함으로써 갑작스러운 공격에서 보호받고자 하였다. 식민지와 요새 중 어느 쪽이 더 안전에 도움이 되느냐는 논쟁이 있을 수 있지만, 식민지가 더 낫다는 것은 의심할 나위도 없다. 왜냐하면 식민지에는 요새가 있지만 그 역은 아니기 때문이다. 국가이성에 대해 잘 이해하고 있던 로마인은 요새보다는 식민지를 훨씬 더 많이 활용하였다. 하지만 우리 시대에 와서는 식민지보다 요새가 훨씬 더 많이 이용되고 있는데, 왜냐하면 그것이 세우기가 더 쉽고 또 당장 써먹을 수 있기 때문이다. 식민지를 세우고 조직하는 데는 엄청난 노력과 분별이 요구된다. 또한 그것에서 나오는 이익은 그리 빨리 얻어지지 않는데, 이는 시간이 지나지 않고는 제대로 자리를 잡을 수 없기 때문이다. 하지만 그럼에도 식민지는 훨씬 더 안전할 뿐 아니라 거의 영구히 활용할 수 있다. 무리타니아[16] 해안에 있는 포르투갈의 중요한 요새인 세우타와 탕헤르가 예증한다. 이후 식민지의 형태를 갖춘 이 요새 도시들은 샤리프와 베르베르인[17]의 공격과 군세에 용감하게 대항하였다. 1347년에 에드워드 3세가 세운 잉글랜드 식민지인 칼레는 그들이 대륙에서 상실한 마지막 요새 도시였다. 그러나 식민지가 모국으로부터 멀리 떨어져 있어서는 안 된다. 왜냐하면 이 경우 그곳을 지원하기가 쉽지 않아서 적의 먹이가 되든지, 혹은 상황과 시류에 편승하여 모국과의 관계를 버리고 자치를 시도할 것이기 때문이다. 이는 그리스와 페니키아가

16) 아랍어로 무리타니아(Muritanya) 혹은 프랑스어로 모리타니(Mauritanie)는 북아프리카 해안지역을 가리킨다.
17) 베르베르인이란 북아프리카 마그리브(마그레브) 지방에 살던 토착 부족민을 가리킨다.

지중해 연안 거의 모든 지역에 세운 식민지에서 나타난다. 이 문제를 제대로 판단한 로마인은 제국 전역보다 이탈리아에 더 많은 식민지를 세웠으며 이탈리아 바깥에 식민지를 건설한 것은 로마 창건 후 600년이 지나서였다. 아프리카의 카르타고와 프랑스의 나르보가 그 첫 두 식민지였다. 파테르쿨루스는 그라쿠스 법이 옛 로마인과는 달리 이탈리아 밖에 식민지를 세우도록 한 것에 대해 비난했는데, 이는 그들이 티로스보다는 카르타고가, 포카이아보다는 마살리아가, 코린토스보다는 시라쿠사이가, 밀레토스보다는 비잔티온이 얼마나 더 강력해졌는지를 알고 있었기 때문이다.[18] "그들은 인구조사를 위해 로마 식민지 주민을 속주로부터 소환하였다."[19] 나는 식민지 건설이 초래하는 혼란에 대해 타키투스가 한 말도 빠뜨리고 싶지 않다. 타렌툼과 안티움[20]의 주민이 너무 부족했기 때문에, 네로는 참전 군인을 그곳으로 보냈다. 하지만 이 조치도 그곳의 외지고 소외된 상황을 되돌리는 데 별 도움이 되지 못했다. 왜냐하면 그들 대부분이 자신들이 군 복무를 마쳤던 속주로 돌아가 버렸기 때문이다. 또한 그들은 관습상 적법한 혼인에 관한 법에도 자녀 양육의 책임에도 매이지 않았기 때문에, 아무런 후손도 남기지 않은 채 집을 떠나가 버렸다.[21] 이러한 폐해는 옛날처럼 각각의 서열에 따라 사령관, 백인대장, 병사와 함께 전 군단을 식민하

∴

18) 카르타고는 티로스의, 마살리아(마르세이유)는 포카이아의, 시라쿠사이는 코린토스의, 비잔티온은 밀레토스(메가라와 함께)의 그리스 식민지였다. 여기서는 식민시가 모국보다 더 강력해졌다는 점을 강조하고 있다.

19) Paterculus, *C. Vellei Paterculi Historiae Romanae ad M. Vinicium Cos.*, II, 7, 7. 보테로의 인용문은 정확하지 않다. 원문은 "ut colonus romanos(로마 식민지 주민들)"이 아니라 "et civis romanos(로마 시민들)"로 되어 있다.

20) 고대 로마 시대의 타렌툼과 안티움은 현재의 타란토와 안치오이다.

21) Tacitus, *Annales*, XIV, 27.

지 않은 데서 발생하였다. 옛 공화국은 이주민 간의 화합과 선의를 통하여 세워지고 유지될 수 있었다. 하지만 서로를 알지도 못하고, 서로 다른 집단 출신이며, 수장도 상호 애정도 없이 갑자기 한곳에 모인 사람들은 식민지 주민이 아니라 그저 군중일 뿐이다.

[5]
수비대에 대하여

그러나 로마제국이 놀라울 정도로 발전하여 세계의 세 부분에까지 이를 정도가 되자, 로마인은 더 이상 식민지 건설에 대해 고려하지 않게 되었다. 왜냐하면 그곳까지의 거리가 너무 멀고 식민지에 인접한 민족들이 매우 사나웠기 때문이다(한쪽으로는 게르만인, 다른 쪽으로는 파르티아인이 있었다). 그래서 그들은 라인강, 도나우강, 유프라테스강 둑에 엄청난 수의 군대를 주둔시켰고, 그리하여 카이사르 아우구스투스 치하에서는 로마 수비대의 총합이 44개 군단에 이르렀다. 이는 기병을 제외하고도 보병 22만 명을 상회하는 숫자였다. 지중해 전역을 통제하는 두 개 함대도 있었는데, 하나는 라벤나에 다른 하나는 미세눔[22]에 정박하였다. 라벤나 함대는 이오니아해와 레반트의 여러 해역에서 일어날 수 있는 모든 상황에 대비했고, 미세눔 함대는 서쪽을 관할하였다. 하지만 이처럼 많은 수의 군대와 수비대를 배치하는 데는 단점이 있었는데, 그것은 한곳에 모인 병사들이 지휘관의 술

22) 고대의 미세눔은 현재 나폴리만(灣)의 미제노인데, 기원전 27년 로마인의 주요 여행 기지로 건설되었다.

책에 의해, 혹은 그들 자신의 오만함으로 인해 쉽게 폭동을 일으켜 제국을 큰 위험에 빠뜨린다는 것이었다. 그리하여 여러 군단이 동시에 자신들의 장군을 황제로 호명하게 되면 필연적으로 잔혹한 내전이 뒤따르게 되었다. 왜냐하면 엄청난 수의 군대가 하나로 합쳐져 한곳에서 오랫동안 머물게 되면, 서로 적대하든 아니면 전군이 군주에 대항하든 간에 소요나 반란 없이 지낸다는 것은 불가능하기 때문이다. 그리고 만약 지휘관이 당파적이고 무언가 변화를 원한다면 그는 쉽게 그것을 실행에 옮기고 불을 붙일 수 있었다. 이런 이유로 그들을 적에 맞서도록 하거나 혹은 여러 곳에 분산할 필요가 있었는데, 분산은 병사의 힘을 분열시키고 그들로부터 기백과 용기를 빼앗고 나쁜 의도를 지닌 장군들과 사람들이 반란을 일으킬 능력을 감퇴시키기 때문이다. 유럽에 대략 6만, 아시아에 거의 그에 가까운 수의 기병을 유지한 튀르크에 별다른 문제가 없었던 것도 아마 이런 이유에서였을 것이다. 그들은 병사들을 여기저기 분산함으로써, 몇몇 전시를 제외하고는 군대가 한곳에 모여 있게 한 적이 없었을 뿐더러 그들 자신의 힘을 인식하지 못하게 만들었다. 그러므로 그들은 스스로의 오만함으로 소요를 일으킬 수도, 지휘관에 이끌려 쉽게 움직이거나 반란을 일으킬 수도 없었다. 그들 각각은 자신들의 티마르,[23] 즉 대군주가 봉급 대신에 하사하는, 우리가 농장이라고 부를 만한 곳에 거주하였고, 그것이 주는 과실을 즐기고 안락함을 향유하려는 욕망과 달콤함이 그들을 평온하게 만들었다.

∴

23) 티마르(timar)는 14~16세기 오스만 술탄이 병사들에게 군역의 대가로 내려주던 작은 규모의 한시적 봉토였다.

[6]
국경 지역을 비워두는 데 대하여

어떤 민족은 적이 자신들의 땅으로 쉽게 들어오지 못하게 하려고(무리타니아가 기네아로부터, 누미디아가 누비아로부터, 누비아가 이집트로부터 자신을 보호하려고 그랬듯이, 제국을 산과 바다와 강뿐만 아니라 광대한 사막으로 갈라놓은 자연을 모빙하여) 국경지대를 비워놓았다. 고대에 수에비인이 그리했고, 그리 멀지 않은 과거에 페르시아의 타흐마스프가 대튀르크를 자신의 국가에서 멀리 떼어두기 위해 국경에서 4일 이상 걸리는 지역을 파괴하여 인적이 없도록 한 것 역시 그러하였다.[24] 하지만 영토가 작거나 그리 크지 않은 나라의 군주는 이를 적용할 수 없었다. 모스크바인도 같은 조치를 취했다. 그들은 적에 인접한 지역을 비워두었고, 그곳에 숲이 빽빽하게 들어서서(습한 기후 때문에 그렇게 되게 마련이었다) 자신들의 요새에 방어벽 역할을 하게 했다. 폴란드 왕 스테판은 큰 고초를 겪고 나서야 비로소 이를 인지했는데, 왜냐하면 그는 적지로 가는 길을 내려고 숲을 베어내지 않을 수 없었고, 그리하여 많은 시간을 허비했기 때문이다.[25]

∴

24) 수에비(Suevi)는 고대 엘베강 유역에 거주했던 대규모 게르만인 집단이다. 'Suebi' 혹은 'Suavi'로도 표기한다. 타흐마스프 1세(1514~1576)는 이란 사파비 왕조의 강력한 통치자였다(본서 4권 4장에서도 언급된다).
25) 바토리 이스트반은 트란실바니아의 군주로 1575년 폴란드 왕 스테판 1세로 옹립되었다. 그는 1579년에서 1582년 사이 리보니야를 두고 모스크바 대공 공포왕 이반 4세와 벌인 전쟁에서 승리하였다.

[7]
사전 예방에 대하여

적을 우리의 거주지에서 멀리 떼어놓아서 그들의 공격으로부터 자신을 지키는 가장 좋은 방법은 그들의 땅에서 전쟁을 치르도록 함으로써 자신에 대한 공격을 미리 막는 것이다. 왜냐하면 자신의 영토가 위험에 빠진 것을 안 사람일수록 다른 사람을 조용히 내버려 두기가 쉽기 때문이다. 로마인은 자신들이 치른 모든 중요한 전쟁에서 이를 견지하였다. 다만 갈리아 전쟁[26] 및 제2차 포에니 전쟁만은 예외였는데, 이는 그들이 바다를 건너고 알프스산맥을 넘어 군대를 이동시키지 않고는 전쟁을 끝낼 수가 없었기 때문이다. 한니발은 로마인과의 전쟁에 대해 안티오코스에게 언제나 조언하기를, 만약 그들을 이탈리아에서 공격하지 않는다면 결과가 결코 좋지 않을 것이라고 하였다.[27] 로마인 역시, 마케도니아 왕 필리포스와 한니발이 동맹을 맺었다는 말을 듣고, 필리포스의 공격을 미연에 방지하는 것보다 더 나은 조치는 없다고 생각하였다.[28] 그래서 나는 우리 시대에 사람들이 튀르크를 우리 땅에서 기다리는 편이 좋은지 혹은 그들의 땅에서 공격하는 편이 좋은지를 두고 왜 갑론을박하는지 알 수가 없다. 고대인은 결코 이에 대해 아무런 의심도 하지 않았다. 공격당하기보다는 공격하는 편이 낫다는 것이 위대한 장군들 모두의 한결같은 견해였다. 왜냐하면 공격은 그것이 완전히 무모하지 않은 이상 적을 동요하게 하고 혼란에 빠

..

26) 율리우스 카이사르는 기원전 58년에서 50년 사이 많은 갈리아 부족과 전쟁을 벌였다.
27) Livius, *Ab Urbe condita libri*, XXVI, 7.
28) Livius, *Ab Urbe condita libri*, XXIII, 33~34, 38.

뜨리며, 그들의 수입과 재산을 일부라도 빼앗을 수 있게 하고, 그들의 식량을 손에 넣거나 혹은 그것을 그들 스스로 훼손시키지 않을 수 없도록 만들며, 적의 통치에 불만과 불평을 가진 자들을 자신에게 끌어올 수 있도록 하기 때문이다. 만약 이긴다면 많은 것을 얻을 것이고 설사 진다고 해도 잃을 것은 별로 없다. 전쟁이 자국에서 멀리 떨어진 곳에서 벌어질 때는 특히 그러하다. 결국 전쟁으로 인한 상황 변화는 무수히 많겠지만, 공격당하는 쪽보다 공격하는 쪽에 더 유리하게 작용한다. 군사적 기술의 권위자로 불릴 만한 한니발과 스키피오의 경우, 전자는 이탈리아 밖에서 로마인에 대항하여 싸우는 것을, 후자는 아프리카 밖에서 카르타고인과 싸우는 것을 수치스럽게 생각하였다. 튀르크는 그리스도 교인과의 전쟁에서 자신의 영토에서 우리를 기다리지 않고 우리의 생각과 의도를 미리 앞질러 갔다. 그리하여 그들은 이제는 이곳, 또 이제는 저곳을 공격함으로써 우리에게 그들을 공격할 틈을 주지 않고 엄청난 영토를 빼앗아 갔다. 하지만 공격을 하려면 당신이 공격하고자 하는 쪽보다 더 많거나 적어도 동등한 힘, 즉 수와 능력과 기회에서 더 우월하거나 적어도 같아야만 한다. 자신의 힘이 강건하지 못하다고 생각하는 군주는 중요한 통로와 지점을 튼튼히 하여 적이 힘이나 시간을 잃게 하면서, 군대를 모으거나 외국의 원군을 불러올 시간을 벌어야 한다. 몰타가 이런 경우인데, 그곳에서 튀르크는 5월 내내 산트레르무 요새를 공격했지만 정예군을 잃은 반면, 우리는 적을 공격할 힘을 모으고 정신을 되찾을 시간을 벌 수 있었다.[29]

　그러나 만약 군주가 적을 미리 방비는 하지만 그들을 공격할 힘을 갖고

••

29) 오스만튀르크는 1565년 몰타 대공성전을 시작했는데, 수도 발레타의 산트레르무 요새에 대한 공격이 특히 치열하였다.

있지 못하다면, 자신이 할 수 없는 것을 하게 하려고 적의 적을 선동할 필요가 있다. 반달인의 왕 가이사릭스는 해전에서 귀족 바실리스코스에게 참혹한 패배를 당하고 사태가 최악으로 치달을 것을 걱정한 나머지, 동고트인 및 서고트인을 설득하여 로마제국을 공격하도록 하여 자신의 안전을 지킬 수 있었다.[30] 그러나 이런 경우 로도비코 일 모로에게서 보듯이 상황이 오히려 더 악화하지 않도록 제어하는 것이 필요한데, 그는 아라곤인에게서 자신을 지키려다 도리어 프랑스인의 먹이가 되고 말았다.[31]

[8]
적 내부의 파당과 연줄을 이용하는 것에 대하여

또 하나 사전예방책으로 쓸 수 있는 것은, 적국이나 인접국의 파당을 이용하고 그곳 군주와 가까운 고문, 봉신, 장군, 권위를 가진 인물들과 지면을 터놓음으로써, 그들이 우리를 향해 무기를 들지 못하도록 군주를 설득하거나 혹은 무기를 다른 쪽으로 돌리게 하고, 또한 작전을 지연시킴으로써 그것을 무용지물로 만들거나 혹은 우리에게 그들의 계획을 미리 알려

..

30) 이는 사실과 다르다. 427년에서 477년까지 반달인 왕으로 통치했던 가이사릭스 ─ 가이세릭(Gaiseric) 혹은 게이세릭(Geiseric)으로도 알려져 있다 ─ 는 468년 투니스 북동쪽의 샤릭 반도 부근에서 바실리스코스(475~476의 짧은 시기 동안 황제 위에 올랐다)가 지휘하는 함대를 기습하여 그 상당수를 없애버렸다. 물론 스스로도 피해를 입었지만 비잔틴 제국의 피해가 훨씬 더 컸다.
31) 1494년 밀라노 공작 로도비코 스포르차 일 모로, 즉 흑인공(黑顏公)은 아라곤인을 니폴리 밖으로 쫓아내려고 프랑스군을 불러들였다. 이는 1559년까지 계속된 이탈리아 전쟁을 촉발하는 계기가 되었다.

주게 만드는 것이다. 왜냐하면 상황을 미리 알면 손해도 훨씬 덜하기 때문이다.[32] 그러나 만약 그러한 획책이 나아가 소요와 배신과 폭동을 일으킨다면 그 정도가 심할수록 더 좋다. 적국이 혼란에 빠지면 우리는 아주 안전해질 것이기 때문이다. 이 방법은 당연히 믿음의 적에 대해 사용해야 마땅한 것일 텐데, 자칭 잉글랜드의 여왕 엘리자베스는 플랑드르에서 가톨릭 왕에 대해, 그리고 프랑스에서 가장 그리스도교적인 왕에 대해 이를 쓴 바 있다. 그녀는 이 나라들에서 자신의 권력을 백분 사용하여 사악한 인물과 이단을 조장하고 조언과 돈으로 그들을 원조함으로써, 자국에서 멀리 떨어진 곳에 불을 지를 수 있었다. 그녀는 또한 같은 방법으로 스코틀랜드 여왕 메리에게 불만을 품거나 프랑스 파당에 적대적이거나 이단에 물든 사람의 환심을 삼으로써, 단지 자신을 지키는 데 그치지 않고 그 왕국을 거의 지배하다시피 하였다.[33]

[9]
인접국과의 동맹에 대하여

적국에 인접하거나 혹은 그들의 강대함을 못마땅하게 여기는 도시나 군주와 방어 동맹을 맺는 것은 결코 사소한 사안이 아니다. 왜냐하면 동맹국들이 연합하는 데 대한 두려움과 의심으로 인해 적은 그들 중 누군가를 칠

∴

32) 이 말은 카토의 다음과 같은 연구(聯句)식 금언을 옮긴 것으로, 중세에 자주 이용되었다. "Nam levius laedit, quidquid praevidimus ante" (*Disticha Catonis*, 2, 24, 2).

33) 엘리자베스 1세는 1558년에서 1603년까지 잉글랜드를 통치했고, 메리 스튜어트는 1542년에서 1567년까지 스코틀랜드를 다스렸으나, 1587년 엘리자베스의 명으로 처형되었다.

엄두를 내지 못하게 될 것이기 때문이다. 이런 방법으로 스위스는 안전을 도모했는데, 방어 동맹의 일원이 됨으로써 그 누구도 그들의 마을 하나도 공격하려 하지 않았기 때문이다. 또한 베네치아인은 튀르크 왕 술레이만의 통치 시절 오랜 평화를 향유했는데, 이는 단지 그가 그들을 공격하는 것은 공통의 위험을 느끼는 그리스도교 군주들에게 서로 뭉치는 기회를 제공할 뿐이라는 것을 알았기 때문이다. 또한 로렌초 데 메디치는 동맹이라는 방법을 통해 이탈리아 강국 간의 균형을 이루게 함으로써 오랫동안 평화를 유지할 수 있었다.[34] 독일 역시 오랜 기간 평화를 유지했는데, 왜냐하면 그들이 두 개의 동맹으로 나뉘어서 힘의 균형을 이루고 있었던 터라 어느 한 쪽이 다른 쪽을 공격하면 이는 곧 동맹 전체를 공격하는 것이 되기 때문이었다. 하지만 동맹 문제에 대해서는 다른 곳에서 다시 논하기로 하겠다.[35]

[10]
웅변에 대하여

이 역시 적이 전쟁을 그만두게 하는 데 매우 큰 역할을 한다. 피렌체 공화국이 식스투스 4세 및 나폴리 왕 페르난도와 치른 전쟁으로 큰 고통과 위험에 처한 로렌초 데 메디치는 스스로 피렌체에서 나폴리로 가 왕과 만났는데, 효과적으로 잘 말하는 법을 알았기 때문에 그를 동맹에서 나오

··

34) 15세기 후반 대인(大人) 로렌초 데 메디치의 정략에 대한 이러한 판단은 이후 오랫동안 정치 논의의 주제가 되었다. 일찍이 프란체스코 귀차르디니는 『이탈리아사』에서 이러한 견해를 표명한 바 있다. Francesco Guicciardini, *Storia d'Italia*, I, 1.
35) 본서 8권 13장을 볼 것.

게 하고 피렌체인과 화해하도록 만들 수 있었다.[36] 갈레아초 비스콘티 역시 같은 방법으로 대군을 이끌고 밀라노를 향하던 필립 드 발루아를 되돌아가게 하였다.[37] 나폴리 왕국에 대한 서로 엇갈린 주장을 두고 르네 당주와 전쟁 중이던 알폰소 데 아라곤은, 가에타에서 포로가 되어 당시 르네를 돕던 필리포 마리아 비스콘티의 병사들에 의해 밀라노로 압송되었다. 여기서 그는 웅변을 발휘하여 아마 무기를 가지고서는 할 수 없었을 것을 이루었다. 왜냐하면 그는 만약 프랑스가 왕국을 정복하거나 이탈리아에서 힘을 가지게 된다면 그것이 밀라노국(國)에 얼마나 위험스러운 일인지를 그 군주에게 보여줌으로써, 그를 자기편으로 끌어들이고 그의 도움과 호의를 얻어 결국 르네가 패배했을 때 자신은 나폴리의 주인으로 남을 수 있었기 때문이다.[38]

세력을 우리에게로 끌어들이고 적으로부터는 빼앗는 데 적합한 한 방법은 다른 군주에게 우리의 위험이 곧 그들의 위험이라는 것, 그리고 적의 위

••

36) 1479년 12월, 식스투스 4세와 페르난도 1세가 피렌체와 전쟁을 치르던 당시, 대인 로렌초 데 메디치는 비밀리에 나폴리로 가서 왕을 설득하여 교황과의 동맹에서 탈퇴하도록 만들었다. 그 결과로 1480년 2월 양자 간에 평화조약을 맺었다. 보테로는 이 사건에 대한 이야기를 마키아벨리의『피렌체사』에서 끌어오고 있다. Niccolò Machiavelli, *Istorie fiorentine*, VIII, 19, 2.

37) 발루아 백작 샤를의 아들이자 후일 필리프 6세가 되는 필립 드 발루아는 1320년 교황 이오아니스 22세의 요청으로 대(對) 이탈리아 전쟁을 시작하였다. 그는 밀라노 영주 마테오 비스콘티와 그의 아들 갈레아초의 군대에 의해 포위되자, 협상 끝에 프랑스로 철군하였다. 14세기 이탈리아 연대기 작가 조반니 빌라니는 이 협상에서 갈레아초가 "현명하고도 경이로운 말솜씨"를 보여주었다고 전하고 있다. Giovanni, Matteo, e Filippo Villani, *Nuova cronica*, IX, 110.

38) 이는 1435년 나폴리를 다스리던 요안나 2세가 죽고 앙주 가의 카페 왕조가 끊긴 뒤에 일어났다. 여기서 알폰소 데 아라곤은 대인 로렌초와 비밀 협상을 했던 나폴리 왕 페르난도 1세의 아들 알폰소 2세를 가리킨다. Machiavelli, *Istorie fiorentine*, V, 5.

세가 우리 못지않게 그들에게도 위험스럽다는 것을 보여주는 것이다. 로마인은 마케도니아전쟁에서 이를 잘 이용하여 아이톨리아에서는 그리스인과 연합하였고 아시아에서는 여러 군주 및 민족과 힘을 합쳤다.

[11]
적이 우리나라에 진입한 후 취해야 하는 것에 대하여

앞서 말한 것들은 적이 당신의 국가에 침입하기 전에 하는 것이고, 적이 들어오고 난 뒤라면 다른 어떤 조치를 취하는 것이 좋은데, 이에 대해서는 군주가 신민을 군사 작전에 참여하게 하는 것이 좋은지 혹은 그렇지 않은지를 논의한 앞서 몇 개 권(卷)에서 일부 다룬 바 있다.[39] 결론적으로, 기술로든 힘으로든 적을 분열하게 하고 약하게 할 수 있는 것이라면 무엇이든 도움이 된다. 아랍인과 무어인은 이러한 목적으로 도시의 집들을 협소하게 만들었고, 이 때문에 적은 그들의 영토로 들어온 뒤에도 여전히 큰 어려움을 겪었다. 그들이 시가전을 벌이고 창문과 지붕에서 돌을 던지며 항전했기 때문이다. 튀르크인은 카이로에서 이를 경험했는데, 3일 내내 시가전을 벌인 결과 큰 손해를 입었지만 위험은 여전했다. 그들은 어쩔 수 없이 한 발씩 나아가며 도시를 장악할 수밖에 없었다.[40] 이집트 도시 만수라에서는 성왕 루이의 동생 로베르가 이끄는 프랑스 기병 600이 좁은 거리와 골목길

••

39) 어딘지 분명하지 않다.
40) 이는 1517년 1월, 카이로 북쪽 리디니예에서 벌어진 전투를 가리킨다. 1516~1517년에 걸친 오스만제국과 이집트 맘루크 정권 간의 전쟁으로 오스만은 이집트와 레반트 지역을 손에 넣을 수 있었다.

창문에서 투척하는 돌멩이 세례에 죽임을 당했다.[41] 파리와 알프스 너머의
다른 도시들에서는 거리를 가로질러 쇠사슬을 쳐놓았는데, 이는 공세의 맹
위를 꺾고 특히 기병의 공격을 억제하는 데는 아주 좋은 방법이었다.

[12]
적의 식량 조달을 차단하는 것에 대하여

모든 수단을 동원하여 적의 식량 공급을 차단하는 것 역시 도움이 되는
데, 여기에는 튀르크인이 오셰크 전쟁에서 페르디난트 왕의 군대에게 했던
것처럼 길을 끊고 파헤치는 방법,[42] 혹은 카를 황제가 프로방스를 침입했
을 때 프랑스인이 했던 것처럼 작물을 완전히 없애버리는 방법[43]이 있다.
코지모 공작[44]은 자신의 국가가 원래 위치상 교황령과 인접한 곳을 통하지

∵

41) 제7차 십자군 전쟁의 일환으로 1250년 2월에 벌어진 이집트 만수라 전투에서, 아르투아 백
   작 로베르 1세가 지휘하는 프랑스군 선봉과 그 뒤를 따르던 템플기사단 수백 기는 함정에
   빠져 백작을 포함한 거의 모든 병사가 살아 돌아오지 못했다. 이 유명한 전투에 대해서는
   서로 엇갈리는 많은 설명들이 전해오지만, 보테로는 여기서 대체로 장 드 주앵빌이 전하는
   이야기를 따르고 있는 것으로 보인다. 하지만 그에 따르면, 로베르는 돌에 맞아 죽은 것이
   아니라, 집 안에 갇혀 싸우다 살해되었다. 또한 당시 프랑스 기병 300에 템플기사단 200(보
   병은 부지기수였고)이 희생되었다고 한다. Jean de Joinville, *Vie de Saint Louis* (*Le livre
   des saintes paroles et des bons faits de notre saint roi Louis*), ed. J. Monfrin (Paris,
   Garnier, 1995), 276~277.
42) 오셰크는 현재 크로아티아 내 슬라보냐 지방의 도시로 16세기 오스만제국에 복속되었다.
   보테로는 여기서 1541~1543년 신성로마 황제 페르디난트 1세가 오스만제국과 치른 전쟁
   에 대해 언급하고 있다. 황제는 이 전쟁에서 세게드를 되찾았다.
43) 1524년 카를 5세의 군대는 부르봉의 지휘 아래 프로방스 지방에 침입하여 마르세유를 공
   략했으나 빼앗지는 못했다.
44) 코지모 1세 데 메디치는 1537~1569년 공작으로, 이후에는 대공작(Gran Duca)으로 1574년

않고는 식량을 들여올 수 없다는 것을 알고 있었기 때문에 교황과는 언제나 우호적인 관계를 유지하였으나, 다른 한편으로 그로 인해 아무도 그 지역 작물을 가져오기 위해 그곳에 들어가려고 하지 않자, 사람들에게 작물을 거두면 일단 그것을 각 농촌 마을에 할당된 요새로 가져간 뒤 뒤에 필요한 만큼 조금씩 빼내 오라고 명했다. 그리하여 예기치 못한 전쟁 상황에서 식량을 가지고 오지도 않았고 그 지역에서 그것을 조달하지도 못한 적군은 필히 아사 상태에 빠지지 않을 수 없었다. 여기서 요즘의 관행처럼 교외 지역에 그와 같이 커다란 별장과 궁을 짓는 것이 과연 적절한 일인지 어떤지에 대해 생각해보는 것도 나쁘지 않을 것이다. 의심할 나위 없이 그 같은 건축물은 평화롭고 여유로울 때는 좋은 장식품이 되겠지만, 전쟁 시에는 적에게는 아주 유용하고 시민[45]에게는 엄청난 고통을 주는 것이 된다. 왜냐하면 적군은 그것을 쉽사리 숙소로 쓰게 되지만, 시민들은 그처럼 고가의 건물이 불에 타거나 파괴될까 우려한 나머지 결연한 의지로 싸우지 않고 그 궁을 구하기 위해 전쟁의 굉음 속에서도 합의와 타협을 모색할 것이기 때문이다. 그래서 피렌체인은 자신들의 그런 건물이 파괴되지 않도록 종종 치욕을 무릅쓰고라도 화평을 받아들이곤 했다. 그들은 전쟁의 종결을 그처럼 쉽사리 받아들일지언정, 자신들의 쾌적한 소유지가 파괴되는 소리와 불타고 연기로 뒤덮이는 모습에 그 주인이 대경실색하여 손에서 무기를 떨어뜨리리라는 점을 부인하기 힘들다. 그러므로 이러한 건물에 제한을 가하는 것이 적절할 것이다. 그렇게 되면 도시 자체도 더 아름답고 사랑

:.

세상을 떠날 때까지 피렌체를 통치하였다.
45) 보테로가 말한 이 시민들(cittadini)은 물론 교외에 빌라와 팔라초와 농원을 소유할 수 있는 부유시민(popolo grasso) 혹은 대시민(grandi)을 가리킨다.

스럽게 되겠지만, 적어도 시민은 더 부유하고 안락하게 될 것이기 때문이다. 또한 적군은 숙소를 그리 쉽게 찾을 수 없을 뿐 아니라 건물 주인의 사기를 저당 잡을 수도 없을 것이다. 이러한 제한은 별장의 건축 비용, 크기, 높이, 장식 혹은 여타 사항에 적용될 수 있을 것이다.

[13]
우회 작전에 대하여

우회 작전은 사전 예방과는 다음과 같은 점에서 다르다. 사전 예방은 적이 우리를 공격하기 전에, 우회 작전은 우리를 공격한 후에 사용한다. 즉 사전 예방에서 적이 우리에게 오지 못하도록 전쟁을 그들의 영토 안으로 끌고 가는 것처럼, 우회 작전 역시 전쟁을 적의 영토 내로 끌고 들어가서 그들을 우리에게서 멀어지도록 하는 것이다. 가장 탁월한 우회 작전을 펼친 인물은 아가토클레스였다. 그는 카르타고인이 시라쿠사를 빈틈없이 포위하여 더 이상 견딜 수 없게 되자 일단의 병사들과 함께 배를 타고 아프리카로 건너가 그곳에서 적을 괴롭히기 시작했고, 이에 카르타고인들은 시칠리아에 있던 아군을 불러들이지 않을 수 없게 되었다.[46] 이에 못지않게 탁월하고 대담한 예는 코르시카 백작 보니파초가 829년에 했던 작전이다. 사라센인이 시칠리아를 공격하여 모든 것이 칼과 불 아래 놓이게 되자, 앞

••

46) 아가토클레스는 기원전 316~289년 시라쿠사이(시라쿠사)의 참주였다. 이 사건은 310년에 일어났다. Diodoros Sikeliotes, *Bibliothiki Istoriki*, XX, 3; Marcus Junianus Justinus, *Epitome historiarum Trogi Pompeii*, XXII, 4. 마키아벨리도 그의 행적을 심도 있게 다루고 있다. 『군주론』, 곽차섭 번역·주해(길, 2015), 8장, 1~12절.

서 말한 백작은 일단의 훌륭한 함대를 이끌고 아프리카로 건너갔다. 그곳에서 적과 맞서 백작이 연전연승하자 자신들의 땅이 위험하다는 것을 느낀 사라센인은 시칠리아를 평온하게 놔둘 수밖에 없었다.[47] 페르난도 대왕은 무어인과의 전쟁에서 에스파냐를 완전히 해방하기 위해 아프리카에 대한 강력한 공격을 생각하고 있었고, 이를 위해 대규모 함대를 준비했으나 죽음이 이를 가로막았다.[48]

[14]
적과의 협정에 대하여

그러나 만약 적이 너무 강해서 도저히 자신을 지킬 희망이 없다면, 가능한 한 최소의 피해를 감수하고 눈앞의 파국에서 벗어나는 것이 현명한 군주의 의무일 것이다. 이 경우 돈을 주고라도 협정과 조약을 맺을 수 있다면 반드시 그렇게 하는 것이 유익하다. 피렌체인은 종종 이런 방법으로 자

··

47) 보니파초 2세는 828~834년 토스카나 후작이었고, 아울러 루카 백작이자 코르시카 지사였다(그는 원래 칼코잘토의 영주였으나, 뒤에 자신의 보호자 이름을 따서 보니파초로 성을 바꾸었다). 그는 전장을 아프리카로 전환함으로써 코르시카와 ― 다른 전거에 따르면 ― 시칠리아를 사라센인으로부터 지켰다. 이에 대한 가장 오랜 전거는 828년 편찬된 『프랑크 왕국 연대기(Annales Regni Francorum)』이다. 그 외에 전거로 들 만한 많은 사료가 있으나, 특히 다음을 볼 것. Tommaso Fazello, *Le due deche dell'historia di Sicilia*, tradotte dal latino, Venezia, D. e G. Guerra, 1573, II, VI, cap. 1, 598(여기에 이미 보니파초와 아가토클레스의 유사점이 인지되고 있다).
48) 대왕(el Magno)으로 불리는 페르난도 1세는 1037년 레온 왕국을, 1054년에는 나바라를 1028년 이후 자신이 다스리던 카스티야에 합병하였다. 그는 무어인과의 수많은 전쟁에서 승리했고 1065년 세상을 떠났다.

신들을 지켰는데, 그들은 상당한 액수의 금화를 지불하고 큰 고통에서 벗어나곤 하였다. 또한 제노바인은 1만 9,000두카토를 주고 베르나보 비스콘티의 군대를 뒤로 물렸다.[49] 베네치아인 역시 지기스문트 왕의 장군 피포에게 똑같은 방법을 썼는데, 그래서 지기스문트는 금을 녹여 억지로 마시게 함으로써 그를 처형하였다.[50] 베네치아인은 튀르크인에 대해 같은 방법으로 자신을 보호했는데, 그들은 대신에게 선물을 하고 대영주와 가까운 중요 인사에게 큰돈을 주고 대영주 자신에게도 호화로운 선물을 안겨주었다.

[15]
보호령이 되거나 타국에 굴종하는 것에 대하여

그러나 만약 국가뿐 아니라 당신의 자유[51]마저도 위험에 처한다면, 그리고 당신을 방어해줄 힘을 가진 누군가가 있다면 스스로 그의 보호를 받거나 아예 그의 통치 아래 들어가는 것까지도 결코 수치스럽게 생각해서

..

49) 베르나보 비스콘티(1323~1385)는 1350년 이후 밀라노 영주였다. 보테로가 언급하고 있는 사건은 아마 1379년 밀라노가 제노바에 대항하여 베네치아와 동맹을 맺은 때에 있었던 것으로 추측되지만, 정확한 전거는 확인할 수 없다.
50) 일명 피포 스파노로 불리는 필리포 부온델몬티 델리 스콜라리(1369~1426)는 신성로마 황제 지기스문트(흔히 지기스문트 폰 룩셈부르크로 불린다) 휘하의 이탈리아 출신 장군이었다. 그는 헝가리에서 싸웠고 뒤에 그곳 총독이 되었다. 그는 반역자로 몰려 죽었으나, 그가 정말로 끓는 금물을 마시고 죽었는지를 확인할 수는 없다.
51) 르네상스 이탈리아에서 군주 혹은 국가의 '자유(libertà)'란 현대적 의미가 아니라 단지 '독립(indipendenza)' — 하지만 이 말 자체는 18세기에 가서야 만들어진다 — 을 뜻하는 것이었다.

는 안 된다. 그래서 카푸아인은 삼니움인의 혹정에서 벗어나기 위해 스스로 로마인 아래로 들어갔으며, 제노바인은 프랑스인 아래로, 다음에는 밀라노 공작 치하로 들어갔다. 피자인 역시 처음에는 잠깐 베네치아공화국의 보호를 받다가 뒤에는 자유로운 통치 아래 들어가 도움을 받을 수 있었다.[52] 하지만 이는 별로 현명한 일은 아니었는데, 왜냐하면 보호국이 지역적으로 너무 멀리 떨어져 있고 통행이 어려워서 그들의 적인 피렌체인을 방어하기에는 이익에 비해 비용이 너무 많이 들기 때문이다. 국가의 방어에 이익보다 손해가 더 크면 어떤 군주도 이를 인내하지는 못할 것이다.

[16]
율리우스 2세가 취한 방법

율리우스 2세가 프랑스인이 페라라를 공략하고 있는 자신의 시선을 돌리려고 모데나(이곳은 당시 교황의 치하에 있었다)로 가고 있다는 소식을 들었을 때, 그는 자신이 그 도시를 방어하기가 어렵다고 생각하고 후에 돈을 주거나 혹은 다른 방법으로 되찾기를 희망하면서 즉시 그곳을 황제에게 양여하였다. 그리하여 황제의 대관이 그곳에 와서 소유지를 접수하였고 황제와 분쟁하고 싶지 않던 프랑스인은 전쟁을 포기하였다.[53]

⁝

52) 피자는 사실 이탈리아 전쟁 초기인 1496년에서 1499년에 이르는 짧은 기간 동안만 베네치아의 보호를 받았을 뿐이다. 본서 1권 6장에서와 같이, 보테로는 여기서 귀차르디니를 염두에 두고 있다. Guicciardini, *Storia d'Italia*, III, 4.

53) 이 사건은 1511년에 일어났고 당시의 황제는 막시밀리안 1세로 1508년에서 1519년끼지 제위에 있었다. 보테로는 다시 한번 이에 대한 묘사를 귀차르디니에게서 빌려오고 있다. Guicciardini, *Storia d'Italia*, IX, 15.

[17]
인접국이 전쟁 중일 때 스스로 지켜야 하는 것에 대하여

그러나 당신의 국가의 평화와 안녕을 확보하기 위해서는 인접국들이 전쟁을 치르고 있을 동안 스스로 충분히 강화하는 것보다 더 필요한 것은 없다. 왜냐하면 통상적으로 전쟁을 먼저 치른 나라 간에 화의(和議)가 체결되고 나면 전쟁의 광풍이 그 인접국으로 불어오기 때문이다. 나폴리 왕 샤를 2세와 페데리코 데 아라곤(다라곤) 간의 화의가 이루어진 뒤[54] 약 20척의 갤리선이 시칠리아와 풀리아에서 출항했는데, 그 일부는 카탈루냐인이고 또 일부는 이탈리아인으로 모두 이들 왕의 휘하에 있던 사람들이었다. 그들은 템플기사단의 루체로 형제[55]란 인물을 수장으로 삼아 마케도니아와 그리스 연안을 휘젓고 다니면서 전대미문의 해를 입혔다. 왜냐하면 머릿수가 늘자 그들은 대담하게도 군도(群島)의 섬[56]을 약탈하고, 본토의 도시들을 공격했으며, 수많은 사람을 파멸시키면서 자신들의 부를 늘려나갔기 때문이다. 이는 무려 20년간이나 계속되었다. 결국 그들은 아티나 공작을 죽이고 그의 국가를 차지하기에 이르렀다.[57] 또한 잉글랜드와 프랑스

.•.

54) 1302년에 체결된 칼타벨로타 화약(和約)은 페데리코 데 아라곤이 죽으면 시칠리아를 앙주가에 되돌려주도록 규정하였다.

55) 루체로 다 피오레(1267~1305. 문서에 주로 'frater Rogerius da Branduzio'라고 표기되어 있다)는 카탈루냐 동방용병대(Compagnia Catalona d'Oriente)로 재결성된 알모가바리(Almogavari. 아라곤가의 경기병대)의 용병 대장이자 해적 선장이다. 그는 원래 페데리코 휘하에 있다가 칼타벨로타 화약 이후에는 비잔틴제국 황제 안드로니코스 2세 팔라이올로고스 아래로 들어가 지중해 지역과 아나톨리아에서 싸웠다. 그는 안드로니코스 황제의 아들 미카일 9세 팔라이올로고스에 의해 1305년 에디르네에서 살해되었다.

56) 에게해의 섬들을 가리킨다.

57) 카탈루냐 동방용병대는 1310년 아티나(아테나) 공작 고티에 5세 드 브리엔의 부름을 받았

간의 화약(和約)이 체결된 후,[58] 프랑스 봉신들의 요청을 받은 아르마냑 백작은 기병 1만 5,000과 보병 1만을 이끌고 이탈리아에서 전투를 벌임으로써 프랑스의 짐을 덜어주고자 하였다.[59] 마찬가지로 필리포 마리아와 베네치아인 간에 화약이 맺어진 뒤,[60] 양측 군주 휘하의 장군들은 마치 경쟁하듯이 교회령 국가로 기수를 돌렸다. 이후 베네치아인과 막시밀리안 황제가 휴전하자 그 전쟁에서 싸웠던 에스파냐인과 가스코뉴인은 프란체스코 마리아와 함께 우르비노국(國)을 침탈했고, 그곳에서 얼마나 소란을 피웠던지 레오 교황은 그들이 빨리 물러가도록 막대한 대금을 지불하였다.[61] 여기서 타키투스가 케루시인에 대해 한 말을 빠뜨릴 수는 없겠다. "그들은 오랫동안 도발을 받지 않고 평화를 누렸으나 그것은 자신을 좀먹을 정도

∴

다. 그는 그들을 용병으로 쓰고 나서 대가를 지불하지 않으려 하다가 결국 알미로스 전투에서 패한 후 살해되었다(1311년 3월 15일). 이후 알모가바리는 아라곤 가문의 시칠리아 왕의 이름으로 아타나 공작령 및 인근의 네오파트라스 공작령을 빼앗았다. 후자는 계속해서 카탈루냐인의 영토로 남아 있다가, 1390년 베네치아에 의해 정복되었다.

58) 이는 양국 간에 벌어진 백년전쟁(1337~1453) 중의 한 휴지기일 뿐이었다.

59) 장 3세 드 아르마냑(다르마냑)(1359?~1391)은 1391년 대규모 용병대를 포함한 군대를 이끌고 이탈리아로 진군하였다. 그 명분은 여동생 베아트리스의 남편이자 파르마의 영주였던 카를로 비스콘티를 도와 당시 밀라노를 다스리던 그의 사촌 잔 갈레아초를 그곳에서 몰아낸다는 것이었다. 그는 알모가바리를 프랑스 남부에서 빼냄으로써 그곳 주민의 고통을 덜어주었지만, 그해 피에몬테 부근의 알레산드리아에서 자신의 군대 대부분과 함께 살육당했다. 아리오스토는 자신의 작품 속에서 이를 회상하고 있다. Ariosto, *Orlando furioso*, XXXIII, 21~22.

60) 밀라노 공작 필리포 마리아 비스콘티(1392~1447)가 1425년부터 베네치아와 치른 전쟁은 1428년 페라라 화약으로 일단 끝이 났다. 원래 1423년에 시작된 이 일련의 전쟁(롬바르디아 전쟁으로 불린다)은 결국 1454년의 로디 화약으로 종결되었다.

61) 프란체스코 마리아 델라 로베레(1490~1538)는 교황 레오 10세가 돈으로 사들였다는 우르비노 공작령의 후계자이자 용병 대장이었다. 이 사건은 1517년에 일어났는데, 보테로는 여기서 약 80년 전의 일을 언급하고 있는데, 그 전거는 또다시 귀차르디니이다. Guicciardini, *Storia d'Italia*, XIII, 8. 귀차르디니에 따르면, 교황은 에스파냐군에게 4만 5,000두카토를, 가스코뉴군과 독일군에게 6만 두카토를 주었다고 한다. Guicciardini, *Storia d'Italia*, II.

로 과도한 것이었다. 즉 그러한 평화는 즐겁지만 그것이 안전을 보장하지는 않았다는 것이다. 왜냐하면 권력자와 무법자 간에는 진정한 평화란 없기 때문이다. 충돌이 일어나면 절제와 강직은 승자의 칭호가 된다. 그래서 한때 선하고 올바른 사람으로 생각되었던 케루시인은 이제 어리석고 우둔한 사람으로 불리게 되었다. 반면 승자인 카티인의 행동은 지혜로 인식되었다."[62]

∵

62) Tacitus, *De origine et situ Germanorum*, 36, 1~2. 여기서 보테로의 인용은 정확하지 않다. 케루시인(Cherusci)과 카티인(Catti)은 모두 라인란트에 살았던 고대 게르만인으로, 브루테리인(Brutteri) 및 마르지인(Marsi)과 함께 프랑크 연맹을 결성하였다. 타키투스로부터의 이 인용문은 1598년 판본에 부가된 것인데, 본 역서가 텍스트로 삼은 현대 비판본 편집자들은 이 구절이 본서 6권 전체의 어떤 경향을 강화하는 역할을 하고 있다고 평가한다. 즉 보테로는 비록 첫 장을 마키아벨리에 대한 반론(요새의 유용성 문제에 대한)으로 시작했으나, 평화 시에도 언제나 전쟁에 대비해야 하는 필요성을 강조하면서 마지막 장을 끝맺고 있다는 것이다. 이는 어떤 의미에서 군주는 항상 전쟁에 대해 숙고해야 한다는 마키아벨리의 『군주론』 14장과 멀리 떨어져 있지 않다는 것이다.

7권

[1]
세력[1]에 대하여

지금까지 우리는 군주가 인민을 평화롭게 통치할 수 있는 수단에 대해 논의해왔다. 이제는 군주가 자신의 국가를 확장할 수 있는 수단에 대해서 논의해보고자 한다. 이는 의심의 여지 없이, 분별과 우수함의 도구가 되는 여러 종류의 힘을 말한다. 군주의 힘이라 부를 수 있는 이 모든 것을 상세하게 보여주기 위해서는 긴 시간이 소요될 것이다. 그래서 나는 그중에서도 중요한 것, 즉 수도 많고 질도 우수한 사람,[2] 그리고 돈과 식량과 군수

••

1) 여기서 세력은 'forza(힘)'의 복수형 'forze'의 역어이다. 문맥상으로 강점 혹은 현대의 자원(資源)에 가까운 함의도 갖고 있다. 이 어휘는 5권 6장과 8권 1장에서도 쓰이고 있다.

품과 말과 공수용 무기에 대해 논하는 것으로 만족하고자 한다. "그의 가장 중요한 강점은(유스티누스가 필리포스 왕에게 말했듯이) 전쟁을 위한 수단들이다."[3] 나는 군수품과 무기를 어떻게 준비하고 보관해야 하는지에 대해 부연하고 싶지는 않다. 왜냐하면 온갖 종류의 해전 및 육전용 군사 도구로 가득 찬 베네치아와 드레스덴의 병기창이 현명한 군주 모두에게 거울이자 책의 구실을 할 것이기 때문이다.[4] 1마일 반 혹은 그보다는 약간 작은 공간에 높은 벽으로 둘러싸인 그곳에는 해전과 육전에 긴요하고 필수적인 모든 물품과 도구들이 엄청나게 쌓여 있어서, 그것을 보는 사람도 자기 눈을 믿지 못할 정도이다. 그곳의 아치형 천장 아래에는 형언하기 어려울 만큼 능란한 기술로 건조된 크고 작은 수백 척의 갤리선이 보관되어 있으며, 더 많은 배가 제작을 시작하여 최종 마무리까지 하루에 한 척을 완성할 정도의 놀라운 공정에 따라 계속해서 건조되고 있다. 여기에는 엄청난 크기의 홀들이 있는데, 어떤 곳은 온갖 종류의 대포로, 어떤 곳은 창과 칼과 화승총으로, 또 어떤 곳은 흉갑과 투구와 방패로 가득 차 있으며, 모든 것이 잘 만들어진 데다 윤도 제대로 나 있어서 이를 보는 것만으로도 겁쟁이에게는 두려움을 주고 용기 있는 자에게는 전투에 뛰어들도록 하기에 충분할 정도이다. 다른 곳으로 가면 당신은 때로는 철과 청동으로, 때로는 삼(麻)으로, 또 때로는 목재로 가득 찬 매우 넓은 방들을 보게 될 것

∴

2) 여기서 '사람(들)'이라고 번역한 원문의 'gente'는 주로 인민으로 번역한 'popolo'와 의미상 별 차이가 없으나, 어쨌든 사용된 단어가 다르므로 서로 달리 번역하였다. 이는 문맥에 따라 군대란 의미로도 사용된다.

3) Justinus, *Epitome historiarum Trogi Pompeii*, IX, 8, 5.

4) 독일 중동부 내륙, 작센에 있는 드레스덴에 대한 언급은 오직 1598년의 마지막 판본에만 나타난다. 따라서 육전과 해전을 함께 언급한 이 대목은 원래 베네치아의 예를 설명한 것으로 보인다.

이다. 또한 철을 벼리고 녹여서 포탄과 못과 닻을 제작하는 곳도 있고, 청동으로 대포를 주조하는 곳도 있으며, 삼으로 밧줄과 돛과 돛대 밧줄을 만드는 곳도 있다. 목재로는 노와 돛대와 널빤지를 비롯하여 항해와 관련된 모든 것을 만들어낸다. 마지막으로 당신은 그곳에서 언제나 무장하고자 하는 군주에게 필요한 원려(遠慮)의 탁견을 얻게 될 것이다. 그래서 바스토 후작 알폰소 다발로스가 그곳을 둘러보고 그 규모와 중요성에 대해 숙고한 뒤, 자신은 롬바르디아의 좋은 도시 네 곳보다 베네치아의 병기창을 가졌더라면 더 좋았을 것이라고 말한 데는 다 그만한 이유가 있는 것이다.[5]

식량과 말에 대해서는 앞서 농경에 대해 논하면서 함께 언급한 것[6]에 더 덧붙일 말이 없다. 그러면 이제 나머지 모든 것을 포괄하는 두 종류의 세력이 남는데 그것은 사람과 돈이다. 비록 사람을 가지는 자가 돈도 가진다고는 하지만, 그럼에도 우리는 후자와 같은 종류의 힘에 대해 두어 가지만 이야기할 것이고, 그러면 사람에 대해서 좀 더 길게 논할 여유가 있을 것이다. 디온이 말한 카이사르의 격언에 따르면, 국가를 획득하고 확장하고 유지하는 데 필요한 두 요소가 있는데 전사(戰士)와 돈이 바로 그것이다.[7] 하지만 다음으로 넘어가기 전에 다음과 같은 말을 덧붙이고자 한다. 즉 확장에는 내적인 것과 외적인 것의 두 종류가 있는데, 전자를 통해 내정을 개선함으로써 영토를 넓힐 수 있으며 전자 없는 후자는 유익하기보다는 오히려 손해가 된다.

∙∙

5) 알폰소 다발로스(1502~1546)는 신성로마 황제 카를 5세의 장군이자 밀라노 총독(1538)으로, 1542년에는 제국군을 지휘하였다. 1539년, 그가 황제의 대리인으로 새로운 도제 피에트로 란도의 취임식 참석차 베네치아에 갔을 때, 그곳 병기창을 둘러볼 기회가 있었다.
6) 농경에 대한 언급은 8권 2장에 기서야 나온다. 보테로가 "앞서 … 언급한 것"이라는 말은 정확하지 않다.
7) Dion Kassios, *Historia Romana*, XLII, 49, 4.

[2]
군주는 재화를 모아야 하는가

군주가 가치 있는 목적 없이 돈을 모으는 행위보다 더 나쁜 것은 없다.[8] 그 이유는 무엇보다 그러한 행위와 마음이 자선과 기부의 선행을 전적으로 방해하기 때문이다. 군주에 대한 신민의 사랑은 대부분 그들이 그로부터 얻는 이익에 기반을 두고 있는데, 군주가 무작정 돈을 끌어 모으는 행위를 하면, 필시 그 사랑의 근원을 파괴하는 결과를 초래할 것이다. 또한 이처럼 재화를 모으려는 욕구를 지닌 자는 신민에게 통상의 경우 이상으로, 당연히 그래야 하는 것을 넘어서는 부담을 지우지 않을 수 없다. 그들이 과중한 부담을 도저히 인내할 수 없으면 국가와 국정의 변혁을 바랄 것이고, 그것을 참아낼 생각이 아예 없으면 상당한 혼란을 초래하게 될 것이다. 덧붙이자면, 과도하게 부와 재화를 신봉하면서 탐욕과 돈에 탐닉하는 자는 종종 다른 모든 선정의 길을 무시하곤 한다는 것이다. 그리하여 그들은 국가를 잃고 재화는 적의 손으로 넘어가게 된다. 자신을 살해한 자에게 4,000만 스쿠도를 넘겨준 사르다나팔루스[9]와, 자신에게 패배를 안기고 권좌에서 쫓아낸 알렉산드로스 대왕에게 8,000을 넘겨준 다라야바우스[10]와, 왕국을 찬탈한 자에게 역시 자신의 재화를 넘겨준 페르세오스[11]가 바

⋮

8) 「신명기」 17장 17절("자기를 위해 은금을 많이 쌓지 말 것이니라").
9) Jean Bodin, *Les Six Livres de la République*, VI, 2. 그리스인은 아시리아 왕 아수르바니팔(기원전 668~631)을 사르다나팔루스와 동일 인물로 보았으나 명확하지 않다. 본서 3권 4장에도 이 이름이 나온다.
10) 페르시아 왕 다라야바우스(다리우스) 3세는 기원전 331년에 죽었다. 알렉산드로스가 다라야바우스를 쫓아냈다는 대목에 대해서는 다음을 볼 것. Jean Bodin, *Les Six Livres de la République*, VI, 2.

로 그러했다. 하지만 완전히 탐욕의 기술에 넘어간 군주가 무슨 관대한[11] 생각과 명예로운 목적을 가질 수 있겠는가. 티베리우스 카이사르, 아니 멀리 갈 것 없이 나폴리 왕 알폰소 2세가 말하도록 해보자. 그는 돼지를 신민들에게 주어 살을 찌우도록 하고, 만약 돼지가 죽으면 자신에게 그 값을 치르도록 하였다. 또한 그는 풀리아의 올리브 기름과 발아 곡물을 모두 사들인 뒤 가능한 한 가장 비싼 가격에 되팔았고, 반면 다른 사람은 그 누구도 자신의 것을 다 팔기 전에는 팔 수 없도록 금지하였다.[12] 더욱이 행정 및 사법 관직을 파는 데 대해서는 또 무어라 말할 것인가? 이러한 것보다 군주에게 더 값어치 없고 신민에게 더 나쁜 것이 있을 수 있는가? 재물욕은 군주가 온갖 악행과 수치스러운 행동을 하게 만들 뿐 아니라 덕을 이루는 수단과 영광을 얻도록 해주는 방법을 그의 손에서 빼앗아간다. 게다가 나쁜 방법으로 얻은 재화는 그의 후계자에 의해 더 나쁘게 쓰이는 것이 보통이다. 다윗은 엄청난 양의 금은을 모으는 데 진력했는데, 이는 지금까지 왕이 모은 양 중 가장 많은 것으로 무려 "금 10만 탈렌툼과 은 100만 탈렌툼",[13] 즉 12만 스쿠도에 달하였다. 하지만 그의 아들 솔로몬은 사원 건축을 위해 쓴 것은 제외하고라도, 도시와 전원 지역에 여름 및 겨울용 궁전을 짓고 정원과 호화로운 양어지를 만들고 수많은 말과 마차와 남녀 가수를 거느리는 등, 온갖 종류의 과시와 쾌락을 위해 흥청망청 돈을 써버렸

∴

11) 페르세오스(기원전 212?~166)는 마케도니아의 마지막 왕으로, 기원전 168년 루키우스 아이밀리우스 파울루스가 이끄는 로마군에 의해 피드나 전투에서 패배하였다.
12) 아라곤의 알폰소 2세(1448~1495)는 나폴리 왕 페르난도 1세의 아들로, 1494~1495년 나폴리 왕국의 국왕으로 재위하였다. 이 대목은 거의 보댕의 말을 그대로 옮긴 것이다. Bodin, *Les Six Livres de la République*, VI, 2. 본서 제7권에서 보테로는 보댕의 책 6권 2장("재정에 대하여")을 빈번히 인용하고 있다.
13) 「역대상」 22장 14절. 이 대목 역시 보댕의 책 6권 2장에 나온다.

다. 그리하여 아버지가 남긴 돈으로도 충분치 않게 되자, 그는 인민이 도 저히 참을 수 없을 정도로 많은 세금을 부과하여 결국에는 그의 아들 대에 이르러 인민 대다수가 반란을 일으키기에 이르렀다.[14] 부정하게 모은 재화 로 무엇을 할 것인가? 그것으로부터 도대체 무슨 결실을 기대할 수 있단 말인가? 디베리우스는 수많은 시간에 걸쳐 온갖 강탈과 부정을 동원하여 6,700만 스쿠도의 거금을 모았으나 그의 후계자 칼리굴라는 단 1년 만에 그것을 전부 써버렸다.[15] 안토니누스 카라칼라는 아버지 세베루스가 18년 에 걸쳐 모은 돈을 단 하루 만에 다 날려버렸다. 이러한 일이 통상적으로 일어나는 이유는, 군주, 특히 젊은 군주가 자신에게 막대한 재화가 있는 것을 알게 되면 아무런 목적도 없이 이상한 생각과 환상에 사로잡혀 재물 만 믿고 힘에 부치는 일을 도모하고, 평화를 싫어하며, 인접국과의 우의 를 멸시할 뿐만 아니라, 그 자신에게나 그의 신민에게 필요하지도 유익하 지도 않은, 아니 종종 해롭기까지 한 전쟁을 시작하는 것이 보통이기 때 문이다. 이러한 이유로 신은 왕이 '막대한 양의 금은'을 소유하는 것을 원 치 않을 것이다.[16]

∙∙

14) 솔로몬의 아들은 레하밤이다. 솔로몬이 인민에게 부과한 부담을 완화해달라는 요청을 레 하밤이 거부한 이후 일어난 이스라엘의 분열에 대해서는 「열왕기상」 12장, 「역대하」 10장을 볼 것.

15) Bodin, *Les Six Livres de la République*, VI, 2.

16) Bodin, *Les Six Livres de la République*, VI, 2. 마지막 인용 부분은 「신명기」 17장 7절. 보 댕은 성경의 이 구절의 의도가 아예 수단을 없애서 나쁜 행동을 미연에 막기 위한 것이라고 보고 있다.

[3]
군주는 재화를 가지는 것이 필요하다

그럼에도 명성을 위해서나(왜냐하면 오늘날 국가의 힘은 나라의 크기 못지않게 돈의 보유량으로 측정되기 때문이다) 평화를 지키고 전쟁의 필요에 부응하기 위해서나 군주는 언제나 쓸 수 있도록 반드시 상당량의 돈을 수중에 갖고 있어야 한다. 왜냐하면 특히 전쟁과 같이 궁핍할 때 필요한 돈을 마련하기를 기다린다는 것은 힘들고도 위험하기 때문이다.[17] 그것이 힘든 이유는 전쟁이 상업과 교통, 전답의 경작과 결실의 수확을 단절하게 하여 필연적으로 통상의 세금 부과를 막기 때문이다. 또한 피아를 막론하고 군인이 자행하는 방종과 잔혹함, 그리고 전쟁의 폐해로 해를 입고 기운을 잃은 인민이 나아가 군주에 의해 다시 괴로움을 당하고 부담을 지게 된다면 그들은 아마 동요하게 될 것이기 때문이다. 그러므로 적이 아직 멀리 떨어져 있고 인민은 아무런 불안 없이 땅의 결실과 그것이 주는 소득을 즐기고 있을 때, 장차 필요한 시기를 위하여 돈을 마련해놓는 것이 필요하다. 왜냐하면 전쟁이 코앞에 닥치면 돈을 모으고 무기를 손에 넣기가 어렵기 때문인데, 둘 중 어느 쪽이 더 어려운지는 잘 모르겠다. 따라서 돈은 반드시 미리 준비해두어야 하며, 그렇게 되면 이제 군대를 모집하는 일만 남는다. 만일 그렇게 하지 않으면 돈을 어떻게 모을 것인지에 대해 논의하는 동안 적이 들이닥치고 전쟁으로 인한 동요가 가중되면서 돈과 군대를 마련하는 수단이 아예 사라져버릴 것이다. 디온 카시오스에 따르면, "베스파시아누스는 돈이야말로 통치의 중추임을 천명"했으며,[18] 카이사르 아우구스투스는 이

..

17) Bodin, *Les Six Livres de la République*, VI, 2.

러한 목적으로 위해 군사용 국고를 제도화하였다. 수에토니우스가 말하기를 "그는 군대를 모집하고 유지하기 위한 재원을 영구히 그리고 아무런 난관 없이 마련하려는 목적에서 새로운 세금으로 얻은 수입으로 군사용 국고라는 제도를 만들었다"라는 것이다.[19] 튀르크가 자신들의 전쟁에서 놀라운 신속성을 보이는 이유는 전쟁을 준비하면서 군대를 모집하고 무기를 마련하며 그 외 전쟁을 위한 다른 온갖 준비를 하기 위해 자신들 수중의 재화와 돈을 사용하기 때문이다. 이렇게 사용한 돈은 뒤에 인민에게 부과하는 세금으로 채워 넣는다. 하지만 쓸 돈이 없는 경우는 그것을 어떻게 마련할까를 생각하고 숙고하는 동안 해야 할 일에 필요한 시간을 놓치고 종종 승리의 기회마저 잃는 것이 보통이다. 돈을 마련하기 위해 가장 흔히 사용되지만 동시에 왕과 왕국을 패망하게 하는 길이기도 한 것은 이자를 주고 빌리는 것이다. 이자를 지급하기 위해서는 통상적인 세입을 저당 잡히게 되고 그러다 보면 더 비상한 세입을 찾게 되는데, 그 결과 비상한 것이 통상적인 것으로 되는 일이 다반사로 일어난다. 그리하여 해악을 더 큰 해악으로 막으려 하면서, 하나의 혼란은 또 다른 혼란으로 이어지고 마침내는 국가가 기울어 그것을 잃어버리게 되는 것이다.

그러므로 재물을 모으는 일을 업으로 삼는 것은 좋지 않지만, 그것을 갖는 것이 필요하다면, 우리는 어떻게 해야 하는가? 덕은 중간에 있는 법이다. 즉 군주는 돈 모으는 것을 업으로는 삼지 않으면서 그것을 모아야 한

∴

18) Dion Kassios, *Historia Romana*, LXVI, 2, 5. 보댕은 자신의 『국가론』 6권 2장('재정에 대하여')을 "고대의 한 연설가가 말했듯이, 국가의 중추는 재정에 있다"라는 말로 시작하고 있다.

19) Suetonius, *De Vita Cæsarum*, "Augustus," 49, 4. 이 인용문은 정확하지 않다. 디온에 따르면, 아우구스투스는 군사용으로 상속 재산에 대한 20분의 1세를 만들었다. Dion Kassios, *Historia Romana*, LV, 25.

다는 것이다. 이는 두 가지 방법으로 이룰 수 있다. 자신의 전 국가 세입을 잘 유지하는 것, 그리고 잉여 지출과 부적절한 증여를 피하는 것이 그것이다.

[4]
세입에 대하여

군주의 세입에는 통상 세입과 비상 세입의 두 종류가 있다. 통상 세입은 토지의 소산 혹은 인간 노동의 결과에서 나온다. 토지에서 나오는 것에는 두 종류로 나뉘는데, 어떤 토지는 직접적으로 군주에게 속하고 또 어떤 것은 신민에게 속하기 때문이다. 군주에게 속하는 토지는 그가 상속받은 것과 다른 주인이 없는 것인데, 그는 이를 경작하면서 마치 자신이 한 가정의 좋은 가장인 것처럼 돌봐야 하며, 토지의 성질에 따라 그것이 허용하는 모든 것을 최대한 뽑아내야만 한다. 왜냐하면 어떤 것은 곡물 경작에, 어떤 것은 목초지에 적당하고, 어떤 것은 목재를 공급하며, 또 어떤 것은 호수며 못이며 강과 같이 다른 것들을 제공해주기 때문이다. 나아가 땅의 소산 중에는 땅 밑에서 나는 것도 있고 땅 위에서 나는 것도 있다. 땅 밑에서 나는 것으로는 금속을 비롯하여 금, 은, 주석, 철, 수은, 유황, 명반, 소금이 있으며, 이 외에도 보석과 값비싼 광물과 수많은 종류의 대리석이 있다. 땅 위에는 숲과 건초와 곡물과 콩과 크고 작은 가축과 야생동물이 있다. 수역(水域)은 여러 측면에서 유용하다. 왜냐하면 그것은 물고기, 굴, 기타 등등 사람의 생명을 유지하게 해주는 생물과 산호 및 진주와 같은 무생물과 아리스토텔레스가 생물과 무생물의 중간에 있다고 본, 해면같이 불확정적인 것들을 생산하기 때문이다.[20] 많은 나라를 정복했던 메흐메드 2세[21]는 노예로 이루어진 식민지 이민단을 보냈는데, 각 사람에게 15일 걷는 거리의 땅과 두 마리의 물소와 첫해 파종할 씨앗을 주었다. 그는 12년 후가 되면 결실의 절반을, 그다음 해부터는 매년 다른 절반의 7분의 1을 더 바치도록 하였다. 그리하여 그는 영구히 상당한 세입을 확보하게 되었다.[22] 반면에 카스티야와 프랑스의 왕들은 자신들의 영지와 세습 재산을 늘리기는커녕 오히려 팔아버렸다. 군주는 직접적으로 신민에게 속하는 토지에서 세금과 부과금을 통해 돈을 걷는데, 국가에 필요할 때라면 이는 합법적이고 정당하다. 왜냐하면 개인의 이익은 공공의 이익에 기여하도록 하는 것이 합당하며, 후자 없이는 전자가 있을 수 없기 때문이다.[23] 하지만 이러한 세금은 사람에 대한 것이 아니라 실질적인 이익에 대한 것이어야만 한다. 즉 그것은 인두세가 아니라 재산세라야 한다는 것이다. 그렇게 하지 않으면 과세로 인한 모든 부담은 통상적으로 일어나는 것처럼 가난한 사람에게로 떨어질 것이다. 왜냐하면 귀족은 그것을 평민에게, 대도시는 농촌에 전가할 것이기 때문이다. 그러나 시간이 흘러가면 그 무게를 지탱할 수 없는 빈민은 그 아래에서 압살당하게 되며, 결국 귀족은 지출을 해결하고자 분투하게 되고 도시 또한 막대한 보조금을 지출해야만 하는 상황을 맞게 된다. 로마에서는 모든 세금과 부과금의 부담을 부자에게 지우

••

20) Aristoteles, *Ton peri ta zoia historion*, VIII, 1(588b 20).
21) 메흐메드 2세(1430~1481)는 흔히 정복왕으로 불린다.
22) 보테로는 이 예를 보댕의 책에 쓰인 그대로 인용하고 있다. Bodin, *Les Six Livres de la République*, VI, 2.
23) 이러한 원칙 역시 보댕의 책에서 빌려온 것이다. 하지만 보댕은 이러한 세금을 필요시에만 거두어야 한다고 본 반면, 보테로는 정규적으로 부과되는 것으로 바꾸어놓았다. Cf. Bodin, *Les Six Livres de la République*, VI, 2.

고 있다.[24] 하지만 신민의 이익은 확실할 수도 아닐 수도 있다. 나는 부동산을 확실한 것으로 동산을 불확실한 것으로 부르겠다. 부동산이 아니라면 과세해서는 안 된다. 동산에 대해 과세하고자 하는 시도는 플랑드르 전체를 알바 공작에 등을 돌리도록 만들었다.[25] 만약 극히 필요할 때라면 당신은 동산에도 과세할 수는 있다. 나는 독일의 일부 도시의 관습처럼 개인의 양심과 서약에 맡기는 방법도 나쁘지 않다고 본다. 세르비우스 툴리우스는 이를 계급 제도를 만들 때 사용하였다.[26] 산업을 모든 종류의 교역과 상업을 포함하는 것으로 이해한다면, 그 생산물이 나라 안팎을 들고날 때 각각의 양에 따라 과세하는 것이 좋다. 이보다 더 적법하고 정당한 종류의 세입은 없는데, 왜냐하면 우리의 것에 대해 우리에게서 이익을 얻는 사람이 얼마간 돈을 내도록 하는 것이 합당한 일이기 때문이다.[27] 케리알리스가 말했듯이 "군대 없는 평화가, 봉급 없는 군대가, 세금 없는 봉급이 있을 수 없는 것이다."[28]

그러나 교역에 종사하는 자는 우리 사람도 있고 외국인도 있는데, 외국인의 경우 우리보다 돈을 좀 더 많이 내는 것이 온당하다. 튀르크 역시 이

••

24) Bodin, *Les Six Livres de la République*, VI, 2.
25) 알바 공작 페르난도 알바레스 데 톨레도(1507~1582)는 1560년 이후 저지대지방 일부를 다스리다가 1568년에는 전 지역의 총독으로 임명되었다. 그는 강압적인 통치로 수많은 소요를 유발하였다. 1572년 도입한 새로운 세금들로 인해 대대적인 반란이 일어나자 그는 결국 북부지방을 반란군에 내어주지 않을 수 없었고, 이듬해에는 급기야 에스파냐로 소환되고 말았다.
26) Livius, *Ab Urbe condita libri*, I, 43. 세르비우스는 재산 정도에 따라 로마군 복무 방식에 차등을 둔 새로운 제도를 만들었는데, 이는 모두 5개 '계급(classes)'으로 이루어져 있었다.
27) Bodin, *Les Six Livres de la République*, VI, 2.
28) Tacitus, *Historiae*, IV, 74, 1. 퀸투스 페틸리우스 케리알리스는 베스파시아누스 가문의 일원으로, 1세기 말에 브리타니아 총독 및 집정관을 역임하였다.

렇게 하고 있다. 왜냐하면 알렉산드리아에서 가져온 물건에 대해 외국인은 10퍼센트를 우리 신민은 5퍼센트를 지불하기 때문이다.[29] 잉글랜드의 경우 외국인은 자국인이 내는 돈의 네 배를 낸다. 부자는 일상생활에 필요한 물건이 풍부한 곳으로 가기 마련이므로, 군주는 이 땅을 경작하고 온갖 종류의 산업을 발전시키도록 하는 데 모든 노력을 기울여야 한다. 이에 대해서는 차후 적당한 곳에서 더 자세히 논의할 것이다.[30]

[5]
차용에 대하여

하지만 만약 세입이 필요한 만큼 들어오지 않으면, 군주는 그것을 부유한 신민으로부터 이자를 주고 빌릴 수도 있다(그러나 이는 극히 필요한 경우가 아니면 해서는 안 된다. 왜냐하면 이자는 국가의 파멸을 초래하기 때문이다).[31] 이자를 주지 않을 수도 있는데, 만약 군주가 평소 약속을 잘 지키고 돈을 빌려준 사람에게 손해를 입히지 않고 제때 돌려준다면 이것도 그리 어려운 일은 아니다. 로마인은 제2차 포에니 전쟁 중 개인에게서 빌린 돈으로 에스파냐군을, 이후에는 해군 함대까지도 운용할 수 있었다.[32] 생캉탱에서 에스파냐군에게 패한 뒤 군대를 재건하고자 한 프랑스 왕 앙리 2세는 왕

••

29) Bodin, *Les Six Livres de la République*, VI, 2.
30) 본서 8권 2장('농업에 대하여') 및 3장('산업에 대하여')을 볼 것.
31) Bodin, *Les Six Livres de la République*, VI, 2. 보테로가 이자에 대해 그것을 금지한 교회의 시각이 아니라, 보댕을 따라 정치적, 재정적 관점에서 논의하고 있는 것에 주목할 필요가 있다. 본서 7권 9장도 볼 것.
32) Livius, *Ab Urbe condita libri*, XXIII, 48, 6~49, 4.

국의 세 신분을 소집하여 로렌 추기경의 입을 통해 요구하기를, 나라 전역에서 천 명을 골라 그들 각자에게 이자 없이 1,000스쿠도씩을 자신에게 빌려주도록 하였다. 이 금액은 쉽게 모였고, 왕은 자신이 모은 금화 300만으로 전쟁을 재개하여 요충지들을 손에 넣었다.[33) 그리하여 그는 이미 과거의 부과금으로 지쳐 있던 인민에게 더 부담을 주지 않고도 영광스러운 전역(戰役)을 수행하는 방법을 찾아냈다. 그는 이자를 주고 돈을 빌리는 것이 세입의 폭락과 신용의 상실 외에 아무런 이익도 주지 않는다는 점을 이전부터 알고 있었다. 사실 그는 엄청난 빚을 남겼기 때문에 프랑스 왕실은 지금까지도 여전히 그 짐을 느끼고 있다.[34) 잉글랜드 왕 에드워드 3세는 왕국의 군주와 봉신에게 자신에 대한 호의의 표시로 돈을 바치라고 요구하였다. 후일 헨리 7세가 이를 따라 했고, 그 계승자들 역시 차례로 그렇게 하였다.[35)

∴

33) 1557년 8월 생캉탱 전투에서 패한 뒤, 앙리 2세(1547년에서 1559년까지 왕위에 있었다)는 전비 마련을 위해 1557~1558년 겨울 파리에서 전체 신분회를 개최하였다. 왕을 대신하여 돈을 요구한 로렌 추기경은 랭스 대주교이기도 했던 샤를 드 기즈(1525~1574)로, 그는 앙리 2세의 '자문회의' 위원 중 한 명이었다. 앙리 2세는 계속된 전쟁에서 프랑수아 드 기즈 공작(로렌 추기경의 형)의 지휘 아래 칼레(1558년 1월) 및 티옹빌(1558년 6월)을 빼앗았다. 하지만 보테로의 긍정적인 뉘앙스와는 달리, 왕은 그해 7월 그라블린에서 참패함으로써 재정 위기가 다시 심화되었다. 결국 이 전쟁은 1559년 카토-캉브레지 조약으로 끝이 났다.

34) Bodin, *Les Six Livres de la République*, VI, 2.

35) 에드워드 3세(재위 1327~1377)는 프랑스와의 백년전쟁에 필요한 전비를 위해 의회를 성기 저으로 개최하도록 허용하였다. 이로 인해 상원과 하원으로 분명하게 나뉘는 의회제도가 확립되었다. 헨리 7세는 1485년에서 1509년까지 잉글랜드 왕위에 있었다.

[6]
교회의 부조(扶助)에 대하여

교회의 재산은 예비용으로 남겨두어야 하며, 교황의 재가 없이 그리고 국가적 필요성 없이는 결코 손대서는 안 된다. 왜냐하면 교황의 권위는 신에 대해, 필요성은 인민에 대해 군주를 정당화하기 때문이다. 만약 둘 중 하나라도 부족하게 되면, 일이 잘되어 나가기는 거의 불가능하다. 나는 이에 대한 수많은 예를 제시할 수 있지만 그 누구도 모욕하고 싶지는 않기에 그것을 뒤로 미루어 두겠다. 하지만 포르투갈 왕 마누엘이 아프리카와 인도 전역(戰役)에서 대단한 행운을 누린 군주였다는 것을 빠뜨리고 싶지는 않다. 왜냐하면 그는 전자에서나 후자에서나 믿을 수 없을 정도로 막대한 전승을 거두었고, 전비(戰費)를 상쇄하고도 많은 양의 금은을 얻었다고 볼 수 있기 때문이다. 그 뒤 그는 누군가의 제의로 성직자들에게서 상당량의 돈을 얻고자 했으며 이에 대한 교황 레오의 재가까지 얻었다. 하지만 이 사실이 포르투갈에 알려지면서 불평이 끊임없이 일어나자, 그럴 필요도 없을뿐더러 분위기의 변화까지 감지되는 상황을 인지한 왕은 자신이 성직자에게서 얻었던 호의를 사양하였고, 그 보답으로 그들은 15만 스쿠도를 그에게 기부하였다. 그런데도 이후 그의 과업과 명성은 계속해서 내리막길을 걸었다.[36]

교회로부터 얻을 수 있는 부조에는 그것의 토지 일부를 팔든지, 혹은 그

..

36) 마누엘 1세는 행운왕(O Venturoso)으로 불리며, 1495년에서 1521년까지 포르투갈 왕으로 재위하였다. 그는 바스쿠 다 가마, 페드루 알바레스 카브랄, 프란시스쿠 드 알메이다(초대 인도 총독)의 항해를 후원하였다. 교황 레오 10세(조반니 데 메디치)는 1513년에서 1521년까지 재위하였다.

토지에서 나오는 일부 수입을 갖는 두 가지 방식이 있다. 부동산의 판매(프랑스에서 여러 번에 걸쳐 일어났던 것처럼)[37]는 마치 다리를 도끼로 찍고 신경을 절제하는 것과 같다. 더욱이 교황의 재가가 좋지 않은 방식으로 이루어졌는데, 교회가 교서에 명기된 액수의 두 배를 제공하는 결과를 낳은 것이다. 이는 마치 교회 수입의 감소가 신에 대한 봉헌인 것처럼 보일 정도였다.[38] 일부 수입을 사용하는 정도라면 성직자들은 이를 좀 더 인내할 수 있을 것이고, 이는 국가에 대해서도 종종 필요한 것이기도 하다. 이는 프랑스에서 일어난 최근의 전쟁들에서 나타난 것으로, 성직자들은 왕에게 2,000만 스쿠도 이상을 기부함으로써 전비 대부분을 부담하였고, 에스파냐에서는 성직자들이 오랫동안 60척의 무장 갤리선을 위한 비용을 댔으며 막대한 돈을 지불하였다. 하지만 나는 교회로부터 얻은 이러한 보조금으로 대단한 일을 이루었다는 것을 지금까지 본 적도 들은 적도 없다는 것을 고백해야겠다. 오히려 교회의 돈으로 착수한 전쟁은 언제나 성공한 적이 없는 것처럼 보인다. 설사 가끔 승리를 거두었다 해도, 그것은 아무런 결실도 얻어내지 못했다.

❖❖

37) 샤를 9세(재위 1560~1574)와 앙리 3세(재위 1574~1589)는 프랑스의 재정 파국과 대내외 전쟁의 비용 때문에 1563년에서 1586년 사이에 여섯 번이나 교회 재산의 양도를 강요하였다. 주요 성직자들은 그것이 위그노(프랑스 프로테스탄트)와의 전쟁에 필요하다는 인식을 갖고 있었지만, 지금 약간의 재산을 내놓는 편이 차후의 더 큰 재앙(잉글랜드 왕 헨리 8세의 경우에서와 같이)을 미연에 방지할 것이라는 기대도 있었다.

38) 피우스 5세와 그레고리우스 13세, 그리고 식스투스 5세는 공히 프랑스에서 교회 토지의 양여를 인가하고 그것을 정당화하는 교서를 공포하였다. 하지만 이러한 토지 매각은 교황의 교서를 훨씬 뛰어넘는 결과를 가져왔다(이는 특히 1574년 앙리 3세가 왕위에 오르던 때에 그러했다).

[7]
비상한 세입에 대하여

우리는 지금까지 통상적인 세입에 대해 이야기해왔는데, 군주는 그 외에도 어떤 비상한 수입원을 갖고 있으며, 일부는 인민에게서, 또 일부는 외국인에게서 나온다. 그는 인민에게서 유증(遺贈), 몰수, 벌금, 기부로 인한 수입을, 외국인에게서는 공물, 연금, 선물과 기타 유사한 것들을 얻는데, 이 모든 것은 통상적인 세입과 마찬가지로 소비되고 이용되어야만 한다. 군주의 힘은 자신의 통상적인 수입이 얼마인가가 아니라 비상한 수단을 통해 돈을 얻을 수 있는 능력이 어느 정도인가에 의해 평가되어야 마땅하다. 이에 대한 가장 명백한 증거는 군주 대부분이 통상 수입을 판매하거나 저당 잡히거나 혹은 다른 방법으로 양여하고 비상 원조금으로 자신을 유지하고 있다는 사실이다. 자신의 세입을 이런 방식으로 관리하고자 하는 군주는 필요시 사용할 수 있도록 반드시 그 일부를 재정에서 따로 떼어놓아야만 한다.

[8]
부적절한 지출과 쓸데없는 선물을 삼가는 것에 대하여

부적절한 지출이란 공익의 목적을 갖지 못하는 것이다. 즉 그것은 유익함도 국가의 안전도, 위대한 성취도, 왕의 명성도 지향하지 못하는 경우이다. 이런 사례는 무수히 많은데 허영에는 끝이 없기 때문이다. 우리는 이에 대해 다른 곳에서 이미 언급했으므로[39] 여기서는 그냥 넘어가도록 하겠다. 하지만 선물에 대한 규제보다 더 긴요한 것은 없는데, 이는 그것을 받을 만한 자격이 없는 사람에게는 결코 주어서는 안 되며 또한 줄 때도 적절한 수준을 넘어서지 말아야 한다. 왜냐하면 만약 그것을 자격 없는 사람에게 준다면 자격 있는 사람이 업신여김을 당하게 되기 때문이다. 일부 그리스도교 왕국에서는 이로 인해 혼란이 일어난 적도 있다. 만약 선물에 대한 절제가 이루어지지 않는다면 이러한 시혜의 원천은 곧 고갈될 것이다. 그리하여 군주는 종종 낭비를 강탈로 바꾸게 될 것이다. 티베리우스가 말했듯이, "만약 파벌정치에 의해 재정이 고갈되면, 우리는 그것을 악행으로 채워야만 할 것이다."[40] 네로는 자신의 14년 재위 동안 5,000만 스쿠도의 선물을 했고, 그리하여 그의 후계자 갈바는 네로가 한 모든 선물을 취소하고 그것을 받은 사람에게 단지 10분의 1만 주라는 칙령을 내릴 정도였다.[41] 또한 네로는 그같이 엄청난 양의 금은을 주어버린 뒤 자신의 방탕을 위한 물질이 떨어지자 암살[42]로 방향을 바꾸었고 칼리굴라 역시 앞서 그렇게 했다.[43] 자신이 가진 모든 것을 팽개치는 사람은 아무것도 갖지 못한 사람만큼이나 초라하다. 바실리오스 황제는 자신의 전임자 미카일이 했던 모든 증여를 취소하였다.[44] 도미티아누스는 허영심 때문에 병사들의 급료를 올

⁙

39) 이는 아마 보테로 자신의 저작 *Del dispregio del mondo libri cinque* (Milano, Tini, 1584)를 가리키는 것으로 보인다.

40) Tacitus, *Annales*, II, 38, 2. 보테로의 인용문에는 원문의 자구가 약간 바뀌어 있다.

41) 보테로는 네로의 이 예를 이미 본서 1권 22장에서 언급한 바 있다(Suetonius, *De Vita Cæsarum*, "Galba," 15, 2; Bodin, *Les Six Livres de la République*, VI, 2). 보테로와 보댕은 갈바가 네로의 선물을 취소한 것이 그 행위가 탐욕과 천박함으로 인해 일어났다고 보았기 때문이라는 데 동의하는 것으로 보인다.

42) 여기서 '암살(assassinamenti)'은 말 그대로 살인만이 아니라 비유적으로 폭정 전반을 의미한다고도 볼 수 있다.

43) Bodin, *Les Six Livres de la République*, VI, 2.

44) 비잔틴 황제 바실레이오스 1세(811~886)는 867년부터 재위했으며, 이른바 '마케도니아' 왕조의 창시자로, 자신과 공동 황제였던 미카일 3세를 암살하고 스스로 황제가 되었다.

려주었다가 뒤에 가서는 비용을 아낀다고 병사의 수를 줄이려고 했으나 야만인에 대한 두려움 때문에 단념하였다.[45] 알렉산데르 세베루스는 이렇게 말했다. "국가에 필요하지도 유익하지도 않은 자들을 부양하기 위해 속민의 피를 짜내는 황제는 무책임한 행동을 하는 것이다."[46]

[9]
남은 세입은 어떻게 보존해야 하는가

그러나 군주가 수중에 돈이 있으면 아첨꾼, 총신 그리고 다른 유사한 사람 ― 리키니우스 카이사르가 '왕궁의 쥐새끼들'이라고 불렀던[47] ― 의 간청을 뿌리치기가 어려운 일이기 때문에, 필요 이상의 돈을 들고 있지 않도록 하는 방법을 찾아야만 한다. 이는 고대인 역시 다양하게 사용했던 예방책이기도 하다. 카이사르 아우구스투스는 제국의 통치 비용에서 남는 돈을 신중을 기하여 빌려주고 이자를 받았으며, 안토니누스 피우스도 마찬가지로 5퍼센트 이자를 받았으며, 알렉산데르 세베루스 역시 그렇게 하였다. 하지만 어떤 군주도 빌려줄 때 이자를 붙이는 예를 따라 해서는 안 된다. 왜냐하면 그것은 군주가 할 일이 아닐뿐더러 이성과 신성한 교의에도

⋮

45) Suetonius, *De Vita Cæsarum*, "Domitianus," 12, 1.

46) *Historia Augusta*, "Alexander Severus," 15, 3. 보테로의 인용문은 정확하지 않다.

47) Pseudo-Aurelius Victor, *Epitome de Caesaribus*, 41, 10: "그는 자신이 궁의 진드기이자 쥐새끼들이라고 불렀던 모든 환관과 정신(廷臣)들을 완력으로 억눌렀다." 섹스투스 아우렐리우스 빅토르는 4세기 후반에 활동했던 로마 역사가이다. 리키니우스 카이사르는 308년에서 324년까지 로마 황제로 있는 동안 내내 콘스탄티누스 1세(후일 콘스탄티누스 대제)의 동료이자 경쟁자이기도 했다.

어긋나기 때문이다. 돈을 자유롭게[48] 빌려주면 두 가지 좋은 효과가 있다. 그 하나는 담보를 잡음으로써 돈을 안전하게 확보한다는 것이고, 다른 하나는 돈을 빌린 사람을 자신에게 매어놓을 수 있으며 아울러 장차 군주에게 이익을 줄 기회를 풍요롭게 열어줄 수 있다. 콘스탄티누스 황제는 공금을 쓰지 않고 군주의 금고에 넣어두는 것보다 사인(私人)의 손에 두는 편이 훨씬 더 낫다고 말하곤 했다. 로마인은 자유의 시기 동안[49] 엄청난 양의 금을 벽돌처럼 만들어 공적 재원으로 축적하였다. 모로코 왕은 자신들의 보물을 금으로 된 커다란 구(球)로 만들어 대(大)모스크의 돔에다 보관하였다.[50] 오늘날 군주들은 그들의 부와 재물을 벽을 쌓아 그 안에 두든지 땅에 묻든지 혹은 만토바 공작 굴리엘모[51]가 익살스럽게 '대(大)악마'라고 부른 철 금고에 넣어둔다. 이 정도면 돈에 대해서는 충분히 말했다고 본다.

[10]
무한정 재화만 모아서는 안 된다

만약 인간의 모든 행동에 예정된 목적이 있다면, 무한정 재화만 모아서는 안 되며, 국가의 다른 요소들과 상응하여 이루어야 한다. 그렇게 되지 않으면 과도한 재화는 괴물처럼 되고 말 것이다. 왜냐하면 그것이 다른

∶∙

48) "자유롭게(liberamente)"란 이자 없이 빌려준다는 뜻이다.
49) "자유의 시기(i tempi della libertà)"란 공화국 시대를 가리킨다.
50) Bodin, *Les Six Livres de la République*, VI, 2.
51) 굴리엘모는 페데리코 2세 곤차가의 아들로, 1550년에서 1587년까지 만토바 공작으로 재위하였다.

부분과 균형을 잃게 되면 관리가 부실하고 부적절하게 될 것이고, 그리하여 우선 먹이가 되었다가 결국에는 적의 전리품이 될 것이기 때문이다. 군주가 지닌 모든 세력의 목적은 국가의 보존 혹은 확장이다. 그것은 방어를 통해 보존되며 공격을 통해 확장된다. 그러나 방어든 공격이든 무한정한 재화가 필요하지만, 그것은 당신의 권력 안에 있는 다른 요소와 상응하는 한에서만 가능하다. 방어의 경우도 그러한데, 왜냐하면 전쟁의 규모와 기간이 설사 국고를 소진할 정도는 아니라 해도, 만약 다른 요소가 재화와 상응하지 못하면 당신의 인력과 영토를 소진하고 말 것이기 때문이다. 마케도니아 왕 페르세오스, 아시리아의 사르다나팔루스, 페르시아의 다라야바우스는 국고가 충분한 데도 멸망하였다. 키프로스 왕 프톨레마이오스는 자신의 치세에 금 700만을 갖고 있었으나, 로마인이 왕국을 장악했다는 소식을 접하자 자신을 지키려고 몸부림치다가(왜냐하면 돈이 있다고 다른 것이 따라오는 것은 아니기 때문에) 결국 자살하고 말았다. 폼페이우스 역시 공화국을 두고 카이사르와 벌인 전쟁에서 적에게 많은 재화를 넘겨주었다. 타르타르인 훌레구는 바그다드를 빼앗은 뒤 그곳 칼리프를 자신이 탐욕스럽게 모아놓은 재물 더미 안에서 굶어 죽도록 만들었다.[52] 메흐메드 2세는 보스나의 군주 스테판을 죽였는데, 이는 그가 재화를 무장하는 데 쓰지 않고 그저 모으는 데만 몰두해서 자기 자신을 멸망의 길로 이끌었기 때문이다.[53] 결국 나는 돈이 없어서 패망한 국가의 특기할 만한 예는 찾

· ·

52) 훌레구 한(Khan)은 젱기스 한(징기스칸)의 손자이자 후빌라이(쿠빌라이)의 동생이다. 그는 1258년 2월 10일 바그다드를 점령하여 약탈을 자행하였다. 그가 칼리프인 알무스타심 빌라흐를 자신의 재물을 채운 망루에 가두어놓았다는 몽골 전설이 전해온다.

53) 정복왕 메흐메드 2세(1430~1481)는 1463년 보스나를 손에 넣었다. 그는 조공을 거부한 보스나의 군주 스테판 토마세비치(1438~1463)를 잡아 브라가이에서 살해하였다.

을 수 없었고, 단지 장군의 분별과 용기, 병사의 수와 훈련, 군수품과 식량의 양, 그리고 기타 육상 및 해상 자원 등이 결코 축적된 금의 양과 동등하지는 않다는 예만 찾았을 뿐이다.[54] 또한 재화를 긁어모으는 자들이 비용을 회피하기 위해 위대함과 명성을 유지하는 다른 모든 수단을 무시하는 일이 통상적으로 일어난다. 그리하여 병사가 봉급을 받지 못하고, 공훈과 능력이 있는 사람이 대접받지 못하며, 군수품 보급이 계속되지 않고, 허물어져가는 요새의 방벽이 보수되지 못하며, 해자(垓子)가 말라가고, 전선(戰船)을 만들지 못하게 되는 것이다. 결국 돈을 모으는 일에 집착한 나머지 다른 일에는 전혀 생각이 미치지 않게 되는 것이다. 하지만 군주가 바다로 공격을 당하는데도 크고 작은 함선을 건조할 목재도, 그것을 만들 장인도, 선원도, 노 젓는 사람도, 삭구(素具)도, 여타 필수품도 자신의 국가나 자신의 동맹국에 없다면, 크로이소스나 미다스의 재화가 다 무슨 소용이란 말인가? 만약 그가 육상으로 공격을 받는데도, 말도, 대포도, 전장에서 적과 맞설 장군도, 병사도, 군량도, 보급품도, 도시와 요새를 방어하기에 충분한 수의 인력도 갖추지 못했다면 어떻게 하겠는가? 돈이 전쟁의 중추로 불리는 이유는, 그것이 여러 요소를 하나로 묶어주고 그것들을 필요한 곳으로 배치하기 때문이다. 하지만 만약 군주에게 다른 요소들이 결핍되었다면 그것이 무슨 소용이겠는가? 살 수 있는 물건이 없는 사람과 같이, 사용할 게 아무것도 없는 사람 역시 가난하기는 마찬가지다. 하지만 설사 방어를 위해 재화를 끝없이 추구하지 않는다 해도, 그것은 공격이나 다른 나

•
••

54) 전쟁이 돈만으로 성취될 수 없다는 보테로의 견해는 『리비우스 논고』 2권 10장에서 "흔히 말하는 것과는 달리, 돈이 전쟁의 중추는 아니"라고 밝히고 있는 마키아벨리의 생각과 기본적으로 동일하다.

라의 정복에는 훨씬 더 필요하지 않다. 왜냐하면 군주가 돈을 엄청나게 써야 하는 과업은 정복이 아니라 해악과 손실만을 가져올 뿐이기 때문이다. 그러므로 스스로를 유지하고 지탱하기에 적절하지 않은 과업은 모두 터무니없는 것으로 보아야 한다. 그래서 카르타고인은 이미 확보했던 땅을 양보하면서까지 일부 전쟁을 포기했다고 한다. 로마인이 제2차 포에니 전쟁에서 계속된 난파로 700척 이상의 대선(大船)과 엄청난 수의 병사를 잃은 후 바다에서 물러난 것도 능력이 부족해서라기보다는 그럴 필요성이 있었기 때문이다.[55] 중국인은 훨씬 더 나은 분별력을 보여준 바 있는데, 왜냐하면 그들은 거의 모든 동쪽 해양[56]의 도서(島嶼)와 인도 대부분 지역을 지배했음에도 불구하고 그러한 과업이 엄청난 부와 군대와 병사와 물질을 소비한다는 점을 인지하자, 앞으로 그 지역으로 항해하지도 그곳을 공격하지도 말라는 법을 만들고는 그곳을 포기하고 자신들의 나라로 물러가기로 결정했기 때문이다.[57] 하드리아누스 황제는 트위드강 너머의 브리튼 지역, 즉 한때 율리우스 아그리콜라에 의해 정복된 바 있고 오늘날에는 스코틀랜드라 불리는 곳을 포기하였고, 예전에 트라야누스의 지배 아래 있던, 티

••

55) 여기서 "제2차 포에니 전쟁" 운운은 오기로 보인다. 보테로가 언급하고 있는 것은 사실 제1차 포에니전쟁이다. 그 전쟁 말미에 카르타고인은 시칠리아에 있던 자신들의 영토를 상실했고, 또한 폴리비오스에 따르면 로마인은 거의 700척의 배를 잃었다(Polybios, *Historíai*, I, 63, 6). 본서 7권 12장에 이에 대한 동일하지만 좀 더 정확한 언급이 나온다.

56) '동쪽 해양(oceano Eoo)'이란 지명은 원래 노(老)플리니우스가 스키타이인이 살았던 지역 연안의 바다를 가리키기 위해 썼던 것이다(Gaius Plinius Secundus, *Naturalis Historia*, I, 13). 하지만 여기서 보테로는 인도양 북부, 남중국해, 동중국해를 모두 망라하는 해양 지역을 지칭하고 있다.

57) 이러한 정보와 그에 대한 분석은 직접적으로 다음의 책에서 끌어온 것이다. Juan González de Mendoza, *Historia de las cosas mas notables, ritos y costumbres del gran reyno de la China* (Roma, 1585), lib. III. cap. 7.

그리스강 너머의 지역에서도 물러났다. 그러므로 국가를 방어하는 데나 다른 나라를 정복하는 데나 엄청난 재화가 필요하기 때문에, 군주는 자신이 지닌 다른 요소들과 균형을 이루도록 그것을 제한해야 한다. 누군가는 "어떻게?"라고 묻는다. 그 양과 합을 정확하게 말하는 것은 어려운 일일 뿐만 아니라 현명하지도 않으며, 그렇다고 그 일을 재무장관에게로 넘기는 것도 적절하지 않다. 왜냐하면 그것은 각각의 국가가 개방적인지 폐쇄적인지, 항구가 많은지 적은지, 풍요한지 메마른지, 플랑드르처럼 교역량이 많은지 혹은 폴란드처럼 적은지, 인근에 강력한 적이 있는지 혹은 대등한지 등등의 상황에 따라 달라지기 때문이다. 하지만 만약 누군가가 그것에 관한 규칙 같은 것을 내놓으라고 굳이 요구한다면, 나는 통상과 교역이 통상적인 경로로 진행되는 한 재화 축적도 부적절한 것은 아니라고 말하겠다. 왜냐하면 그 정도까지는 신민에 손해를 끼치지 않고 장래에 필요한 것을 어느 정도 마련할 수 있기 때문이다. 그러나 만약 군주가 상인에게서 교역의 수단을, 장인에게서 기술을, 땅이 생산하며 사람의 노력으로 산출하는 것들을 상호 교환하는 방법을 앗아갈 정도로 재화를 끌어모은다면, 이는 자신의 국가의 근간을 찍어내는 것이며 국가가 그 정도로 약화하면 자신에게도 아무런 도움이 되지 않는다. 그래서 위가 음식물을 소화하지 못해서 그것을 분배하지 못하면 그것이 단지 다른 기관뿐만 아니라 위 자체의 쇠약과 부패를 가져오는 원인이 되는 것처럼, 신민의 세력을 잘 소화해서 필요한 사람에게 분배하지 않고 자신에게만 끌어와 모두 써버린다면 봉신에 앞서 자기 스스로부터 쇠잔해져 몰락하고 말 것이다. 하지만 인민에게 현저한 손해를 끼치지 않고 재화를 모아두는 방법을 정확히 알고자 한다면, 군주는 자신의 국가로 수입한 상품 대금으로 지출될 돈의 총액이 얼마인지 그리고 자국에서 나갈 물건 대금은 얼마나 되는지를 상세히 알아야 하며, 결코 수입에서 지출을 뺀 차액보다 더 많은 돈을 모으려고 해서는 안 된다. 그러나 수입이 지출보다 적을 경우 군주는 재화를 축적하려하지 않는 게 좋다. 왜냐하면 그렇게 할 수도 없을 뿐 아니라 그렇게 하는 것은 자신의 국가를 몰락하게 할 것이기 때문이다. 다른 곳에서 또 언급하겠지만[58] 군주는 자신의 신민이 열심히 농사를 짓고 물건을 만들고 교역할 수 있도록 모든 노력을 아끼지 말아야 한다. 중국의 왕은 일억 금(金) 이상의 세입을 갖고 있다고 하며, 비록 누군가는 그것을 믿지 못하겠지만 나는 그것이 사실이라고 생각한다. 만약 광대한 크기의 제국과 비옥한 땅과 풍부한 광물과 헤아릴 수 없이 많은 장인 및 상인과 왕국 전체에 깔린 편리한 포장 도로와 배가 다닐 수 있도록 만든 강과 사람으로 북적거리는 크고 많은 도시에 대한 이야기와 한 치의 땅과 한 움큼의 물질도 낭비하지 않는 근면함을 지니고, 비록 빈곤하기는 해도 돛을 단 수레가 나아가도록 모두가 다른 생각 없이 매진하는 인민에 대한 기술이 모두 사실이라고 한다면 말이다(주아우 데 바루스 및 여러 사람이 말하고 있는 것처럼).[59] 여기에다가 왕의 가늠할 수 없을 정도로 큰 지출을 더해야 할 것인데, 중국에 총 10억 스쿠도가 있고, 더불어 상품 판매 및 광산 채굴로 매년 3,000만에서 4,000만 스쿠도를 거두어들이는 데다, 단 한 조각의 금은도 국외로 나가지 않는다

∶∶

58) 본서 8권 2장을 가리킨다. 다음도 볼 것. Botero, *Delle Cause della grandezza delle città, passim.*

59) 주아우 데 바루스(1496~1570)는 포르투갈의 문인이자 장군이며 '인도상회(Casa da India)'의 관리자로, 리비우스를 본떠 포르투갈이 수행한 『아시아 정복사(*Décadas da Ásia*)』를 썼다. 이 저작은 저자의 생애 중 첫 부가 나왔고(1552, 1553, 1563), 4부는 그가 죽은 후인 1615년에 간행되었다. 본문의 '돛을 단 수레(le carrette a vela)'란 표현은 이 역사서에서 나온 것이다. 이는 소달구지에 돛을 달아 바람의 힘을 이용하는 경작기구이다. 이 표현은 다음에서도 볼 수 있다. Botero, *Delle Cause della grandezza delle città*, I, 10.

고 한다면, 비록 왕이 매년 7,000 이상의 지출을 하기는 하지만 그의 연 수입이 1억에 달한다는 것은 그리 놀랄 일이 아니다. 왜냐하면 물이 떨어지는 만큼 솟아나듯이, 많이 쓰는 군주는 자신이 쓰는 만큼 벌어들이므로 당연히 그만큼 많이 얻을 것이기 때문이다. 국외로부터 많은 돈이 들어오지 않는 국가에서 상당한 지출 없이 오랫동안 돈을 뽑아내기는 불가능한 일이다. 어떤 국가에 1,000만 스쿠도가 있다고 해보자. 그리고 군주는 수입이 100만이고 10만 스쿠도 이상은 쓰지 않는다고 해보자. 그러면 12년 정도 뒤에 인민들에게 남아 있는 것은 아무것도 없을 것이고, 그리하여 감히 말하건대 군주가 신민의 털을 깎을 수는 없을 테니 그들을 한껏 우려먹으려 들 것이다.

[11]
사람[60]에 대하여

우리는 이제 사람이 지닌 진정한 세력이란 문제에 도달했다. 왜냐하면 다른 모든 힘이 바로 이것으로 환원되기 때문이다. 우리가 앞으로 살펴보겠지만, 사람을 많이 가진 군주는 인간의 재능과 근면성이 뻗쳐나가는 다른 모든 것도 또한 풍부히 갖게 된다. 그래서 이제부터는 '사람'이란 말과 '세력'이란 말을 혼용하기로 한다. 사람의 경우 두 종류의 세력이 고려 대상인데, 그들의 수와 우수성이 바로 그것이다.

∴

60) 이는 7권 서두에서 언급한 'gente'의 역어이다.

[12]
사람이 많아야 한다는 것에 대하여

첫째, 사람을 충분히 보유하는 것이 필요한데, 왜냐하면(세르비우스 툴리우스가 말한 것처럼)[61] 위대한 과업을 이루고자 하는 도시라면 시민의 수가 많은 것보다 더 긴요한 것은 없기 때문이다. 많은 시민을 가진 도시는 군사 경쟁에서 자신 있게 우위를 점할 수 있다. 왜냐하면 숫자가 적으면 역병의 창궐이나 어떤 불운에 의해 쉽사리 멸망하게 되기 때문이다. 스파르타인은 레욱트라에서 테바이에 패배해 시민 1,700명이 죽자 그리스에서 패권을 잃고 말았다.[62] 또한 테바이와 아테나이는 필리포스 왕과의 전투에서 패한 후 완전히 궤멸하고 말았다.[63] 반대로 로마인은 재능뿐만 아니라 그에 못지않게 엄청나게 많은 인구 덕분에 세계를 지배하였다. 그들은 숫자가 많았기 때문에, 이탈리아, 갈리아, 에스파냐, 사르데냐, 시칠리아, 마케도니아 등 서로 멀리 떨어진 많은 곳에서 동시에 전쟁을 수행할 수 있었다. 그들은 한 번, 아니 여러 번 패한다 해도 결코 기백을 잃지 않았고, 군대의 궤멸과 파멸에도 불구하고 그것은 오히려 더 증대되고 배가되었다. 그리하여 키네아스는 그들을 레르나의 히드라로 불렀다. 피로스 왕[64]은 대전투에서 로마인에 승리했으나 그들이 곧 강력한 새 군대를 편성한 것을 보고는 너무 당황하여, 군대로써 그들을 이기는 것을 포기하고

••

61) Dionysios Halikarnassos, *Rhomaike Arkhaiologia*, III, 11, 6.
62) 보이오티아의 레욱트라 전투는 기원전 371년에 일어났다.
63) Dionysios Halikarnassos, *Rhomaike Arkhaiologia*, II, 17, 2.
64) 에피로스의 왕 피로스는 기원전 306~302년과 297~272년에 재위하였다.

평화조약을 맺으려 했지만 무위로 돌아가고 말았다.[65] 다수의 인구 덕분에 로마가 카르타고에 승리했다는 것에는 논란의 여지가 없다. 왜냐하면 전사자의 숫자는 로마의 경우가 적보다 훨씬 더 많았는데, 제1차 카르타고 전쟁에서 로마인은 700척, 카르타고는 500척의 5단 노(櫓) 전함을 잃었다.[66] 제2차 카르타고 전쟁의 경우, 로마인은 카르타고인이 전쟁 기간 전체에 걸쳐 죽은 것보다 칸나이 전투에서만 더 많이 죽었다.[67] 그 누구도 피로스와의 전쟁과 누만티아[68]와의 전쟁과 비리아토[69]와의 전쟁과 아테니온[70]과의 전쟁과 동맹시(同盟市) 전쟁과 세르토리우스와의 전쟁과 스파르타쿠스와의 전쟁과 그 외 수많은 전쟁에서 로마인이 적보다 더 많이 죽었다는 것을 부인하지 않겠지만, 그럼에도 그들은 무진장한 사람들로 결국 승리를 쟁취했다. "국가의 운과 나의 용기는 내가 사건의 결과에 좌절

∵∵

65) 테살리아 출신의 키네아스는 피로스 왕의 장관이었다. 그는 헤라클레이아 전투 이후 기원전 279년 평화조약을 모색하기 위해 로마로 파견되었다. Plutarkos, *Vioi Paralleloi*, "Pyrrhos," 18. 그리스 신화 속의 히드라는 잘리면 곧 돌아나는 다수의 머리를 가진 괴물이다. Cf. Plutarkos, *Vioi Paralleloi*, "Pyrrhos," 19, 7. 피로스에 대해서는 본서 1권 4장을 볼 것.

66) Polybios, *Historíai*, I, 63, 6. 앞서 10장에서도 유사한 언급이 나온다. '5단 노 전함 (quinqueremi)'이란 고대 그리스, 카르타고, 로마에서 사용되던 갤리선의 형태로, 배 양옆에 각각 5단으로 된 노가 달려 있었다. 이는 원래의 3단 노가 발전한 것이다.

67) 로마군 전사자 수에 대해 폴리비오스는 카르타고 측 자료에 의거하여 약 7만으로 추정한 반면(Polybios, *Historíai*, III, 117, 4), 리비우스와 플루타르코스는 로마 측 자료에 따라 대략 5만으로 보았다(Livius, *Ab Urbe condita libri*, XXII, 49, 15; Plutarkos, *Vioi Paralleloi*, "Favius Maximus," 16, 9). 진실은 아마 그 중간 어디쯤일 것이다.

68) 누만티아는 고대 에스파냐의 한 작은 도시로, 반로마 동맹에 합세하여 기원전 153~133년 전쟁을 지속하였다.

69) 비리아토(비리아투스)는 이베리아 반도 서부에 거주하던 루시타니아인을 이끌고 로마에 항전하였다. 그는 기원전 139년에 죽었다.

70) 아테니온은 시칠리아에서 일어난 노예 반란의 수장으로, 기원전 101년 당시 집정관이던 아퀼리우스에 의해 제압되었다.

하지 않도록 한다. 왜냐하면 모든 큰 전쟁에서 패배하더라도 결국 승리하는 것이야말로 운명에 의해 우리에게 주어진 것이기 때문이다."[71] 스키피오 아프리카누스는 그렇게 말하고 있다. 아랍인, 사라센인, 타르타르인, 우리 시대에 인도의 공포 마시아카타의 왕 마흐무드[72]와 튀르크인은 언제나 우수함보다는 사람의 숫자로 대규모 전역(戰役)을 감행하였다. 덧붙이자면 사람이 풍부한 군주는 돈도 많은 법인데, 왜냐하면 인구가 많으면 납공(納貢)이 늘고 이로써 재정이 풍부해지기 때문이다. 이탈리아든 프랑스든 금은광을 갖고 있지는 못하지만, 그럼에도 금은을 유럽의 다른 어느 나라보다 더 많이 보유하고 있는데, 이는 다른 어떤 이유보다 셀 수 없을 만큼 많은 주민이 땅끝까지라도 가서 상업과 교역으로 돈을 들여오기 때문이다. 사람이 많은 곳에서는 땅도 잘 개간된다는 것이 곧 힘이며(그래서 스트라본은 당시 프랑스 땅이 잘 개간된 것은 농사짓는 솜씨가 좋아서가 아니라 인구가 많기 때문이라고 기술하고 있다),[73] 이러한 땅에서 생활에 필요

••

71) Livius, *Ab Urbe condita libri*, XXVI, 41, 9. 하지만 여기서 보테로의 인용문은 정확하지 않다.

72) 마흐무드 가즈나비(971~1030)는 997년부터 죽을 때까지 가즈나 제국의 황제로, 자신의 치세 중 17번에 걸쳐 대규모 인도 정벌을 감행하였다. 마사게티(Massageti) — 그리스어로 마사게타이(Massagetai) — 는 아랄해와 카스피해 사이에 거주하던 고대 유목민으로, 그들의 가즈나 제국은 오늘날의 이란, 아프가니스탄, 파키스탄을 포괄하고 있었다. 가즈나 제국은 11세기 중엽에 멸망했는데, 보테로가 왜 "우리 시대에"라고 말했는지는 알 수 없다.

73) Strabon, *Geographika*, IV, 1, 2. 스트라본(기원전 64~기원후 24)은 그리스의 지리학자이자 역사가이다. 여기서 보테로가 인용하고 있는 부분은 스트라본의 텍스트를 축약한 것인데, 그 때문에 원문과는 뉘앙스가 약간 달라져 있다. 원문은 다음과 같다. "습지나 숲이 있는 곳을 빼고는 미개간 지역을 찾아보기 힘들다. 하지만 그것은 사람이 부지런해서가 아니라 인구가 너무 과밀해서 그렇게 된 것이다." 원문과의 차이는 보테로가 관련 부분을 스트라본을 직접 보지 않고 지중해 세계에 대한 10세기의 비잔틴 백과사전 『수다(*Souda*)』를 인용한 데서 비롯된 것이 아닌가 추정된다. 이 저작의 라틴어 역본(*Suidae Lexicon Graecom*)은 1499년 밀라노에서 간행되었다. 실제로, 본서의 1589년 초판본에는 스트라본

한 식량과 물건을 만드는 재료가 나온다. 그리고 산물이 풍부하고 공산품이 다양하면 개인이든 공중(公衆)이든 모두 부유하게 된다. 만약 에스파냐가 불모지라 생각된다면 이는 땅이 부족해서가 아니라 인구가 적기 때문이다. 그곳은 시민적 삶에 속한 모든 것을 생산하는 데 최적의 땅이다. 만약 그곳이 개간되기만 한다면 수많은 사람을 먹여 살리는 데 부족함이 없을 것이다. 고대에 그곳은 이미 주민뿐 아니라 카르타고와 로마의 대군까지도 부양한 바 있다. 로마군이 여기서만큼 더 오랫동안 힘들이고 고초를 겪은 곳도 없었으나, 그들은 패배하여 갈가리 찢기자마자 곧 다시 회복해 전열을 가다듬었다. 그러나 고대의 일은 제쳐두고라도, 내가 알기로 에스파냐의 페르난도 대왕이 세비야 전쟁에서 그곳을 탈환했을 때, 그는 인근 농촌에서 아랍인이 알하라페라고 불렀던, 10만 호로 이루어진 소도시 지역을 손에 넣었으며,[74] 그라나다의 왕은 페르난도 1세와의 전쟁에서 자신의 깃발 아래 기병 5,000을 동원했는데, 이는 오늘날 에스파냐와 포르투갈에 있는 숫자보다 더 많다. 그것은 땅의 성격과 질 혹은 공기가 변해서가 아니라 주민의 수가 감소하고 개간지가 줄어들었기 때문이다. 주민이 고대보다 더 줄어든 것은 무엇보다 무어인이 에스파냐를 압박한 전쟁 때문인데, 그로 인해 불과 석 달 만에 70만 명이 죽었다(바르바리아[75]로 보낸

∴

이 아니라 『수다』에서 인용한 것으로 되어 있다.

74) 알하라페는 중세 세비야의 인구 밀집 지역을 가리킨다. 본 역본의 텍스트인 2016년 에이나우디판의 관련 주석에는 이 말이 11세기 알 안달루스의 소왕국을 지칭하던 타이파(taifa)의 변형으로 보고 있으나, 전자가 맥락에 더 부합하는 것으로 생각된다. 다만 페르난도 1세 대왕(재위 1037~1065)은 세비야를 공격했지만 정복하지는 못했기 때문에, 보테로가 1248년 세비야 정복에 성공한 페르난도 3세와 그를 혼동했던 것으로 보인다.

75) 바르바리이(바르바리)는 대략 중세 베르베르인이 살던 북아프리카 지역을 말한다. 본서 6권 4장을 볼 것.

포로와 그 외 다른 지역으로 흩어진 사람은 제쳐놓고라도). 그 후 700년 동안 에스파냐인이 무어인과 싸우다가 결국 그들을 에스파냐에서 몰아낸 전쟁이 뒤따랐다.[76] 그동안 양측 모두 헤아릴 수 없을 정도로 많은 사람이 죽었고 수많은 도시와 농촌이 황폐해졌다. 그들이 이 전쟁에서 벗어나자마자 곧 군대는 아프리카, 나폴리, 밀라노, 신세계에서의 전쟁으로 향했고, 마지막으로는 저지대지방을 되찾는 전쟁에 휘말렸다. 이러한 전쟁에서 셀수 없이 많은 사람이 칼과 고난으로 죽었으며, 동시에 믿을 수 없을 만큼 많은 사람이 계속해서 속령으로 흘러들어가 그곳에서 살거나 교역에 종사하거나 수비대의 일원이 되었다. 앞서 언급한 사항들에 덧붙여, 에스파냐에서 12만 4,000의 유대인 가계, 머릿수로 따지면 약 80만 명으로 추정되는 유대인을 쫓아낸 페르난도 왕의 칙령(후일 포르투갈의 마누엘이 이를 모방하였다)이 있었다.[77] 이에 대해 그 수가 너무 많다고 생각한 튀르크 왕 바예지드는 자신의 국가를 그토록 확장하고 부유하게 한 것, 즉 인민을 스스로에게서 박탈한 페르난도 왕의 분별이 놀랍다고 말한 바 있다.[78] 그래서 그는 로도스에서, 테살로니키에서, 콘스탄티노폴리스에서, 아기아스 마우라스[79]에서, 그리고 그 밖의 곳에서 에스파냐에서 쫓겨난 유대인을

••

76) 에스파냐인이 레콩키스타(재정복)라 부르는 과정은 대략 8세기 초에 시작되어 1492년 이사벨 데 카스티야와 페르난도 2세 데 아라곤이 그라나다를 함락한 때에 끝난다.

77) 1492년 일명 가톨릭 왕으로 불리는 페르난도 2세 데 아라곤은 아내인 여왕 이사벨 데 카스티야와 함께 에스파냐에서 유대인을 축출하였다. 1496년에는 포르투갈의 마누엘 1세 역시 유사한 조치를 취했다.

78) 술탄 바예지드 2세(1447~1512)는 에스파냐로부터 축출된 유대인을 받아들였을 뿐 아니라, 심지어는 그들을 태우기 위해 배까지 보냈다.

79) 아기아스 마우라스, 혹은 산타 마우라는 그리스 북동쪽 끝자락의 섬 레프카다에 있던 성채의 이름이다.

아주 기꺼이 맞아들였다. 이후 에스파냐에서는 농업이 쇠퇴하게 되었는데, 왜냐하면 에스파냐인은 본성상 군무(軍務)에 경도되고 콧대가 높아서 스스로 자신들이 명예와 이익을 얻은 군대와 군인의 업을 따랐기 때문이다. 또한 그들은 땅의 경작뿐만 아니라 수공업까지도 등한시하게 되었는데, 따라서 그 어떤 나라도 수공업과 산업이 이보다 더 부족한 데는 없게 되었다. 그리하여 양모와 비단과 그 밖의 원재료들은 대부분 해외로 빠져나가고 남은 것은 대개 이탈리아인에 의해 가공되었고, 어떤 지역에서는 프랑스인이 밭과 포도원을 경작하는 상황에 이르렀다. 에스파냐에 대해 너무 과도하게 다룬 감은 있지만 그래도 이것만은 빠뜨릴 수 없다. 바스코 누녜스 데 발보아[80]는 신세계 탐험에서 사람이 부족하여 개까지 사용했는데, 야만인은 이를 겁내어 여러 번 도망하였다. 보리쿠엔에서 베제리요의, 그리고 황금성에서의 레온치요의 활약상은 누구나 다 알고 있다.[81] 또한 므웨네 웨 무타파의 대왕은 자신의 호위대로 200마리의 맹견을 갖고

. .

80) 바스코 누녜스 데 발보아(1475~1517)는 에스파냐 탐험대를 이끌고 처음으로 지협을 가로질러 다리엔에서 태평양으로 넘어갔다. 본서 4권 6장을 볼 것.

81) 보리쿠엔은 현 푸에르토리코를 원주민이었던 타이노인이 불렀던 이름이다. 반면 당시 에스파냐인은 그곳을 산후안이라 불렀다. 이곳은 1508년 후안 폰세 데 레온(1460~1521)에 의해 정복되었다. 베제리요(Vezerillo)와 레온치요(Leoncillo)는 당시 콩키스타도르로 불리던 사람이 아니라 그들이 데리고 다니던 개의 이름이다. 후자는 전자의 수놈 새끼이다. 이들은 각각 보리쿠엔과 카스티야 데 오로(대략 파나마를 중심으로 한 아메리카 지역)에서 인디오를 쫓는 데 이용되었다고 한다. Cf. Gonzalo Fernández de Oviedo, *Historia general y natural de las Indias* (Sevilla, Cromberger, 1535), libro XVI, cap. 11, f. 125v. 하지만 보테로는 이 저작을 직접 읽지 않고 다음을 통해 알았을 수도 있다. Giovanni Battista Ramusio, *Delle navigationi et viaggi* (Venezia, 1556; 1565), vol. III, cap. ("Della naturale e generale istoria dell'Indie, dove si tratta della conquista dell'isola del Borichen, che ora i cristiani chiamato di S. Giovanni").

있었다.[82) 핀란드인은 모스크바인과의 전쟁에서 수많은 맹견을 사용하여 적지 않은 효과를 보았다.

∴

82) 므웨네 웨 무타파 ― 므웨네 무타파 혹은 무누 무타파라고도 부른다 ― 는 아프리카 남부에 있던 제국을 가리킨다. 제국의 영토가 최대로 확장된 15세기 말에는 현대의 로디지아와 모잠비크를 아우를 정도였고, 그 수도인 짐바브웨에서는 고도의 문명을 이룩했다. 하지만 16세기 이후 포르투갈에 의해 점점 더 잠식되어가다가 18세기 중반에 왕조가 절멸되었다. 왕의 맹견 호위대에 대해서는 다음을 볼 것. Joán de Barros, *Década primeira da Asia* (Lisboa, 1552), X, 1; Giovanni Battista Ramusio, *Primo volume et terza editione delle navigationi et viaggi* (Venezia, Giunti, 1563), f. 394rB.

8권

[1]
사람과 세력을 키우는 두 가지 방법

사람과 세력은 두 방식으로 커지는데, 자기 자신을 키우는 것과 타인의 것을 자신에게 끌어오는 것이 바로 그러하다. 군주는 농업, 수공업 및 아이들의 교육을 지원하는 것, 그리고 식민지로써 자신을 키울 수 있다. 또한 적을 병합하고 인근 도시를 파괴하고 시민권을 확대함으로써, 그리고 친선과 동맹과 사람의 고용과 친족과 우리가 이후 차례로 간략하게 논의할 여타 유사한 방법들을 사용하여 타인의 것을 자신에게 끌어올 수 있다.

[2]
농업에 대하여

농업은 성장의 기초로서, 땅을 다루고 어떤 방식으로든 그것을 이용하는 모든 노력을 우리는 농업이라 부른다. 초기 로마의 왕들은 이에 대해 아주 빈틈없고 주의 깊었는데, 특히 안쿠스 마르티우스가 그러하였다.[1] 포르투갈의 왕 디니스는 농부들을 가리켜 국가의 중추라고 불렀다.[2] 카스티야 여왕 이사벨은 에스파냐의 모든 물산이 풍부하려면 성 베네딕투스의 신부에게 모든 것을 맡겨야 한다고 말하곤 했는데, 이는 그들이 땅을 놀랄 정도로 잘 관리하기 때문이라는 것이다.

그러므로 군주는 농업을 애호하고 발전시켜야 하고, 아울러 땅을 개선하고 비옥하게 만드는 방법을 알아야 하며, 또한 자신의 농장을 아주 잘 경작하는 사람을 높이 산다는 것을 보여주어야 한다. 나라의 공익에 관한 모든 사항을 선도하고 이끌어나가는 것이 바로 그의 의무이다. 즉 그는 습지를 배수하고, 농경을 위해 무용하거나 혹은 빽빽이 들어찬 나무뿌리를 뽑도록 해야 하며, 또한 이와 같은 일을 하는 사람을 돕고 원조해야 하는 것이다. 그래서 아프리카 왕 마시니사는 누미디아 및 바르바리아의 지중해 연안을 그렇게 만들었는데,[3] 그곳은 이전에는 경작되지 않고 버려진 땅이었지만 힘들여 가꾼 덕분에 대단히 비옥해져 좋은 산물들을 생산하

..

1) Dionysios Halikarnassos, *Rhomaike Arkhaiologia*, III, 36, 3. 안쿠스 마르티우스는 전설상의 로마 네 번째 왕으로, 기원전 642년에서 617년까지 통치하였다.
2) 디니스(재위 1279~1325)는 '농부왕'이라는 별칭으로 불렸다.
3) 마시니사(기원전 238~148)는 누미디아 최초의 왕이다. 바르바리아(바르베리아)는 아프리카 북서쪽의 마그리브를 가리킨다.

게 되었다. 타키투스는 티베리우스 카이사르가 어떤 비용이나 수고도 아끼지 않고 모든 노력과 주의를 기울여 척박한 토질을 개선했다고 썼다. "그는 모든 노력과 주의를 경주하여 수확량 감소와 해양 수송의 난점들을 극복하고자 했다."[4] 또한 생산과 풍요의 원인은 습기와 열이기 때문에, 자연을 도와서 농촌지역에 강이나 호수를 연결해주는 것 역시 군주가 유의해야 할 일이다. 이 점에서는 밀라노의 옛 군주들이 보여준 분별은 정말 아무리 칭찬해도 충분하지 않은데, 그들은 티치노강과 앗다강을 잇는 운하를 개설하여 그 복 받은 농촌지역을 믿을 수 없을 정도로 풍요롭게 만들었다.[5] 시인이 전하는 바로는 헤라클레스가 강의 신 아켈로이오스와 싸우면서 그의 뿔 하나를 꺾어버렸다고 한다.[6] 그들은 이를 통해 역사적 진실을 숨기고자 한 것이다. 사실 헤라클레스는 하상(河床)을 바꾸어 강의 흐름을 변경했던 것인데, 이는 그것이 전답에 커다란 피해를 주었기 때문이다. 그 강은 바다로 들어가는 하구들을 여럿 가지고 있었는데 시인은 그것을 뿔이라고 불렀다.[7] 따라서 이 같은 문제에 대처하여 결국 적절한 길을 찾아 자신의 나라를 풍요롭고 생산적으로 만드는 모든 방법을 강구하는 것 또한 군주의 임무이다. 만약 자국에 식물도 종자도 없다면 다른 곳에서 그것을 가져오는 것이 그의 의무이다. 그래서 로마인은 아시아 저 멀리에서 체

∴

4) Tacitus, *Annales*, IV, 6.
5) 이에 대해서는 다음을 볼 것. Botero, *Delle cause della grandezza delle città*, I, 10. 티치노강은 14, 15세기 밀라노의 지배 아래 있었던 스위스 남부 칸톤 티치노를 흐르는 강이다. 텍스트에는 "Tesino"로 표기되어 있으나, 이 강은 중동부 마르케 지방의 강이므로 티치노로 보는 것이 옳다. 앗다강은 이탈리아 북부의 포강 지류이다.
6) Ovidius, *Metamorphoses*, XV, 1~97.
7) 그리스 신화에 따르면, 아켈로이오스는 원래 칼리돈의 왕 오이네오스의 딸 데이아네이라의 구혼자였다. 그는 황소로 변해 헤라클레스와 싸웠으나 패하여 데이아네이라를 헤라클레스에게 빼앗긴다.

리와 복숭아를, 아프리카에서는 대추를, 그리고 점차 다른 과일나무들도 들여왔으며, 이미 예전에 들여온 이집트 면은 지금 키프로스, 몰타 그리고 다른 수많은 곳에서 볼 수 있다. 포르투갈에서는 인도에서 들여온 생강이 아주 잘 자라는 것을 볼 수 있다. 나는 파리산 생강을 먹어본 기억이 있다. 또한 내가 나무와 과일에 대해 말한 것은 동물들에 대해서도 마찬가지이다. 그래서 물소도 이탈리아에 들어왔는데, 그 동물은 플리니우스의 시대에는 잘 알려져 있지 않았으므로 그가 이에 대해 사실과 아주 동떨어진 말을 하고 있는 것도 결코 놀랍지 않다.[8] 땅을 무용하게 사용하거나 빈터로 놀리는 것을 허용해서는 안 된다. 잉글랜드의 경우 그 결과 곡물 부족이나 다른 유사한 문제가 적지 않아서 인민의 한탄이 가득하다. 앞서 언급한 대부분의 일에 필요한 비용에 놀라서는 안 된다. 왜냐하면 만약 노예와 범죄자가 있다면 겨울에는 그들의 노역을 이용해 일을 할 수 있기 때문이다. 만일 그럴 수 없다면 갤리선에 끌려가거나 사형을 받을 만한 사람을 그런 일에 이용할 수 있다. 이는 로마인이 이와 유사한 사람을 금속을 추출하거나 대리석 자르는 일에 할당한 경우와 같다. 설사 이런 사람이 아예 없다고 해도 아무런 집단에도 속하지 않은 집시와 유랑민이 없을 수 없으므로, 이들을 구걸하도록 그냥 버려두는 것보다는 공익 봉사에 이용하는 편이 더 나을 것이다. 매우 잘 통제된 나라인 중국에서는 결코 구걸을 허용하지 않는다. 모두가 힘 닿는 데까지 일한다. 장님조차도 만약 달리 살아갈 방도가 없다면 손으로 방아를 돌리는 일에 종사한다. 장애자 역시 스스로 할 수 있는 한 무슨 일이든 한다. 오직 전혀 아무 일도 할 수 없는 사람만

••

8) Plinius, *Naturalis historia*, VIII, 15(물소는 원산지가 아프리카로 알려져 있다); XI, 90(물소의 피는 응결되지 않는다고들 한다).

이 공공 병원에 들어가는 것이 허용된다. 로마인은 아무 할 일이 없는 병사들의 손을 빌려 유사한 일들을 하곤 했는데, 이는 프로방스의 마리우스 수로,[9] 헬더란트의 수로,[10] 그리고 아이밀리아로(路) 및 카시아로(路)[11]에서 볼 수 있다. 카이사르 아우구스투스는 나일강의 물을 평야로 실어 나르는 수로들이 막혀서 넘치는 것을 보고, 군대를 이용하여 그것을 관개해 되살려 놓았다.[12] 역시 이 같은 필요를 느낀 스위스인은 코무네의 세력을 이용하여 강에 둑을 쌓거나 산을 깎아내거나 물길을 돌리거나 길을 보수함으로써, 공동체 스스로가 단시간 내에 큰일을 수행하였다. 이 외에도 군주는 자국 내의 돈을 아무런 필요 없이 방치하지 않는다는 목표를 가져야만 한다. 만약 국가에 무슨 필요한 일이 있으면, 설사 비용이 든다 해도 그것은 자기 나라 내의 비용이거나 길게 보면 세금이나 관세를 통해 국고로 환수되는 것이다. 일단 돈이 국외로 나가면 이는 더 이상 그렇게 되지 않는데, 그 이유는 그것으로부터 얻게 될 손실도 있고 이익도 있기 때문이다. 이탈리아에서 이전에는 버려져 있던 수많은 곳이 여러 해에 걸쳐 개간되고 있는데, 예컨대 아무런 용도도 없이 광대한 부분을 차지하고 있었을 뿐 아니라 로마의 보건에 해를 줄 정도로 공기를 오염시켰던 폰티네 습지[13]에

••

9) 카(가)이우스 마리우스 치하(기원전 157~86)의 로마인은 바닷길로 군대를 실어 나르기 위해 론강 어귀에 운하를 팠는데, 마리우스의 이름을 따 이를 마리우스 수로(Le fosse Mariane)라고 불렀다. Plutarkos, *Vioi Paralleloi*, "Marius", 15.

10) 드루수스(기원전 38~기원후 9)는 바다와 라인강 간의 통행을 촉진하고자 네덜란드의 헬더란트에 운하들을 건설하였다.

11) 아이밀리아로(via Aemilia/Emilia)는 이탈리아 북부 리미니에서 아드리아해 연안 피아첸차에 이르는 길이다. 카시아로(via Cassia)는 로마 근교 밀비우스교(橋) 부근 플라미니아로에서 뻗어 나와 베이에서 멀지 않은 곳을 지나는, 에트루리아를 관통하는 중요 도로이다.

12) Suetonius, *De Vita Cæsarum*, "Augustus," 18.

13) 폰티네 습지는 리비우스가 "Pomptinus Ager"로 불렀던 곳으로, 이탈리아 중부 라치오 지

서 이제는 무한한 이익을 보고 있다. 베네치아인이 로비고 습지[14]에서, 토스카나 대공이 아레초와 피자의 농촌 지역에서, 페라라 공작이 코마키오 계곡[15]에서 거둔 발전 역시 지대한데, 여기에서는 대도시 하나를 먹여 살리기에 충분한 곡물이 생산된다. 만약 군주가 이에 주의를 기울이고, 미래는 무시하면서 현재의 이익만을 애호하지 않는다면, 수많은 곳에서 동일한 일을 할 수 있을 것이다.

[3]
산업에 대하여[16]

국가를 확장하고 그것을 많은 주민과 갖가지 부로 가득 채우기 위해서는 사람이 행하는 산업과 다양한 기술보다 더 중요한 것은 없다. 그중에는 필수적인 것도 있고 시민 생활에 적합한 것도 있으며, 과시와 치장을 위한 것이나 유한계층의 멋과 유흥을 위한 것도 있는데, 바로 이로부터 돈과 사람이 흘러들어온다. 어떤 사람은 일하고 어떤 사람은 생산물을 팔거나 혹은 일꾼에게 필요한 원료를 제공한다. 인간의 재주와 솜씨로 만들어진 공예품을 사고팔고 이곳저곳으로 운송하는 사람도 있다. 튀르크 황제 셀림

∴

방에 있는 정방형의 습지이다.
14) 로비고 습지는 페라라 북쪽 베네치아의 이른바 테라 페르마(Terra Ferma) 남쪽에 있다.
15) 코마키오 계곡은 페라라 남동쪽에 있는 지역이다.
16) 이 장(Dell'industria)은 원래 보테로 자신의 『도시가 위대해지는 원인에 대하여(*Delle cause della grandezza delle città*)』(1588) 2권 7장의 일부였다. 보테로는 1589년 그것을 여기로 옮기고 이후에 간행된 앞의 저작에서는 이 장을 삭제하고 후자로 옮긴 데 대한 언급만 남겼다.

1세[17]는 콘스탄티노폴리스의 주민을 늘리고 그 고귀함을 높이기 위해 처음에는 왕도인 타브리즈[18]에서, 뒤에는 대카이로에서 수천 명의 탁월한 장인을 그곳으로 이주토록 하였다. 폴란드인이 이 점을 잘 몰랐던 것은 아니었는데, 왜냐하면 앙주 공작 앙리를 자신들의 왕으로 옹립했을 때[19] 그들이 그에게 원했던 것 중 하나는 그가 폴란드로 장인 100가구를 데려오는 것이었기 때문이다. 또한 무릇 기술이란 자연과 경쟁하는 것이므로, 비옥한 땅과 인간의 산업이란 두 요소 중 어느 쪽이 어떤 곳을 확장하고 그곳의 인구를 늘리는 데 더 중요한지 누군가가 나에게 물을 수도 있다. 그것은 의심의 여지 없이 산업이다. 왜냐하면 우선 사람의 교묘한 손으로 생산하는 것이 자연이 만들어내는 것보다 훨씬 더 가치 있기 때문인데, 그 이유는 자연은 재료와 제재를 제공하지만, 인간의 예민함과 기술은 말할 수 없을 만큼 다양한 형태를 제공하기 때문이다. 양모는 단순하고 가공되지 않은 자연의 산물이다. 그런데 기술은 그것으로 얼마나 많은 아름다운 것과 다양한 것을 만들어내는가! 그것을 수많은 방식으로 빗질하고 씨줄 날줄로 짜고 물들이고 자르고 꿰매서 형태를 만들며 또 그것을 이곳저곳으로 운송하는 사람의 산업이 얼마나 방대하고 많은 이익을 이끌어내는가! 명주실은 자연의 단순한 산물이다. 하지만 기술은 그것으로 얼마나 다양하고 아름다운 직물을 만들어내는가! 그것은 불결한 애벌레의 배설물을 군주들이 평가하고 여왕이 높이 사며 결국에는 만인이 갖고 싶어 하는 것으로 만든다. 더욱이 다른 수입으로 사는 사람보다 산업에 종사하면서 사는 사람

··

17) 셀림 1세는 1512년에서 1520년까지 오스만제국의 술탄으로 통치하였다.
18) 타우리스라고도 부른다. 본서 6권 2장을 볼 것.
19) 앙리 드 발루아는 1571년 폴란드 왕으로 옹립되었다. 하지만 그는 1573년 왕위를 포기하고 프랑스로 돌아가 앙리 3세로 즉위하였다.

이 훨씬 더 많다. 이는 이탈리아의 많은 도시, 특히 베네치아, 피렌체, 제노바, 밀라노에서 볼 수 있는데, 그들의 위대하고 당당한 모습은 이루 다 말할 수 없을 정도이다. 여기서는 아마 주민의 거의 3분의 2가 명주와 양모에 관련한 일로 생계를 잇고 있을 것이다. 도시에서 지방으로 눈을 돌려볼 때, 프랑스의 세력에 대해 면밀히 연구한 사람은 그 왕국의 산물이 연간 1,500만 스쿠도에 달한다고 말한다. 또한 그들은 그곳의 인구가 1,500만 명 이상이라고 단언한다. 일단 1,500만이라고 가정하자. 그러면 한 사람당 1스쿠도의 수입이 있다는 것이므로, 나머지 모든 것은 산업으로부터 나오게 된다. 그런데 어떤 종류의 원료를 놓고 생각해도 이렇게 된다는 것을 모르는 사람이 있겠는가? 철광에서 나오는 수입은 별로 크지 않다. 하지만 그것을 가공하고 교역하는 데서 나오는 이익으로는 수많은 사람이 살아간다. 그들은 철을 캐고 정련하고 주조해서 도매나 소매로 팔며, 그것으로 전쟁용 기계와 방어용 및 공격용 무기와 농업, 건축 및 여타 기예에 사용되는 수많은 도구와 빵 못지않게 철을 필요로 하는 일상 필수품과 수많은 생활필수품을 만들어낸다. 이처럼 철광 소유주가 그로부터 이끌어내는 수입을 장인이며 상인이 산업(이는 또한 세금을 통해 군주를 믿을 수 없을 정도로 부유하게 만든다)으로써 얻어내는 이익과 비교하려는 사람은 산업이야말로 자연을 크게 능가한다는 점을 알게 될 것이다. 대리석을 그것으로 만들어지는 조상(彫像), 거상(巨像), 기둥, 프리즈[20] 그리고 여타 수많은 제작물과 비교해보라. 목재를 갤리선과 갈레온 범선과 3돛대 범선과 전쟁, 하물(荷物), 오락을 위한 수많은 형태의 배들, 그리고 대패와 끌과 선반

••

20) 이탈리아어로 프레조(fregio), 영어로는 프리즈(frieze)라고 부르는 것은 고전 건축에서 세 부분으로 이루어진 기둥 위 수평 부분(trabeazione/entablature)의 가운데 부분을 가리킨다.

을 사용하여 만든 헤아릴 수 없을 정도로 많은 다른 것들과 비교해보라. 염료를 회화와, 후자의 가치를 전자의 가격과 비교해보라. 그러면 재료보다 작품이 얼마나 더 가치 있는지를 이해하게 될 것이다(탁월한 화가였던 제욱시스는 그의 작품을 그냥 공짜로 주곤 했는데, 이는 그가 너그럽게 말하기를 그것은 어떤 가격으로도 살 수 없기 때문이라는 것이다).[21] 아울러 얼마나 많은 사람이 자연의 직접적인 혜택보다는 기술에 의해 살아가고 있는지를 알게 될 것이다. 산업의 힘이 이토록 크기 때문에, 신에스파냐나 페루에는 여기에 필적할 만한 은광이나 금광이 없으며, 가톨릭 왕에게는 밀라노의 상업에서 나오는 세금이 자카테카스나 할리스코의 광산[22]보다 가치가 더 크다. 앞서 말했다시피[23] 이탈리아처럼 프랑스 역시 금광이든 은광이든 어떤 중요한 광산도 없는 지역이다. 그럼에도 이 두 나라는 산업 덕분에 돈과 재정이 매우 풍부하다. 플랑드르 또한 금속류 광맥을 갖고 있지 않으나, 그럼에도 기술과 측량할 수 없는 재주로 그곳에서 만들어지는 다양하고 경이로운 수많은 물건 덕분에 평화가 유지되는 한 헝가리나 트란실바니아의 광산을 부러워하지 않았다. 유럽의 어느 나라도 그곳보다 더 훌륭하고 풍요롭고 인구가 많지 않았고, 유럽과 세계 어떤 지역도 그처럼 도시가 많고 위대하며 외국인이 자주 방문하는 곳은 없었기에, 카를 황제가 그로부터 얻는 비교할 수 없을 정도로 많은 재화 덕분에 사람들의 말처럼 그 땅을

∙∙

21) 고대 그리스 화가 헤라클레이아의 제욱시스(기원전 464~398)의 이 일화에 대해서는 다음을 볼 것. Plinius, *Naturalis historia*, XXXV, 62.
22) 자카테카스는 중부 멕시코의 고지에 있는 주요 광산지로, 1589년 졸리토 본과 1590년 펠라갈로 본에는 포토시로 명기되어 있다. 볼리비아의 4,000미터 이상 고지에 있는 포토시는 1545년 은광을 개발하기 위해 세워졌으며, 16세기 말에는 인구가 15만 명에 달해 아메리카 대륙 전체를 통틀어 가장 많았다. 할리스코는 금광이 있는 멕시코 서부 해안 지역이다.
23) 본서 7권 12장.

가히 폐하의 인도제국이라 부를 만도 했다. 자연은 질료에 그 형상을 부과하고, 인간의 산업은 아무런 목적성 없이 자연적 합성물에서 무한히 다양한 인공적 형태를 만들어낸다. 왜냐하면 자연과 장인 간의 관계는 질료와 자연적 작인(作因) 간의 관계와 같기 때문이다.[24] 그러므로 군주가 자신의 도시[25]에서 주민들이 살아가도록 하려면 마땅히 온갖 종류의 산업과 기술을 그곳에 도입해야 하는데, 이는 다른 나라에서 뛰어난 장인을 데려와 거처와 적절한 편의를 제공하고, 그들이 지닌 훌륭한 재능을 감안하여 무언가 특이하고 희귀한 발명과 작품을 내놓도록 격려하며, 그것들의 완벽함과 탁월함에 대해 적절한 보상을 해줌으로써 가능하다. 하지만 무엇보다도 자신의 국가에서 양모든 명주든 목재든 금속이든 혹은 다른 어떤 것이든 간에 원료가 될 만한 것을 결코 유출하게 해서는 안 된다. 왜냐하면 재료가 유출되면 장인 역시 떠나가 버릴 것이기 때문이다.[26] 훨씬 더 많은 사람이 원료보다는 원료 가공품 교역을 통해 살아간다. 군주의 수입은 원료보다는 그것을 가공한 생산물을 통해 더 커지는데, 이는 명주보다는 벨벳, 양모보다는 서지, 아마보다는 리넨 천, 대마보다는 밧줄의 예에서 잘 나타난다. 최근 이 점을 알게 된 프랑스와 잉글랜드 왕들은 자국으로부터 양모를 반출하는 것을 금지했고, 가톨릭 왕 역시 그렇게 했다. 그러나 이러한 법령은 완전하고도 신속하게 지켜지지는 못했는데, 왜냐하면 이들 나라에

••

24) 여기서 보테로는 자연과 인간의 산업 간의 관계에 대해 아리스토텔레스와 토마스 아퀴나스의 언어로 말하고 있다.
25) 1590년판에는 'Stato(국가)'로 바뀌어 있다.
26) 『도시가 위대해지는 원인에 대하여』 초판에는 이 장이 『국가이성론』에 합쳐질 때 빠진 다음 한 구절이 첨가되어 있다. "재료가 장인 있는 곳으로 가는 것이 아니라 장인이 재료 있는 곳으로 가는 것이 더 옳고 유익하다."

는 양질의 양모가 엄청나게 많이 있었지만 그것 모두를 가공하기에 충분한 장인의 수가 모자랐기 때문이다. 비록 앞서 언급한 군주들이 양모 그대로보다는 그것을 가공한 직물에서 더 많은 이익과 세금을 얻을 수 있기 때문에 그런 조치를 취했겠지만, 그럼에도 나라에 사람을 불러들이는 것 역시 중요하다. 왜냐하면 양모 그 자체보다는 양모를 가공함으로써 살아가는 사람이 훨씬 더 많으며, 그리하여 왕의 부와 위대함도 더 커질 것이기 때문이다. 주민의 수가 많으면 땅을 비옥하게 만들 수 있을 뿐 아니라 그들의 손과 기술로 자연의 재료에 수천 가지 다양한 형태를 줄 수 있는 것이다.

[4]
결혼과 어린이의 양육에 대하여

고대의 입법자들은[27] 놀라운 방법으로 결혼을 장려함으로써 시민의 수를 늘리려 하였다. 리쿠르고스는 아내가 없는 사람을 공공 경기에서 축출하고 겨울 날씨가 한창일 때 광장에 발가벗긴 채로 두도록 명하였다. 만약 그가 노인이라면 젊은이가 그 나이의 다른 사람에게 보이는 존경을 받지 못하게 하였다. 그는 결혼을 장려하기 위해 지참금 없이도 아내를 얻을 수 있도록 했고, 그들의 재산보다는 덕을 더 고려하도록 했다.[28] 솔론 역시

∴

27) 이 판본을 제외한 다른 모든 판본에는 이어서 "non avendo cognizione di più alta virtù(더 높은 덕에 대해 인식하지 못한)"이란 구절이 첨가되어 있다. 뒤의 설명으로 보아 "더 높은 덕"이란 순결이나 정숙, 혹은 독신과 같은 그리스도교적 덕을 가리키는 것으로 보인다.

28) Plutarkos, *Vioi Paralleloi*, "Lycurgos," XV, 2~3. "재산보다 덕"이라 했을 때, 덕(virtù)이란 수태 능력을 가리키는 것으로 보인다. 플루타르코스는 가임기의 여자를 강제로 데려와 동침하는 것으로 설명하고 있다.

돈으로 아내를 사는 것처럼 보이지 않게 하려고 지참금을 돈으로 주지 않고 저렴한 가격의 천과 항아리로 대신하도록 하는(오늘날 헝가리와 아프리카 및 아시아의 거의 모든 곳에서 하는 것처럼) 법령을 제정하였다.[29] 또한 그는 사람이 적법하게 자손을 얻도록 고무하기 위해 서자에게는 자신의 아버지에 대해 어떤 책임도 지지 않게끔 했다.[30] 마케도니아 왕 필리포스 2세[31]는 로마와의 전쟁을 준비하면서 모든 남성은 반드시 아내를 얻어 아들을 봐야 한다고 명했는데, 이는 군대를 충분히 확보하기 위함이었다. 로마인 역시 이와 똑같이 했다는 것을 퀸투스 메텔루스가 감찰관이었을 때 행한 유명한 연설에서 알 수 있다(율리우스 법과 파피우스 법은 제쳐놓더라도). 그는 여기서 모든 사람이 아내와 자식을 갖도록 촉구하였다.[32] 카이사르 아우구스투스는 한 칙령에서 이 연설을 모두에게 강력히 천거하였다. 로마인은 모든 사람의 목에 결혼의 멍에를 쉽게 지우려고 가난한 자들에게 농장을 제공했는데, 왜냐하면 재산이 없어 매일 벌어 먹고사는 사람은 자식을 가지려 하지 않거나 혹은 그들이 별 필요가 없다고 생각하기 때문이다. 물론 남녀의 결합 없이는 인류가 증식할 수 없기도 하지만, 결혼을 위한 결합을 늘리는 것만이 인구를 배가하는 유일한 방법은 아니다. 이 외에도 아이들을 키우고 생계를 유지하기 위한 배려와 자원이 필요한데, 이런 것이

••

29) Plutarkos, *Vioi Paralleloi*, "Solon," XX, 6 ("저렴한 가격의 천 세 필과 약간의 가구").
30) Plutarkos, *Vioi Paralleloi*, "Solon," XXII, 4.
31) 이는 기원전 221년에서 179년 사이 통치한 필리포스 5세의 오기(誤記)이다.
32) 율리우스 법(기원전 18)과 파피우스-포파이우스 법(기원전 9)은 아우구스투스 치세에 제정된 결혼에 관한 법령들이다. 이는 일정한 나이가 된 성인의 간음과 독신을 금하고 있다(하지만 후자의 제정자인 두 집정관 파피우스와 포파이우스는 결혼하지 않았다). 메텔루스 마케도니쿠스의 연설은 기원전 102년에 있었다. Livius, *Periochae*, LIX; Suetonius, *De Vita Cæsarum*, "Augustus," 89.

없다면 아이들은 일찍 죽거나 살아남아도 조국에는 무용하거나 거의 실익이 없기 때문이다. 프랑스는 지금까지 항상 인구가 넘치고 풍부한 곳이었다. 스트라본은 그 이유에 대해 프랑스 여자들은 자연적 다산성과 아이 양육에서 최고이기 때문이라고 말했다.[33] 자연이 자신의 비옥함으로 쐐기풀과 여타 식물들을 키워내는 것보다 사람이 상추와 양배추를 키우는 데 들이는 관심이 더 많은 것을 할 수 있다는 점을 모른단 말인가? 비록 늑대와 곰이 양보다 한 번에 더 많은 새끼를 낳고 비교할 바 없이 늑대와 곰의 새끼보다 양이 더 많이 죽임을 당하기는 하지만, 그럼에도 양의 수가 더 많은 것은 양은 사람이 돌보고 풀을 먹이지만 늑대는 죽이고 그것과 전쟁을 한다는 것 외에 달리 이유가 있는가? 튀르크인과 무어인은 모두 많은 아내를 거느리고 있으며, 그리스도 교인은 정결함으로써 기꺼이 신에 대한 희생을 자처하는 수많은 사람은 제쳐놓고라도 아내를 하나 이상 갖지 않지만, 비교할 것도 없이 그리스도 교권의 주민이 튀르크 주민보다 훨씬 더 많다. 북부에서 수많은 사람이 내려와 로마제국을 짓밟을 정도로 그곳의 인구가 남부보다 항상 더 많았다. 그곳 사람이 이곳보다 더 정결하다는 것은 의심의 여지가 없는 반면, 남부인은 여러 여인을 취하고 북부인은 겨우 하나를 갖는다. 만약 결혼이 잦고 아내가 많아서 아이들 양육에 드는 어려움과 한 명의 아내와 평범한 결혼이 가져다주는 편안함이 아니라면 도대체 어디에서 그 이유를 찾을 수 있겠는가? 시기와 질시로 가득 찬 아내들은(이들은 마치 화난 독사와 다름 없다) 서로 잉태하는 것을 방해하며 주술로 이미 태어난 아이들에게 해코지한다. 다수의 여인에 대한 남편의 사랑은 여자가 하나인 때만큼 하나로 고정되지도 열렬하지도 않다. 결과적으

••

33) Strabon, *Geographika*, IV, 1, 2.

로 자식에 대한 애정도 그리 크지도 강하지도 않다. 그것은 수많은 방향으로 흩어지고 분산되어 자녀를 돌보는 데 관심을 두게 되지 않으며, 배려하려고 해도 그렇게 많은 아이를 키울 방도가 없다. 7년마다 역병이 돌아 수천 명이 목숨을 잃는데도 카이로에는 어떻게 그렇게 사람으로 넘쳐나는가? 3년마다 전염병으로 인구가 줄어 거의 사막처럼 되어버리는 콘스탄티노폴리스에는 또 어떻게 그토록 많은 사람이 오가는가? 만약 비좁고 불쾌한 주거 공간과 더럽고 불결한 생활환경, 도시를 깨끗하고 공기를 맑게 유지하는 행정 및 관리의 부족, 그리고 여타 유사한 이유가 아니라면 도대체 어디에서 역병과 질병이 온단 말인가? 양육에 대한 이런 어려움 때문에 수많은 아이가 태어나도 상대적으로 살아남아 무언가 될 만한 사람이 되는 경우는 적다. 인류는 한 남성과 한 여성으로부터 번식하여 이미 3,000년 전에 지금 보는 바에 못지않은 수까지 이르렀지만 그에 비례하여 계속 더 늘지는 못하고, 도시가 소수의 주민들로 시작하여 어느 숫자까지 증가하다가 그 이상으로는 더 늘지 못하는[34] 이유를 다른 데서 찾을 수는 없다. 로마는 3,000명에서 시작하여[35] 군대 45만을 가질 정도까지 이르렀는데,[36] 이렇게 되었으니 앞으로도 계속해서 점점 더 늘 것이라는 합리적 기대에도 불구하고 더 이상 이를 넘어서지 못했다. 그래서 베네치아, 나폴리, 밀라노

∙∙

34) 보테로는 여기서 한 해 전에 자신의 『도시가 위대해지는 원인에 대하여』에서 제시한 도시 발전에 대한 주장을 되풀이하고 있다.

35) Dionysios Halikarnassos, *Rhomaike Arkhaiologia*, II, 16, 2: "로마를 세우기 위해 로물루스와 뭉친 사람은 보병 3,000에 기병 300을 넘지 않았다."

36) Livius, *Periochae*, XCVIII (45만 명은 고대 판본에서 전하는 것이고 근대의 비판본들에서는 이를 90만 명으로 교정하였다). 다음을 볼 것. Botero, *Delle cause della grandezza delle città*; Id., *Discorso di M. Giovanni Botero che numero di gente facesse Roma nel colmo della sua grandezza*.

는 20만 명을 넘기지 못하며 다른 도시들 역시 일정한 수를 넘어서지 못하는데, 이는 한 곳에서 다수의 인구를 키우고 먹여 살리는 것이 어려운 데 기인한다. 왜냐하면 인근 지역의 땅이 메마르거나 운송상의 어려움으로 그곳에 대량의 양식을 공급할 수 없기 때문이다. 그래서 출산과 양육이라는 두 가지가 인구 증식을 위해 필요하다고 할 때, 결혼을 늘리는 것은 아마도 전자에 도움이 되겠지만 후자에는 분명히 방해가 된다. 따라서 내 생각으로는 설사 모든 수도사와 수녀가 결혼한다 해도 지금보다 더 많은 그리스도 교인이 있을 것 같지는 않다. 독일에서 루터에 의해 그리고 잉글랜드에서 칼뱅에 의해 도입된 수도원 해산과 성직자 결혼 허용은 인구를 늘리는 데는 아무런 도움이 되지 않았는데(이로써 불경함이 뿌리를 내리든 아니든 그것은 제쳐놓더라도), 결혼이 늘어나도 아이를 키우고 먹일 자원이 늘어나지는 않았기 때문이다. 콘스탄티누스와 그리고 뒤이어 테오도시우스가 동정과 독신에 대한 처벌을 없애버린 것 역시 주요한 이유(신의 자비와 너그러움)와 더불어 바로 이 같은 자원 문제에 기인한 것이었다. 그러므로 군주가 아무리 결혼과 임신을 장려한다고 해도, 궁핍한 사람을 돕고, 딸을 결혼시키거나 아들을 이끌어주거나 혹은 그 자신과 가족을 먹여 살릴 아무런 방도가 없는 사람을 지원하며, 일할 수 있는 사람에게는 일거리를 주고, 그럴 수 없는 사람은 친절히 돌보면서 가난한 자들의 자식 양육과 부양을 돕는 자선을 베풀지 않는다면 그것만으로는 충분하지 않은 것이다. 알렉산데르 세베루스 황제는 이러한 일을 매우 좋아해서 자기 돈을 써서 가난한 소년 소녀들을 키웠고, 그들을 어머니의 성 마마이아를 따서 각각 마메이와 마마이로 부를 정도였다.[37] 콘스탄티누스 대제는 병자와 노인을 위한

∴

37) *Historia Augusta,* "Alexander Severus," 44, 4. 보테로는 여기에 기록된 두 가지 상이한

병원은 물론이고 가난한 아이들을 키우는 시설을 만든 최초의 인물이었다. 배교자 황제 율리아누스는 우상을 섬기는 신관들에게 그리스도교인의 박애 부족을 힐난하면서 빈자를 위한 병원을 세웠다.[38]

[5]
식민지에 대하여

로마인은 또한 식민지를 통해 주민의 수를 늘리고자 했는데 그럴 만한 이유가 있었다. 왜냐하면 마치 식물이 파종된 묘판에 그대로 있을 때보다 다른 곳으로 옮겨 심을 때 더욱더 증식하고, 벌이 원래의 벌통을 떠나 분봉을 해야 수가 늘어나는 반면 그곳에 머무르면 결핍이나 감염으로 죽게 되는 것처럼, 만약 자국에 그대로 있으면 도움과 지원 부족으로 죽거나 혹은 빈곤이나 다른 어떤 이유로 결혼을 하지 못하고 자손도 남기지 못할 수많은 사람을 식민지로 보내 거처와 땅을 제공한다면, 그들은 결혼도 하고 자식도 낳을 수 있을 것이기 때문이다. 그래서 알바는 스스로 라티노인임을 자처하는 30개의 식민단을 많은 곳으로 보냈다.[39] 로마인은 그들을 맞아 끊임없이 중요한 전쟁을 치렀다. 포르투갈인과 카스티야인 역시 그들

∵

사실을 한데 묶어 이야기하고 있다.

38) 로마 황제 플라비우스 클라우디우스 율리아누스(331~363)는 그리스도교를 배격하고 신플라톤주의적 경향의 다신적 이교주의를 재도입하여 그것을 국가 종교로 삼고자 하였다. 그래서 그리스도교에서는 그를 '배교자(Apostata)'란 별칭으로 부른다.

39) 알바 롱가는 이탈리아 중부 라티움에 있던 고대 왕국으로 전해오는데, 베르길리우스의 『아이네이스』에 따르면 로마를 창건한 로물루스와 레무스가 그 왕가 혈손이라고 한다. 기원전 7세기 중반 로마왕국에 의해 정복되었다.

의 예를 따라 다양한 식민지를 건설했는데, 전자는 마데이라, 카보베르데, 아소레스,[40] 상투메, 브라질, 인도에, 후자는 신세계의 섬들, 신에스파냐, 페루 그리고 마지막으로 필리핀에 세웠다. 전자든 후자든 로마인의 이유와 예보다는 자신들의 사업적 필요에 따라 그렇게 했다는 것은 사실이다. 왜냐하면 식민지가 너무 멀리 떨어져 그것으로부터 아무런 도움도, 중요한 지원도 기대할 수 없다면 아무 소용이 없기 때문이다. 그래서 로마인은 600년 동안 이탈리아 바깥에 어떤 식민지도 건설하지 않았다.[41] 게다가 그들이 식민지로 보낸 사람은 매우 저급하고 비루해서, 말하자면 도시의 쓰레기이자 골치만 썩이는 자들이었다. 하지만 포르투갈인과 에스파냐인은 나라의 쓰레기같은 자들이 아니라 그들에게 유용하거나 필요할 만한 사람을 보냈고 지금도 보내고 있는데, 과도하고 부패한 혈통이 아니라 매우 건전하고 신실한 혈통의 사람을 고르기 때문에 자국은 오히려 쇠약해져서 힘을 잃고 있다. 그들은 식민지에서 에스파냐 국민뿐 아니라 귀화시킨 피정복민들을 활용함으로써 로마인을 모방할 수도 있었는데, 왜냐하면 로마인은 로마 식민지 외에도 덜 중요한 곳에 라티노인 식민지를 세웠기 때문이다. 만약 포르투갈과 카스티야가 지금까지 그래온 것처럼 매년 수천 명의 사람을 계속해서 해외로 내보내고 어떤 식으로든 귀국시키지 않는다면, 마치 큰 지출만 있고 수입은 없는 은행처럼 결국에는 어떻게 파산하지 않을 수 있는지 모르겠다.

∴

40) 원문에는 "le Terzere"로 표기되어 있다.
41) 1589년 초판에는 이어서 다음의 구절이 붙어 있다: "뒤에 그들은 아프리카의 카르타고에 하나, 프랑스 나르보에 또 하나를 세웠는데, 이들은 해안에 접해 있었고 로마인은 바다를 지배하고 있었기 때문에 가깝다고 말할 수도 있겠다."

[6]
다른 사람을 이용하여 부를 얻는 방법에 대하여

정당하게 다른 사람의 부를 끌어와 자신의 부로 만드는 것은 자기의 부를 늘리는 것 못지않은 판단과 분별을 요구한다. 다른 모든 점에서도 그렇듯이 이 점에서도 로마인은 측량하기 어려울 정도의 지혜를 보여주었다. 그들이 사용한 방법을 하나하나 설명하려면 긴 시간이 걸리므로 우리는 그것들을 간략히 개괄하는 정도로 만족하고자 한다.

[7]
로마인이 취한 방법에 대하여

로마인은 다른 사람의 부를 가져와 자신들의 부를 늘렸다. 먼저 그들은 자신들이 정복한 적(敵) 알바인 및 사비니인을 비롯한 다른 많은 부족을 병합하였다. 클라우디우스 황제가 말했듯이, "라케다이모니아인과 아테나이인이 자신들의 군사력에도 불구하고 멸망한 것이 피정복민들을 외국인이라고 배격했기 때문이 아니라면 무슨 다른 이유가 있었겠는가? 하지만 우리의 창업자 로물루스는 이전에 적으로 간주했던 부족 대부분을 단 하루만에 동료 시민으로 여길 만큼 현명했다."[42] 다음으로는 인접 도시들을 넘어뜨려 그 주민들이 어쩔 수 없이 로마로 들어오도록 하는 방법이 있다.

∴

---

42) Tacitus, *Annales*, XI, 24. 라케다이모니아(=라코니아)인은 스파르타인을 가리킨다. 아테나이는 현대 아티나(=아테나)의 고대 명칭이다.

나아가 그들은 각별히 용맹하고 능력이 뛰어난 수많은 사람에게 시민권을 부여하여 통상적으로 도시 입성을 허가하였다. 세르비우스 툴리우스와 셈프로니우스 그라쿠스는 또한 해방 노예에게도 그것을 허락하였다.[43] 만약 피정복민들이 용기와 세력을 보태지 않는다면, 도대체 왜 당신은 그토록 수고를 하고, 자신의 힘을 약화시키고, 국가의 근간과 제국의 혈통을 쇠퇴하게 만들려 하겠는가? 우리는 페르시아와 전쟁을 하던 대튀르크에 어떤 일이 있었는지 알고 있다.[44] 또한 로마인은 많은 민족과 왕들을 자신들에게 병합함으로써 힘을 증강했는데, 어떤 경우는 라티노인처럼 동료[45]로서, 어떤 경우는 이집트 및 아시아의 왕과 마르실리아인[46]을 비롯한 여타 민족들처럼 친구로서 대했다. 그들은 이 친구 혹은 동료라는 명칭을 그럴 만한 자격이 충분한 도시와 군주들에게 부여하였다. 이후 그들은 방어에도 도움이 되었다. 삼니움인에 대항하여 카푸아를 지킴으로써, 그리고 히에론[47]과 카르타고인에 대해 메시나인을 방어함으로써 각각을 계속 소유할 수 있었다. 튀르크는 이런 방식으로 엄청나게 커져서 스스로 쿠르드인과 프레콥에 사는 타르타르인[48]의, 때로는 또한 사카르트벨로인의 수호자가 되었고 자국군 못지않게 이들의 군대도 이용하였다. 이렇게 다른 나라를 방어해주

••

43) 세르비우스 툴리우스(재위 기원전 578~535)는 로마 6대 왕으로 그 자신이 노예 출신이라 전해온다. 셈프로니우스 그라쿠스는 아마 기원전 133년 경제개혁을 시도하다 원로원 귀족들에게 살해된 티베리우스 셈프로니우스 그라쿠스로 추측된다.

44) 15년간 계속된 이 전쟁은 1590년, 특히 사카르투엘로(현 조지아)와 타브리즈에서 오스만 군대가 막대한 손실을 입으면서 끝났다.

45) 보테로는 여기서 실질적으로 라티노인에게 부여한 명칭인 소키우스(socius)의 개념 — 동료나 동맹이란 의미의 — 을 콤파뇨(compagno)로 번역해놓았다.

46) 마르실리아는 현 마르세유의 고대 이름이다.

47) 히에론(재위 기원전 270?~215)은 시라쿠사이의 참주이다.

48) 타르타리 프레코피티(Tartari Precopiti)는 크림반도에 살았던 타타르인을 가리킨다.

는 방식은 우리 시대의 군주들에게도 잘 알려져 있다. 프랑스 왕 앙리 2세는 이를 아주 교묘하게 이용했는데, 그는 카를 5세 황제에 대항하여 제국[49]의 방어를 도모하는 척하며 교묘하게 메스, 툴, 베르됭이라는 세 대도시의 영주로 군림한 것이다. 폴란드 왕은 동일한 방법으로 리보니아를 획득하였다. 또한 로마인은 그들이 군주들에게 베푼 혜택과 호의에 의해 부유해졌다. 즉 먼저 아시아의 왕 아탈로스[50]와 이후 비티니아의 왕 니코메데스[51]는 로마인이 보인 애정의 표시와 그들로부터 받은 혜택에 마음이 움직여 다른 왕들이 그리하듯이 자신들이 죽었을 때 그들을 후계자로 삼았다. 이런 식으로 제노바인은 페라를 미카일 팔라이올로고스 황제에게서,[52] 프란체스코 카타쿠지오는 미텔리니를 칼로야니스 황제에게서,[53] 베네치아인은 베짜를 얀 호르바트에게서,[54] 프란체스코 스포르차는 자신이 루이 11세

49) 이때 제국(Imperio)이란 곧 프랑스를 말한다. 보테로는 임페리오란 말을 종종 황제가 다스리는 국가라는 의미 외에도 여러 식민지를 거느리는 큰 국가 ─ 왕국이든 심지어는 공화국이든 간에 ─ 란 의미로도 쓰고 있다.

50) 페르가몬(현 튀르키예의 베르가마)의 왕 아탈로스 1세로, 기원전 241년에서 197년까지 통치하였다. 여기서 아시아란 소아시아를 가리킨다.

51) 니코메데스 4세는 기원전 94년에서 74년까지 소아시아 북서쪽 해안의 비티니아를 통치하였다.

52) 이는 1267년 제노바인과 굴리엘모 보카네그라가 미카일 8세 팔라이올로고스 황제의 콘스탄티노폴리스 탈환을 지원한 대가로 이루어졌다.

53) 프란체스코 카타쿠지오는 제노바 귀족이자 해적이었던 프란체스코 가틸루지오 2세와 혼동한 것으로 보인다. 1355년 그는 이오아니스 5세 팔라이올로고스 황제가 황위를 되찾는 데 일조한 공으로 미텔리니(레스보스)를 얻었다. 칼로야니스는 황제의 별칭으로, "훌륭한 이오아네스"란 뜻이다.

54) 베짜는 달마티아 해안의 벨리아섬 ─ 크로아티아에서는 크르크라고 부른다 ─ 을 가리킨다. 베네치아인은 자다 백작 야노시 호르바트(헝가리어로 크로아티아인 야노시란 뜻. 이탈리아어로는 조반니 바노 혹은 조반니 운게로, 즉 헝가리인 조반니)와의 전투로 이 섬을 얻었다. 그는 1391년 죽었다. 하지만 1358년 베네치아공화국은 달마티아에 대한 그들의 권리를 크로아티아의 헝가리 왕에게 양도했다.

에 제공한 지원 덕분에 그에게서 사보나를 받았다.[55] 프리드리히 3세는 보르조 다 에스테가 페라라에서 그에게 베푼 환대에 대한 감사의 뜻으로 모데나 및 레조를 그에게 주었다.[56] 알레산드로 파르네제는 저지대지방에서의 전쟁과 통치에 그가 가톨릭 왕을 위해 수행한 무한한 봉사 덕분에 결국 매우 중요한 도시인 피아첸차를 양도받았다.[57] 먼 옛날 로마인은 속주가 조공보다는 전력(戰力)을 제공하게 하는 방식으로 그들을 이용하였다. 그래서 타키투스는 이러한 관행을 이렇게 말하기에 이르렀다. "외국인을 제하면 군대에서 용맹함을 찾을 수 없다." 또 다른 곳에서 말하기를 "속주는 속주의 피로 정복된다."[58]

[8]
국가의 구매에 대하여

다른 사람을 이용하여 자신을 부유하게 만드는 방법 중 이보다 더 유리한 것은 없다. 왜냐하면 당신은 결코 돈으로 지불할 수 없는 것을 사는 것이며, 군주에게 이보다 더 가치 있는 거래는 없기 때문이다. 그래서 클레멘스 6세는 과거 교회에 줄 세금을 빚지고 있던 나폴리 여왕에게서 아비뇽을

∴

55) 프랑스 왕 루이 11세(재위 1461~1483)는 1464년 밀라노 공작 프란체스코 스포르차에게 북이탈리아 리구리아 지방의 해안 도시 사보나를 양도했다.
56) 1452년 신성로마 황제 프리드리히 3세는 페라라 후작 보르조 다 에스테(데스테)에게 모데나와 래조 공작의 작위를 내렸다.
57) 1585년 펠리페 2세는 피아첸차를 파르마 공작이지 용병대장인 알레산드로 파르네제에게 하사하였다.
58) Tacitus, *Annales*, III, 40; *Historiae*, IV, 17, 2.

샀다.[59] 아텐돌로 스포르차는 교황 요아네스 23세에게서 1만 4,000두카토를 주고 코티뇰라를 샀다.[60] 필립 드 발루아는 금화 4만 피오리노를 주고 웜베르 공에게서 도피네(그게 어떤 국가인가!)[61]를, 6만에 베리공작령을 구매하였다.[62] 샤를 5세는 금화 3만 1,000프랑으로 오세르 백작령을 얻었다.[63] 그러니 돈을 쉽게 조달할 수 없는 국가였음에도 불구하고, 피렌체인만큼 구매를 통해 더 부유하게 된 경우는 없었다. 그들은 쿠시의 영주로부터 아레초시(市)를 금화 4만 피오리노에,[64] 톰마조 프레고조에게서는 리보르노를 12만 두카토에,[65] 그리고 나폴리 왕 라디슬라오에게서는 코르토나를,[66] 가브리엘 마리아 비스콘티에게서는 피자를 샀다.[67]

∵

59) 나폴리 왕국은 교회의 봉토였는데, 이는 왕국이 교회 세금을 빚지고 있었기 때문이다. 1343년에서 1382년까지 나폴리 왕국을 통치했던 앙주가의 조안나 1세는 동시에 프로방스 백작이기도 했는데, 이 작위 덕분에 1348년 그녀는 교황에게 아비뇽의 영주권을 팔 수 있었다.

60) 아텐돌로 스포르차는 용병대장 무치오 아텐돌로(1369~1424), 일명 스포르차를 가리킨다. 그는 교회 분열 때 대립 교황 요아네스 23세(재위 1410~1415)로부터 이몰라와 라벤나 사이에 있는 코티뇰라를 샀는데, 그곳은 바로 자신이 태어난 곳이었다. 그의 아들 프란체스코 스포르차는 필리포 마리아 비스콘티의 딸과 결혼하여 밀라노 공국을 손에 넣었다.

61) 원문에는 물음표로 적혀 있지만, 이를 분명한 오식으로 간주한 본 비판본 텍스트의 편자들이 느낌표로 바꾸어놓았다. 어쨌든 이 문구의 의미는 도피네가 프랑스 왕에게 팔리면서 세금 면제를 포함한 상당한 자치의 특권을 누렸다는 것으로 보인다.

62) 1349년 웜베르 2세 드 라 투르-뒤-펭은 신성로마제국의 영토이던 도피네를 프랑스 왕 필리프 6세에게 팔았다.

63) 1371년 프랑스 왕 샤를 5세는 오세르 백작령을 장 4세 드 샬롱아를레에게서 샀다.

64) 앙게랑 드 쿠시는 앙자뱅 왕조에 봉사한 용병대장으로, 1384년 피렌체에 아레초를 팔았다.

65) 톰마조 프레고조는 1415년에서 1442년 사이에 여러 번 제노바의 도제(Doge)를 역임하였다.

66) 1409년 라디슬라오는 카살리가(家)가 통치하던 아레초 부근의 소도시 코르토나를 정복한 뒤, 1411년 이를 피렌체 메디치가에 금화 6만 피오리노를 받고 팔았다.

67) 1405년 8월, 피렌체공화국은 20만 6,000피오리노를 주고 피자(피사)를 샀는데, 이 중 8만은 가브리엘 마리아 비스콘티에게, 12만 6,000은 제노바의 프랑스인 총독 부시코 원수(장 드 르 멩그르)에게로 갔다. 하지만 지노 카포니가 이끌던 피렌체는 적에게 매수당한 포폴로 대장(il capitano del popolo) 조반니 감바코르타 때문에 이듬해인 1406년 10월 9일 이

[9]
사람의 고용에 대하여⁽⁶⁸⁾

조반니 갈레아초 비스콘티는 탁월한 기량을 가진 사람을 얻어 자신의 휘하로 끌어오는 것보다 이 세상에서 더 훌륭한 거래는 없다고 말하곤 했다. 그리하여 그는 민족 불문하고 탁월한 사람을 고용하는 데 돈을 아끼지 않았다. 이제 이런 일은 여러 방식으로 일어나고 있다. 가장 통상적인 방법은 전쟁에 복무할 외국인 군인을 모집하는 것이다. 하지만 이 외에도 레오 4세가 코르시카인을 자신이 레오의 도시라 명명한 보르고 구역에,⁽⁶⁹⁾ 그리고 덴마크 왕 크리스티안 2세가 홀란드인을 아메어섬에 살게 한 것처럼,⁽⁷⁰⁾ 이주를 위해 사람을 불러들이거나 포르투갈 왕 주앙 2세처럼⁽⁷¹⁾ 일단의 독일 농부를 불러들여 농사를 짓게 하거나, 토스카나 대공 코지모 및 프란체스코⁽⁷²⁾가 아주 수완을 발휘한 것처럼 장인과 일꾼을 들여 그곳을 번창하게 하거나 혹은 쓰고남은 원료로 돈을 버는 방법이 있다.

⁞

후 그 도시에 대한 지배권을 잃고 말았다.

(68) 원래 이 장 제목은 'Della condotta'였으나, 1596년판부터 'Della condotta della gente'로 바뀌었다. 원래 'condotta'란 말은 군주나 도시가 '콘도티에레(용병대장)' 및 그 군대를 고용하는 계약을 뜻했으며, 이후 의미가 확장되어 계약금, 심지어는 고용된 군대를 뜻하기도 했다. 여기서는 외국인 고용이란 의미로 쓰이고 있는데, 아마 이러한 의미의 확장 때문에 'della gente(사람의)'라는 어구를 첨가한 것으로 보인다.

(69) 교황 레오 4세(재위 847~855)는 바티카노(바티칸) 옆의 한 구역을 요새화했는데, 이를 레오(사자)의 도시라 불렀다.

(70) 덴마크, 노르웨이 및 스웨덴의 왕 크리스티안 2세(1481~1559)는 1521년 홀란드인을 아메어섬으로 이주시켜 코펜하겐에 공급할 채소를 경작하도록 했다.

(71) 주앙 2세는 1477년에 잠깐, 그리고 1481년부터 1495년 세상을 떠날 때까지 포르투갈 왕으로 통치하였다.

(72) 코지모 1세 데 메디치(재위 1537~1574)와 프란체스코 데 메디치(재위 1574~1587)를 이른다.

[10]
국가를 담보로 얻는 것에 대하여

또한 국가를 빌린 돈에 대한 담보로 획득하기도 한다. 이러한 담보는 그것을 되찾아가는 일이 거의 없기에 군주들은 이를 재산으로 간주한다. 제국의 선제후들은 카를 4세 황제의 아들 바츨라프를 로마인의 왕으로 만들기 위해 각자 10만 피오리노를 받고 그에게 자신들의 표를 팔았다.[73] 하지만 그는 그만한 돈을 수중에 갖고 있지 못했기에 제국의 16개 도시를 담보로 잡혔고, 이후 선제후들은 이 도시들을 영구히 소유하여 그 후계자에게 물려주었다. 프랑스 왕 루이 10세는 아라곤 왕 추안 2세에게 40만 스쿠도를 주고 후쓸리용(루시용)의 농촌지역을 얻었는데,[74] 이후 카를 8세에 이르러 가톨릭 왕에게 아무 대가 없이 그것을 돌려주었다. 마찬가지로 피렌체인은 에우게니우스 4세에게 2만 5,000스쿠도를 빌려주고 보르고 산세폴크로를 담보로 받았고,[75] 포르투갈 왕 주앙 3세는 카를 5세로부터 35만 스쿠도에 대한 담보로 말루쿠 제도를 받았다.[76] 유사한 계약을 통해 폴란드인은 리보니야를 소유하게 되었다. 그곳은 한때 튜턴 기사단의 땅이었다. 하

∴

73) 룩셈부르크가의 카를 4세는 1355~1378년 신성로마 황제로 재위하였다. 그의 아들 바츨라프(벤첼/벤케슬라우스) 4세는 보헤미아의 왕이었고, 1378~1400년 로마인의 왕으로 재위하였다. '로마인의 왕(Rex Romanorum/König der Römer/King of the Romans)'이란 하인리히 2세 황제(재위 1014~1024) 이후 선제후에 의해 선출된 독일 왕이 사용한 칭호이다.
74) 여기서 루이 10세는 11세의 오기이다. 그는 1462년 추안 2세(재위 1458~1479)로부터 담보로 루시용을 받았다.
75) 교황 에우게니우스 4세(재위 1431~1447). 산세폴크로는 11세기에 세워진 아레초 부근의 코무네이다.
76) 이 거래는 1529년 사라고사 조약에서 이루어졌다. 카를 5세는 이 돈을 프랑스 및 코냑 동맹과의 전쟁 비용으로 썼다.

지만 총회장인 케틀러와 기사 대부분이 교황좌와 신에 반기를 들고 세입을 전유하고 아내를 갖게 되었다. 그러다가 1558년 모스크바 대공의 공격을 받았는데, 저항이 어렵다고 본 기사들은 폴란드 왕에게 의탁하여 수많은 요새를 그에게 넘겨주었다. 왕은 보호 요청을 받아들였지만, 전쟁이 무력으로든 협정으로든 끝나게 되면 언제든지 요새들을 돌려주고 대신 그들은 왕에게 60만 스쿠도를 지불하기로 하였다. 이후 전쟁은 끝났으나 양측 누구도 돈의 정산이나 요새의 반환에 대해 언급하지 않았다.[77]

[11]
혈연에 대하여

혈연과 결혼 역시 다른 사람을 이용하여 부를 키우는 데 큰 도움이 된다. 왜냐하면 이를 통해 군주를 우리에게 끌어들일 수 있고, 그리하여 중요한 권리와 권한을 얻을 수 있기 때문이다. 그래서 타르퀴니우스 수페르부스는 라티노인 사이에서 커다란 권위를 지닌 인물 옥타비우스 마밀리우스에게 딸을 주고 자신의 세력을 확연히 늘렸다.[78] 또한 피로스는 권력자가

⁙

77) 리보니야는 현 라트비아의 고토(古土)이다. 1227년 이후 튜턴 기사단의 수도원 국가의 일부였다가, 1466년 폴란드의 봉토가 되었다. 1558년 리보니야를 침입한 모스크바 대공은 이반 4세(1530~1584)로, 그는 최초로 차르라는 칭호를 쓴 인물이며 이후 공포왕 이반으로도 불렸다. 당시의 폴란드 왕은 바토리 이스트반, 즉 스테판 1세 바토리(1533~1586)였고, 기사단은 고타르트 케틀러(1517~1587)가 이끌고 있었다. 리보니야에서의 기사단 최후의 총회장이었던 후자는 정세에 따라 기사회를 루터교로 개종시켰다.

78) Livius, *Ab Urbe condita libri*, I, 49, 9. 마밀리우스(기원전?~498)는 라티움의 고도(古都) 투스쿨룸의 수장이다.

되기 위해 많은 아내를 거느렸다.[79] 카르타고인은 소팍스를 로마인과의 우정으로부터 떼어놓기 위해 그에게 그들의 시민인 하스드루발의 딸 소포니스바를 아내로 주었다.[80] 베네치아인은 유사한 방식으로 키프로스섬에 발을 들여놓았다.[81] 필리포 마리아 비스콘티는 베아트리체 다 텐다의 지참금으로 받은 40만 스쿠도로 아버지의 장군들이 분할했던 국가를 되찾았다.[82] 이런 식으로 이미 잉글랜드의 왕은 아키텐을, 프랑스 왕은 브르타뉴를 손에 넣었다. 하지만 어떤 가문도 오스트리아 왕가만큼 여자와 혈연을 통해 그처럼 대단한 위대함과 권력에 도달한 적은 없었다. 막시밀리안은 행운이 계속되는 일련의 과정으로 부르고뉴의 마지막 공작 샤를의 딸 마리를 통해 저지대지방을 얻었다.[83] 그의 아들 필리프는 페르난도와 이사벨의 딸 후아나와의 결혼에 따른 지참금으로 에스파냐 및 그 속국들을 받았고, 이는 그의 아들 카를에게로 이어졌다.[84] 카를의 가장 훌륭한 아들인 우리 시대의 펠리페는 포르투갈 및 그 속국들을 이어받았는데, 이는 어머니 이사벨의 권리 덕분에 매우 광대하다. 카를의 동생 페르디난트는 그의 배우자

●●
●

79) Plutarkos, *Vioi Paralleloi*, "Pyrros," 9, 1. 피로스(기원전 319/318~272)는 헬레니즘 시대의 그리스 왕이자 정치가이다.

80) Appianòs Alexandreús, *Romaiká*, VIII, 10. 소팍스는 기원전 3세기 후반 고대 누미디아의 왕이다.

81) 이는 카테리나 코르나로에 대한 암시이다. 1468년 베네치아는 그녀를 키프로스 왕의 아내로 선택하였다. 남편이 죽자 그녀는 그곳의 여왕이 되었으나, 1489년 베네치아를 위해 스스로 왕위에서 물러났다.

82) 이때는 1412년이었다. 베아트리체는 부유한 이탈리아 귀족 과부였다. 그녀는 1418년 간통 혐의로 필리포 마리아에 의해 죽임을 당했다.

83) 담대공으로 불리는 샤를 1세 드 부르고뉴(1433~1477)는 외동딸 마리를 막시밀리안과 결혼시켰다. 후자는 장차 신성로마 황제가 된다.

84) 미남공으로 불린 필리프는 1482~1506년 부르고뉴 공작이었다. 후아나는 광녀라는 별칭을 갖고 있었다. 아들 카를 1세는 후일 신성 로마 황제 카를 5세가 된다.

인 안나의 권리 덕분에 헝가리를 갖게 되었다.[85] 국가를 확장하는 이러한 방식은 매우 정당하고도 평화로운 것이기 때문에, 견고하고 안전한 다른 모든 방식에 대해서도 고려해야 한다.

[12]
입양에 대하여

혈연을 이루는 또 하나의 방식은 입양인데, 나폴리 여왕 요안나 2세는 적에 대항하여 이 방법을 썼고 앙주가와 아라곤가는 이를 통해 매우 고귀하고 부유한 왕국에 대한 권리를 얻었다.[86] 그 기원이 알려지지 않은 살리카 법(이는 모든 여성을 프랑스 왕좌에서 배제한다)으로 인해 오직 프랑스에서만은 국가를 늘리는 이 방법이 설 자리가 없다.

∴

85) 독일, 보헤미아 및 헝가리 여왕이자 오스트리아 공작이었던 안나 야겔로니카는 1521년 페르난도와 결혼했는데, 그는 형인 카를 5세를 이어 신성로마 황제 페르디난트 1세가 된다.

86) 앙주가의 요안나 2세는 1401년 오스트리아 공작 빌헬름과 결혼했으나 남편은 5년 만에 세상을 떠났다. 이후 1414년부터 1435년까지 나폴리를 다스렸다. 그녀는 여러 연인을 거느렸으나 빌헬름과의 사이에 후사가 없었기 때문에, 1421년 아라곤의 알폰소 5세를 입양하여 후계자로 삼았다. 하지만 이는 앙주가와 아라곤가, 후일에는 프랑스와 에스파냐 간에 분쟁을 불러일으키는 계기가 된다.

[13]⁸⁷⁾
동맹에 대하여

권력은 또한 동맹을 통한 다른 나라의 세력에 의해서도 확대되는데, 이는 보통 군주를 더 강하고 용감하게 만든다. 혼자서는 할 수 없고 감히 시도할 수도 없지만 다른 사람과 연합하면 가능한 많은 일이 있는데, 왜냐하면 동맹은 잘된 일에 대한 희열은 증대시키고 잘못된 일로 인한 피해는 감소시키기 때문이다. 동맹에는 여러 종류가 있는데, 영속적인 것과 일시적인 것, 공격을 위한 것과 방어를 위한 것, 공수 겸비한 것이 그것이다. 동맹국이 서로 동등한 조건인 경우도 있고 한쪽이 다른 쪽보다 더 우월한 경우도 있다. 로마인은 라티노인과의 동맹에서 더 우월한 쪽이었는데, 왜냐하면 전쟁 계획을 짜고 결정을 내렸을 뿐 아니라, 중요한 위치에 있는 장군과 여타 장교들을 임명했으며, 더불어 전쟁을 수행하고 승리의 열매를 즐긴 것은 바로 로마인이었으므로 이는 라티노인이 단지 그들의 부하와 다르지 않았기 때문이다. 비록 그들이 서로 동료라고는 하나 단지 전쟁의 노고와 위험 속에서만 그러했고 영광도 획득물도 통치도 전혀 나눈 바가 없었다. 사실 이러한 점에서 로마인은 놀라운 판단력을 보여주었다. 왜냐하면 그들은 동맹과 연합이란 이름 아래 공동의 세력을 이용하면서도 오직 그들만의 세계 지배를 이루었기 때문이다. 뒤에 라티노인이 이에 분개하자, 로마인은 자신들과 속주의 민족들과 그들의 친구이자 동료인 군주들의 힘을 그들을 향해 겨누었다. 한쪽이 우월한 동맹에서는 공동의 전쟁

∵

87) 1589년 초판에는 여기에 짤막한 장('폴란드인이 취한 방법에 대하여')이 덧붙여져 있었으나, 이후의 판본에서는 모두 8권 마지막으로 옮겨져 있다.

에 한쪽이 다른 쪽보다 더 기여하고 승리의 열매도 더 많이 가져가는 법인데, 이런 동맹과 다른 유사한 동맹을 너무 과신할 필요는 없다. 왜냐하면 군주란 통상적으로 이익이 아닌 다른 것에 의해 움직이지 않을 뿐 아니라, 자신이 바라는 이익이나 그들이 두려워하는 손해에 의해서가 아니면 친구로도 혹은 적으로도 인식하지 않으며, 그래서 동맹은 단지 각 동맹국의 이익이 지속되는 한에만 유지되기 때문이다. 한 전쟁에 참가하는 여러 군주의 이익이 동등할 수 없기에, 각 동맹국이 동등한 기백과 태세로 움직일 것이라고 믿기는 어렵다. 하지만 그런 동등함이 없는 연맹은 한순간도 전쟁을 수행하지 못할 것이다. 시계의 이쪽이나 저쪽 톱니바퀴가 기능을 못하면 전체가 작동이 안되는 것처럼, 동맹에서도 한쪽이 실패하면 동맹 전체가 무너진다. 이는 파울루스 3세와 피우스 5세가 이끄는 반뛰르크 동맹에서 가톨릭 왕과 베네치아인 간에 벌어진 일에서 볼 수 있다. 그들은 대단한 열성과 승리에 대한 확신에 차서 전쟁에 뛰어들었지만, 그럼에도 군주들의 이익이 동등하지 않았기에 전혀 앞으로 나아갈 수 없었다.[88] 에스파냐는 레반트에서의 전쟁을 별로 중요하지 않은 것으로 생각했으나, 베네치아인은 그것을 극히 이로운 것으로 보았다. 또한 후자에게는 아프리카에서의 전쟁이 중요하지 않았으나 에스파냐에는 그것이 필요했다는 것이다. 그래서 베네치아인은 레반트의 뛰르크 군세를, 에스파냐인은 알자자이르[89] 인근의 군세를 두려워했고, 이러한 이익의 상이함으로 인해 그들

∴

88) 이는 1571년 초 교황 피우스 5세의 주도 아래 에스파냐, 베네치아 및 다른 여러 나라가 결성한 신성동맹을 가리킨다. 그들은 그해 10월 7일 레판토 전투에서 뛰르크에 승리했으나, 그것에 뒤이은 효과적인 후속 조치를 하지 못했다. 교황 파울루스 3세 역시 1530년대 초반(反)뛰르크 동맹을 촉구한 바 있다.
89) 현대의 알제/알제리의 아랍어 이름.

은 똑같은 열성으로 함께 움직일 수가 없었으며, 교황은 아무런 이익을 보지 못하고 비용만 대며 중간에서 어정쩡하게 있을 수밖에 없었다. 그러므로 반튀르크 동맹이 어느 정도라도 전진의 희망을 가지려면 오직 두 가지 방식으로 결성되어야만 한다. 그 하나는 튀르크와 국경을 맞대고 있는 모든 군주가 동시에 움직이되 각각의 제한된 군세가 아니라 전군을 몰아 공격하는 것이다. 이 경우라면 모두의 이익이 동등할 것이다. 다른 하나는 좀 더 고결한 것일 텐데, 많은 군주가 다 함께 신에 대한 존숭과 교회에 대한 찬양 외의 다른 어떤 이익도 바라지 않고 한 곳 혹은 여러 곳을 한꺼번에 공격하는 것으로, 이는 독일, 플랑드르, 프랑스, 이탈리아의 수많은 군주가 일부는 자신들의 영지를 팔고 일부는 저당 잡혀서 40만이 넘는 군대를 함께 움직였고, 니카이아에서 튀르크인을, 안티오케이아에서 페르시아인을, 예루살렘에서 사라센인을 무찌른 후 오리엔트 전역을 정복하고 성지 전체를 되찾았던 그 영웅적 시대에 일어났던 일이다.[90] 특기할 점은 그토록 위대한 전쟁에 왕이나 황제는 전혀 참가하지 않았다는 것이다. 설사 프랑스 및 잉글랜드 왕과 콘라트 및 프리드리히 황제[91]가 새로운 것을 얻기 위해서가 아니라 이미 획득한 것을 지키기 위해 뒤늦게 그곳에 갔지만, 그럼에도 가치 있는 어떤 일도 이루지 못했다. 이제 우리의 주제로 되돌아가 보자. 우리는 각 동맹국의 이익이 동등할 때는 언제나 동맹의 세력이 증대되는 반면, 이익의 동등함이 깨질 때는 동맹으로부터 도움을 받을 수

••

90) 1095년 교황 우르바누스 2세의 주도로 시작된 제1차 십자군 전쟁을 가리킨다. 니카이아 공성전은 1097년, 안티오케이아 함락은 1098년, 예루살렘 정복은 1099년에 일어났다.
91) 1138~1152년 신성로마 황제로 있었던 콘라트 3세 호엔슈타우펜은 제2차 십자군에 참가했다. 1220~1250년 황제로 재위한 프리드리히 2세는 제6차 십자군에 참가했으며, 1229년 예루살렘 왕에 올랐다.

없다는 것이 확실하다고 보아야 한다. 동맹은 안정된 만큼 더 높이 평가되기 때문에, 일시적인 것보다는 영속적인 것이, 공격용이거나 방어용이거나 한 기능만 하는 것보다는 양쪽을 겸비한 것이, 조건상으로 동등한 것이 그렇지 않은 것보다 더 낫다. 스위스에서 보는 것처럼 이런 것들(나는 동등한 나라들에 대해 말하고 있다)은 방어용으로는 유용하나 공격용으로는 아무런 효용이 없다. 왜냐하면 그것들은 서로 가까이 있으므로 방어 시에는 하나의 위험이 쉽게 다른 곳을 동요시키며, 이익에 대한 희망보다 손해에 대한 두려움을 더 효과적으로 만들 것이기 때문이다. 하지만 공격 시에는 그에 뒤따르는 열매를 모두가 함께 나누어야 하기 때문에, 각각을 효과적으로 움직이게 할 수가 없고 그 이익도 적다. 그래서 스위스가 매우 부유한 국가들을 획득할 특기할 만한 기회가 있었지만, 그럼에도 그들은 기억에 남을 만한 일을 이룬 적이 없으며 단지 스스로 용병이 되어 이러저러한 군주들에 봉사하는 것으로 만족하였다. 그들 개개인은 전쟁에서 얻은 전리품과 평화 시에 받는 연금으로 부유해졌지만, 전쟁 중에 죽은 셀 수 없을 정도로 많은 병사들, 그리고 지휘관과 장군들이 외국의 군주들에게 빚지고 있던 이권과 속령들로 인해 공적인 측면은 점점 더 약화되었다.

[14]
상업에 대하여, 그리고 왕이 상업에 종사해야 하는가

다른 사람을 이용하여 부유해지는 가장 통상적인 방법은 상업이다. 하지만 그것은 군수보다는 사인(私人)에게 적합한 것이기 때문에, 어떤 경우에 군주가 이에 종사하는 것이 좋은지 알아본다고 해서 그것이 우리의 목적을 넘어서는 일은 아닐 것이다. 그래서 나는 세 경우에서 무역이 비록 존귀한 위치에 있기는 하지만 군주에게도 부적합하지만은 않다고 말하겠다. 첫 번째는 과도한 비용 때문이든 적의 반대 때문이든, 혹은 다른 유사한 이유에서든 사인의 능력이 그러한 무역을 해나가기에 적합하지 않을 때이다. 그래서 포르투갈 왕들은 무장한 대함대를 동원하여 적을 정복하고 영광스러운 승리를 통하여 에티오피아 및 인도에서의 상업과 무역을 해나갔다. 왕에 세력을 더하는 것이라면 그에게는 어떤 전쟁도 부적합히지 않은 법이다. 두 번째는 대단히 중요한 무역이라서 그것으로 사인이 과도한 부를 얻을 만한 경우이다. 그래서 베네치아인은 알렉산드리아에서 구매하여 잉글랜드와 플랑드르 및 여타 나라에 파는 향료 무역에 공화국의 대규모 갤리 선단을 보냈다. 이를 통해 베네치아는 공적으로 측량하기 어려울 정도로 부유해졌다. 왕에게 갈 만한 부를 정당하게 얻는 것이 결코 부적절하지만은 않다. 세 번째는 상업이 공익과 공공의 안녕을 위해 이루어지는 경우이다. 그래서 위대한 군주들은 극단적인 물자 부족과 결핍에 처했을 때 외국의 곡물을 사서 그것을 그들에게 되팔아 큰 이익을 남기도록 하였다. 그러나 이 장에서는 가장 영광스러운 왕 솔로몬과 가장 훌륭한 왕 여호사팟의 권위를 빌려 글을 마무리하기로 하자. 솔로몬에 대해서는 그의 배가 "타르시스", 즉 인도로 "갔으며", "3년에 한 번씩 금, 은, 상아, 원숭이, 공작 등을 가지고 돌아왔다"라고 적혀 있다.[92] 여호사팟 역시 타르시스에 배를 보냈다. 하지만 페루(오피르)에는 공작도 코끼리도 없었으므로, 이로부터 우리는 솔로몬의 배가 이들 나라를 항행했다고 생각하는 사람의 의견

∵

92) 타르시스 항해에 대해서는 「역대하」 9장 21절; 「열왕기상」 10장 22절. 타르시스(다시스)에 대해서는 「역대하」 20장 36절.

이 근거 없는 것임을 알 수 있다.[93)]

[15]
이집트의 술탄과 포르투갈인이 취한 방법에 대하여

이집트 술탄들은 국가의 보존을 위하여 군인이 될 만한 나이와 용모를 지닌, 특히 체르케시아인[94)] 젊은이를 사서 그들에게 무기와 말을 다루는 법을 훈련시킨 다음 자유를 주어 군대에 복무하게 했으며, 술탄들은 바로 이 군대로 300년 이상 이집트, 시리아, 아라비아, 키리나이키를 통치하였다.[95)] 이러한 관습은 내가 추측하기로는 훨씬 더 이전에 파르티아인이 사용했던 것인데, 왜냐하면 그들이 마르쿠스 안토니우스를 치러 보낸 5만 명의 군대 가운데 자유인은 오직 450명에 불과했다는 기록이 있기 때문이

∴

93) 16세기에 널리 퍼진 이러한 견해의 원천은 다름 아닌 크리스토포로 콜롬보 자신이었다. 그는 자신이 탐험한 중앙아메리카의 섬들과 그 연안을 기독교 성경에 언급된, 귀금속이 풍부한 신비의 나라 타르시스(다시스)와 오피르(오빌)라고 생각했다. 보테로는 여기서 프란시스코 로페스 데 고마라와 호세 데 아코스타에 의해 만들어진 견해를 비판하는 쪽에 서 있다. 다음을 볼 것. Francisco López de Gómara, *La istoria de las Indias* (1552); Revised ed. *Historia general de las Indias* (1553); José de Acosta, *Historia natural y moral de las Indias* (1589), I, 13~14. 오피르 항행에 대해서는 「열왕기상」 9장 28절, 10장 11절, 「역대상」 29장 4절, 「역대하」 8장 18절을 볼 것. 여호사팟(여호사밧)의 탐험 실패에 대해서는 「열왕기상」 22장 48절을 볼 것.
94) 체르케시아는 흑해 연안의 북코커서(코카서스) 지역으로, 체르케시아인의 원주지이다. 맘루크가 바로 이들이다.
95) 맘루크 정권은 13세기 중엽에서 1517년까지 통치했으므로 실제로는 300년이 채 안 된다. 키리나이키는 리비아 동부지역으로 고대 그리스의 키레네이다.

다.[96] 파르티아인 이전에 스파르타의 왕 클레오메니스는 자신에게 군대가 필요하자 일인당 50스쿠도를 받고 노예들을 자유인으로 만들어주었는데, 이를 통해 그는 돈과 사람이란 두 가지 이익을 취했다. 무함마드의 추종자인 우마르[97]는 노예들에게 자유를 약속함으로써 수많은 사람을 자신에게 끌어들였다. 포르투갈인은 군대가 필요해지자 기니의 항구들에 매년 물품을 가득 실은 범선을 보냈다. 그들은 그곳에서 물품과 교환한 수천 명의 많은 노예를 세인트 토머스 및 카보베르데의 섬들, 그리고 브라질의 설탕 농장에서 일하게 하거나 그곳 땅을 개간하도록 실어 날랐다. 또는 히스파니올라섬과 신세계 모든 곳에서 같은 방법으로 사용하기 위하여 그들을 카스티야인에게 팔기도 하였다. 사형을 받을 만한 사람을 갤리선이나 채석장 혹은 다른 유사한 노동에 배치하는 것도 모두 인력 부족이 그 이유이다.

[16]
중국인이 취한 방법에 대하여

그리스인과 로마인은 전쟁 중에 잡은 적군들로부터 이익을 얻기 위해 그들을 노예로 만든 뒤 땅을 갈게 하거나 다른 노동에 이용하였다. 하지만 중국인은 그들을 죽이지도, 몸값을 받기 위해 붙잡아두지도, 사슬에 채우지도 않았으며, 자국으로부터 멀리 떨어진 변방에서의 전쟁에 복무하는

∙∙

96) Justinus, *Epitome historiarum Trogi Pompeii*, XLI, 2, 6. 양자 간의 전쟁은 기원전 36~33년에 벌어졌다.
97) 우마르(오마르) 이븐 알카타브(581~644?)는 아부 바크르를 이은 두 번째 이슬람 칼리프였다.

것 외에 다른 일을 부과하지 않았다. 그것과는 예외로 의복으로는 그들을 다른 사람과 구분하기 위해 붉은색 모자를 쓰도록 하는데, 중국에서 이는 오직 파렴치한이나 아니면 아예 무시하라는 표시로밖에 사용되지 않는 것이다.

[17]
튀르크인이 취한 방법에 대하여

대튀르크는 다른 여러 방법 중에서도 어떤 종파의 사람이든 전쟁에서 나라에 충실히 봉사하기만 한다면 그들을 환대하고 머물 곳을 제공함으로써 군대와 세력을 배가하고 있다. 바로 이러한 사람들을 데리고 스스로 '무테페리카'[98]라 칭하는 용맹한 기병대를 조직한다. 그들 중에는 적지 않은 수의 그리스도 교인이 있는데, 이들은 자신들이 처한 상황에 대한 좌절감이나 분노 때문에, 혹은 어리석은 야심이나 여타 사악한 이유로 그곳에 끌려온 것이다. 그러나 예니체리의 창설자인 무라드 2세[99] 이전에 무함마드의 장교 중 하나인 우마르가 당시 로마제국을 가득 채우고 있던 노예들에게 자유를 약속함으로써 엄청난 수를 자신의 기치 아래 끌어들였고, 그리하여 오리엔트 상당 부분의 주인이 되었다.

∴

98) 원문에는 'mutiferiaghi'로 되어 있으나, 이는 튀르키예(터키)어로 경외심을 뜻하는 'Mutefferika'를 가리킨다. 즉 놀라울 정도로 용맹한 기병대란 의미이다.
99) 술탄 무라드 2세(1404~1451)는 1421년에서 1444년까지 통치하였나. 예니체리는 보테로의 말과는 달리, 오스만제국 2대 술탄이었던 오르한 1세(오르한 가지)(1284~1359)에 의해 이미 창설되어 있었다.

[18]¹⁰⁰⁾
폴란드인이 취한 방법에 대하여

폴란드인 또한 다른 나라의 영주를 왕으로 선출하여 그들의 국가를 폴
란드 왕가에 편입함으로써 통치권과 권력을 크게 증대했다. 그래서 다른
예들은 제쳐두고라도, 야젤론카가¹⁰¹⁾의 리투아니아 대공을 왕으로 선출한
뒤, 그들은 결국 그 지방을 자신들의 통치 구성원으로 만들었다. 마찬가지
로 폴란드인은 그 지방들의 귀족을 폴란드 귀족, 그리고 프러시아 및 리투
아니아의 귀족과 동등하게 만듦으로써 자신들의 안전을 크게 확대하였다.

••

100) 1589년 초판에는 이 장이 13장('동맹에 대하여') 앞에 삽입되어 있다.
101) 리투아니아에서 기원한 야젤론카 왕가는 폴란드, 헝가리, 보헤미아를 통치하였다. 가문의
　　마지막 계승자인 안나 야젤론카(1523~1596)는 헝가리의 스테판 바토리(1533~1586)와
　　결혼했으나 자녀가 없었다.

9권

[1]
세력을 강화하는 방법에 대하여

지금까지 우리는 세력을 크게 늘리는 방법에 대해 설명하였다. 이제 우리는 세력을 강화하기 위해 취할 방법에 대해 논의하고자 하는데, 그것은 무엇보다 용맹성을 증대하는 것이다. 왜냐하면 병사의 숫자가 많은 것만으로는 충분하지 않기 때문이다. 그것을 넘어서서 그들에게 용기를 불어넣을 필요가 있다. 왜냐하면 소수지만 용맹한 군대가 수는 많으나 비겁하고 비루한 군대보다 더 낫기 때문이다. 그리스인과 로마인의 승리가 이를 보여주고 있는데, 그들은 통상적으로 적은 수의 군대로 적군을 이겼다. 수는 언제나 용기를 이기지 못하는 법이다.

[2]
군주는 신민에게 군사 훈련을 시켜야 하는가, 아닌가

우리가 논의를 더 진행하기 전에 특히 프랑스인 사이에서[1] 크게 논쟁을 불러일으켰던 다음과 같은 문제에 판단을 내려야 할 필요가 있다. 즉 그것은 군주가 자신의 신민을 훈련하여 군사적 과업에 이용해야 하는지 혹은 외국인을 써야 하는지의 문제이다.

자연 군주[2] 중 어떤 경우는 무차별적으로 모든 인민은 배제하고 오직 귀족만을 복무토록 하였다. 대체로 폴란드인, 페르시아인, 프랑스인이 그렇게 하고 있다. 하지만 귀족은 보병으로 복무하지 않기 때문에, 이들 나라는 언제나 기병은 강력했지만 보병은 취약했다. 참주는 통상적으로 귀족 계급이 지닌 덕과 용기에 대해 언제나 의심의 눈길을 보내기 때문에, 국정을 안정시키기 위해 귀족들을 죽이거나 추방하고 그들의 권한을 평민에게 부여함으로써 그들을 신임하는 경우도 있었다. 튀르크는 피정복국 신민이지만 양육을 통해 귀화한 사람의 손에 세력을 쥐여주었다. 튀르크인은 아자몰리아니[3]라 불리는, 강하고 민첩한 젊은이들을 골라서 소년기에 그들을 집과 부모의 품에서 떼어낸 뒤, 튀르크 지역 여기저기로 보낸다. 그

··

1) Bodin, *Les Six Livres de la République*, V ("신민을 무장시켜 전쟁을 할 수 있도록 하여, 도시를 강화하고 전쟁을 수행하도록 하는 것이 좋은가 나쁜가"). 이 주제에서, 특히 용병을 반대하는 입장에서는 마키아벨리를 빼놓을 수 없다.
2) Prencipe naturali. 출생의 권리에 의해 자연적으로, 즉 정복이 아닌 세습을 통해 군주가 된 경우를 가리킨다. 마키아벨리도 『군주론』에서 이 말을 쓰고 있다. 마키아벨리, 『군주론』, 곽차섭 번역·주해(길, 2015), 2장 5절.
3) Azamogliani. 튀르크어 'adjiam(외국인)'과 'oglou(자식)'의 합성어로, '외국인 젊은이들'이란 뜻이다.

들은 그곳에서 무함마드의 법과 관습에 맞추어 양육되어 부지불식간에 튀르크인이 된다. 또한 그들은 자신들의 생계 비용을 주는 대군주 외에 다른 어떤 아버지도 알지 못하며, 자신들의 봉급과 수입이 나오는 다른 어떤 나라도 알지 못한다. 이러한 논쟁을 해결하기 위해 영지의 으뜸가는 기초는 독립과 자립이라고 전제하기로 하자. 독립에는 두 종류가 있다. 그 하나는 자신보다 우월하고 우위에 있는 모든 것을 배제하는 것으로, 이런 의미에서 교황, 황제, 프랑스 왕, 폴란드 왕은 독립 군주이다. 다른 하나의 독립은 타인의 도움과 지지가 필요하지 않은 경우이다. 이런 점에서 적이나 경쟁자보다 더 우월하거나 적어도 동등한 세력을 가진 경우는 독립적이라 할 수 있다. 이 두 종류의 독립 중에서 더 중요한 것은 후자인데, 왜냐하면 전자가 우연적이고 외적인 반면, 후자는 실체적이고 내적이기 때문이다. 전자에서는 내가 절대적이고 최상의 영주이겠지만, 후자의 나는 강력하고도 나의 국가를 보존하기에 충분한 세력을 갖추고 있을 뿐만 아니라 진정 위대한 군주이다. 하지만 자신의 군대가 없다면 나는 결코 이 두 번째 의미로 독립적일 수는 없을 것이다. 왜냐하면 외국 군대는 그들이 어떤 의무를 지든 간에 언제나 당신보다는 자신의 이익에 더 기대게 될 것이기 때문이다. 그리하여 그들은 적에 의해 부패해서(처음에는 로마인에게 매수되어 카르타고인을 버렸다가, 다음에는 카르타고인에게 매수되어 로마인을 버린 켈티베리아인[4]들처럼), 도착이 지연되어(프랑스인이 긴급히 필요로 했을 때 여러 번에 걸쳐 스위스인이 그런 것처럼), 자신들 나라의 위험으로 인해 고국으로 돌아가는 바람에(조반니 자코모 데 메디치에게 협박을 당해 프랑수아 왕이 긴급히 필

··

4) 켈리베리아인(Celtiberi)은 기원전 마지막 몇 세기 동안 이베리아반도 중부에서 북동부 지역에 걸쳐 살았던 켈트인 및 켈트화한 집단을 가리킨다.

요로 할 때 그에 대한 복무를 저버린 그라우뷘덴인처럼)[5] 종종 당신이 필요로 할 때 당신을 저버릴 것이다. 이러한 용병대가 신용도가 형편없는 상인이나 상점주처럼 자신들의 용역을 판다고 해도 이는 결코 틀린 말이 아니다. 온갖 결점으로 얼룩진 그들은 죽은 자나 아예 존재하지도 않은 자를 올려놓고 거금을 뜯어내는데, 이는 마치 질도 낮고 상태도 부실한데 오히려 좋은 가격을 쳐주는 꼴이다. 또한 그들은 제때 돈을 주지 않으면 반란도 다반사인데, 이는 국기를 위태롭게 하고 군주들을 혼란에 빠뜨린다. 제1차 포에니 전쟁 후 카르타고인이 이러한 일을 겪었고 비코카에서 몽시뇨르 로트렉[6]에게도 일어났다. 스위스인이 노바라에서 루도비코 스포르차를 프랑스인에게 넘겨준 것처럼[7] 만약 용병들이 당신을 암살하거나 적에게 넘겨주지 않는다면, 혹은 브리튼인이 스코틀랜드인과 픽트인[8]에 대항하기 위해 불러온 앵글인[9]이 그들을 쫓아낸 뒤에 결국에는 자신들을 고용한 사람을 향해 칼을 겨누었던 것처럼 만약 그들 스스로가 더 강하다는 점을 알게 되어 무기를 당신에게 겨누지 않는다면 그들이 잘 대우해준 것이다. 베게티우스가 잘 말한 것처럼, "외국 용병을 쓰는 것보다 자신의 인민을 군

5) 조반니(조반/잔) 자코모 데 메디치(1497/98~1555)는 일명 일 메데기노(Il Medeghino) — 작은 메디치란 뜻 — 는 카를 5세 및 밀라노 공작 프란체스코 2세 스포르차 휘하의 콘도티에레였으며, 코모 호수 인근 무소의 소지주이자 강탈자였다. 그의 동생은 후일 교황 피우스 4세가 되는 조반니 안젤로 데 메디치이다. 스위스 그라우뷘덴(그리종) 칸톤의 군대는 1525년 메데기노의 습격에 맞서 발텔리나를 사수하고자 파비아 공성전에서 물러나기로 결정함으로써 전투의 중요한 순간에 프랑수아 1세 군대를 취약한 상태로 몰아넣었다.

6) 로트렉 자작이자 프랑스 원수였던 오데 드 푸아는 1522년 비코카 전투에서 패배하였다. Cf. Guicciardini, *Storia d'Italia*, XIV, 14 참조.

7) 이 사건은 1500년 4월 10일에 일어났다. Cf. Guicciardini, *Storia d'Italia*, IV, 14.

8) 픽트인(Picts)은 고대 말 중세 초 스코틀랜드 동부 및 북부의 거주민이다.

9) 앵글인(Angles)은 독일 게르만 고토에서 이주하여 로마 이후의 시기에 브리튼에 정주한 게르만족의 하나로, 색슨인(Saxons)과 결합하여 잉글랜드의 기초를 마련하였다.

대로 조련하는 편이 훨씬 더 부담이 적다."[10] 로마제국의 멸망에 대해서 우리는 뭐라 말할 것인가? 그것은 외국 군대 때문에 일어난 일이 아니었던가? 황제들은 대내외 전쟁에서 다양한 민족을 군대로 썼다. 이는 하드리아누스가 알란인[11]을, 알렉산데르가 오스로이니인[12]을, 프로부스가 바스타르니인,[13] 에스파냐인, 갈리아인을, 발레리아누스[14]가 고트인과 그 밖의 다른 부족들을 이용한 것과 같다. 로마군 및 다른 나라들의 전술을 배운 이 민족들은 황제와 제국의 참주가 되었고, 그리하여 스틸리코,[15] 울딘,[16] 사루스,[17] 루피노스,[18] 카스티누스,[19] 보니파티우스,[20] 아에티우스[21] 등 로마군의 주장(主將)은 모두 야만인이었다. 그중 많은 수가 황제가 되어 마침내

⁚⁚

10) Vegetius, *Epitoma rei militaris*, I, 28,

11) 알란인(Alans/Alani)은 고대 및 중세에 북코커서(코카서스)에 거주하던 이란계 유목민족을 이른다.

12) 오스로이니인(Osroini/Osroeni)은 에데사를 수도로 하는 상(上)메소포타미아 왕국의 거주민이다.

13) 바스타르니인(Bastarni)은 기원전 200년에서 기원후 300년까지 도나우강 하류, 로마와의 북부 접경지역에 거주하던 게르만족이다. 마르쿠스 아우렐리우스 프로부스 황제(재위 276~282)는 그들을 강둑 오른쪽에 정착시켰다.

14) 로마 황제 푸블리우스 리키니우스 발레리아누스(재위 253~260).

15) 플라비우스 스틸리코(스틸리콘)(359?~408)는 반달족 출신의 로마 장군이다.

16) 울딘은 훈족 족장.

17) 사루스는 고트인 출신의 로나 장군으로 스틸리코 휘하에 있었다.

18) 플라비오스 루피노스(335~395)는 테오도시우스 1세 때의 오리엔트 총독으로 스틸리코의 경쟁자였다.

19) 5세기 초에 살았던 플라비우스 카스티누스는 하드리아누스 치세 로마 집정관으로, 422년 에스파냐에서 반달인과 전쟁을 치렀다.

20) 보니파티우스(보니파키우스)는 로마제국 말기 아프리카 교구 총독이자 장군으로, 갈리아에서 서고트인과, 북아프리카에서 반달인과 전쟁을 하였다. 432년에 죽었다.

21) 플라비우스 아에티우스(390~454)는 매우 영향력 있던 로마 장군으로 보니파티우스의 경쟁자였다. 그는 특히 451년 갈리아(샹파뉴 일대)에서 아틸라의 훈족 군대에 맞서 로마-야만족 동맹군을 이끌었다.

제국의 심장부로 들어가 이탈리아를 짓밟고 로마를 손에 넣고 속주를 왕국으로 바꾸어놓았다. 프랑크인은 갈리아를, 부르고뉴인은 세쿠안인의 땅을, 반달인은 아키텐, 에스파냐, 아프리카를, 수에브인과 알란인은 브르타뉴를, 오스트로고트인은 마케도니아와 트라케를, 슬라브인은 달마티아를, 사라센인은 이시아, 아프리카, 에스파냐를 점령하였다. 라다가익스,[22] 알라릭스,[23] 아틸라,[24] 가이사릭스,[25] 베오르고르,[26] 테오도릭스[27] 등 야만인 군주들은 차례로 이탈리아를 약탈하고 탄압하였다. 만약 칼로아너스 황제[28]가 적군을 물리치려고 1만 2,000의 튀르크군을 모병한 뒤, 그중 6,000은 옆에 두고 나머지는 쫓아내지 않았더라면 무슨 이유로 오리엔트 제국[29]을 잃었겠는가. 그 후 그 지역을 잘 알게 된 튀르크인들은 땅의 비옥함에 이끌리고 손쉬운 전쟁에 분기되어 자신들의 영주 무라드[30]가 6만 군을 거느리고 해협을 건너오도록 하였다. 그리하여 메흐메드[31]는 이 도시 저 도시

∴

22) 동고트의 수장으로, 405년 이탈리아에 침입하여 에밀리아 및 토스카나 일대를 약탈하였다. 스틸리코는 울딘 휘하의 훈족과 사루스 휘하의 서고트인을 규합한 로마군을 이끌고 라다가익스에 맞서 406년 피에졸레에서 승리하였다.

23) 서고트 왕(395~410)으로 408년 로마를 공략하여 410년 도시를 약탈하였다.

24) 5세기 훈족의 왕이다. 451년 갈리아 침입에서 승리하지는 못했으나, 이후에도 여전히 갈리아와 이탈리아에서 위세를 떨쳤다.

25) 가이사릭스(399?~477)는 반달인의 왕이자 428년 이후 알란인의 왕이다. 408년 갈리아에 침입했고, 409년 에스파냐에 들어와 그곳에 정착하여 반달왕국(439~536)을 세웠다.

26) 알란인의 왕으로, 이탈리아에 침입했다가 464년 현재의 베르가모 부근에서 죽었다.

27) 테오도리크 대왕으로 불리는 동고트의 왕이다. 동로마 황제 제논의 동맹으로서, 서로마 최후의 황제 로물루스 아우구스툴루스를 폐위하고 스스로 이탈리아 왕이 된 오도아케르와 싸워 493년 그를 죽였다. 이탈리아에 라벤나를 수도로 하는 왕국을 세웠다.

28) 비잔틴제국 황제 이오아니스 5세 팔라이올로고스(재위 1341~1391)를 가리킨다.

29) l'Impero d'Oriente, 즉 동로마제국을 가리킨다.

30) 무라드 2세는 1422년 콘스탄티노폴리스를 공략하였다.

31) 무라드 2세의 아들 메흐메드 2세는 1453년 콘스탄티노폴리스를 손에 넣었다.

를 하나씩 점령한 후, 마침내 콘스탄티노폴리스를 빼앗음으로써 오리엔트 제국은 멸망하고 말았다. 외국 군대를 사용하는 데 따른 이러한 문제 때문에, 프랑스 왕 샤를 7세는 왕국을 잉글랜드인으로부터 해방한 후 그것을 더 잘 방어하기 위해 보병 5,000의 민병대를 창설하였다. 하지만 이들이 살인과 노상강도를 서슴지 않자 루이 11세[32]는 부대를 폐지하고 그들 대신에 스위스인을 복무하게 했으며, 이들에 대한 비용을 치르기 위해 인민에게 과도한 세금을 부과하였다. 후일 갖가지 방법으로 지연되고 약화하고 무용해지거나 혹은 적의 술책으로 완전히 꼼짝도 못하곤 하는 외국 군대의 도움에 의존함으로써 프랑스가 위험에 빠진다는 것을 알게 된 프랑수아 1세는 1534년 7개 군단으로 이루어진 보병 5만의 군대를 창설하였다. 하지만 이는 거의 와해 상태에까지 이르렀으며 1556년 앙리 왕[33]이 되살리려했으나, 제도가 빈약하고 행정이 부실했기에 거의 성과를 거두지 못했다. 그러나 전쟁에서 자신의 신민을 쓰고(누군가가 그렇게 말하겠지만) 그들에게 군사 훈련을 시키는 군주는 결코 국가의 평화로운 주인이 되지는 않을 것이다. 왜냐하면 무기의 사용은 사람을 오만하고 만용을 부리고 자신만만하게 만들어서, 칼로 원하는 어떤 것도 얻을 수 있다고 생각하게 하기 때문이다. "그는 법이 자신에게 전혀 도움이 되지 않고, 모든 일은 무기의 힘으로 이루어진다고 주장한다."[34] 우리는 이러한 일이 플랑드르와 프랑스에서 일어났다는 것을 안다. 그곳 사람은 긴 전쟁으로 단련되고 유혈에 익숙해져서, 외국과 화평을 한 뒤에 조국과 그들 원래의 왕과 신앙과 신

∴

32) 1589년 및 1590년판에는 루이 11세로, 1596년 및 1598년판에는 루이 12세로 되어 있으나, 루이 11세가 맞다.
33) 앙리 2세.
34) Horatius, *Ars poetica*, 122.

에 대항하여 자신들의 무기를 겨누었다. 하지만 우리는 인간사에서, 특히 인민을 다루고 통치하는 데서 일어나는 위험을 모두 피할 수는 없다. 지혜로운 왕의 의무는 다만 더 크고 더 위험한 일을 피하는 것일 뿐이다. 국가가 처할 수 있는 모든 해악 중에서도 가장 큰 것은 타인의 세력에 의존하는 것이며, 외국 군대를 주요한 힘으로 삼는 국가가 바로 그런 경우이다. 이런 해악과 함께 우리가 앞서 언급한 모든 무질서가 나타나는데, 그것이 너무 크고 중차대해서 이와 비교할 때 반대파에 의해 초래될 수 있는 해악은 사실 아무것도 아닐 정도이다. 그러나 여기에는 앞서 언급한 것보다 더 중요한 결과가 뒤따른다. 그것은 외국 풍속의 도입보다 국가에 더 해로운 일은 없다는 것이다. 왜냐하면 그로 인해 국정이 흔들려서 결국 국가의 멸망을 초래하기 때문이다. 외국 군대로 인한 것보다 더 급격히 해악에 빠져 들어 가는 길은 없다. 로마제국이 이를 예증하지만, 프랑스의 경우는 이를 더 확실히 보여주고 있다. 왜냐하면 그처럼 번영하고 강력한 왕국을 무너뜨린 이단은, 처음에는 프랑수아가 다음에는 그의 아들 앙리[35]가 들여온 스위스 및 독일 군단에 의해 퍼뜨려졌기 때문이다. 이는 다수의 프랑스 영주, 장군, 병사가 외국인과의 대화 및 그들의 예에 따라 불경함으로 가득차서 앙리가 죽은 직후 불신앙의 지지자로 돌아선 데서 잘 나타난다. 하지만 이 자신감을 잃는 것은 기백과 판단력이 취약한 데서 비롯되므로, 현명한 왕이라면 온 힘을 다하여 자신의 신민을 군대로 조련해야만 한다고 말하고 싶다.[36] 로물루스는 유덕하고 좋은 출생의 사람에게 어울리지 않는

• •

35) 프랑수아 1세 및 앙리 2세를 가리킨다.
36) 1596년 판에는 다음의 구절이 덧붙여져 있다. "솔로몬은 이스라엘의 자손을 자신이 하는 일에 하인으로 삼지 않았다. 왜냐하면 그들은 인민을 다스리는 전사이자 지휘관이었기 때문이다." 이 구절의 출처인 「역대하」 8장 9절은 이렇게 번역되어 있다. "오직 이스라엘 자손

저속하고 가치 없는 다른 기예들을 외국인에게 맡기고, 로마인에게는 농사와 군대가 아닌 다른 어떤 것도 허용치 않았다. 우리가 아는 바로, 그들은 240년이라는 기간 동안 반란을 일으킨 적이 없으며 심지어 폭동조차도 일으키지 않았다. 그들은 오히려 믿을 수 없을 정도의 복종심과 기민함을 가지고 게다가 스스로의 돈을 써가며 싸웠다. 왜냐하면 그들의 제도는 훌륭했고 그들에 대한 관리는 그것을 이해하고 그것에 참여하는 사람의 손으로 이루어졌기 때문이다. 알렉산드로스 대왕은 마케도니아인을 군무 외의 다른 모든 책무에서 벗어나도록 하였다. 시라쿠사 왕 히에론[37]은 국가를 안정시키기 위해 외국 군대를 산산조각내어 그들을 신속히 제거하고, 자신의 병사들을 선발하여 그들을 용맹하고 충성스러운 군대로 만들었으며, 이들을 데리고 그의 삶이 다할 때까지 국정을 훌륭히 유지함으로써 로마사에서 유명한 인물이 되었다. 하지만 베네치아의 통치자들과 사보이아 전하와 토스카나 대공은 어떠한가? 그들은 각각 활력이 넘치고 계속 훈련 중인 훌륭한 군대를 갖고 있지 않은가? 그러나 그들이 폭동이나 반란을 일으키거나 농촌을 약탈하거나 길거리를 봉쇄하거나 도시를 공격하거나 공공의 평화를 어지럽히거나 혹은 다른 해악을 끼쳤다고 알려진 바는 없다. 이런 해악은 우리 시민군이 아니라 훈련과 관리상의 문제에서 나타나는 문제이다. 그러므로 우리는, 군주가 이 무기를 잘 쓸 수 있도록 해서 자신의 군대가 중심이며 외국군은 부수적이 되도록 하는 것이 필요하다고 결론지을 수 있겠다. 리비우스는 두 스키피오의 몰락에 대해 이야기하면서 이를 우리에게 가

••

은 솔로몬이 노예로 삼아 일을 시키지 아니하였으니 그들은 군사와 지휘관의 우두머리들과 그의 병거와 마병의 지휘관들이 됨이라."
37) 시라쿠사이의 참주 히에론 2세(기원전 270~215).

르쳐주고 있다. "로마의 장군들이 언제나 경계해야 하는 바, 이러한 경고의 실례를 명심하면서 자신의 군영에 외국인 원군의 수가 자국군보다 더 많을 정도로 그들을 믿어서는 안 된다"라는 것이다.[38] 그러나 평화 시에도 인민을 전쟁에 대비하게 하려면 군에 복무하는 사람에게 혹독한 훈련을 시키는 동시에 봉급도 제때 주는 것이 좋을 것이다. 그들이 정당하게 무기를 들고 싸울 수 있는 튀르크인, 무어인, 사라센인이 결코 부족하지는 않을 것이다. 하지만 갈리 선단을 유지하여 잠시도 평화롭게 있지 못하는 성품의 사람을 배로 보내 젊음과 용맹함을 진짜 적을 향해 배출하도록 하는 것이 가장 좋을 것이다. 왜냐하면 이야말로 그들의 사악한 기질에 대한 치유책이자 그들의 관심을 다른 곳으로 돌리는 방법일 것이기 때문이다.

[3]
병사의 선택에 대하여

당신의 병사를 대담하고 용맹스럽게 만드는 첫 번째 방법은 모병, 말하자면 선발이 될 것이다. 왜냐하면 모두가 기백이 뛰어나고 육체적으로도 준비된 것이 아니기 때문이다. 그들은 해가 떴을 때나 달이 떴을 때나 군무의 고통과 불편을 견뎌내고, 추위와 더위, 배고픔과 목마름도 이겨내야 하며, 낮엔 쉬지 못하고 밤엔 자지도 못한 채 온종일을 버티고, 여울의 세찬 물살을 헤쳐 나가며, 도랑을 뛰어넘고, 벽을 기어오르며, 젊은 다윗처럼 결투를 받아들이고, 예기치 않은 공격에 맞서며, 타오르는 불길과 폭풍처럼 쏟아

••

38) Livius, *Ab Urbe condita libri*, XXV, 33, 6.

지는 연속공격 및 일제사격과 구름처럼 자욱한 석회 먼지, 불붙은 기름, 불덩이 포탄을 견디고, 수천 번도 더 목숨을 시험하며 죽음에 도전해야 하는 것이다. 그러므로 당신은 모든 사람을 다 믿어서는 안 된다. 왜냐하면 겁쟁이는 마치 병 걸린 양처럼 대담한 자들까지도 위축시키는 반면, 용맹한 사람은 함께 뭉쳐서 기백과 힘을 증대하기 때문이다. 이러한 목적으로 신은 유대인 장군들에게 군대를 전투로 이끌기 전에 앞에 서서 병사들에게 이렇게 말하도록 명했다. "여기에 두렵고 마음이 떨리는 사람이 있는가? 그렇다면 자신이 무서워 떠는 것처럼 다른 형제들의 마음까지 떨게 하지 말고 집으로 돌아가도록 하라."[39] 또한 배우자와 자신이 지은 집과 새로 심은 포도나무와 이와 유사한 다른 즐거움이나 안락함에 대한 사랑은 사람을 전쟁의 위험으로부터 물러나게 하고 명예보다는 삶을 더욱 사랑하게 만드는 법이므로, 이러한 부류의 사람 역시 군적(軍籍)에 올리려 해서는 안 된다. 이를 명심한 유다 마카비는 소수의 군대로 무수한 우상 숭배자들의 군대에 맞섰음에도 불구하고, "집을 짓고 배우자와 결혼하고 포도밭을 일구고 두려운 사람은 모두 집으로 돌아가라고 말했다."[40] 위대한 장군들은 언제나 병사의 수보다는 질을 더 고려하였다. 알렉산드로스 대왕은 보병 3만과 기병 4,000으로 전(全) 오리엔트를 지배했다. 이탈리아 및 로마 전역(戰役)에 착수한 한니발은 7,000명의 에스파냐인을 집으로 돌려보냈는데, 그는 이들이 겁을 낸다는 것을 알아채고 이 병사들이 도움은커녕 틀림없이 해가 되리라고 생각한 것이다. 알베리코 다 쿠니오 백작은 자신이 산 조르조 부대라

39) 「신명기」 20장 8절.
40) 「마카베오상」 3장 56절. 유다 마카비는 유대인 사제로 그리스 셀레우코스 제국(기원전 167~160)에 대항하여 마카비 봉기를 이끈 인물이다.

부른 선발된 병사들의 군대로, 오랫동안 이탈리아를 갈기갈기 찢고 짓밟아 놓았던 잉글랜드인 및 브르타뉴인을 비롯한 여타 산 너머의 야만인을 내쫓음으로써 그동안 오명에 시달려 온 이탈리아 군대의 위신을 되찾아 주었다.[41] 기에르기 카스트리오티[42]는 튀르크인과의 수많은 전투에서 자신의 깃발 아래 기병 6,000과 정예 보병 3,000 이상을 거느린 적이 없었다. 그는 이들을 데리고 자신의 소국을 되찾고 방어했으며 튀르크 군주 무라드와 메흐메드[43]에게 영광스러운 승리를 거두었다.[44] 베게티우스의 말과 같이, "모든 전투에서 승리는 보통 숫자와 훈련되지 않은 용맹이 아니라 기술과 경험을 가진 쪽으로 넘어간다."[45] 선발에는 플라톤이 원한 것처럼 모든 병사가 양손잡이인 것이 바람직하다. 즉 오른손 못지않게 왼손도 잘 써야 한다는 것인데, 그는 이것이 오랜 훈련을 통해 만들어질 수 있다고 생각하였다. 성경에는 기브아의 시민 700명은 왼손을 오른손처럼 잘 썼다고 적혀 있다.[46] 하

• •

41) 알베리코 다 바르비아노(1344~1409)는 바르비아노, 쿠니오, 루고, 자고나라 백작으로, 비스콘티가와 교황 우르바누스 6세, 나폴리 앙주가의 용병대장이었다. 그는 1378년 완전히 이탈리아인 용병으로만 이루어진 산조르조 부대를 창설하였고, 1379년 4월 30일 로마 북부에서 대립 교황 클레멘스 7세의 브르타뉴 용병대를 격파하였다. 우르바누스 6세는 그를 그리스도의 기사로 임명하고 "야만인으로부터 해방된 이탈리아"라는 명문을 새긴 군기를 하사하였다.

42) 라틴어 명으로 게오르기우스 카스트리오타(1405~1468)는 일명 스칸데르베구스로 불린다. 그는 알바니아인 예니체리의 장군으로, 자신의 주군에 대항하여 반란을 일으켰고 무라드 2세 및 메흐메드 2세가 보낸 군대를 궤멸시킴으로써, 알바니아의 독립 영웅으로 추앙되었다. 그는 아래의 18장과 10권 4장에서도 언급되고 있다.

43) 앞서 언급한 무라드 2세 및 메흐메드 2세를 가리킨다.

44) 1589년 및 1590년판에는 다음 구절이 이어지고 있다. "당대로 오면, 우리는 조반니 데 메디치가 자신이 면밀하게 선발한 병사들을 데리고 이탈리아 군대에 얼마나 대단한 광휘와 영광을 가져다주었는지를 알고 있다".

45) Vegetius, *Epitoma rei militaris*, I, 1.

46) 「사사기」 20장 15~16절.

지만 우리는 병사로 선발해야 할 사람으로 어떤 민족이 좋은지, 그의 키는 어느 정도 되어야 하는지, 훈련과 체격은 어떠해야 하는지의 문제와 마찬가지로 이에 대한 고려 역시 다른 사람에게 맡겨두고자 한다. 왜냐하면 이러한 점들에 대해서는 이미 여러 저술가가 널리 다루어왔기 때문이다. 여성이 전쟁에 참가해야 할지의 여부 또한 누군가 다른 사람이 다룰 문제인데, 그들은 지금 신세계의 많은 지역과 다리엔, 산타 마르타, 쿠마나, 파리아 및 다른 여러 곳[47]에서 그렇게 하고 있으며, 아마존[48]이란 이름이 지어진 것도 바로 이 때문이다. 고대 게르만인은 여성과 함께 전쟁에 나갔으며, 이들은 때때로 기도를 통해, 앞장서 싸움으로써, 혹은 자신들이 금방이라도 잡힐 것 같은 상황을 남편들에게 보임으로써 거의 패배한 전투를 되돌리곤 하였다. 병사 문제로 돌아오자면, 기민하고 다부진 몸과 인내심이 강하고 정신 자세가 갖추어져 있으며 대담하고 용맹한 자로서 20세에서 60세까지가 좋지만, 체격에 따라 나이는 좀 더 많아도 상관없다. 로마인은 이에 더해서 출신이 좋고 몸가짐이 훌륭한 사람을 원했다.

[4]
무기에 대하여

용맹함은 또한 공격용이든 방어용이든 무기의 질과 함께 커지는 법이

47) 서쪽의 파나마에서 베네수엘라 동부에 이르는, 남아메리카 북부 해안의 도시들이다.
48) 원래는 강의 이름이었으나, 후일 '아마존인의 땅'을 가리켰고 더 최근에는 아마조니아라고 불렸다.

다. 그래서 시인은 신들이 스스로 칭송하는 위대한 인물들에게 무기를 만들어주었다고 이야기했으며, 우리의 로망스 작가들은 전사의 힘이 그들이 사용하는 무구(武具)의 가치와 함께 증가한다는 것을 보여주고자 마법 방패와 장갑(裝甲)을 상상하였다. 말도 이런 무구의 일종이기 때문에, 그들은 또한 자신들의 영웅에게 경이로운 준마를 붙여주고 있다. 그러한 알렉산드로스 대왕과 율리우스 카이사르는 놀라운 말을 갖고 있었다. 우선 방어용 무기를 갖추는 것이 좋은데, 왜냐하면 흉갑이니 쇠미늘 갑옷으로 무장하지 못해 자신이 보호받지 못한다고 느끼는 병사는 팔보다는 다리에 더 생존의 희망을 걸 것이고, 싸우기보다는 도망가는 것을 더 생각할 것이라고 가정할 수 있기 때문이다. 이는 또한 말에 대해서도 마찬가지인데, 마구를 잘 갖춘 쪽이 아무것도 없는 쪽보다 더 기백이 넘친다. 군사적 기술이 극에 달했을 당시 로마 보병은 중무장 상태로 싸웠다. 하지만 매일 같이 연습하여 갑옷의 무게를 이겨내는 훈련이 점점 줄어들면서 무구가 너무 무겁게 느껴지기 시작하자, 그들은 그라티아누스 황제에게 처음에는 흉갑을 다음에는 투구를 벗도록 허용해달라고 요청하였다. 그리하여 그들은 고트인과 백병전을 벌이게 되자 어이없이 패배하고 말았다. 방어용 무구는 병사의 안전을 위해 담금질이 잘 되어 있어야 하며 나아가 가볍고 유연해야 한다. 가볍다고 함은 너무 무겁지 않아서 병사에게 거추장스럽지 않다는 것이다. 타키투스의 말과 같이 사크로비르와의 전쟁에서[49] 적은 무구가 너무 무거워 거의 움직이지도 못할 지경이었으므로, 로마인은 크고 작

∙∙

49) Tacitus, *Annales*, IV, 18. 율리우스 사크로비르는 율리우스 플로루스와 함께 켈트족인 트레우에리인(Treueri/Treweri)의 지도자로, 21년 갈리아 아이두오이인(Aiduoi)을 이끌고 티베리우스 황제에 맞서 반란을 일으켰다.

은 도끼를 사용하여 마치 벽을 깨뜨리듯이 그들을 무너뜨렸다. 어떤 사람들은 쇠스랑이나 그와 유사한 무기로 그처럼 어설프게 무장한 이들을 땅에 처박았다. 매우 영민한 장군이었던 이피크라티스는 병사가 몸이 가볍고 민첩한 것이 아주 중요하다고 생각하여, 그들에게 쇠 흉갑 대신에 아마포로 만든 흉갑을 입게 하였고[50](호메로스는 아이아스 오일레우스에게 같은 재질로 만든 영혼을 주고 있다[51]), 큰 방패와 둥근 방패를 작게 만들어 들게 하였다. 무기는 또한 가벼워야 하는데, 그래야 쉽게 다룰 수 있고 방향을 틀수도 있어서 방해도 되지 않고 엉키지도 않는다. 다윗은 사울이 준 갑옷을 입지 않았는데, 그것을 입으면 마치 자루 안에 들어간 것 같아서 자신의 기민성과 기술을 잃어버릴 것으로 보였기 때문이다. 이런 점에서 독일인의 흉갑은 이탈리아인의 것보다 훨씬 더 낫다. 그래서 독일인은 이탈리아인에 비해 다른 사람의 도움 없이도 더 빨리 무장하게 되는 것이다. 결국 방어용 무기는 형태가 좋고 그것을 갖출 사람에 맞아야 한다. 리비우스는 갈리아인이 쓰던 길지만 폭이 좁은 방패가 그들의 크고 장대한 몸집을 가려주지 못했기 때문에, 로마인이 가하는 타격에 노출되어 있었다고 썼다.[52] 그러나 여기서 투구와 흉갑, 그리고 여타 방어용 무기가 어떤 형태를 가져야 하는지를 기술하는 것은 나의 의도가 아니다. 그것의 적절한 품질에 대해 지적하고 숙고하는 것으로 충분하다고 본다. 인민이 어떤 것을 사용해야 하는지를 알고, 그리고 만약 필요하다면 그것을 개선할 만한 사람과 상의하는 것이 군주가 할 일이다. 예컨대 로마인은 자신들이 지닌 특출한 기

..

50) Cornelius Nepos, *De viris illustribus*, 11, 1. 이피크라티스(기원전 420~352?)는 아테네의 전략가이자 정치가이다.

51) Homeros, *Ilias*, II, 529. 하지만 원문에는 '영혼(anima)'이 아니라 흉갑으로 되어 있다.

52) Livius, *Ab Urbe condita libri*, XXXVIII, 21, 4.

상과 판단력에도 불구하고, 삼니움인의 무기를 채택하는 것을 수치스럽게 생각하지 않았다. 살루스티우스의 말과 같이 "외국의 제도라도 모방할 만하다면 자존심은 제쳐두고 그것을 모방해야 한다."[53]

공격용 무기는 가벼우며 완성도가 높을수록 더 좋으며, 먼 거리에도 사용할 수 있어야 한다. 무기가 가벼우면 병사의 피로감도 줄고 더 자주 쏘거나 던질 수 있다. 완성도가 높으면 그만큼 더 오래 사용할 수 있다. 먼 거리에도 사용할 수 있으면 적이 우리를 공격하기 전에 그만큼 더 많이 그들에게 피해를 안겨줄 수 있다. 왜냐하면 예컨대 적보다 더 먼 거리를 공격할 수 있는 활이 있으면 적이 두 번 쏠 때 같은 거리에서 당신은 세 번 쏠수 있기 때문이다. 그리하여 당신은 3분의 1만큼 유리하게 되는데, 만약양측이 각각 궁수 2,000을 갖고 있다면 당신은 궁수 3,000을 가진 효과를볼 수 있는 것이다. 그래서 베게티우스가 썼듯이 후일 디오클레티아누스와막시미아누스가 요비아노스 및 헤르쿨리아노스라 부른 마티오바르불리군은 로마 황제들에게 영광스러운 승리를 수없이 가져다주었는데, 이는그들이 "직접 맞닥뜨리거나 심지어 던지거나 쏘는 무기의 사정권에 들기도전에" 어떤 종류의 화살로써 적의 병사와 말에 타격을 입혔기 때문이다.[54]이 같은 이점으로 파르티아인은 로마인과의 전쟁에서 수많은 승리를 거두

∵

---

53) Sallustius, *De Catilinae coniuratione*, 51. 1596년판에는 이어서 다음의 구절이 부가되어 있다. "간단히 말해서, 방어용 무기는 병사가 적을 충분히 방어할 만한 그런 종류여야 한다."

54) Vegetius, *Epitoma rei militaris*, I, 17 (정확한 인용은 아니다). 마티오바르불리 (mattiobarbuli)란 납 화살촉 혹은 그것을 장착한 화살로 무장한 고대 로마의 군대를 뜻한다. 영어로는 martiobarbuli, 이탈리아어로는 marciobarbuli라고 한다. 이 무기의 기원은 그리스에 있으나, 로마제국 후기와 동로마제국기에 가장 많이 사용되었다. 디오클레티아누스 황제(재위 284~305)는 당시 발칸반도 서부 지역인 일리리쿰에 주둔하면서 '마티오바르불리'로 유명한 5군단(요비아니) 및 6군단(헤르쿨리아니)을 자신의 근위대로 삼았다.

었는데, 왜냐하면 로마인이 던지는 창을 쓰기도 전에 그들의 화살이 로마 군을 쓰러뜨렸기 때문이다. 잉글랜드인 역시 화살로 프랑스인에게 영광스러운 승리를 거두었다. 이러한 경각심으로 대규모 화승총 부대가 도입되기에 이르렀는데, 이는 의심할 나위 없이 가톨릭 왕이 저지대지방에서 수많은 승리를 거둘 수 있게 해주었다. 라이터군[55]은 병사 각각이 4정 내지는 6정의 짧은 화승총을 소지했지만 그 무기의 사정거리가 짧아서 아무런 중요성도 갖지 못했으며, 더 긴 사정거리를 지닌 화승총의 타격을 받고 무너져버렸다. 기즈 공작 프랑수아는 창병을 동원하여 랑티에서 그들을 궤멸시켜 패주하게 하였다.[56] 아테네인 이피크라티스는 그 같은 효과를 노리고 창의 길이를 두 배로 늘렸고 칼 역시 더 길게 만들었다.

[5]
무기 장식에 대하여

이쯤에서 우리는 병사들이 은으로 도금하거나 혹은 다른 방식으로 화려하게 장식된 무기를 사용하도록 허용할 것인지에 대해 논의할 수 있겠다. 이쪽이든 저쪽이든 그럴 만하다고 생각하게 하는 예와 이유가 있다. 세르토리우스와 카이사르는 병사들이 금과 은으로 장식된 무기를 착용하고 눈에 띄는 갖가지 아름다운 색깔을 넣은 호화로운 외투를 입도록 하였다. 반

··

55) 라이터(Reiter) 혹은 슈바르체 라이터(Schwarze Reiter) — 검은 기마군이란 뜻 — 는 독일 용병 기병대를 가리킨다. 실제로는 그들이 깆고 있던 것은 화승총이 아니라 피스톨이었다.
56) 프랑수아 드 로렌(1519~1563)은 제2대 기즈 공작으로, 1554년 8월 13일 랑티에서 제국군을 무너뜨렸다.

면에 한니발은 안티오코스의 군대가 보여주는 무기와 의복의 화려함을 비난했는데, 그는 그러한 것이 적과 싸우고 그들에게 타격을 주기보다는 오히려 그들의 욕심과 탐욕을 부추기기 십상이라고 생각하였다. 미트라다티스는 도금과 장식을 한 무기를 지닌 자신의 군대가 로마인에 의해 궤멸하사, 군대의 과시와 장식을 중지하고 뒤늦게나마 철과 쇠만을 사용하도록 명하였다. 하지만 우리는 군대를 기백이 넘치고 용맹하게 만들며 적을 더 무섭고 두렵게 하는 것이면 무엇이든 허용해야 한다고 결론짓겠다. 여기에는 의심할 나위 없이 무기의 아름다움과 장려함이 들어간다. 이를 위해서 기병이든 보병이든 언제나 투구와 관모(冠毛)와 그 외 다른 창안물을 머리에 착용하여 통상적인 것보다 키와 몸집이 더 크게 보이도록 해왔다. 비록 한니발은 무기의 장식과 화려함이 적의 욕심과 탐욕을 부추긴다고 말했지만, 결코 그에 못지않은 장군이던 카이사르는 무기의 미와 광휘가 자신의 군대를 오히려 더 강인하고 당당하게 만들 것이라고 생각하였다. 수에토니우스의 말처럼 "그는 자신의 군대를 잘 무장시켜서 그들이 금은으로 빛나는 무기를 갖추도록 하였다. 이는 단지 장식을 넘어서서 이를 잃을까 두려워 그들을 전투에서 더 강인하게 싸우도록 만들었다."[57] 그러나 아마도 갑주(甲胄)에 금은을 사용하는 것을 모든 병사에게 무차별적으로 허용하기보다는 베테랑이나 수많은 전투를 치렀던 사람 혹은 어떤 기억될 만한 공적으로 이름을 드높인 사람에게만 사용하도록 하는 편이 좋을 것이다. 그래서 우리가 아는 바대로, 알렉산드로스 대왕은 자신의 용맹한 병사들이

••

57) Suetonius, *De Vita Cæsarum*, "Caesar", 67, 3. 1596년판에는 이어서 다음의 구절이 덧붙여져 있다. "아게실라오스는 무기를 가장 잘 장식하고 멋지게 만든 병사들에게 큰 상을 내렸다."

페르시아인을 꺾고 오리엔트를 정복하자 비로소 그들에게 은을 입힌 무기를 내려주었고, 그리하여 그들은 아르기라스피디[58]라 불리게 되었다. 그러나 나는 장군 자신이 다른 사람에게 모범이 되지 못하고 지나친 호화로움에 빠져들어, 이로 인해 부대장들과 군대 모두가 과도한 비용과 빈곤에 허덕이는 것을 원치 않는다. 이는 내가 이름을 밝히고 싶지 않은 어떤 곳에서 일어났던 일이다.[59]

[6]
대형(隊形)에 대하여

요새의 가치가 그것을 짓는 재료보다는 그 형태에 있는 것처럼, 군대의 강함은 그 숫자나 여타 다른 무엇보다 그것이 펼치는 대형에 달려 있다. 교회를 그것이 마치 잘 짜인 군대처럼 훌륭하다고 부르는 이유도 여기에 있다.[60] 내가 대형이라고 부르는 것은 병사들이 정렬하여 전투에 임하는 방식을 말하는데, 이는 승리하는 것이 주로 여기에 달려 있다고 할 만큼 아주 중요하다. 왜냐하면 대형이 굳건한 한 군대가 와해될 리는 없을 것이

58) Justinus, *Epitome historiarum Trogi Pompeii*, XII, 7. 'Argiraspidi'는 그리스어 은제 방패란 뜻의 'argyraspis'에서 유래한 말이다. 이런 이유로 그들을 은방패군이라 불렀다.

59) 1589년 및 1590년판에는 이어서 다음의 구절이 덧붙여져 있다. "왜냐하면 장군은 절제해야 하며, 결코 스스로 과시의 예가 되어서는 안 되기 때문이다."

60) 구약의 아가(雅歌, Canticum caticorum)를 암시하는 것으로 보인다. 불가타판 성경 6장 3절에는 여인이 "terribilis ut castrorum acies ordinata", 즉 군대의 대형처럼 멋지다고 되어 있다. 개역개정 「아가서」 6장 4절 및 10장에는 이를 "깃발을 세운 군대같이 당당"하다고 번역해놓고 있다.

며, 와해된다는 것은 언제나 대형이 혼란에 휩싸여 흩어져버린다는 것이기 때문이다. 스스로 얻은 위대한 전쟁과 승리 덕분에 최고의 영광을 누린 두 민족이 있는데, 마케도니아인과 로마인이 바로 그들이다. 마케도니아인은 팔랑크스(밀집대형)로 아시아를, 로마인은 레기오(군단)로 전 세계를 지배하였다. 이 둘은 거의 무적의 군사 대형이었지만 구상과 조직에서 군단이 밀집대형보다 더 나았다. 왜냐하면 마치 생울타리처럼 서로 얽힌 창, 혹은 그들이 사리사라고 부르는 장창으로 무장한 수많은 병사로 구성된, 조각들이 얽혀 하나의 전체를 이룬 밀집대형은 기민하게 움직이기가 힘들었다. 대형이 닫혀 있을 때는 거의 움직일 수가 없었고 닫혀 있지 않을 때는 아무런 효용이 없었다. 더구나 평원이 아니면 그 효용성이 없었다. 왜냐하면 지형이 고르지 않은 곳에서는 필연적으로 대형이 끊겨 무방비 상태가 되었기 때문이다. 이는 아이밀리우스 파울루스와 페르세오스 왕의 전투에서 보는 바와 같다.[61] 하지만 레기오는 수많은 팔다리로 이루어진 하나의 몸과 같다. 여기에는 프린켑스, 하스타투스, 트리아리우스라는 세 종류의 병사들이 있는데, 이는 먼저 코호르스로, 코호르스는 다시 켄투리아로, 켄투리아는 다시 콘투베르니움 혹은 마니풀루스로 나뉘어 있어서[62] 더욱 유연

∵

61) 기원전 168년에 있었던, 제3차 마케도니아 전쟁 중 로마 장군 아이밀리우스 파울루스와 마케도니아 왕 페르세오스가 그리스의 피드나에서 맞붙은 전투를 가리킨다. 유연한 로마 군단이 경직된 마케도니아 밀집대형을 이긴 전투로 평가된다. 보테로는 여기서 리비우스와 플루타르코스의 설명을 따르고 있다. Livius, *Ab Urbe condita libri*, XLIV, 41; Plutarkos, *Vioi Paralleloi*, "Lucius Aemilius Paullus," 19.

62) 로마 군단 레기오(legio)는 일반적으로 'cohors/cohortes'라 불리는 보병대로 나뉘는데, 각 보병대는 다시 'centuria/centuriae'라 불리는 백인대로, 백인대는 다시 'contubernium/contubernia' 혹은 'manipulus/manipuli'라 불리는 소부대(보통 10인 이하)로 나뉜다. 각 부대는 모두 3개 횡대로 이루어지는데, 맨 앞에는 'hastatus/hastati'라 불리는 투창병이, 두 번째는 'princeps/principes'라 불리는 주력병이, 세 번째는 'triarius/triarii'라 불리는 제3열

하고 기민하게 움직일 수 있었으며, 결과적으로 전쟁의 모든 상황에 더 잘 맞출 수 있었고 우리가 잘 아는 효과를 만들어냈다. "팔랑크스는 — 리비우스는 말하기를 — 기민성이 떨어지고 한 종류의 병사로 이루어져 있다. 로마군의 대형은 나누어져 있으며, 각각은 필요에 따라 분리되거나 합칠 수 있는 여러 개의 상이한 부분들로 구성되어 있다."[63] 팔랑크스는 횡대로 나뉘어, 앞 열의 병사가 죽거나 쓰러지면 그 자리를 뒷열의 병사가 채우는 방식이며, 마치 고슴도치처럼 언제나 오직 하나의 머리와 한 몸을 갖고 앞으로 나아간다. 레기오는 앞서 말한 세 종류의 서로 다른 횡대로 나누어지는데, 만약 창병이 타격을 입으면 프린켑스와 트리아리우스 사이로 물러나게 되며, 그래서 제2열과 3열은 좀 더 떨어져 있었고 모든 열은 후퇴와 전진이 쉽도록 비스듬히 정렬해 있었다. 따라서 팔랑크스는 일시에 와해되지는 않지만 전열이 서서히 소모되는 반면, 레기오를 와해시키기 위해서는 그것을 이루는 세 대열을 차례로 모두 넘어서야만 했다. 스위스인은 레기오보다는 팔랑크스를 모방하여 보병대를 만들었고 투창 대신에 장창을 사용했는데, 이는 오스트리아 기병대에 맞설 용도로 고안된 것이었다. 리비우스는 켈티베리인[64]에 대해 전투가 매우 긴박해지면 그들은 마치 쐐기처럼 대형을 만든다면서, "이는 매우 효과적이어서 그것으로 적을 타격하면 언제나 견뎌낼 수가 없다"라고 썼다.[65] 누미디아의 강력한 왕 소팍스는 부와 인구의 수에서 카르타고에 필적했지만 보병의 조직에서는 그들보다

∴

병(노병으로 구성된 보충부대)이 배치된다.

63) Livius, *Ab Urbe condita libri*, IX, 19, 8.

64) 켈티베리인(Celtiberi)은 기원전 마지막 몇 세기간 이베리아반도 중부와 북동부 지방에 살던 켈트족 혹은 켈트화한 사람을 일컫는다. 이 말은 디오도로스, 아피아노스, 마르티알리스 등의 글에 나타난다.

65) Livius, *Ab Urbe condita libri*, XL, 40, 3.

훨씬 뒤처졌다. 이는 그가 군대의 대형을 짜고 정렬하는 기술도 형식도 갖추지 못했기 때문이다. 그래서 그는 당시 우호 관계에 있던 로마인에게 도움을 요청했고, 이에 그들은 왕에게 몇 명의 백인대 대장을 보내 누미디아 사람에게 어떻게 깃발 신호를 따르고 진군하고 대형을 유지하는지, 그리고 여타 군사적 사안은 어떻게 처리해야 하는지를 가르치도록 하였다. 이를 습득한 그는 곧바로 대형이 가져오는 결과를 인식하였다. 왜냐하면 그는 카르타고와 무력 충돌이 일어났을 때 큰 전투에서 승리했기 때문이다. 이후의 경험이 보여주듯이 이탈리아 군대는 대형의 결핍으로 어떤 명성도 얻지 못하고 있으며, 독일인 및 스위스인과의 전쟁에서 이탈리아 병사들이 믿고 따를 만큼 똑똑한 장군도 없다. 베네치아인 또한 이에 대한 예증이 될 수 있는데, 그들은 이탈리아인 외에 다른 보병을 갖지 못했기 때문에, 로베레토, 카라바조, 바일라[66]에서 알프스 이북의 군대와 맞설 때마다 패배하고 말았다. 독일인과 스위스인이 훌륭한 병사로서의 명성을 유지하고 있는 것은 다른 이유에서가 아니라 그들의 전투 대형 덕분이다. 왜냐하면 그들은 기민함과 강인한 기백과 성실함과 민첩함에서 프랑스인[67]과 마찬가지로 이탈리아인을 멀찌감치 앞서가고 있는데, 이는 트라니, 콰라타, 아스티, 시에나 등지에서 이탈리아군이 보병으로든 기병으로든 앞서 언급한 민족의 군대와 싸운 개개의 전투에서 보는 바와 같다. 그러나 이탈리아군은 정말로 중요한 전투에서도 패배했는데, 그 이유는 다름이 아니라 알

••

66) 1487년 베네치아군은 트렌토 남부 로베레토에서 티롤 백작 지기스문트 프란츠에게 패배하였다(원문에는 로베레도로 표기되어 있다). 프란체스코 스포르차(=포르차)와 치른 카라바조 전투는 1448년에 일어났다. 1509년 5월 14일 프랑스는 바일라 혹은 아냐델로 전투에서 베네치아에 승리했다(원문의 비알라는 오기이다). Cf. 마키아벨리, 『군주론』, 12장 26절.
67) 1589년, 1590년, 1596년판에는 "에스파냐인과 프랑스인"으로 적혀 있다.

프스 이북의 민족들이 소규모 전투에서는 쓰지 않던 대형을 사용하여 승리했기 때문이다.[68] 일반적으로 말하자면, 전투 대형은 재빠르고 유연할수록 좋은데, 왜냐하면 병사 개인에서와 마찬가지로 어떤 군대에서든 단순히 강고한 것보다는 잘 조직되는 것이 더 중요하기 때문이다.

[7]
대의의 정당성에 대하여

대의의 정당성은 용기를 크게 북돋는데, 대의를 가진 사람은 언제나 승리의 희망을 가지며, 이는 다시 그의 기백을 드높이는 법이다. 왜냐하면 "희망이 쌓이면 분노가 싹트며",[69] 분노는 강인함을 유발하기 때문이다. 정의의 편에 선 사람은 기백 있게 자신의 대의를 실천하며 더 확고하게 위험과 맞닥뜨린다. 게다가 신민은 기꺼이 군주에 봉사할 것이고 또한 자기 재산을 내어서까지 그를 지원할 것이다. 더욱이 해악에 맞서는 사람은 그것을 저지르는 사람보다 더 분개하고 더 강하게 행동하는 법이다. 반면 불의하게 행동하는 사람은 자신이 신과 맞서고 있다는 것을 분명히 알지 못할 수가 없으며, 이런 생각만으로도 충분히 병사의 기백과 힘을 약화시키고 빼앗을 수 있다. 그러므로 군주와 장군은 병사들에게 그들이 치르는 전쟁이 정당하다는 점을 반드시 인지하게 해

..

68) 문맥으로 보아 이탈리아인은 적절한 전투 대형이 부재로 소규모 전투에서는 간혹 승리할 수 있었어노 큰 전투에서는 승리할 수 없었다는 뜻인 것 같다.
69) Vergilius, *Aeneis*, X, 263.

야 한다. 이렇게 하려면 군주는 사절이나 제관단(로마인이 엄숙하게 이용했던)[70]을 보내 적에게 정당한 것은 요구하고 불의한 것은 거부하며, 자신들이 경솔함이나 야욕으로 혹은 인민의 생명과 피를 헛되게 저버리는 것이 아니라 오직 신앙을 지키고 국가와 자신의 명예를 유지하기 위해 전쟁에 뛰어들었음을 입증하기 위해 신에 호소해야만 할 것이다. 카이사르는 내전 당시 주목할 만한 방식으로 이를 지켰는데, 그는 무기가 부딪치는 굉음 속에서도 평화를 위한 협상을 결코 멈추지 않았다. 그는 여러 번 사절을 보냈고, 여러 제안을 했으며, 마지막에는 자신이 비록 전쟁을 욕망하기는 하지만 그럼에도 평화를 애호하는 사람임을 보여주기 위해 갖은 방법을 다 썼다. 하지만 폼페이우스를 비롯한 다른 사람들이 화평을 모두 거부함으로써 그의 병사들의 마음은 분노와 복수심으로 가득 차올랐다. 결국 "대의란 전사의 힘을 약하게도 강하게도 만드는 것이다."[71]

[8]
신에 의지하는 것에 대하여

그러나 신성한 존엄에 의지하는 것보다 더 병사들을 격려하고 희망과 용기를 높이는 것은 없다. 플라톤은 우리에게 중요하고 어려운 과업뿐만

..

70) 고대 로마에서는 전쟁을 선포하고 평화협상을 주재하는 사제들로 구성된 페티알리스/페티알레스(fetialis/fetiales), 즉 제관단이라는 것이 있었다.
71) Propertius, *Elegiae*, IV, 6, 51.

아니라 쉽고 가벼운 과업 역시 그것을 시작할 때 하늘의 은총을 기원하라고 조언하고 있다. 시작이 좋으면 최상의 결과가 따라온다는 것이다.[72] 다른 어떤 것보다 더 위험하고 중요한 전쟁이라는 과업에서, 요새의 방어에서, 적의 도시를 공격할 때, 개활지 전투에서, 그리고 여타 모든 군사적 행동에서 이보다 더 지켜야 할 일이 어디에 있겠는가? 오노산드로스는 스승 플라톤의 교의에 따라 엄숙한 희생 의식을 통해 자신을 정화하기 전에는 결코 군대를 나라 밖으로 보내려 하지 않았다.[73] 로마인은 먼저 점을 쳐보지 않고는 전쟁에 나가지 않았다. 다윗은 종교적으로 신의 뜻을 묻지 않고는 전쟁은 물론 어떤 중요한 일에도 착수하려 하지 않았다. 콘스탄티누스 대제는 페르시아인과의 전쟁에서 언제나 미사가 열리는 교회 같은 역할을 하는 이동식 예배소를 갖추게 했으며, 모든 군단에는 각자의 이동식 신전을 설치해 그곳에서 사제와 부제(副祭)가 미사를 주재하게 했는데, 사람들은 그것을 야전 미사라 불렀다. 또한 그는 십자가를 승리의 깃발이자 서약으로 삼았다. 후일 모든 역사서는 두 테오도시우스[74]의 승리가 그들의 군세보다는 기도 덕분임을 확언하고 있다. 신에 대한 이 같은 의지는 훌륭한 결과를 많이 만들어냈다. 그 하나는 그것으로 신의 보호를 얻어냈다는 것이다. "신이 함께한다면 그 누가 감히 우리에 맞설 수 있겠는가?"[75] 다른 하나는 그것이 자신감을 드높여 승리를 거의 확신하게 한다는 것이며, 그

∷

72) Platon, *Timaios*, 27c.

73) 오노산드로스(혹은 오네산드로스)는 기원후 1세기경에 살았던 그리스 철학자로, 보테로는 여기서 그의 저작 『전술론(*Strategikos*)』의 이탈리아어 역본인 *Dell'ottimo capitano generale et del suo officio* (Venezia, 1546)에서 관련 부분(24v~25v)을 인용하고 있다.

74) 아마 테오도시우스 1세(재위 379~395)와 2세(재위 402~450)를 가리키는 것으로 보인다.

75) 「로마서」 8장 31절.

리하여 경이로울 만큼 기백을 되살리고 재충전하게 해준다는 것이다. 세 번째는 그것이 내세의 지복을 보증함으로써 군대를 믿을 수 없을 만큼 용맹하게 한다는 것이다. 왜냐하면 생의 위급한 순간과 죽음을 목전에 둔 모든 전투에서 천상의 삶에 대한 희망보다 더 사람의 마음에 위안을 주고 정신을 고양하는 것은 없기 때문이다. 이제 이 같은 신에 대한 의지가 적절하면서도 원하는 결실을 맺으려면, 장군은 군대에 성직자를 대동하여 병사들을 위해 기도하고 그들을 격려하고 그들의 고해를 받고 개별적으로나 전체적으로나 모든 방법을 동원하여 그들을 도움으로써, 그들이 계속해서 눈을 부릅뜨고 집중하며 죄로부터 정화되고 신의 은총으로 충만하게 해야 한다. 만약 수많은 어린 처녀들이 이런 방법으로 광포한 폭군과 무자비한 사형 집행인과 폭력적인 고문과 적대적인 로마제국을 이겨냈다면, 신의 보호 아래서 신성한 존엄의 은총을 받은 병사들에게 무엇이 어렵겠는가? 만약 가톨릭교도가 진리를 위해 싸운 반면 위그노는 거짓을 위해 싸웠고, 전자가 신의 보호에 대한 희망이 있는 반면 후자는 자포자기하는 마음뿐이었으며, 전자가 교회 및 그리스도의 신성한 성사(聖事)로 무장한 반면 후자는 칼뱅과 여타 불경한 목사들에 이끌렸기 때문이 아니라면, 그들이 그 수많은 전투에서 그와 같은 불리함을 안고도 프랑스와 플랑드르의 위그노를 완전히 분쇄한 데는 어떤 다른 이유도 없음이 분명하다. 가톨릭교도 가운데서도 앞서 언급한 위그노에 대항한 지방들과 튀르크에 대항한 몰타와 레판토에서 더 용맹하게 싸운 병사들은 지극히 신실한 마음으로 신과 합치된 사람이었다.

[9]
병사들을 그들의 집에서 멀리 이동시키는 것에 대하여

다음으로 병사들을 고국에서 멀리 이끌어내는 것이 그들의 용기를 높이는 길이다. 그 이유는 먼 거리로 인해 병사들이 도주하기가 쉽지 않기 때문인데, 전장이 집에서 가까우면 종종 그런 일이 일어난다. 타키투스가 비텔리우스의 군대에 대해 말하기를, "크레모나의 성벽에 가까워지자 그들은 도주하려는 마음이 커지는 만큼 저항의 기세도 꺾였다."[76] 부모와 자식과 아내와 친구에 대한 애정은 그들과 멀리 떨어져 있으면 가까이 있을 때만큼 크지 않다. 그래서 도시를 방어할 때는 그 도시민을 믿어서는 안 된다. 왜냐하면 부모에 대한 그들의 경애심과 자식에 대한 사랑과 아내에 대한 경계심과 재산에 대한 우려와 여타 유사한 감정이 그들의 손을 묶고 판단력을 흐리게 하기 때문이다. 하지만 그들이 친족도 재산도 없이 주위에 적군만이 보이는 외국에 가 있으면 마음을 다잡고 싸우지 않을 수 없다. 이를 잘 알고 있었던 인물이 한니발인데, 이탈리아로 건너가려고 작정한 그는 먼저 에스파냐와 아프리카를 확보한 뒤 에스파냐에는 아프리카인을, 아프리카에는 에스파냐인을 각각 주둔시켰다. 그는 전자든 후자든 각자의 집에 있는 것보다는 그곳에서 멀리 떨어져 있는 편이 더 나으리라고 생각하였다.[77] 포르투갈인은 자신들의 고국에서나 그에 가까운 곳에서는 별다른 용맹함을 보여주지 못하지만, 인도에서는 탁월함을 유감없이 발휘

⁞

76) Tacitus, *Historiae*, III, 18. 69년 베스파시아누스 군과 아울루스 비텔리우스 군이 제위를 놓고 싸운 전쟁으로 크레모나가 파괴되었다.
77) 1589년 초판에는 다음의 구절이 뒤따르고 있다. "이탈리아 병사들이 이탈리아에서는 별 소용이 없으나 이탈리아 밖에서는 높이 평가되는 이유가 바로 이것이다."

하였다. 그들은 그곳에서 극소수의 자국 병사들만으로 맘루크, 튀르크, 페르시아(우리는 그들의 군대가 얼마나 용감한지 알고 있다), 그리고 막강한 인도 왕을 물리치고 대양과 호르무즈, 디우, 고아, 멜라카, 말루쿠의 부유한 나라들에 대한 지배권을 차지하였다.[78] 왜냐하면 그들은 자신들이 집에서 멀리 떨어져 어떤 도움도 받을 수 없음을 알고 필사적으로 싸웠기 때문이다. 신세계에서 에스파냐인이 보여준 업적 또한 동일한 이유(신을 따르는)에서 찾아야 한다. 그런데 크사야르사[79]에 대한 아테나이인의, 다라야바우스에 대한 알렉산드로스 대왕의, 티그란에 대한 루쿨루스의, 혹은 안티오코스에 대한 스키피오의 무훈[80]을 칭송해 마지않는 사람이 왜 에스파냐인의 이런 업적은 깎아내리는지 나는 알 수가 없다.

[10]
훈련에 대하여

훈련은 군대의 중추인데, 나는 훈련이란 훌륭한 병사를 만드는 기술이며 훌륭한 병사란 용맹함을 따르는 사람이라고 말하겠다. 그래서 로마 병

⁘

78) 포르투갈은 1514년 호르무즈에 대한 통제권을 확립했고, 1535년 디우를 기항지로 만들었으며, 1510년 고아를 빼앗았고, 1511년에서 1641년까지 멜라카를 지배했으며, 1511년 말루쿠와 무역을 시작하였다.
79) 그리스를 침공한 크사야르사(크세르크세스) 1세(대왕)를 가리킨다.
80) 기원전 68년 아르메니아 왕 티그란 2세는 동유프라테스 강변의 아르탁사타 전투에서 로마의 장군 루쿨루스에게 패배하였다. 기원전 190년 그리스 왕 안티오코스 3세는 리디아의 마그네시아 아드 시필룸에서 스키피오 아시아티쿠스(스키피오 아프리카누스의 동생)에게 대패하였다.

사들은 최선을 다해 힘을 발휘하겠다고 장군에게 맹세하였다. 이를 그들의 마음속에 심어주기 위해서는 먼저 부패와 사치의 기회와 유혹을 없애버려야 한다. 포도주, 목욕, 여인, 소년, 잠, 즐거움을 주는 물건, 과도한 안락 등이 부패의 양상이다. 리비우스가 말하고 있듯이, 카푸아에서 한니발 군의 힘을 빼앗은 것도 바로 그러한 것들이었다.[81] 그가 병사들을 그처럼 부유하고 향락적인 도시에 머물도록 한 것은 그와 같이 위대한 장군으로서는 칸나이에서 거둔 승리 이후 즉시 로마로 군대를 이끌고 가지 않은 것보다 더한 실수로 생각된다. 왜냐하면 후자는 단지 승리를 늦춘 것에 불과한 반면, 전자는 승리를 위한 힘을 스스로 박탈한 셈이기 때문이다. 그러면 이제 다양한 종류의 군사적 부패에 대해 좀 더 자세히 이야기해보자. 값비싼 도구와 멋을 부린 가구도 부패의 품목이다. 그래서 페스켄니우스 니게르[82]는 일부 병사들이 마실 때 은제 잔을 사용한다는 것을 알고는 군영 내에서 그와 유사한 용기의 사용을 일절 금지하였다. 병사들이 개별적으로 짐 나르는 동물을 쓰는 것 또한 부패의 일종이다. 이 때문에 소(小)스키피오[83]는 카르타고 전쟁에서 병사들에게 짐을 대폭 줄여 그것들을 모두 팔든지 혹은 스스로 짐을 나르도록 하였다. 그리고 메텔루스[84]는 유구르텐과의 전쟁에서 군사적 임무에 필요한 것이 아니면 어떤 병사도 짐을 나르기 위해 노예나 말을 사용하지 못하게 했다. 감미롭고 달콤한 것도 모두

••

81) Livius, *Ab Urbe condita libri*, VII, 38.
82) 가이우스 페스켄니우스 니게르(140~194)는 로마 5황제 시대의 제위 요구자 중 하나로, 194년 시리아 북부 이수스에서 경쟁자였던 셉티미우스 세베루스에게 패하였다.
83) 스키피오 아이밀리아누스(기원전 185~129)는 스키피오 아프리카누스의 손자로 입양되었고, 제2 스키피오 혹은 소스키피오, 아프리카누스 등으로 불린다.
84) 메텔루스 누미디쿠스(기원전 155?~91)는 기원전 109년 집정관이 되어 누미디아 왕 유구르텐과의 전쟁을 지휘하였다.

부패의 일종인데, 그래서 메텔루스는 그와 같은 것을 일절 금지하였고 군영 내에서 꼭 필요한 음식 외의 것을 팔면 군대에서 쫓아버렸다. 누만티아 전쟁에 임한 스키피오[85]는 병사가 아닌 사람들은 모두 그에 딸린 물건을 들고 즉시 군영 밖으로 나갈 것이며 식량을 조달할 때 외에는 들어오지 말라면서, 이를 어길 시에는 큰 벌을 내릴 것이라고 임명하였다. 베스파시아누스는 향수 냄새가 진동하는 한 젊은이가 자신에게 지사직을 내린 데 대해 감사하고자 그를 알현하자, 퉁명스러운 얼굴로 "차라리 마늘 냄새가 났으면 더 좋았을 텐데"라고 말하면서 임명을 취소해버렸다.[86] 안드레아 그리티[87]가 베네치아 군사령관이었을 때에도 비슷한 이야기가 전해온다. 한 청년이 성장(盛裝)을 하고 용연향과 사향 냄새를 풍기면서 그에게로 와 당시 진행 중이던 전쟁에서 어떤 직위를 내려주십사고 부탁하였다. 그는 대답하기를, 만약 복무하고 싶다면 노든 괭이든 둘 중 하나를 택해야 할 것이라고 대답하였다. 즉 그는 이 청년이 노 젓는 병사나 공병이 아닌 다른 직무에는 적합하지 않다고 본 것이다. 카르타고인의 경우 병사가 포도주를 마시는 것을 금지하고 있었다. 로마 병사들에게 허용된 미식(美食)이라고 해봐야 돼지기름, 치즈, 식초 정도였고, 그들은 이를 사용하여 스스로 마실 것을 만들었다, 그들은 또한 화로나 재를 이용하여 거친 빵을 스스로 만들었고 여기에다 스프를 곁들여 먹었다, 우호적으로 대해주는 사람들을 약탈하고 그들에게 나쁜 짓을 하는 것도 부패의 일종인데, 아우렐리아누스 황제는 이에 매우 엄격하였다. 한 보병이 집주인의 아내와 함께 있

⁘

85) 앞서 언급한 스키피오 아이밀리아누스를 가리킨다.
86) Suetonius, *De Vita Cæsarum*, "Vespasianus," 8, 5.
87) 안드레아 그리티(1455~1538)는 캉브레 동맹의 전쟁에서 베네치아군 사령관을 역임했고 1523년에서 1538년까지 베네치아 도제로 통치하였다.

는 것이 발각되자, 그는 병사의 다리를 나무 두 그루의 꼭대기에 묶어놓으라고 명하였다. 이어서 두 나무를 억지로 가까이 붙여 놓은 뒤 놓아버리자 병사의 몸은 두 조각으로 찢겨버렸다.[88] 황제는 한 군행정관에게 쓴 편지에서, 스스로의 생명을 보전하려면 병사들의 손을 억눌러서 다른 사람의 털 하나도 건드리지 못하게 할 것이며, 그들이 부유하게 되는 길은 친구의 눈물이 아니라 오직 적에게서 빼앗은 전리품에 있다고 생각하도록 하라고 썼다.[89] 하지만 병사에게 가장 위험한 것은 여가이다. 왜냐하면 만약 그들이 아무것도 할 일이 없게 되면 에스파냐에 있던 스키피오의 병사들처럼 반란을 일으키거나 사악한 짓을 하기 때문이다. 카르타고와의 전쟁을 끝낸 그들은 그곳에서 방탕한 생활을 하면서 우방의 영토를 약탈하고 지휘관의 권위를 무시하다가 끝내는 행정관을 내쫓고 새 장교들을 임명하였다. 그러므로 그들에게 훈련을 부과하고 그들을 이곳저곳으로 이동시키고 참호와 도랑을 파고 수로를 열게 하거나 다른 유사한 일을 하도록 해야 한다. 마르쿠스 아이밀리우스[90]는 병사들의 여가를 빼앗기 위해 그들에게 피아첸차에서 리미니까지 도로를 만들도록 하였고, 카이우스 플라미니우스[91]는 볼로냐에서 아레초까지 도로를 닦게 하였다. 율리우스 베투스는 지중해 무역을 북해와 연결하기 위하여 수로를 통해 손강과 모젤강을 잇고자 하였다(이 영웅적 과업은 그것을 질시한 이일리우스 그라킬리스에 의해 저지되었

..

88) *Historia Augusta*, "Aurelianus," 7.
89) *Ibid*.
90) 마르쿠스 아이밀리우스 레피두스(기원전 230?~152)는 로마의 집정관이자 폰티펙스 막시무스(대신관)이자 감찰관이었던 기원전 187년에 아이밀리아로(路) 공사를 감독하였다.
91) 카이우스(가이우스) 플라미니우스 네포스(기원전 275?~217)는 기원전 232년 평민 호민관으로 선출되었고 후일 감찰관이 되었다. 그는 리미니로 향하는 군사 도로를 확장하였는데, 이는 그의 이름을 따 플라미니아로(路)로 불린다.

다).[92] 같은 시기에 파울리누스[93]는 라인강의 홍수와 범람에 대비하여 드루수스[94]가 시작한 일을 마무리했고, 코르불로[95]는 "바다의 불확실한 상황을 피하기 위해"[96] 뫼즈강과 라인강을 잇는 23마일[97] 길이의 수로를 완공하였다.[98] 하드리아누스는 병사들을 계속해서 훈련에 임하도록 했는데, 그렇게 해서 그들이 훈련을 덜 버거워하자 언제나 그 자신이 앞장서서 완전무장을 한 채 하루에 20마일을 걷고 병사들과 똑같이 최소한의 휴식과 섭취에 만족하였다. 프로부스 황제는 병사들을 동원하여 수많은 교량과 주랑과 사원을 비롯한 여러 주요 공공건물을 건설하였다. 세베루스는 로마인을 브리튼인에게서 떼어놓기 위해 군대로 하여금 한 바다에서 다른 바다에 이르는 방벽을 세우게 했는데, 이는 정확히 지금의 트위드강과 체비엇힐스가 잉글랜드와 스코틀랜드를 가르고 있는 지점이다.[99] 그러나 우리의 본성

●●
●●

92) 원문에는 '줄리오 베테레'(=율리우스 베투스)라 되어 있으나, 이는 루키우스 안티스티우스 베투스의 오기로 보인다. 상(上)게르마니아 총독이었던 베투스의 계획은 당시 갈리아 벨지카(현재의 베네룩스 3국 부근)의 총독인 아일리우스 그라킬리스와의 불화로 실현되지 못했다. Tacitus, *Annales*, XI, 53, 2.
93) 가이우스 수에토니우스 파울리누스(활약기 41~69).
94) 네로 클라우디우스 드루수스(기원전 38~9).
95) 그나이우스 도미티우스 코르불로(7?~67).
96) Tacitus, *Annales*, XI, 20.
97) 1598년 4판에는 "ventitré mila miglia(2만 3,000마일)"로 되어 있으나, 이는 분명히 '23마일'의 오기로 보인다.
98) 1589년 초판에는 이어서 다음의 구절이 덧붙여져 있으나 이후 판본에서는 삭제되었는데, 사실 이는 앞서 8권 2장에 이미 썼던 내용이다: "마리우스는 자신의 이름을 딴 마리우스 수로를 건설했고, 드루수스는 저지대지방에 드루수스 수로를 만들었다. 카이사르 아우구스투스는 이집트를 속주로 만든 뒤, 땅을 좀 더 비옥하고 농사에 적합하도록 수로를 관개하여 시간이 흐름에 따라 물길이 막힌 나일강이 그곳으로 흘러 들어가도록 하였다."
99) 122년부터 스코틀랜드와 경계를 이루는 잉글랜드 북부에 방벽을 세우기 시작한 인물은 하드리아누스였다(하드리아누스의 방벽). 셉티미우스 세베루스는 2세기 말 수많은 공격으로 무너진 방벽을 보수하였다. 트위드강은 타인강의 오기이다.

은 쾌락을 원하며 즐거움을 곁들이지 않고는 노고를 참아낼 수 없다. 그래서 병사들은 보통 도박을 하게 되는데, 이로부터 심각한 일이 생기기 때문에 때때로 그들에게 즐거움을 주는 훈련을 하도록 할 필요가 있다. 스포르차 다 코티뇰라[100]는 병사들이 주사위 놀이나 카드놀이 혹은 유사한 다른 오락을 하도록 허용하지 않았으며, 대신 레슬링, 장대높이뛰기, 달리기, 뛰어오르기 등 전쟁에 유용한 경기를 하도록 했다. 이는 병사들의 훈련과 여흥을 위해 역시 이런 방법을 썼던 발레리우스 코르비누스[101]와 파피리우스 쿠르소르[102]를 본딴 것이었다. 살루스티우스는 폼페이우스에 대해, "그는 뛰어오르기에서 가장 날랜 사람과 달리기에서 가장 빠른 사람과 장대높이뛰기에서 가장 다부진 사람과 어깨를 나란히 했다"라고 썼다.[103] 아우렐리아누스 황제도 이에 못지않았는데, 그는 병사들에게 어떤 훈련이든 시키지 않고는 하루를 그냥 보내지 않았다. 왜냐하면 이를 통해 힘과 민첩성을 기를 수 있기 때문이다. 이런 경기들은 군사 활동에 이점이 될 수 있는

⁂

100) 용병대장 스포르차(=무치오 아텐돌로, 1369~1424)는 라벤나 근처 코티뇰라에서 태어났다. 그의 아들 프란체스코 스포르차는 후일 결혼을 통해 밀라노 공국을 이어받았다.

101) 누구를 가리키는지 명확하지 않다. 동일한 이름을 가진 인물이 많기 때문이다. 본 역서의 저본인 베네디티니-드상드르 판본의 주석(p. 385, n. 13)에는 마르쿠스 발레리우스 메살라 코르비누스로 되어 있으나, 그는 "기원전 3세기경의 로마 정치가이자 군인으로 제1차 포에니 전쟁 중 메사나를 정복했다"라는 주석의 해설과는 달리 후대(기원전 64~8/12?)의 인물이다. 메사나(현재의 메시나)를 정복하여 메살라라는 새로운 성(姓)의 시조가 된 인물은 기원전 289년 집정관이 된 마니우스 발레리우스 막시무스 메살라로, 그는 마르쿠스 발레리우스 막시무스 코르비누스의 아들이자 전설적 인물 마르쿠스 발레리우스 코르부스의 손자이다.

102) 로마 공화정 초기의 유명한 정치가이자 장군으로 제2차 삼니움 전쟁에서 여러 번 승리했다. 집정관을 5번, 독재관을 2번 역임했다.

103) Sallustius, *Historiarum*, II, fragmentum 29. 이는 보테로가 Vegetius, *Epitoma rei militaris*, I, 9에서 재인용한 것이다.

어떤 것을 숙달시킨다는 점에서 아주 유익하며, 하나의 예로 삼기에 결코
부적절하지 않을 것이다. 이런 경기 중에서도 로마인이 특히 자주 하던 것
이 있었다. 50명 혹은 그 이상의 무장한 젊은이들이 다양한 공방전을 벌이
며 모의 전투를 한 뒤, 정방형 대형으로 한데 모여 머리 위를 아주 촘촘하
게 방패로 가리면 바깥에 있던 두 사람이 날쌔게 그 위로 타고 올라간다.
이 거북 등 모습의 방패 벽은 약간 기울어져 있기 때문에, 그곳에 발로 딛
고는 몸을 숙이면서 손을 빈갈아 사용하여 맨 위로 올라가면 마치 단단한
지붕 위를 걷는 것처럼 걸을 수 있다. 그다음 둘은 그 위에서 서로 으르렁
대며 싸우기도 하고 이쪽에서 저쪽으로 뛰어다니기도 하면서 이런저런 전
투 경기를 하는 것이다.[104] 이 훈련이 유용하다는 것은 제2차 마케도니아
전쟁에서 잘 나타났다. 왜냐하면 로마인이 헤라클레이아를 포위 공격했을
때, 병사들은 이런 식으로 만들어진 거북 등을 타고 올라 도시 성벽에 접
근하여 적과 똑같은 높이에서 쉽게 그곳을 뛰어넘어 성채를 장악했기 때문
이다. 이런 결과를 얻으려면 병사들에게 다양한 형태의 모의 전투 훈련을
시키는 것이 좋다. 즉 다리와 항구, 여울과 강둑, 좁은 길과 장벽, 수로와
참호에 대한 공격과 방어, 소규모 접전, 각개 전투(단 죽음에 대한 위험은 없
이), 혹은 보병이든 기병이든 여러 병사 간의 전투, 도강(渡江), 창병에 맞서
는 법과 검을 사용하는 법, 화승총을 쏘는 법, 그리고 평지든 고지든, 오르
막이든 내리막이든 여기저기로 옮기는 법을 익혀야 하는 것이다. 깃발 신
호에 따르고, 대오를 흩뜨리지 않은 채 좌로 우로 혹은 필요한 방향으로
움직이고, 돌격을 하거나 적의 돌격을 막아내고, 대오를 흩뜨림 없이 좁혔

••

104) 이 구절은 리비우스(Livius, *Ab Urbe condita libri*, XLIV, 9)를 풀어 옮긴 것이다. 그는
　　이를 로마인의 헤라클레이아 공략과 관련하여 기술하고 있다.

다가 늘리고, 정방형으로, 원형으로, 길게, 혹은 다양한 종류나 다양한 상황에 맞는 방식으로 여러 전투 대형을 만드는 연습을 하는 것이 얼마나 유익한 훈련인지는 굳이 말할 필요도 없다. 병사들은 이를 통해 스스로 즐기면서 전투에 필요한 행동을 익히고 진짜 같은 상황을 맛보게 되며, 그리하여 자신들이 습득한 용기로 기백을 드높이고 민첩성으로 육체의 능력을 증진하는 것이다. 베게티우스가 말했듯이 "우리는 전투에서 훈련이 군세보다 훨씬 더 유익하다는 것을 알아야만 한다."[105] 또한 병사들은 건강해야 하고 생기가 있어야 하며 마음이 평온해야 한다. 근년에 페구인에게 복속된 사이암 왕국에서는 모든 축제와 경기를 전쟁을 염두에 두고 치렀다. 그중 한 경기가 메난강 가의 우디아시(市)에서 개최되었는데, 무려 3,000척의 파라이(전쟁용 소범선)가 몰려와 함께 승부를 겨룰 정도였다.[106]

[11]
상(賞)에 대하여

그러나 훈련을 떠받치는 두 가지 주요 지주(支柱)는 상과 벌이다. 전자는 좋은 일을 하도록 격려하기 위한 것이고 후자는 나쁜 일을 벌하기 위한 것이다. 전자는 고귀하고 용맹한 정신에 필요하고, 후자는 저급하고 반항적인 정신에 필요하다. 전자는 박차의 역할을 하고 후자는 재갈의 역할을 한

••

---

105) Vegetius, *Epitoma rei militaris*, II, 23.
106) 페구는 고대 버마(현 미얀마)의 몬 왕국 수도이다. 1569년 사이암은 버마에 크게 패배했으나, 그로부터 30년 후 새로 나타난 아유타야 왕국은 강력한 독립국가였다. 우디아는 아유타야 왕국의 수도였다.

다. 상은 명예 혹은 이익을 주는 것인데 명예의 상에는 두 종류가 있다. 왜 냐하면 어떤 것은 죽은 자에게 주어지고 또 어떤 것은 산 자에게 주어지기 때문이다. 죽은 자에게는 조상(彫像)이 세워지고 그를 칭송하는 장례연설 이 행해지며 분묘도 만들어진다. 알렉산드로스 대왕은 그라니쿠스강 전투 에서 목숨을 잃은 병사들을 위해 장엄한 대리석 조상들을 세웠다.[107] 로마 인 중에서 장례연설로 칭송된 첫 번째 인물은 타르퀴니우스가(家)와의 전 쟁에서 죽은 브루투스[108]였는데, 이런 관행은 뒤에 아테나이시(市)에도 도 입되어, 마라톤 전투 및 그 뒤의 아르테미시온 전투[109]와 살라미스 전투에 서 죽은 사람을 연단(演壇)에서 칭송하는 연설이 행해졌다. 하지만 가장 위 엄 있는 것은 사모스 전투에서 죽은 시민들을 기리기 위해 페리클레스가 한 연설이었다.[110] 로마인은 다음과 같은 점에서 그리스인과 달랐다. 즉 아 테나이에서는 전쟁에서 목숨을 잃은 경우가 아니면 공식적으로 칭송하지 않았으나, 로마에서는 남자가 아닌 여자 시민에게도 이런 방식으로 경의 를 표했던 것이다. 리쿠르고스는 시민들이 단지 조국을 위해 용감하게 목 숨을 바친 사람을 칭송하고 비열하게 전투에서 도망친 자들을 꾸짖는 식 으로만 웅변의 기술을 사용하기를 바랐다. 로마인은 이에 덧붙여 고명한 인물의 사체를 대단히 화려한 의식을 거쳐 연단으로 옮겨두고는 가장 가

..

107) 기원전 334년 그는 그라니쿠스강(현재 튀르키예의 비가강) 전투에서 페르시아군에 대승 을 거두었다. Cf. Diodoros Sikeliotes, *Bibliothiki Istoriki*, XVII, 19~21 참조.
108) 루키우스 유니우스 브루투스(기원전 6세기경 활동)는 루크레티아의 자살 후 로마 왕 타르 퀴니우스 수페르부스(오만왕)를 축출하고 로마공화국을 세웠고 스스로 최초의 집정관 중 하나가 되었다.
109) 기원전 480년 9월 17일 아르테미시온만에서 벌어진 페르시아와의 전투.
110) Plutarkos, *Vioi Paralleloi*, "Pericles," 8 & 28. 기원전 440~439년 아테나이와 그에 반기 를 든 사모스가 충돌하였다.

까운 친척이 장엄한 연설을 통해 그의 덕을 기렸다. 그들은 장례 절차가 끝난 뒤, 밀랍으로 만든 사자(死者)의 조상을 집에서 가장 위엄 있는 곳에 아주 잘 장식된 작은 방을 만들어 그곳에 안치하였다. 이후 집안사람이 죽으면 그 장례식에 이 상(像)을 모시고 나왔다. 만약 그가 집정관이었다면 그것에 토가 프라이텍스타[111]를, 감찰관이었다면 자색 의상을, 개선 의식을 받았다면 금빛 의상을 입혔고, 손도끼와 파시오[112]와 여타 고인이 지니고 있던 관직과 장관직의 휘장이 부착된 매우 호화로운 장식의 수레에 실어 운구하였다. 이 조상은 이어 상아제 좌(座)에 실려 연단에 놓이는데, 폴리비오스에 따르면 젊은이들을 명예로운 과업에 헌신하도록 격려하는 데 이보다 더 아름답고 효과적인 광경은 없다는 것이다.[113] 또한 공식 분묘를 만들어 사자를 기리기도 하는데, 이런 유의 명예를 처음으로 받은 인물은 발레리우스 푸블리콜라[114]였다. 스파르타인은 전쟁에서 죽은 사람을 제외하고는 그 누구도 분묘에 명문(銘文)을 새기지 못하게 하였다. 돈 후안 데 아우스트리아[115]는 영광스러운 레판토 전투를 치른 후, 메시나에 그토록 고귀한 죽음을 맞은 사람의 무기를 적재한 전승 기념물을 세우고는 그 아래쪽에 그들을 높이 칭송하는 비명(碑銘)을 새겨놓았다. 또한 그는 그들의

••

111) 'vesti preteste' (toga praetexta). 원로원 의원이나 집정관이 입던, 자색 선을 두른 황백색 의상.
112) fascio/fasci. 다수의 막대기를 묶은 다발로, 고대 로마에서 공권력의 표징이었다. 파쇼나 파시즘이란 단어의 어간이 바로 이것이다.
113) Polybios, *Historíai*, VI, 53.
114) 그는 기원전 509년 루키우스 유니우스 브루투스와 함께 로마공화국 최초의 집정관 중 하나가 되었다.
115) 신성로마 황제 카를 5세의 서자로, 1571년 오스만튀르크와 싸운 레판토 해전에서 신성동맹 함대를 지휘하였다.

영혼을 위해 매우 장엄한 미사 찬송을 올렸으며, 아울러 그 자신과 주요 지휘관이 참석하는 여타 그리스도교 의식을 개최하였다.

비록 사자에 바치는 모든 명예가 살아 있는 사람에 대한 자극이 되겠지만, 그럼에도 그들에 대해서도 동일한 칭송과 조상의 상(賞)이 주어진다. 칭송에 대해 말하자면, 스파르타 왕들은 전투에서 공격을 앞두고 자신들이 용감하게 싸운다면 얻게 될 영광스러운 기억을 기리기 위해 뮤즈에게 희생을 바쳤다. 로마인 역시 그들 못지않게 이를 높이 평가했는데, 그들은 전투가 끝나고 승리를 얻으면 집정관을 비롯한 여타 장군들이 군대가 보는 앞에서 크나큰 용기를 발휘한 병사들을 칭송하고는 하였다. 그래서 스키피오는 카르타헤나[116]를 정복한 뒤, 병사들의 능력과 용기를 칭송하며 적의 광포한 공격도, 높은 성벽도, 깊은 해자(垓子)도, 가파른 성채도 그들을 두렵게 만들지 못했으며, 불굴의 기백으로 모든 난관을 극복하고 모든 장애를 돌파했다[117]라고 말했다. 스키피오는 또한 아프리카 전투에서 라일리우스와 마시니사[118]가 카르타고인과 소팍스에 대해 보여준 무용(武勇)을 공개적으로 여러 번 칭찬하였다. 또한 살아 있는 사람의 용맹한 행적을 조상을 세워 기리기도 했는데, 고대인들은 이를 대리석이나 청동으로 만들

116) 이는 북아프리카의 카르타고가 아니라 카르타고의 식민시였던 에스파냐의 지중해 연안 도시 카르타헤나를 가리킨다. 스키피오 아프리카누스는 기원전 209년 원래 마스티아 혹은 마시아로 불렸던 이 도시를 손에 넣은 후 이를 카르타고노바로 명명하였다.

117) "불굴의 … 돌파했다"라는 구절은 리비우스에게서 따온 것이다. Livius, *Ab Urbe condita libri*, XXVI, 48, 4.

118) 로마의 장군이자 정치가이며 스키피오의 친구였던 가이우스 라일리우스(기원전 235~169)는 제2차 카르타고 전쟁에 참전하였다. 마시니사(기원전 238~148)는 누미디아의 왕으로, 제2차 포에니 전쟁에서 처음에는 카르타고 편에 섰다가 뒤에 로마 편에 서서 싸웠다. 소팍스는 누미디아 왕이자 마시니사의 아버지로, 처음에는 로마 편에 섰다가 뒤에 카르타고 쪽으로 돌아서서 로마 및 아들 마시니사와 대적하였다.

었다. 말을 탄 자세도 있었고 그냥 서 있는 자세도 있었으며 무장을 한 경우도 있었고 비무장인 경우도 있었다. 그래서 로마인은 테베레강을 헤엄쳐 건너 푸르세나스 왕의 군영에서 도망쳐 로마로 돌아왔던 클렐리아(다른 사람은 굳이 말할 필요도 없다)의 청동상을 세웠다.[119] 하지만 또 다른 큰 명예는 시민의 목숨을 구했을 때 주어지는, 시민관(冠)으로 불리던 것과 각각 제일 먼저 도시 성벽을 넘은 병사와 공격 중인 군영의 참호로 뛰어든 병사에게 주는 성벽관 및 참호관이라 불리던 것이었다. 이러한 관은 풀잎이나 떡갈나무 잎으로 만들어 아무런 금전적 가치는 없었지만 그럼에도 전쟁 중에 받을 수 있는 최고의 명예로 생각되었다. 가장 현명한 군주였던 카이사르 아우구스투스는 그런 관의 위신과 명성을 유지하고자, 보통 전투에서 커다란 용기를 보여준 사람에게 주어지곤 하던 목걸이 및 여타 금은제 물품에 비해 그것을 잘 수여하지도 않았을 뿐 아니라 훨씬 더 받기 어렵게 만들었다. 카르타고 공략 당시, 스키피오가 도시 성벽 위에 처음 발을 딛는 병사에게 성벽관을 수여하려고 하자 야심을 가지고 서로 치열하게 경쟁하던 육군과 해군 사이에 논쟁이 일어났다. 이에 장군은 위험한 갈등과 추문을 중단시키기 위해 두 관을 하나는 육군 병사 Q. 트레벨리우스에게, 다른 하나는 해군 병사 디기티우스에게 각각 수여하였다.[120] 이와 유사한 갈등은 뒤렌 공략 시 에스파냐인과 이탈리아인 사이에도 있었다.[121] 한 에스파냐 병사와 다른 이탈리아 병사가 서로 자신의 상이라고 다툰 것이다. 사

..

119) Livius, *Ab Urbe condita libri*, II, 13. 클렐리아는 에트루리아 왕 푸르세나스(포르센나/포르세나)에게서 도망쳐 로마로 돌아왔다는 전설적인 소녀이다.

120) Livius, *Ab Urbe condita libri*, XXVI, 48, 5~13.

121) 1543년 카를 5세는 프랑스 왕 프랑수아 1세의 동맹인 윌리히-클레베-베르크 공작 빌헬름 데어 프로인트리헤에게서 주요한 요새 도시인 라인란트의 뒤렌을 빼앗았다.

실 어떤 이익도 없고 순전히 명예만이 주어지는 이 지극히 아름다운 형식의 상은 군대와 용맹한 병사들의 영광을 기리기 위해 되살릴 만한 가치가 있다. 큰 전투를 치른 후 때로 기사 작위가 수여되기도 하고 또 이는 순전히 명예만을 부여하는 것이기는 하지만, 그럼에도 평화 시에 칼이라곤 한 번도 뽑아보지 못한 사람, 단지 신사 출신인 사람에게까지도 기사 작위가 주어진다. 그러므로 고귀한 출신이 아닌 병사들은 자신들의 덕성을 장려하는 이런 종류의 유인책을 빼앗긴 셈이다. 또한 유피테르의 신전에 '스폴리아 오피마',[122] 즉 로마 장군이 적장에게서 빼앗은 전리품을 바치는 것도 커다란 명예였다.[123] 로마공화국 전 시기를 통틀어 이 명예를 안은 사람은 세 명을 넘지 못했는데, 로물루스, 코르넬리우스 코수스,[124] 마르쿠스 마르켈루스[125]가 바로 그들이었다. 카이사르 아우구스투스는 군대의 명예를 기리는 여러 가지 방법을 고안하였다. 그는 무려 30명의 장군에게 개선(凱旋)의 명예를 안겨주었고, 개선의 장식품을 하사받은 사람은 훨씬 더 많았다.

군주가 그 자신이나 자신의 후원하에 수행한 전쟁과 과업에 대해 정확히 기술하도록 해야 한다는 것 역시 꼭 지적할 만한 점이다. 왜냐하면 이를 통해 자신의 덕성뿐 아니라 특출한 용기로 이름을 날린 모든 장군과 각 병사의 덕성 또한 칭송될 것이기 때문이다. 이는 다른 사람에게 커다란 자극이 될 것인데, 예배당에 짤막한 명문을 새겨놓은 무덤도 그렇게 존경을 받는데, 하물며 전 세계로 퍼져나가고 모두에게 읽힐, 탁월하게 기술된 역

··

122) spolia opima (L) = le spoglie opime (I).
123) Livius, *Ab Urbe condita libri*, IV, 20, 6.
124) 기원전 5세기의 로마 장군이자 정치가.
125) 마르켈루스(기원전 268~208)는 다섯 번에 걸쳐 집정관을 역임한 로마공화국의 중요한 군사 지도자였다.

사에서 높이 칭송된다면 얼마나 더 큰 존숭을 받을 것인가? 사실 카스티야인은 이 점에서 크게 실패했다. 왜냐하면 그들은 기억할 만한 수많은 일을 해내고, 바다를 수없이 건너고, 수많은 섬과 대륙을 발견하고, 수많은 나라를 복속시키고, 결국에는 신세계를 손에 넣음으로써 그리스인과 마케도니아인[126]의 업적을 크게 뛰어넘었음에도, 그 과정을 아는 사람에게 그것에 대해 기술하도록 하는 데는 아무런 관심도 기울이지 않았기 때문이다. 다른 점에서와 마찬가지로 이 점에서 포르투갈인은 카스티야인보다훨씬 더 앞서 나아갔다. 왜냐하면 그들은 포르투갈어와 라틴어로 자신들의 용맹한 행적을 밝혀줄 사람을 여럿 갖고 있었기 때문이다. 최근에는 예수회 신부 조반니 피에트로 마페이[127]가 우아한 언어와 고원한 관념과 아름다운 문체로 그것에 대해 기술했는데, 이는 우아함에서 그에 필적하지못하는 사람이라면 그를 칭송할 자격이 없을 만큼 고귀한 것이다. 그러나이처럼 사람을 덕성으로 이끌기 위해 그 자신의 과업을 쓰게 하려는 생각은 어떤 군주보다도 성 라자루스, 성 요한, 성 스테파노스와 같은 군대 수도회[128]의 총 단장에게 더 적절한데, 왜냐하면 각 수도회의 기사들은 그 수

..

126) 알렉산드로스 대왕을 가리킨다.

127) 마페이(1536~1603)는 베르가모 출신의 예수회 역사가이다. 그는 마누엘 다 코스타의 『1568년까지의 예수회 동방 선교의 역사(*História das missões dos Jesuítas no Oriente, Até ao Ano de 1568*)』를 라틴어로 번역(*Rerum a Societate Jesu in Oriente gestarum,* 1573)하였다. 1588년 그는 포르투갈인의 아시아 정복과 예수회 선교의 역사를 기술한 『인도의 역사(*Historiarum indicarum libri XVI*)』를 피렌체에서 출판하였다. 그는 로마대학 (Collegio Romano)에서 오랫동안 가르쳤기 때문에, 아마 보테로는 그를 직접 알았을 수도 있다. 마페이를 칭송한 이 구절은 1596년 제3판에서는 보이지 않는다.

128) 성 요한 기사단(병원기사단)과 예루살렘의 성 라지루스 기사단은 십자군 전쟁에서 비롯되었다. 성 스테파노스 기사단은 1561년 오스만튀르크에 대항하기 위해 토스카나 대공작 코지모 1세 데 메디치에 의해 창설되었다.

가 많지 않아서 자신들의 노력에 대한 이러한 보상을 누릴 가능성이 높을 뿐 아니라, 모두 귀족으로서 명예를 응당 그래야 할 만큼 높이 평가하는 사람들이기 때문이다. 하지만 역사를 쓰는 것은 군주가 해야 할 일이거나 (왜냐하면 다른 사람은 과업의 원인과 성과 및 그 정황을 충분히 알 수 없기 때문이다) 혹은 군주가 권위와 호의와 돈으로 지지하는 사람이 해야 할 일이다. 그렇게 하지 않으면 어떤 중요한 결과도 나오지 않는다. 이를 잘 이해했던 샤를마뉴는 역사를 쓰도록 자신이 택한 사람에게 모든 편익를 제공하였고, 자신에게 복속한 민족들의 모든 기억할 만한 행적을 기술하도록 명했다. 사이암의 왕은 전쟁 중에 봉신들을 격려하기 위해 뛰어난 병사들의 용맹함을 책으로 쓰게 하여 그것을 자신에게 읽도록 하며, 성경은 우리에게 아하수에로[129] 또한 그렇게 했다는 것을 알려주고 있다. 이제 다시 우리의 주제로 돌아가자. 고대인은 명예뿐 아니라 이익도 함께하여 금관과 목걸이, 마구(馬具), 소지품, 황소, 노예, 봉급 혹은 배급 식량의 배증(倍增), 하위 직급에서 상위 직급으로의 승진과 같은 다른 상도 수여하곤 했는데, 병사들의 용기를 북돋우는 데 이보다 더 효과적인 것은 없었다. 로마인은 이를 아주 잘 사용했는데, 왜냐하면 군단에서 명예와 이익이 결합한 군사적 직급은 모두 그것을 꼭 받을 만한 사람에게만 주어졌기 때문이다. 그래서 베게티우스는 야심이 덕에 대한 보상이 갈 자리를 차지하고 호의가 용맹함에 대한 보상을 대체할 때 군단의 우수함은 쇠퇴한다고 썼다.[130] 그리스도 교권의 군주들은 이런 식으로 보상하는 훌륭한 수단들을 갖고 있는데, 군사적 종교 교단의 수많은 성직록과 고위 직책이 바로 그런 것이다. 특히

··

129) 「에스더」 2장 23절; 6장 1절.
130) Vegetius, *Epitoma rei militaris*, II, 3.

가톨릭 왕은 성 요한 기사단의 재산 외에도 에스파냐에 산티아고 기사단, 알칸타라 기사단, 칼라트라바 기사단, 몬테사 기사단의 모든 수입을 갖고 있으며, 또한 교황의 양허(亮許)로 이 모든 단체의 총 단장이기도 하다.[131] 덕에 대한 포상과 이교도에 대한 전쟁에서 수행한 봉사에 대한 보상으로 분배되는 이 모든 자산이야말로 에스파냐인이 무어인에 대항하여 보여준 드높은 용맹함의 주요 원인이었다. 에스파냐인이 무어인을 쫓아낸 것처럼, 만약 그것을 이러한 목적을 위해 사용한다면 그들은 아프리카에서도 무어인을 복속시키기에 충분할 것이다. 사실 성 요한 기사단은 최고의 찬사를 받을 만한데, 이는 그들이 이교도에 대한 전쟁을 결코 포기한 적이 없을 뿐 아니라, 육전에서나 해전에서나 용기가 어떤 것인지를 언제나 유감없이 보여주었으며 그리스도교 공동체를 위해 봉사해왔기 때문이다. 그들이 이처럼 성 스테파노스 기사단의 족적을 따르고 있기 때문에, 그들의 이름은 튀르크인과 무어인에게 군대 전체보다 더 큰 두려움을 불러일으킨다. 튀르크인과 무어인의 가장 잔혹한 노예 상태에서 그들이 해방한 수많은 그리스도 교인이 매일 같이 그들을 축복하고 있으며, 알자자이르나 타라불루스에서 아직 발에 족쇄를 찬 채 비참한 노예 상태에 있는 수천의 가없은 그리스도 교인은 그들이 오기만을 기다리고 있다. 무슨 일이 더 경건한 것

••

131) 산티아고 기사단은 에스파냐의 수호성인 성 이아고(=산티아고)를 섬기는 기사단으로, 1160년경 콤포스텔라의 산티아고로 오는 순례단을 보호하기 위해 창설되어 1174년 카스티야에 본거지를 두었고, 이듬해 교황의 승인을 받았다. 이 수도회는 항상 에스파냐 왕과 협력하여 무어인과 싸웠다. 알칸타라 기사단은 1170년경 알칸타라시(市)에서 동신회(同信會; confraternity)로 설립되어 1176년 군사적 수도회로 재창립되었다. 칼라트라바 기사단은 1158년 무이인과 싸우기 위해 설립되어 1164년 기사단으로 재창립되었다. 몬테사 기사단은 신전기사단(Templar)과 병원기사단(Hospitaller) 간의 다툼 속에서 만들어진 것으로 1317년 추인되었으며, 1587년 에스파냐 왕좌와 합쳐졌다.

인가? 어떤 전쟁이 포로로 잡혀 있는 사람을 해방하는 것보다 더 그리스도교적인가? 육체가 그토록 잔혹하게 고문을 당하고 영혼이 그처럼 위험스럽게 시험에 드는 것보다 더 불행하고 혹독하다고 생각될 만한 억류 상태가 있는가? 그러나 가장 중요한 점은, 설사 병사가 전쟁 중에 불구가 되고 장애를 입는다 해도 군주는 결코 그들을 포기하지 않고 그들에게 적절한 대우와 생계를 제공해주리라는 것을 그들이 확신하도록 하는 것이다. 왜냐하면 많은 사람이 전쟁의 위험 앞에 몸을 사리는 것은 죽음에 대한 두려움보다는(그것은 대체로 별 고통도 아픔도 주지 않는다), 부상과 여타 사고의 발생으로 불구가 되고 장애를 입는 것에 연유하기 때문이다. 이러한 두려움은 군주가 너그러움으로 그들에게 양식을 주고 그들을 돌보며 그들에게 경의를 표하리라는 것이 확실하면 사라질 것이다. 이는 현재 전쟁을 치르고 있는 사람의 사기를 높이는 데 도움이 될 뿐 아니라, 이와 유사한 수고를 하고 유사한 위험을 겪는 다른 사람 역시 격려하고 사기를 북돋울 것이다. 의심의 여지 없이, 시민들과 동무들이 비록 전쟁에서 부상당하고 몸이 상해서 돌아왔다 해도 군주가 그들을 따뜻이 맞아 살아갈 수 있도록 해주는 것을 보게 될 때, 아무리 비겁하고 저급한 자라 할지라도 그 누가 스스로 무언가를 해내겠다는 마음을 품지 않을 수 있겠는가? 반면에 전쟁에서 돌아온 사람이 부상과 장애는 차치하고라도 왕이 그들을 돌보지 않고 가난으로 괴로움을 당하면서 비참한 상태에 처한다면, 아무리 어리석거나 아무리 대담한 사람이라도 그것을 보고 마음이 위축되고 기운이 떨어지지 않을 수 있겠는가? 로마인은 이 점을 매우 잘 알고 있었기 때문에, 국가에 훌륭히 봉사한 병사에게는 다른 것들뿐만 아니라 최고의 재산을 배당하였다. 다른 예를 들 것도 없이, 대(大)스키피오가 병사들에게 전쟁에서 그들이 수행한 햇수만큼 1년당 이틀거리의 땅을 주도록 명한 것으로 충분할 것이다.[132) 더욱이 만약 군주가 병사의 불행에 관대할 뿐만 아니라, 병사가 전쟁 중에 죽게 되었을 때 그들의 아내, 자식, 누이, 혹은 다른 친척들을 배려하리라는 것을 확신하게 해준다면, 그들이 불 속으로 뛰어들고 쏟아지는 화살과 나아가 죽음 그 자체에까지 맞서게 하는 데에 그 어떤 것도 이보다 더 효과적인 것은 없을 것이다.

[12]
벌에 대하여

통치를 하는 데 있어 유용한 것이 상이라면 필요한 것은 벌이다. 왜냐하면 덕이란 그 스스로 만족하며 외적인 자극이 필요 없지만, 악행과 사악함은 벌에 대한 두려움으로 다루지 않으면 만사를 혼란스럽게 만든다. 다른 어떤 것보다도 바로 이런 이유로, 국가의 입법자와 창건자는 언제나 유덕한 행동에 상을 주기보다는 잘못된 행동에 벌을 주고 억누르는 데 더 많은 관심을 기울였다. 하지만 만약 전시에 훌륭히 싸운 병사에게 상을 내리지 않는다면 당신은 사랑받지 못할 것이다. 만약 죄인을 벌하지 않는다면 병사들이 복종하지 않을 것인데, 군대에서 이보다 더 나쁜 일은 있을 수 없다. 이런 이유로 이름난 장군은 모두가 가혹했으며 여러 가지 형벌과 처벌로써 군대의 기강을 유지하고 바로잡았다. 만리우스가와 쿠르소르가[133)를 비롯한 여타 가문은 굳이 말할 것도 없지만, 평화를 열렬히 애호하는 군주

∴

132) Livius, *Ab Urbe condita libri*, XXXI, 49, 5. "이틀거리의 땅"이란 걸어서 이틀이 걸리는 크기의 땅을 뜻한다. 기원전 199년 스키피오 아프리카누스가 그렇게 명하였다.

카이사르 아우구스투스도 병사에게 매우 가혹해서, 때로는 적에게 등을 돌리고 자신들의 위치를 내준 부대를 10분의 1형에 처했을 뿐 아니라[134] 정규 식량 대신 보리쌀을 배급하기도 했다. 티베리우스는 군대를 제자리로 돌려놓기 위해 옛 로마인이 썼던 모든 종류의 처벌과 고문을 다시 도입하였다.[135] 그런데 군대의 벌에는 두 종류가 있다. 어떤 것은 수치심과 불명예를 안겨주고 또 어떤 것은 고통과 상실을 초래한다. 비겁함에 대한 공개적인 질책과 비난은 수치심을 안겨주는데, 이러한 깃들은 개인을 향하기도 하고 군대 전체를 향하기도 했다. 리비우스는, 병사들이 도주한 뒤 마르쿠스 마르켈루스가 군대를 향해 매우 신랄하고도 엄중한 연설을 했는데, 병사들은 그가 격노에 차서 한 말과 그가 퍼부은 지독한 비난 때문에 적으로 인한 부상과 그들의 공격으로 입은 피해에 못지않게 비탄에 빠졌다고 썼다. 그는 또한 병사의 수치심을 끌어올리기 위해 전투에서 군기를 잃는 병사에게는 정규 식량 대신 보리쌀을 주고, 지휘관에게는 허리띠를 푼 채 손에 칼을 들고 서 있으라고 명했다.[136] 또 셈프로니우스 그라쿠스는 용기가 없는 병사에게 서서 먹게 하였다.[137] 스파르타에서는 도주로 살아남은 병

133) 티투스 만리우스 토르콰투스에 대해서는 Livius, *Ab Urbe condita libri*, XXII, 60을 볼 것. 루키우스 파피리우스 쿠르소르는 로마 공화정 초기의 유명한 정치가이자 장군으로 제2차 삼니움 전쟁에서 여러 번 승리했다. 집정관을 다섯 번, 독재관을 두 번 역임했다.

134) 보테로는 여기서 동사로 "decimò"(←decimare)란 단어를 쓰고 있는데, 이는 열 명 중 한 명씩을 죽이는 고대 로마의 이른바 "10분의 1형(decimazione)"을 뜻한다.

135) Suetonius, *De Vita Cæsarum*, "Tiberius," 19.

136) Livius, *Ab Urbe condita libri*, XXVII, 13. 마르쿠스 클라우디우스 마르켈루스(기원전 268~208)는 제2차 포에니 전쟁의 승전 장군으로, 다섯 번에 걸쳐 집정관을 역임하였다.

137) Livius, *Ab Urbe condita libri*, XXIV, 16. 티베리우스 셈프로니우스 그라쿠스는 급진적 토지 개혁을 시도하다가 죽음을 맞은 그라쿠스 형제의 아버지로 두 번(기원전 177년 및 163년)에 걸쳐 집정관이 되었다.

사는 아내를 줄 수도 맞을 수도 없었으며,[138] 갖가지 색깔로 물든 얼룩덜룩한 군복을 입어야 했을 뿐 아니라, 턱수염을 일부는 깎고 일부는 긴 채 그대로 두어야 했고, 어떤 사람이든 그들을 때리거나 모욕하는 것이 허용되었다. 로마인도 전투 중 도주한 자에게 아주 가혹했는데, 그들은 비겁함으로 인해 감옥에 갇히는 신세가 되었다. 로마 원로원은 칸나이 전투에서 도주한 자에게 전쟁이 끝날 때까지 이탈리아 바깥에서 군대 생활을 하도록 벌을 내렸으며, 차후 그들이 어떤 무용을 발휘하든 다시는 군사적 포상을 받을 수 없었다. 군영에서 내쫓는 것(카이사르는 아프리카 전쟁에서 일부 오만한 백인대장들을 이런 벌에 처했다)과 기수(旗手) 및 지휘관 직위와 계급을 빼앗는 것은 커다란 수치이자 모욕이었다. 그러나 비겁함으로 인해 적의 손에 떨어진 자들을 구하지 말라는 금령은 수치 못지않게 큰 손실이었다. 로마인은 무능함으로 인해 카르타고인의 포로가 된 병사에게 이를 적용하였다. 로마인만큼 포로로 잡힌 시민을 하찮게 여긴 민족은 다시 없었다. 그래서 그들은 카르타고인의 손에 들어간 사람을 포로 교환으로 구조하는 데에도 관심이 없었다. 하지만 가장 무시무시한 것은 제대로 행동하지 않은 병사 10명 중 하나씩을 골라 죽이는 10분의 1형이었는데, 왜냐하면 이 경우 설사 소수가 잘못을 범했다고 해도, 처벌에 대한 두려움과 그것으로 인한 위험이 모든 병사의 피를 얼어붙게 했기 때문이다. 일부 에스파냐 병사가 비겁하게도 프랑스군에 투항하자 대장군[139]은 다른 병사들에게 그들

⁝

138) "né dar né pigliar moglie." 여기서 "아내를 준다"라는 것은 아마도 딸을 결혼시킨다(dare in moglie)는 뜻으로 보인다.

139) 곤살로 페르난데스 데 코르도바(1453~1515). 1496년 에스파냐의 가톨릭 왕 페르난도 데 아라곤의 명으로 나폴리 왕국을 정복한 후 '대장군'의 칭호를 받았다. 2권 11장과 10권 6장에서의 언급도 볼 것.

을 갈가리 찢어 죽이라고 하였다. 이러한 예를 보고 그 누구도 도주할 생각을 하지 않고 용감히 싸웠으며, 비겁한 행동으로는 적은 물론 아군에게서도 구조를 바랄 수 없게 되었다. 이러한 점에서 병사는 적보다 그들의 장군을 더 두려워해야 한다는 스파르타인 클레아르코스[140]의 언명을 빠뜨리고 싶지 않다.

[13]
경쟁에 대하여

용기는 경쟁과 시합을 북돋우는 방법을 통해서도 키워진다. 리쿠르고스는 덕을 장려하기 위하여 공화국에 경쟁을 도입하였다. 왜냐하면 인간이란 본성상 탁월함을 열망하기 마련이므로, 특히 명예를 겨루는 과업에서 다른 사람이 자신에 앞서 발을 딛고 나아가는 것을 참지 못하는 법이기 때문이다. 이는 이성보다는 감정에 더 휘둘리는 사람과 같이 병사들에게서 대단히 큰 효과를 발휘한다. 그래서 로마인은 다양한 민족 간의 경쟁을 장려하였다. 왜냐하면 군대에는 로마 시민뿐 아니라 라티노인과 속주민도 있었으며 이들 모두가 서로 경쟁했기 때문이다. 그들은 또한 다양한 병사들 간에도 경쟁을 고무했는데, 그들 중에는 주력병과 투창병과 제3열병이 있었기 때문이다.[141] 만약 앞의 두 열(列)이 무너지면 전투의 무게 중심이

••

140) 클레아르코스(기원전 450~401)는 스파르타의 장군이자 용병대장으로, 특히 페르시아 왕 키로스 휘하에서 활약한 것으로 유명하다.
141) 로마의 대소 부대는 모두 3개 횡대로 이루어지는데, 맨 앞에는 'hastatus/hastati'라 불리는 투창병이, 두 번째는 'princeps/principes'라 불리는 주력병이, 세 번째는 'triarius/triarii'라

3열병에게로 넘어가는데, 그들은 다른 병사를 능가하고 승리의 모든 영예를 얻기 위해 그 자신조차 뛰어넘는 힘을 발휘하였다. 또한 장군은 그들대로 온갖 기술을 사용하여 민족과 민족 간, 기병과 보병 간, 이쪽 끝과 저쪽 끝, 군단과 군단 간의 경쟁과 시합을 부추겼다. 카이사르는 군대 전체가 힘과 용기로 유명한 게르만인 앞에서 겁을 먹자, 만약 다른 병사들이 자신을 따르지 않겠다면 제10군단을 이끌고 단신으로 전투에 뛰어들겠다고 말했다. 그리하여 그는 자신과 겨루고자 하는 다른 군단의 경쟁과 열의를 불러일으켰다. 안토니우스 프리무스는 "해자와 성문의 방어 책임을 재분배함으로써 용맹한 병사와 비겁한 병사를 구분 짓는 방법을 썼으며, 이를 통해 명예를 위한 경쟁에 불을 붙였다."[142] 우리 시대의 경험은 다양한 민족으로 이루어지지 않은 군대는 완벽하지 않다는 것을 보여주고 있다. 왜냐하면 경쟁이란 각 민족이 온 힘을 다하고 나아가서 승리의 명예를 얻기 위한 것이므로, 만약 군영에 한 민족만 있게 되면 군대는 약화한다. 더욱이 여러 민족으로 구성된 군대는 각 민족이 갖춘, 군사적 과업에 필요한 그들만의 다양한 능력, 즉 이탈리아인의 기민함, 에스파냐인의 열성, 독일인의 강고함, 프랑스인의 활기를 결집할 수 있다.

••

　　불리는 제3열병(노병으로 구성된 보충대)이 배치된다. 9권 6장의 주 62를 볼 것.
142) Tacitus, *Historiae*, III, 27. 안토니우스 프리무스는 이른바 4황제 시대로 알려진 로마 내전에서 베스파시아누스 측에 가담하여 기원전 69년 크레모나에서 경쟁자인 비텔리우스를 격파하였다.

[14]
예니체리에 허용된 방종에 대하여

튀르크인은 예니체리에게 방종에 가까운 극단적 자유를 허용함으로써 그들을 광포하고 용맹하게 만든다. 이들은 상대에게 무엇이든 말하고 주며 그들이 누구든 모욕하고 불쾌하게 할 수 있으며 이에 대해 어떤 처벌도 받지 않는다. 그들은 이로부터 용기와 담대한 마음이 생긴다고 생각한다. 하지만 그들은 스스로를 기만하고 있는데, 왜냐하면 대담함이란 자신의 힘을 알지 못하면 생겨나지 않으며, 또한 맞서지 않는 병사를 이기는 것은 큰일이 아니므로 힘이란 상대가 없는 곳에서는 알 수 없기 때문이다. 대포는 바다에서는 육지에서만큼 효과적이지 않은데, 이는 범선과 갤리선은 성벽만큼 굳건하거나 견고하지 않으며 저항력도 더 미약하기 때문이다. 예니체리는 그 누구도 자신들에 맞서지 않는 상태에서 이런저런 사람을 타격하는 데 익숙하므로, 만약 그들에게 힘이 되었다고 말하는 방종과는 다른 어떤 능력을 갖고 있지 않다면 저항과 대립이 난무하는 전쟁에서는 용감해지기는커녕 오히려 비겁해지기 십상이다. 왜냐하면 그들의 용기란 것은 아무런 분노도 표출하지 못하거나 반격도 하지 못하며, 맞서지도 복수하지도 못하는 사람을 공격하고 타격할 때는 커지겠지만, 적의와 반발이 있는 곳에서는 아무런 힘도 발휘할 수 없을 것이라는 점은 의심의 여지가 없기 때문이다. 그리하여 그들에게 주어진 방종은 기백과 용맹함을 높이기보다는 오히려 그들을 난폭하고 무례하게 만들 뿐이다. 훌륭한 병사가 되는 조건은 평시에는 온화하고 전시에는 사나운 것이다. 그래서 로마인은 평시에는 토가를 입다가 전시에는 군인 외투를 입었다. 사자는 자신을 공격하지 않는 사람에게는 유순하지만 적대적인 사람에게는 사나우며 코끼리 역시 그러하다. 오만불손함은 항상 비겁함과 함께하는 법이며, 이는 양에게는 사납고 개는 겁내는 늑대에서 보는 바와 같다.

[15]
병사를 고단하게 하는 것에 대하여

병사를 고단하게 하는 것은 두 가지 좋은 결과를 만들어낸다. 그 하나는 이를 통해 병사를 단련하고 강인하게 만들어 전쟁의 고난에 익숙해지고 그것을 개의치 않게 한다는 것이다. 그래서 우수한 장군일수록 이 점에서는 매우 엄격하였다. 파피리우스 쿠르소르는 보병이든 기병이든 병사를 엄청나게 혹사하였다. 한번은 기병대가 자신들이 앞서 한 일을 감안하여 나머지 일을 좀 덜하게 해달라고 요청하자 그는 이렇게 말했다. "자네들이 말에서 내리면 항상 그리하듯이 말 등을 더 이상 비비지 않아도 될 걸세."[143] 병사들을 피로하게 만듦으로써 얻는 다른 결과는 그들이 고통에서 벗어나기 위해 차라리 전투를 바라게 된다는 것이다. 그래서 마리우스는 킴브리 전쟁[144]에서 많은 시간을 군대에 다양한 훈련을 부과하는 데 썼다. 그는 병사를 이곳에서 저곳으로 이동시키기도 하고, 무엇보다 론강 지류가 흐르는 곳에 넓고 깊은 수로를 파도록 했다. 결국 그들은 지칠 대로

•
••

---

143) Livius, *Ab Urbe condita libri*, IX, 16. 조금 더 부연하자면 이렇다. "내가 자네들에게 아무것도 면제해주지 않는다고는 말하지 말게나. 자네들이 말에서 내리면 말 등을 비비는 데서 면제될 테니까."

144) 기원전 113년에서 101년 사이 게르만인 일파인 킴브리인(Cimbri) 및 테우토니인(Teutoni)과 로마공화국 간에 일어난 전쟁.

지쳐서 거기서 벗어나기 위해 차라리 야만인과 맞서 싸우기를 원하게 되었다. 마찬가지로 술라 역시 군대가 전투를 원하게 하려고 키피소스강 줄기를 바꾸고 넓은 수로를 만들도록 하면서 3일 내내 혹독하게 일을 시켰고, 그리하여 이에 지친 병사들은 소리 높여 전투를 간청하였다.[145]

[16]
결단에 대하여

사려 깊은 결단은 그 중요성이 결코 작지 않은데, 왜냐하면 그것은 장군이든 병사든 전투와 동떨어진 다른 모든 계획과 생각을 없애고 잘라내 버릴 뿐 아니라 모두를 똑같이 전쟁으로 이끌어 그것에 몰두하도록 하기 때문이다. 군대를 이끌고 이탈리아에 진주하기로 마음먹은 프랑스 왕 프랑수아 1세는 봉신들을 둘러보며 이렇게 말했다. "난 지체 없이 직접 산맥을 넘어가기로 결정했네. 누가 날 그렇게 하지 못하도록 하고자 해도 난 그 말을 듣지도 않을 것이고 그건 나에게 아주 성가신 일이 될 뿐이네. 그대들은 각자 해야 할 일, 자신의 직분에 맞는 일을 하기 바라네."[146] 그는 이렇게 말함으로써 그들의 마음에 불을 지폈고 왕의 결단이 곧 모두의 결단이라는 것을 확인하였다. 대장군이 군영을 둔 친투라가 군대에 매우 불

∵

145) Plutarkos, *Vioi Paralleloi*, "Sulla," 16, 5. 키피소스는 그리스 보이오티아(현재의 비오티아)에 있는 강이다.

146) 이는 프랑수아 1세가 1515년 이탈리아에 처음 들어갈 때 한 말이 아니라, 황제군이 프로방스로 침입하자 1524년 그에 대한 반격을 결정하면서 한 말이다. Guicciardini, *Storia d'Italia*, XV, 9. 인용이 정확하지는 않다.

편하고 불리한 위치에 있으니 그곳에서 퇴각해야 한다고 많은 사람이 말했으나, 그는 그러한 조언을 일거에 거절하고는 위엄이 넘치는 말로써 오히려 병사들이 어떤 난관도 모두 이겨내도록 그들을 분기하였다. 그는 말하기를 "나는 오늘 몇 보 물러남으로써 목숨을 백 살까지 연장하기보다는 차라리 일 보 전진하여 그곳에 내 무덤을 만들겠다."[147] 시키온인의 군주 아라토스는 다른 점에서는 훌륭한 장군이었으나 유독 이 점에서는 부족해서 매번 결단 없이 전투에 뛰어들었다가 저지당하기 일쑤였다.[148] 군대 지휘관으로서 이보다 더 나쁜 것은 없는데, 왜냐하면 그 자신부터 전투가 부담스러워질 뿐만 아니라 병사들 역시 힘이 빠지고 사기와 기세를 잃기 때문이다. 이쯤에서 아이밀리우스 파울루스가 마케도니아 전쟁 벽두에 병사들에게 한 말을 되새기는 것도 나쁘지 않을 텐데, 왜냐하면 그는 이로써 전쟁을 잘 수행하는 것 외의 다른 모든 생각을 일거에 끊어버렸기 때문이다. 그리하여 그는 그들에게 말하기를, 전쟁을 어떻게 해야 하는지 알려고도 개입하려고도 하지 말고 그들이 해야 할 모든 것은 장군의 심중에 맡겨두고, 훌륭한 병사가 되기 위해서는 오직 세 가지 점, 즉 각자의 몸을 강인하고 민활하게 유지하며, 무기를 윤이 나고 날카롭게 만들며, 식사를 규칙적으로 해야 한다는 것에만 주의를 집중하여 장군의 지시에 언제든지 따를 수 있도록 하라고 하였다.

••

147) Guicciardini, *Storia d'Italia*, VI, 7. 친투라는 가리글리아노 평야에 있는 현재의 보르고 첸토레이다. 프랑스와의 가릴리아노 전투에 참가한 '대장군' 곤살로 페르난데스 데 코르도바는 1503년에서 이듬해까지 그곳에 머물렀다. 이 전투에서 망명 중이던 피에로 데 메디치가 익사함으로써, 피렌체 정권의 축은 조반니 데 메디치(후일의 레오 10세 교황)에게로 넘어갔다.

148) Plutarkos, *Vioi Paralleloi*, "Aratos." 아라토스(기원전 271~213)는 헬레니즘 시대의 그리스 정치가이자 장군이다. 시키온은 펠로폰네소스 북부의 고대 그리스 폴리스이다.

[17]
병사를 전투의 필요성에 직면하도록 하는 것에 대하여

필요성이 지닌 힘은 거대하고도 비길 데가 없다. 그것이 덕으로 변하면 용기는 무한히 커지게 된다. 한니발의 말처럼 "불멸의 신들이 승리를 위해 인간에게 준 것 중에서 이보다 더 날카로운 유인(誘因)은 없다."[149] 그래서 장군은 병사에게 필요성을 부과하여 그들을 세내로 행동하게 할 온갖 수단을 강구하였다. 한니발은 병사들을 이탈리아 안으로 끌어들여 그들이 용기 외에는 아무것도 바라지 말고 오직 전투에만 집중하도록 촉구하면서 이렇게 말했다. "이제 우리에게는 무기의 힘으로 승리하는 것 외에 아무것도 남지 않았다. 피난처를 가진 자, 안전하고 평온한 길로 도피했을 때 맞아줄 밭과 땅을 가진 자라면 두려움에 사로잡혀 비겁하게 행동할 수도 있다. 하지만 자네들, 자네들은 틀림없이 용맹한 사람이다. 승리 아니면 죽음 외에 중간은 없다. 자네들이 도주하지 않고 싸워 승리하든지, 혹시라도 운의 여신이 도와주지 않는다면 죽는 수밖에는 없다."[150] 대카토는 에스파냐군을 맞아, 군대를 바다와 그들을 태우고 온 선단에서 먼, 적진 한가운데로 이끌고 와서는 이렇게 말했다. "병사들이여, 이제 자네들의 유일한 희망은 용기뿐이다. 나는 일부러 이렇게 했다. 적은 우리와 우리 진영 사이에 있다. 그리고 배후는 적지이다. 자기 자신의 용기를 전적으로 믿는 것

∵

149) Livius, *Ab Urbe condita libri*, XXI, 44, 9. 원문은 "불멸의 신들은 승리를 위해 인간에게 죽음을 개의치 않는 것보다 더 날카로운 무기를 주지 않았다(nullum contemptu mortis telum ad vincendum homini ab dis immortalibus acrius datum est)"이다. 즉 승리 아니면 죽음이라는 것이다. 보테로는 문맥에 맞추기 위해 원문의 "nullum contemptu mortis telum"을 "nullum incitamentum"으로 바꾸어놓았다.

150) Livius, *Ab Urbe condita libri*, XXI, 44, 7~8.

보다 더 아름답고 동시에 더 안전한 길은 없다."[151] 아익스시(市) 근처의 킴브리인과 일전을 벌일 생각이 있었던 마리우스는 지형이 험준하고 주둔에 편한 곳에 진을 쳤으나 물을 전혀 구할 수 없었다. 병사들이 목이 말라 죽겠다고 아우성쳤으나, 이는 사실 그가 군대의 전투력을 높이려고 일부러 그렇게 한 것이었다. 그는 저 멀리에 있는, 적진 인근의 강을 보여주면서 이렇게 말했다. "누구든지 목이 마른 사람은 피로써 저 물을 사야 할 것이다."[152] 필요성이 이보다 덜하지 않은 상황에서, 노르망디 공작 기욤은 잉글랜드를 정복하기 위해 그 왕국으로 건너간 뒤 그들을 태우고 온 선단을 모두 불살라버렸다.[153] 신에스파냐 전쟁을 위해 베라크루스에 도착한 에르난 코르테스 역시 이와 똑같이 하였다.[154] 프랑스 왕 필리프 오귀스트는 오토 황제와 싸우기 위해 군대가 건너온 스헬더강의 다리를 부숴버렸다.[155] 캄바트 왕 마흐무드가 포위하고 있던 디우 요새를 구하여 그곳을 완전히 해방하고자 했던 돈 주앙 데 카스트로는 병사들을 요새 밖으로 나오게 한 뒤, 어딘가로 피난할 수 있다는 희망을 없애기 위해 문짝을 모두 뜯어내 버렸다. 그리고는 적을 공격하여 불멸의 승리를 거두었다.[156] 아틸리우스 레굴루스와 메텔루스 켈티베루스는 병사들을 극단적인 필요성의 상황으

••

151) Livius, *Ab Urbe condita libri*, XXXIV, 14, 3~4.
152) Plutarkos, *Vioi Paralleloi*, "Marius," 19. 이 대목은 기원전 102년에 있었던 아쿠아이 섹스티아이(중세의 아익스, 현재의 엑상프로방스) 전투를 가리킨다.
153) 기욤(윌리엄)은 1066년 잉글랜드를 침공하였다.
154) 그는 1519년 테노치틀란(현재의 일 슈다 데 메히코, 즉 멕시코 시티)으로 가기 전, 타고 왔던 배를 모두 파괴하였다.
155) 필리프 2세가 1198년 신성로마 황제 오토 4세와 벌인 부빈 전투 때의 일이다.
156) 포르투갈의 인도 총독이었던 주앙 데 카스트로는 1546년 인도 북서 해안의 디우 전투에서 구자라트의 술탄 마흐무드 샤 3세에게 승리하였다. 캄바트는 구자라트 술탄국의 주요 도시이다.

로 몰아넣었다. 삼니움 전쟁에서 로마군이 적에게 등을 돌리고 아군 진영으로 도망가자, 아틸리우스는 일단의 기병대를 거느리고 재빨리 그곳으로 가 칼을 빼 들고 성문 앞에 버티고 서서 그들의 비겁함과 도피를 꾸짖으며 심한 욕설을 퍼부었다. 그리고 마지막으로 승리하기 전에는 그 누구도 안으로 들어갈 수 없다고 말했다. 그리하여 그와 싸우든지 혹은 적과 싸우든지 둘 중 하나를 택할 수밖에 없었던 병사들은 수치심으로 인해 기백을 되찾아 적을 향해 돌격하여 결국에는 승리를 거두었다.[157] 콘트레비아 공성전에서 5개 부대가 전열에서 이탈하자 메텔루스[158]는 즉각 그들에게 원위치로 돌아갈 것을 명하고 도망하는 자는 모두 죽이겠다고 엄포를 놓았다. 목숨을 잃는다는 두려움이 적에 대한 두려움보다 앞서고 위험보다는 수치심이 앞선 병사들은 전투로 복귀하여 원위치를 탈환하였다. 로마 원로원이 포로를 되찾지 말도록 하는 엄중한 법령을 선포한 것도 바로 이러한 상황과 관련된 것이었다. 이러한 법령을 통해 원로원은 병사들이 싸워 이기든가 아니면 명예롭게 죽을 수밖에 없도록 만들었다. 왜냐하면 만약 패배한다면 그들이 구조될 희망이 전혀 없기 때문이다. 여기서 초병들을 더욱 정신 바짝 차리고 경계하도록 한 아이밀리우스 파울루스의 명령을 첨부해 보자. 그는 군대의 선두에 서서 병사들에게 방패 없이 보초를 서라고 명했

··

157) Livius, *Ab Urbe condita libri*, X, 35~36. 아틸리우스 레굴루스는 기원전 294년 집정관이 되었고, 기원전 298~290년에 있었던 제3차 삼니움 전쟁에 참전하였다.
158) 여기서 언급된 메텔루스는 보통 메텔루스 마케도니쿠스로 알려진 로마 장군이다. 그는 기원전 148년에 일어난 제4차 마케도니아 전쟁에서 승리함으로써 원로원으로부터 '마케도니쿠스'라는 별칭을 얻었다. 그는 또 집정관으로서 기원전 143~142년 누만티아(현재의 에스파냐)의 켈티베리인이 일으킨 반란을 진압했는데, 보테로가 앞서 그를 메텔루스 켈티베루스(Metello Celtibero)로 부른 것도 이 전쟁과 관련이 있는 것으로 보인다. 콘트레비아는 에브로강 계곡에 있는 켈티베리인의 도시이다.

다. 그리하여 그들은 더 날래고 더 정신을 바짝 차리게 되었는데, 왜냐하면 만일 적의 공격을 받으면 자신을 방어할 아무런 희망이 없었기 때문이다.

[18]
병사를 맹세나 저주로 단합시키는 것에 대하여

어떤 장군은 함대를 불태우거나 혹은 다른 유사한 방법으로 그 자신과 병사들이 꼭 싸워야 할 필요성을 조성할 수 없을 때, 맹세와 전율할 주문으로 스스로와 군대를 한데 묶어보려 하였다. 아주 강력하고도 사나운 아이톨리아인이 쳐들어왔을 때, 아카르나니아인은 아내와 자식과 60대 이상의 노인을 안전한 곳으로 옮겼다. 그리고 다른 사람들은 모두, 가능한 한 매우 엄한 방식으로 만약 승리하지 못한다면 집으로 돌아가기 전에 죽을 것이라고 맹세함으로써 스스로 결속하였다. 이를 알아챈 적은 전쟁을 포기하였다.[159] 집정관이었던 마르쿠스 파비우스는 병사들이 자신들을 압박하던 토스카나인과 맞설 것을 재촉하자, 그들이 예전에 하던 것처럼 만약 승리를 거두지 못하면 돌아가지 않겠다는 맹세를 하도록 했다.[160] 그러나 이 경우 맹세나 혹은 다른 방식의 결속책이 병사들에 의해 반드시 자발적으로, 환호가 가득한 가운데 신속히 이루어져야 한다는 점에 주의해야만

159) 아카르나니아는 그리스 중서부 지역으로, 이오니아해 연안, 아이톨리아 서부 지역에 있었으며, 그곳의 여러 폴리스가 아이톨리아 동맹을 이루고 있었다. 보테로가 말하는 이 사건은 헬레니즘 시대 초기에 일어났다.

160) Livius, *Ab Urbe condita libri*, II, 45. 기원전 483년 집정관이 된 마르쿠스 파비우스 비불라누스는 기원전 480~476년 당시 '토스카나인'으로 불렸던 에트루리아인과 전쟁을 치렀다.

한다. 왜냐하면 만약 그것이 폭력적 방법을 써서 강제로 이루어진다면 병사들의 기백은 약화할 것이고 혼란과 당혹감 속에서 원하는 바와는 반대의 결과를 가져올 것이기 때문이다. 삼니움인은 장군이 병사 한 사람씩 억지로 제단 위에 서게 한 뒤(백인대장이 칼을 빼 들고 그곳에 버티고 있었다), 도주보다는 먼지 죽음을 택할 것이며 도주하는 자는 누구나 적으로 간주할 것이라는 맹세를 하게 했다. 그리하여 그들은 아연하고 혼란스러운 마음으로 전쟁에 임했으나 루키우스 파피리우스에게 대단히 영광스러운 승리를 안겨주었다.[161] 로마 초기부터 병사들은 열 명씩 혹은 백 명씩 모여, 결코 도주하지 않을 것이고 무기를 빼앗거나 적에게 상해를 입히거나 동료를 구할 목적이 아니면 위치를 이탈하지도 않겠다고 맹세하는 관습이 있었다. 완전히 자발적으로 이루어진 이 아름다운 관습은 루키우스 파울루스와 가이우스 바로의 집정관 시기[162]에 맹세에 대한 법적 의무로 바뀌었으나, 그들의 병사들은 잘 싸우지 못했다. 정말 중요한 점은, 의무란 억지로 하는 것이 아니라 자발적이어야 하며, 엄격한 명령에 의해서가 아니라 환호하는 마음에서 우러나와야 한다는 것이다.

카르타고의 장군 하스드루발은 더 이상한 방식으로 병사들이 싸우지 않을 수 없도록 했다. 그는 잔혹하게도 포로가 된 로마 병사들의 눈알을 빼내는가 하면 코나 귀 혹은 다른 신체 일부를 바르기도 했다. 그러고는 이

⁙

161) 루키우스 파피리우스 쿠르소르는 제2차 삼니움 전쟁(기원전 326~304)을 승리로 이끈 로마 장군이다. 이 전쟁에 대해서는 다음을 볼 것. Livius, *Ab Urbe condita libri*, VIII, 30 ff.
162) 루키우스 아이밀리우스 파울루스와 가이우스 테렌티우스 바로는 제2차 삼니움 전쟁 발발 2년 후인 기원전 219년 공동 집정관이 되었다. 전자는 파울루스 마케도니쿠스의 아버지이다. 후자의 경우, 보테로는 마르쿠스 바로(M. Varrone)로 적고 있으나, 이는 가이우스 바로를 잘못 안 것이다. 마르쿠스 테렌티우스 바로(기원전 116~27)는 수많은 저작을 남긴(지금은 거의 유실되었다) 작가로 알려져 있다.

렇게 절단된 것 모두를 벽에다 박고는, 카르타고 병사들에게 로마군의 포로가 되기보다는 싸우다가 죽어야 할 것임을 역설하였다. 하지만 이는 스스로 기만한 꼴이 되고 말았다. 왜냐하면 병사들은 용기를 내기보다는 겁을 먹었고 싸우다가 그런 고문의 위험에 처하기보다는 살기 위해 도망을 가버렸기 때문이다. 그러나 만약 병사들이 환호 속에서 자발적으로 맹세를 하거나 혹은 또 다른 방식으로라도 굳건하고 용맹하게 결속한다면, 그들은 의심의 여지 없이 스스로 용기를 배가할 수 있을 것이며, 이는 아그리아시(市)[163]에서 일어난 바와 같다. 그것은 유사한 상황에 놓인 다른 사람에게 필적을 불허하는 용기의 한 예증이 될 수 있다. 그러므로 여기서 무슨 일이 있었는지 되새겨본다고 해서 글의 취지가 손상되지는 않을 것이다. 아그리아는 헝가리의 도시로, 위치도 좋지 않고 성벽도 튼튼하지 못했다. 왜냐하면 그곳은 몇몇 고지대에서 내려다보이는 장소에 있었고 성벽도 거의 옛날 방식으로 만들어졌기 때문이다. 1562년 메흐메드 파샤는 튀르크군 6만으로 도시를 포위하고는 대포 50문으로 엄청난 포화를 퍼부었다. 안에는 2,000명의 헝가리군이 있었는데, 그들은 측량할 수 없을 정도의 용기로 도시를 방어했으며 무려 13번에 걸쳐 적의 공격을 물리쳤다. 그것은 이미 대단한 용맹성이었지만, 그들은 여기서 더 나아가 용기를 더욱 끌어올리기 위해 적의 공격을 기다리는 동안 비록 삶이 고통스럽지만 그 누구도 화친이나 혹은 어떤 다른 협상에도 응하지 않을 뿐만 아니라 적에게 화승총과 대포 외에 다른 어떤 대응도 하지 않을 것이라는 맹세까지 했다고 한다. 그리고 만약 공성전이 길어지면 그런 야만인의 손에 들어가느니 차라리 굶어 죽겠다고 결의하였다. 더욱이 전투에 부적합한 병사에게는

163) 헝가리 북부의 도시 에게르의 라틴식 혹은 이탈리아식 이름이다.

성채와 참호를 강화하고 성벽을 보수하며 보루와 제방을 만들고 부서지고 약한 부분들을 고치도록 하였다. 또한 반역을 미리 방지하기 위해 도시 내에서 세 사람 이상이 모이지 못하게 했으며, 끝으로 아무도 조국을 지키거나 아니면 죽는 것 외에는 일절 다른 생각을 하지 못하도록 명하였다. 이에 덧붙여서 공적이든 사적이든 모든 식량은 공평하게 배분하도록 하고 좀 더 좋은 음식은 전투에서 부상당한 사람을 위해 따로 건사하도록 명했다. 마지막으로 만약 신이 그들의 정당한 대의를 도와준다면 적에게서 얻는 전리품은 모두 한곳에 모아 승리를 거둔 뒤 각자에게 똑같이 분배할 것이라고 했다. 또한 파샤가 만약 그들이 항복하면 해주겠다고 한 수많은 제의에도 불구하고, 그들은 죽기 전에는 성 밖으로 나가지 않겠다는 것을 보여주는 표시로 단지 성벽 위에다 두 자루의 창 사이에 검은 천을 덮은 장례용 관을 가져다 두는 것 외의 다른 반응은 하지 않았다. 알베리코 다 바르비아노의 병사들은 산 조르조의 보호 아래, 외적에게 결코 등을 돌리지 않겠다고 다짐했으며, 그리하여 자신들을 억압하던 야만인으로부터 이탈리아를 해방하였다.[164]

.:

164) 알베리코 다 바르비아노(1344~1409)는 바르비아노, 쿠니오, 루고, 자고나라 백작으로, 비스콘티가와 교황 우르바누스 6세, 나폴리 앙주가의 용병대장이었다. 그는 1378년 완전히 이탈리아인 용병으로만 이루어진 산 조르조 부대를 창설하였다. 본서 9권 3장에서도 언급했다.

[19]
적을 아는 것에 대하여

때때로 자신들이 겪은 불운이나 적군의 세력에 대한 헛된 소문으로 의기소침하게 된 병사들이 있다면, 소전투나 혹은 그와 유사한 방법을 통해 자신들의 힘을 경험하게 함으로써 다시 힘을 북돋우고 생기를 불어넣을 수 있는데, 율리우스 카이사르는 이를 아주 영리하게 이용하였다. 하지만 마리우스의 선견지명은 특히 주목할 만하다. 로마군은 대단히 사나운 민족인 킴브리인에게 당한 패배로 아주 혼이 나서, 그들을 상대할 때면 마치 거인이나 도저히 이길 수 없는 병사들과 싸우는 것처럼 생각하였다. 마리우스는 그들을 망상에서 깨우고 킴브리인 역시 다른 사람과 다를 바 없다는 것을 보여주기 위해, 적과 맞서기 전에 며칠 동안 귀로 야만인의 말을 듣고 눈으로 그들의 모습을 보는 데 익숙하게 해서 결국에는 마음속의 두려움을 몰아내었다. 아프리카 전쟁을 준비하던 율리우스 카이사르는, 그곳의 적이 수많은 코끼리부대를 갖고 있어 혹시라도 아군이 처음으로 이 괴물 같은 짐승을 보고 혼이 빠질까 봐 이탈리아에 몇 마리를 들여오게 하였다. 병사들은 이 동물을 보고 익숙해져서 아주 친밀하게 되었으며, 그리하여 그에 대한 두려움을 갖지 않게 되었고, 어떻게 하면 그것을 쉽사리 공략할 수 있는지 알게 되었다.

[20]
이점을 활용하는 것에 대하여

당신이 적에 대해 어떤 이점을 지니고 있는지를 알아서 그것을 이용하는 것은 매우 중요한 일이다. 카르타고인은 자신들의 군대가 어떤 점에서 로마군보다 우위에 있는지 알지 못했기 때문에, 아프리카에서 마르쿠스 레굴루스[165]에게 수없이 패배하였다. 그러는 동안 그리스 출신의 매우 용맹하고 지략이 뛰어난 라케다이몬인 크산티포스가 용병을 이끌고 그곳에 왔다. 그는 어떻게 해서, 어떤 점에서 카르타고인이 패배했는지를 알아채고는, 그들이 겪은 패배는 로마군이 우수해서가 아니라 자신들의 무분별에 기인한다는 것을 공개적으로 말하기 시작했다. 왜냐하면 그들은 기병대와 코끼리부대에서 우위를 점하고 있음에도 불구하고, 기병이 큰 이점을 갖는 평지가 아니라 보병에 유리한, 그래서 로마군이 이점을 가진 언덕바지와 가파른 기슭에서 전투를 벌였기 때문이다. 그리하여 카르타고군은 전쟁 방식을 바꾸어 언덕이 아니라 평지로 전장을 옮김으로써 크게 승리하였다.[166] 제2차 포에니 전쟁에서 한니발은 기병이 로마군보다 우위에 있음을 알고는 개활지에서 싸우려 했고, 그들과 수없이 맞서는 족족 승리하였다. 그러자 불리함을 눈치챈 파비우스 막시무스는 산악과 험준한 지역을 떠나지 않았다. 카이사르는 자신이 거느리던 우수한 기병대를 이용하여 아

<hr>

165) 레굴루스는 기원전 3세기경에 살았던 로마 장군이자 정치가로, 제1차 포에니 전쟁(기원전 264~241)에 참전하였다.

166) Polybios, *Historíai*, I, 32~34. 크산티포스는 제1차 포에니 전쟁 때 카르타고가 고용한 스파르타인 용병대장으로, 아테네 장군 크산티포스(기원전 525?~475)와 구별하기 위해 흔히 카르타고의 크산티포스로 불린다.

프라니우스와 페트레이우스가 항복할 수밖에 없는 상황으로 몰아갔다.[167] 폼페이우스는 자신이 카이사르보다 이점을 갖고 있던 해군력을 이용할 줄 몰랐고, 안토니우스는 옥타비아누스[168]에 비해 우위에 있던 육군을 이용할 줄 몰랐다. 많은 식량을 확보하고 있었던 루쿨루스 군은 군세는 크지만 오래 견딜 수 없었던 미트라다티스의 군대를 지연작전으로 쿠지코스에서 고사(枯死)시켰다.[169] 튀르크인은 그리스도 교인과의 수많은 전투에서 승리했는데, 여기에는 그들이 기병에서 더 이점을 가지고 있었다는 것(이는 그들뿐 아니라 거의 모든 야만인에게 공통된 점이다) 외에 다른 이유는 없었다. 왜냐하면 그들은 거의 무한정의 기병을 보유하고 있었고, 그래서 개활지에서 싸우는 한 자신들이 승리할 것이라고 믿어 의심치 않았다. 더욱이 그들은 싸울 때마다 도로를 끊고, 식량을 약탈하거나 그 공급을 방해하며, 불시의 공격으로 우리의 질서를 흩뜨리고, 끊임없는 습격과 소전투로 힘을 소진하게 하며, 끝으로 사방에서 우리를 포위함으로써 우리를 압박하여 승리를 거두었다. 이점이란 것은 병사의 숫자나 우수함, 무기나 지형, 혹은 다른 여러 점에서 찾을 수 있다.

∴

167) 아프라니우스와 페트레이우스는 기원전 49년 카이사르와 폼페이우스 간에 내전이 발발했을 때 폼페이우스 휘하에서 에스파냐를 통치하고 있었다.
168) 가이우스 옥타비아누스는 아우구스투스가 율리우스 카이사르의 양자로 들어가기 전의 이름이다.
169) Plutarkos, *Vioi Paralleloi*, "Lucullus," 8, 8. 기원전 74년 폰토의 왕 미트라다티스 6세는 루쿨루스에게 패배하였다. 쿠지코스는 아나톨리아반도 미시아 지방의 옛 그리스 도시이다.

[21]
선수를 치는 것에 대하여

공격받기를 기다리는 것보다는 공격을 감행하는 것이 병사들의 용기를 더 드높인다. 이는 모든 경우에 큰 효과가 있으나, 명백한 열세에도 불구하고 싸우지 않을 수 없을 때 특히 필요하다. 왜냐하면 공격은 아군에게 용기를 불러일으킬 뿐 아니라 적을 놀라고 당황하게 하며, 매복과 대(大)군세에 두려움을 느끼게 하여 그들의 질서를 흩뜨리기 때문이다. 이에 대한 예를 많이 들 수 있겠지만, 율리우스 카이사르의 예 하나만으로도 충분할 것이다. 그는 작은 갤리선 한 척으로 헬레스폰토스[170]를 건너던 중 반대파 장군이던 카시우스가 이끌던 10척의 갤리선을 만났다. 카이사르가 도망을 가지 않고(아마 그렇게 할 수도 없었겠지만) 오히려 그를 향해 곧장 나아가자, 이 대담한 행동에 놀란 카시우스는 그에게 굴복하고 말았다. 루키우스 마르키우스[171]가 말했듯이 "우리는 도저히 할 수 없을 것 같은 것도 과감히 할 필요가 있다. 겉으로 어려워 보이는 일이 사실은 더 쉬울 수도 있는 것이다. 그런 결정이 무모하게 보인다는 것을 알고 있지만, 난관에 처해 희망이 사라져갈 때는 가장 과감한 결정이 가장 안전한 법이다."[172]

∴

170) 현재의 다다넬스 해협으로, 고대 그리스어로는 '지옥의 바다'라는 뜻이다.
171) 루키우스 마르키우스 켄소리누스는 기원전 39년에 집정관이 되었고, 카이사르 암살 당시 그를 지지한 단 두 명의 원로원 의원 중 하나였다.
172) Livius, *Ab Urbe condita libri*, XXV, 38, 15 & 18.

[22]

책략에 대하여

계교와 교활성[173]을 겸비한 용기는 특히 도움이 된다. 왜냐하면 군사적 책략은 정당할 뿐 아니라 장군에게 커다란 칭송을 안겨주기 때문이다. 라케다이모니아인 리산드로스는 지혜가 뛰어난 인물로, 힘에 못지않게 계교도 쓸 줄 알았다. 이에 대해 비난을 받을 때면 그는 사자의 가죽을 쓸 수 없다면 여우의 가죽을 써야 한다는 말을 하곤 했다.[174] 또 카르보는 자신이 루키우스 술라의 정신에 자리 잡은 사자나 여우와 마주할 때면 사자보다 여우가 훨씬 더 두렵다고 말했다.[175] 하지만 기만은 군사적인 문제가 아니면 결코 있어서는 안 된다. 이 점에서 리산드로스는 큰 잘못을 저질렀는데, 왜냐하면 그는 군사적인 데서 교활한 인물일 뿐 아니라 약속에서도 기만적임을 보여주었기 때문이다.[176] 그러나 책략이라는 측면에서 가장 탁월

••

173) 여기서 계교(arte)와 교활성(astuzia)은 거의 동의어이다. 마키아벨리는 『군주론』 18장('군주는 어떻게 신의를 지켜야 하는가')에서, '교활성'을 군주가 성공하기 위한 최상의 수단으로 보고 있다. 마키아벨리가 권력의 장악이라는, 좀 더 광범위한 정치적 문제에 이를 적용하고 있는 반면, 보테로는 이를 '군사적'인 데 한정하고 있다는 인상을 준다. 다음을 볼 것. 곽차섭, 『마키아벨리즘과 근대국가의 이념』(현상과 인식, 1996), 80~81.

174) Plutarkos, *Vioi Paralleloi*, "Lysandros," 7, 6. 마키아벨리, 『군주론』, 18장도 볼 것. 리산드로스 (기원전 ?~395)는 스파르타의 정치가이자 장군으로, 기원전 405년 아이고스 포타모이 전투에서 아테네 해군에게 승리를 거둠으로써 펠로폰네소스 전쟁을 끝내고 스파르타의 우위를 확립한 인물이다.

175) Plutarkos, *Vioi Paralleloi*, "Sulla," 28, 6. 카르보는 기원전 1세기경에 평민 호민관, 85년에 집정관이 되었다. 마리우스파였던 그는 술라에 의해 추방되었다.

176) Plutarkos, *Vioi Paralleloi*, "Lysandros," 8. 플루타르코스는 기만이 군인에게는 적절히 사용될 수도 있으나, 정치에 사용되면 폭군(참주)의 징표가 된다고 말했으나, 마키아벨리는 그것이 정치에서도 사용될 수 있다고 하였다(물론 권력의 위기라는 비상한 상황을 전제하고 있다). 보테로는 여기서 플루타르코스를 빌려 마키아벨리의 주장을 비판하고 있는

한 인물은 카르타고인 한니발이었다. 그는 (말하자면) 계교로 힘을, 간계로 무기를 보완하지 않고서는 공격은 물론 소규모 전투조차도 하려 들지 않았다. 그래서 그는 지형의 유불리와 위치 및 계곡과 숲과 해와 바람의 성격, 그리고 시간이나 장소 혹은 여타 상황이 제공하는 모든 기회를 놀라울 정도로 잘 이용하였다. 장군에게 더 큰 신뢰와 명성을 안겨주고 병사들에게 더 큰 헌신과 자신감을 부여하는 것은 없다. 의심할 나위 없이 장군이라면 이 같은 문제에 명민하고 재빨리 대처하는 것이 필요하며, 그리하여 설사 어떤 정당하고 칭송할 만한 간계를 스스로 사용하고자 하지는 않는다 해도 적어도 그것을 예견하고 피할 수는 있을 것이다.

[23]
카이사르가 병사의 기백을 드높인 특별한 방법과
그 외의 다른 여러 사안에 대하여

카이사르는 병사의 기백을 드높이기 위해 특이하고도 경탄할 만한 방법을 사용하였다. 왜냐하면 그는 적군의 명성을 깎아내리기는커녕 그들의 명성을 최대한 높이고 치켜세웠기 때문이다. 이우비 왕[177]이 대군을 이끌고 오고 있다는 소식에 병사들이 크게 두려워한다는 것을 안 그는 그들을 한데 불러 모아 확실히 알려줄 것이 있다면서, 왕이 함께 거느리고 오는 것

∵

것으로 보인다.
177) 이우비 1세는 누미디아 왕으로 기원전 60년에서 46년까지 통치하였다. 라틴어로는 이우바로 불린다.

은 기병 10만과 코끼리 300과 엄청난 수의 보병이라고 말했다. 그가 이렇게 한 이유는, 적군의 엄청난 숫자에도 놀라지 않도록 미리 마음의 준비를 하게 했다가 실제로 더 적은 수의 적군을 보게 되면 그들을 아래로 보고 업신여길 것이라고 생각했기 때문이다.[178]

전투에서 병사와 말을 고무하기 위해 사용하는 호른, 트럼펫, 북 그리고 여타 유사한 악기에 대해 말하고

> 티르타이오스는 시를 이용하여
> 남자들의 마음을 전쟁에 뛰어들도록 만들었다.[179]

안티게니스의 뛰어난 트럼펫 연주를 들은 알렉산드로스 대왕은 전장에서 그 주위의 누구도 안전하지 못할 정도로 전투 의욕에 고무되었다.[180] 마찬가지로 에스파냐인이 기타로 연주하는 사라반다 무곡(舞曲)은 그것을 듣는 사람에게 춤추고 싶은 마음뿐 아니라 그보다 더한 감정도 불러일으킨다. 인도의 나이어[181]가 칼 손잡이에 부착한 작은 금속 조각들이 내는 소리는 그들에게 전투 의욕을 자극한다. 게르만인은(타키투스의 말처럼) 자신들

∵

178) 1589년 초판에서는 이 장이 여기서 끝난다.

179) Horatius, *Ars poetica*, 402~403. 티르타이오스는 기원전 7세기경에 살았던 스파르타의 애가(哀歌) 시인이다. 그는 국가의 위기에 '법과 질서'를 칭송하는 시를 지었고, 이후 스파르타군은 전쟁에 앞서 그의 시를 듣는 것이 하나의 관례가 되었다.

180) Plutarkos, *Ethika*, 2, 2. 안티게니스가 실제 연주한 악기는 트럼펫이 아니라 플루트였다.

181) 나이어(Nair/Nayar)는 인도 남서부 말라바르와 코이코이(영어로는 캘리컷)를 통치하는 왕의 전사 집단으로, 전쟁만을 위한 귀족 카스트로 구성된다. 그들은 여성을 공유한다고 알려져 있으며, 어릴 적부터 군사 훈련을 받아 보병으로 능란한 전투 실력을 발휘하였다. 보테로는 자신의 저작 『세계 편람(*Relazioni Universali*)』(1595), 2부 2권에서 이들에 대해 길게 다루고 있다.

이 용맹스러운 사람의 군주로 우러러본 헤라클레스의 무훈을 노래함으로
써 기세를 높였다.[182] 또한 그들은 바리투스라 불리는 함성을 사용했는데,
이는 로마인 역시 사용했고 지금은 튀르크인도 사용하는 것이다. 로마 장
군들은 전투에 앞서 병사들에게 일장 연설을 함으로써 그들이 잘 싸우도
록 하는 데 그것을 효과적으로 이용하였다. 유대인은 부족과 가문으로 나
뉘어 싸웠고, 게르만인은 아내와 자식을 가까이에 두고 싸웠다. "그들은
누구에게든 용맹함에 대한 가장 성스러운 증인이자 가장 관대한 칭송자이
다."[183] 이웃 민족에게 전투에서 패한 마케도니아인은 전장에 요람에 든 아
기 왕을 데리고 옴으로써 승리하였다. 신세계 툰기아[184] 사람은 전장에 유
명한 사람의 시신을 가지고 가는데, 이는 그 사람과 그들이 보여준 귀감
을 상기하고, 그리하여 스스로 그것들을 내팽개치는 수치를 겪지 않도록
하려는 것이다. 프리드리히 황제[185]에 대항하여 함께 힘을 합친 롬바르디
아 사람은 스스로 흔들림이 없음을 보이기 위해 전장에 카로초[186]를 가지
고 왔다. 이는 좌대가 높고 마치 연단(演壇)처럼 생긴 것으로, 빙 둘러 좌석
이 있고 최상급 천과 연맹의 깃발로 장식되어 있었다. 그것은 아주 천천히
움직이는 동물인 소에 의해 견인되기 때문에, 이를 안전하게 지키기 위해
서는 도망가지 않고 오직 적과 맞서야만 한다는 것을 모르는 사람은 없었

∙∙

182) Tacitus, *De origine et situ Germanorum*, 3. 타키투스는 여기서 'barditus'(=barritus)라
   불리는 게르만인의 전쟁 노래를 기록하고 있다.
183) Tacitus, *De origine et situ Germanorum*, 7. 게르만인은 전장 바로 옆에 아내와 자식을
   대동하여 전투 중에 들리는 여자들의 비명과 아이들의 울음소리에 더욱 온 힘을 다해 싸
   웠다는 것이다.
184) 잉카의 도시.
185) 신성로마 황제 프리드리히 1세 바르바로사(붉은수염)는 1154~1174년 사이 네 차례에 걸
   쳐 이탈리아를 침공했다.
186) 카로초(carroccio)는 중세 이탈리아 도시에서 사용하던 소가 끄는 전차이다.

다. 또한 병사들을 같은 정도의 위험에 맞서게 함으로써 그들의 사기를 높일 수도 있다. 이를 위해 율리우스 카이사르는 헬베티인[187]과 싸우기 전에 제일 먼저 자신의 것부터 시작하여 말을 모두 뒤로 물러나게 하였다. 군기를 적진 깊숙이 던져버린다든가 병사들이 적군에게서 느끼는 것보다 더 큰 공포에 직면하도록 하는 것도 유용하다. 그래서 알렉산드로스 대왕의 부친인 필리포스는 자신이 가장 신뢰하는 기병대에 일러 스키타이인에게서 도망가는 자는 누구든지 도륙해도 좋다고 지시하였다. 프랑스에서는 역대 왕이 생드니 교회에 믿을 수 없을 정도로 존숭의 염을 가지고 고대의 깃발 하나를 보존하고 있었는데, 이는 금빛과 불꽃 색깔로 되어 있었기 때문에 오리플람[188]이라고 불렀다. 그것은 프랑스인에게 대단히 큰 명성을 지녔으므로, 그들은 오랫동안 이 깃발이 적 앞에 휘날리면 언제나 승리를 확신할 정도였다. 그들은 이러한 믿음을 유지하기 위해 그것이 아주 필요할 때, 혹은 왕국이 위기에 처했을 때를 제외하고는 항상 그것을 가지고 나왔다. 로베르 왕은 부르고뉴 전쟁에서 그것을 사용하였고, 비만왕 샤를은 하인리히 황제와의 전쟁에서, 필리프 오귀스트는 오토 황제와의 전쟁에서, 필리프 6세는 영국인과의 전쟁에서, 그리고 샤를 9세는 위그노와의 전쟁에서 그것을 사용하였다. 볼드리노 다 파니칼레[189](프란체스코 스포르차는 그의 휘하에서 처음으로 군사의 기초를 배웠다)의 병사들은 그의 명성을 대단히

∙∙

187) 헬베티인(Helvetii)은 고대 스위스 평원에 거주하던 켈트인 부족으로, 기원전 1세기경 로마군과 맞닥뜨렸다.

188) 오리플람(Oriflamme)은 붉은색 실크로 만든 카롤링 왕가의 깃발로, 불꽃과 금빛 별 문양으로 자수가 놓여 있었다. 그 연원은 메로빙거 왕가의 마지막 왕 다고베르트 1세로까지 거슬러 올라가는 것으로 보인다. 백년전쟁 이후 프랑스 왕은 이 깃발을 더 이상 전장에 갖고 가지 않았다.

189) 본명은 자코모 파네리(1331~1391)로, 치비타노바 마르케의 영주이자 용병대장이다.

흠모했기 때문에, 그가 죽은 뒤까지도 그를 자신들의 지휘관으로 생각하였다. 그리하여 그들은 방부 처리된 그의 사체를 전투 중에도 갖고 다녔으며 그가 살아 있을 때와 같이 천막을 쳤고 어떤 추첨 방식을 통해 그의 조언을 따르기까지 할 정도였다. 카스티야 여왕 이사벨이 병사들의 마음에 용기와 명예욕을 주입한 방법은 대단히 주목할 만한 것이었다. 그녀는 그라나다를 공략할 때 에스파냐에서 가장 미남이고 우아한 청년들을 동원하였다. 이 젊은 기사들은 귀부인의 사랑과 호의를 받고 싶은 마음으로 가득차, 자기 능력을 뛰어넘는 명예로운 무훈을 성취하였다.

그러나 신이 돕는다는 확신보다 더 나은 것은 없다. 스키피오는 유피테르의 방에 머묾으로써, 세르토리우스는 암사슴으로, 마리우스는 예언으로, 그리고 무엇보다도 프랑스의 현명왕 샤를[190]은 로렌의 소녀를 통해 이를 이루었다. 이제 타키투스가 게르만 부족인 하리인[191]에 대해 한 말로 끝을 맺겠다. "하리인은 앞서 언급한 민족보다 힘이 더 뛰어난 사람들이다. 그들은 기술과 시간 선택으로 자신들이 지닌 원래의 강포함을 증가시킨다. 그들은 검은 방패를 사용하고 몸에 물을 들이며 야밤을 택해 싸운다. 왜냐하면 모든 전투에서 패배는 항상 눈에서 시작하기 때문이라는 것이다."[192]

．．

190) 이는 잔 다르크의 도움으로 승리한 샤를 7세 승리왕을 샤를 5세 현명왕과 혼동한 것으로 보인다.
191) 하리인(Harii)은 타키투스에 의해 묘사된 용맹 무쌍한 부족으로, 바이킹의 신 오딘을 돕는 이른바 아인헤르야르(einherjar), 즉 유령 전사들로 간주되어왔다.
192) Tacitus, *De origine et situ Germanorum*, 43.

10권

[1]
장군에 대하여

이 장에서 나는 보통 하는 것보다 더 간략히 기술할 것인데, 왜냐하면 파르마 공작 알레산드로 파르네제[1]가 수많은 교의는 물론 책까지도 뛰어넘는 완벽한 군 지휘관의 명료하고도 생생한 예를 세상에 보여주었기 때문이다. 그는 언제나 교회와 신에 봉사하며 지극히 자비롭고 정당한 왕[2]

⁚⁚

1) 알레산드로 파르네제(1545~1592)는 신성로마 황제 카를 5세의 서녀(庶女) 마르게리타 디 파르마의 아들이자 교황 파울루스 3세의 증손이다. 그는 군대에 투신하여 레판토 전투에 참전했으며, 플랑드르의 통치자가 되어 오라녜가(家)와 투쟁하였다. 1585년 8월 17일 안트베르펜을 빼앗았다.
2) 에스파냐 왕 펠리페 2세(1527~1598).

휘하의 군대를 거느리면서 파비우스 혹은 마르켈루스의 방식으로[3] 반란과 이단을 정복하고 복종시켰고, 위치상의 난점과 지형의 성격을 극복하였으며, 난공불락의 요새를 함락시키고, 무적의 민족들을 정복하였다. 그리고 다른 사람을 거명할 것도 없이, 필적을 불허하는 도시 안트베르펜 공략에서 그는 장군의 덕과 군대의 기술과 뛰어난 무용과 용기를 남김없이 보여주었다.

그러므로 병사들을 용맹스럽게 만드는 것은 대부분 앞서 말한 수단들과 앞으로 적절한 때에 이야기할 다른 것들을 사용하는 장군의 분별과 지도력에 달려 있다. 그래서 군대가 빈약해도 훌륭한 장군이 있으면 군대는 훌륭하지만 장군이 빈약한 경우보다 훨씬 더 낫다는 것이 통설이다. 그 이유인즉, 훌륭한 장군은 빈약한 군대를 훈련이나 여타 수단으로 훌륭한 군대로 만들 수 있지만, 군대가 훌륭하다고 해서 판단력과 경험이 일천한 장군을 민활하고 용맹스럽게 만들 수는 없기 때문이다. 그래서 호메로스는 사자가 이끄는 사슴 군대가 사슴이 이끄는 사자 군대보다 더 낫다고 말한 것이다.[4] 알렉산드로스 대왕은 병사 4만이 접근 불가능한 산속의 공략 불가능한 곳에 진을 치고 있으나 장군이 비겁하고 저급하다는 것을 알고는 승리를 확신하였다. 왜냐하면 그는 곧 장군의 무능이 그에게 길과 문을 열어주리라고 자신했기 때문이며 과연 그렇게 되었다.[5] 누만티아인은 여러 장

∵

3) 때로는 파비우스 막시무스, 일명 '쿵타토르(Cunctator)' ― 지연전의 명수라는 뜻 ― 처럼 분별 있게 지연작전을 펼치고, 때로는 마르켈루스처럼 맹렬히 공격한다는 뜻이다. 이들은 제2차 포에니 전쟁 때의 로마 집정관이자 장군으로, 각각 '로마의 방패' 및 '칼'로서 이름을 날렸다.
4) 이는 호메로스에서는 찾을 수 없다. 그것은 보통 기원전 4세기경에 살았던 아테나이 장군 이피크라티스나 플루타르코스의 언명으로 생각된다.
5) Plutarkos, *Vioi Paralleloi*, "Alexandros," 58, 2.

군이 거느리던 로마군을 수없이 격파했으나, 전쟁을 푸블리우스 스키피오가 맡자 결과는 반대가 되었다. 그들이 원로들에게 그토록 패주를 거듭하던 군대에 대해 어떻게 해서 오히려 자신들이 도망갈 만큼 급속히 기세가 약화했는지 묻자, 그들은 양들은 그대로지만 양치기가 바뀌었기 때문이라고 대답하였다. 리비우스가 카밀루스에 대해 말한 바와 같이, "장군의 교체가 즉시 모든 것을 바꾸어놓았다. 병사들 사이에 희망과 용기가 되살아났고 나아가 로마의 운세까지도 바뀌는 것으로 보였다."[6] 에스파냐 전쟁에 참전한 카이사르는 자신이 장군 없는 군대를 향해 진군하고 있다고 말함으로써 스스로 승리를 확신하고 있음을 강조하였다. 실제로 군대보다는 장군의 계교와 용기에 의해 수많은 전쟁이 그 목적을 이루었고 수많은 난관을 극복했으며 수많은 전쟁이 끝을 맺었고 수많은 승리를 쟁취하였다. 이런 점에서, 테미스토클레스[7]가 놀라운 조언으로 아테나이를 살렸고, 에파메이논다스[8]가 이전에는 형편없던 테바이인을 자신의 무용으로 분기시켰으며, 크산티포스[9]는 로마인에 의해 수없이 풍비박산되었던 카르타고인을 특출한 기민성으로 되살려냈고, 파비우스 막시무스가 지연작전으로 로마와 다른 나라들을 구했다는 사실을 군이 언급하는 것은 불필요한 일이될 것이다. 그래서 타키투스는 게르만 부족인 카티인이 군대보다 장군을 더 중요하게 생각했기 때문에 그들을 칭송하면서, 이는 드문 일로서 "훈련

••

6) Livius, *Ab Urbe condita libri*, V, 19, 3. 에스파냐의 누만티아인은 로마에 20년 동안 저항했으나, 길고도 격렬했던 포위공격 끝에 기원전 133년 결국 함락, 파괴되었다.

7) 그리스 정치가이자 장군으로, 해군 양성을 역설하여 제2차 페르시아 전쟁 시(기원전 480년) 아르테미시온 해전과 살라미스 해전에서 페르시아군을 격파하였다.

8) 기원전 4세기경에 살았던 테바이 정치가이자 장군으로, 그리스 도시들을 스파르타로부터 해방하여 이른바 '테바이 헤게모니'를 확립하였다.

9) 제1차 포에니 전쟁 때 카르타고가 고용한 스파르타인 용병대장이다.

의 결과가 아니고서는 있을 수 없다"라고 하였다.[10] 프로부스는 크사야르
시가 "그리스 군대보다는 테미스토클리스의 지혜 때문에 패배"했으며, 에
파메이논다스를 가리켜 "단 한 사람이 군대 전체보다 더 중요했다"라고 말
했다.[11]

[2]
장군이 병사의 사기를 올리는 방법에 대하여

용기를 증대하는 앞서 말한 이 모든 것이 전부 혹은 일부 장군에게 달려
있기는 하지만, 그럼에도 우리는 이제 지도력이 아니라 그의 성품 자체에
들어 있는 어떤 점들에 대해 생각해보고자 한다.

[3]
행운에 대하여

장군이 병사들을 고무하도록 만드는 첫 번째 것은 행운[12]인데, 이는 존

⁚

10) Tacitus, *De origine et situ Germanorum*, 30, 2.
11) Cornelius Nepos, *De viris illustribus*, VI, 1, XV, 10. 16세기에는 이 전기의 작가가 코르
    넬리우스 네포스가 아니라 4세기에 살았던 아이밀리우스 프로부스라고 생각하였다.
12) la felicità. 이는 단지 운이 좋다는 의미보다는 아래에서 언급되는 것처럼 신에 의한 지복을
    받았다는 뜻이다. 마키아벨리는 포르투나-운(fortuna)을 현상계의 예측 불가능한 변수로
    보고, 그것을 잘 제어할 수 있는 능력을 비르투-덕(virtù)이라고 생각했다. 반면 보테로는
    성공의 능력이 신에 의해 점지된 것으로 간주하고 있다.

엄한 신이 정의의 사도 혹은 의지의 집행자가 되도록 뽑은 사람에게 부여하는 신성한 덕과 다르지 않다. 그 예로서, 신은 여호수아의 기도를 듣고 해를 멈추어 낮을 연장했고,[13] 이교도인 키로스를 목자라 불렀으며,[14] 알렉산드로스 대왕에게는 팜필리아해(海)[15]로 가는 길을, 타르타르의 왕 징기스에게는 인도양으로 가는 길을 열어주었다. 신의 채찍이라 불린 아틸라와 테뮈르, 그 외 수많은 다양한 승리로 호의를 보여주어 신을 기쁘게 했던 다른 많은 인물이 있다. 그러나 여기서 주목해야 할 점은, 전쟁에서의 행운이 언제나 장군에게만 주어지는 것은 아니며, 때로는 자신의 수하를 통해 신이 애호하는 군주에게 주어지기도 한다는 것이다.

카이사르 군대의 강력한 지휘관이었던 라비에누스여
이제는 저열하게도 패주하고 말았구나[16]

렌초 다 체리[17]는 베네치아인에게 봉사할 때는 대단히 운 좋은 장군이었으나 프랑수아 왕과 클레멘스 7세 아래서는 아주 운이 나빴다. 안드레아 도리아[18]는 역시 프랑수아 왕 휘하에서는 기억할 만한 일을 아무것도 하지

··

13) 「여호수아」 10장 12~14절.
14) 「이사야」 44장 28절.
15) 현재 튀르키예(터키) 남부의 안탈랴만으로, 알렉산드로스는 페르시아 정복을 위해 이곳을 통과하였다.
16) Lucanus, *Pharsalia*, V, 345~346. 원문은 보테로의 기억에 따른 것으로 정확하지 않다. 티투스 라비에누스는 카이사르의 으뜸가는 장군이었으나 뒤에 폼페이우스 편으로 넘어갔다.
17) 렌초 델리 안귈라라(1475?~1536)는 교황 휘하의 용병대장으로, 경력 초기인 1510년에 베네치아에 대여되었다.
18) 멜피의 군주인 안드레아 도리아(1466~1560)는 제노바의 정치가이자 용병대장이며 제독으로, 제노바공화국의 정치에서 핵심적인 역할을 한 인물이다. 프랑스 왕 프랑수아 1세, 교황

못했으나 사르데냐 전쟁에서는 아주 반대의 운명[19]을 경험하였다. 그는 카를 5세 아래에서 위대한 업적을 이룩하였고 더불어 다른 일들을 수행하였다. 이런 점에서 신은 때때로 장군이 아니라 군주를 애호한다는 것을 보여주고 있다. 하지만 또 때로는, 설사 군주가 신을 기쁘게 하지 못하여 다른 방식으로 괴로움을 겪고 벌을 받는다고 해도, 장군의 의도가 훌륭하면 그에게 행운을 선사하기도 한다. 그래서 존엄한 신은 나르시스가 고트인과 싸운 전쟁은 잘 되게 했으나 정작 그가 봉사하던 이오우스티니아노스가 이탈리아를 평화롭게 점령하는 것은 허용하지 않았는데, 왜냐하면 랑고바르디인[20]을 내려보내 그곳 대부분을 차지하게 했기 때문이다.[21] 신은 때로 인민의 죄 때문에 군주와 장군의 행운을 거부하기도 했다. 그래서 신은 요시아 왕을 쓰라린 죽음에 이르게 하였다.[22] 하지만 만약 신이 군주와 장군을 기껍게 생각한다면 인민의 죄도 행운을 막지 못하며, 그러면 승리와 개선을 의심할 여지가 없다. 비록 이러한 행운이 언제나 덕의 동반자는 아니지만(왜냐하면 신은 사악한 그리스도 교인에 대항하는 이교도와 튀르크인과 무어인 역시 번성케 하기 때문에), 그럼에도 보통은 그렇게 되는 법이다. 그리하여 독일에서의 카를 5세와 기즈 공작 프랑수아와 그의 아들인 앙리 및 샤

∴

클레멘스 7세, 신성 로마 황제 카를 5세 휘하에서 봉사하였다.

19) 1589년, 1590년, 1596년의 이전 판본에서는 공히 이 말 뒤에 "만약 그리스도 교인이 이 말을 사용할 수 있다면"이란 구절을 삽입하고 있다. 여기서 "운명"의 원어는 'la sorte'이다.

20) 랑고바르디인(Langobardi)은 568년에서 774년 사이 이탈리아 반도 대부분을 지배했던 게르만 부족으로, 이주 이전의 원주지는 독일 북부 엘베강과 스웨덴 남부 스코네 지방이다.

21) 나르시스(478~573)는 비잔틴 황제 이오우스티니아노스 1세의 장군으로, 552년에서 555년 사이 이탈리아에서 동고트인과 싸웠고, 565년 황제가 죽을 때까지 이탈리아를 통치하였다.

22) 「열왕기하」 23장 25~29절; 「역대하」 35장 24~25장. 요시아는 유대의 16대 왕(기원전 640?~609)이다.

를과 파르마 공작 알레산드로[23]는 그들이 믿음을 위해 수행한 전쟁에서 적은 군대로도 영광스러운 승리를 거두었다. 반면 루이 드 콩데[24]와 가스파르 드 콜리니,[25] 라인란트 팔츠 백작 카지미어와 빌렘 판 나사우,[26] 그리고 배교와 반란의 편에 서서 군대를 이끈 여타 사람은 분쇄되고 패배하여 죽임을 당했으니, 이르는바 "배교한 자는 땅에서 사라지리라"[27]라는 말대로 되었다. 이제 우리의 주제로 돌아가 보자. 그러므로 병사들이 장군의 전쟁과 계획에서 행운을 목도할 때라야 그들은 두려움 없이 그의 깃발을 따르게 되며, 또한 스스로 승리를 약속함으로써 어떤 난관도 별것 아닌 것이 된다.

[4]
대담성과 모범

장군의 대담성과 모범 역시 대단히 중요한데, 왜냐하면 이는 군대 전체로 뻗어나가고 퍼지기 때문이다. 그래서 카이우스 마리우스에 대해 우리가 아는 바와 같이, 그는 대담성과 용맹함을 가지고 전쟁에 뛰어들었기 때

••

23) 프랑수아 드 로렌(1519~1563), 앙리 1세(1550~1588), 샤를(1554~1611), 알레산드로 파르네제(1545~1592)를 가리킨다.
24) 콩데 공(公) 루이 드 부르봉(1530~1569)은 저명한 위그노 수장이자 장군이다.
25) 가스파르 2세 드 콜리니(1519~1572)는 프랑스 제독이자 위그노 수장이다.
26) 요한 카지미어 폰 팔츠-짐먼(1543~1592)은 1583~1592년 라인란트의 팔츠를 통치했으며, 그곳에 칼뱅 교회를 확립하였다. 빌렘 판 나사우(1601~1627)는 오랑주 공과 마르가레타 판 메흘렌 사이에서 난 사생아 출신 네덜란드 군인이다.
27) 「잠언」 2장 22절.

문에 젊고 강건한 나이에 위대한 일들을 성취했으나, 뒤에 나이가 들자 뜨거웠던 피와 드높았던 기백을 잃어버리고 일찍이 동맹시 전쟁에서 보여주었던 오랜 명성에 상응할 만한 아무런 업적도 이루지 못했다.[28] 이러한 대담성에서는 알렉산드로스 대왕이 뛰어났지만, 그는 정신과 마음이 놀라울 정도로 위대하다는 것에다가 그에 필적하는 행운이 함께한다는 것 외에 장군으로서 갖추어야 할 다른 점은 지니고 있지 않았다. 셀레우코스[29]는 디메트리오스 왕과 싸운 마지막 전쟁에서, 병사들이 도망가는 것을 보고 말에서 내린 뒤 머리에 쓴 투구를 벗어 자신의 정체를 알리고는 바로 적진의 맨 앞 열 사이로 뛰어들었다. 이러한 행동으로 그는 다시 자신의 덕을 되살려 승리하였다. 카이사르에 대해 기록된 바와 같이, 그는 때로 군대를 앞으로 밀어붙임으로써 도망가려는 것을 억제하고 멈추게 하였다.[30] 그리스도교 군주와 장군 중에서도 큰 칭송을 받을 만한 인물은 기에르기 카스트리오티[31]일 텐데, 그는 튀르크군과 조우한 천 번의 전투에서 언제나 싸움의 선두에 있었다. 여러 전투에서 그가 직접 죽인 튀르크 병사가 무려 2,000명에 이른다고 추정된다. 하지만 장군이 언제나 자신을 위험의 와중

∴

28) 카이우스(가이우스) 마리우스는 로마의 평민 호민관이자 장군으로, 기원전 104년에서 101년 사이 테우토니인(Teutoni)과의 전쟁을 수행하였다. 동맹시 전쟁이란 기원전 91년에서 87년 사이 로마공화국과 이탈리아 내 자치 동맹시(市)가 싸운 전쟁이다. 당시 이 동맹국들을 'socii'라 불렀기 때문에, 후일 이 전쟁도 'bellum sociale', 즉 'Social War'로 부른다.
29) 일명 니카토르(승리자)로 불리는 셀레우코스 1세(기원전 358~281)는 알렉산드로스 대왕 사후에 일어난 권력투쟁에서 기원전 285년 폴리오르키티스(정복자)란 별명을 가진 디미트리오스를 포로로 잡는다.
30) Plutarkos, *Vioi Paralleloi*, "Caesar," 39, 5~6.
31) 라틴어로 일명 스칸데르베구스로도 불리는 알바니아인 장군으로, 무라드 2세 및 메흐메드 2세가 보낸 군대를 막아 알바니아의 독립 영웅이 되었고, 인민을 이슬람교에서 그리스도교로 개종시켰다. 본서 9권 3장 및 18장에서도 언급되고 있다.

에 던져 넣어야 한다고 말하는 것은 아니다(군주의 경우라면 더욱 그러하다). 그가 할 일은 싸우는 것이 아니라 병사들을 정렬하고 관장하고 장악하는 것이다. 그렇지만 그는 언제나 기백과 마음과 태세를 보여주어야만 하고, 필요한 경우에는 도주를 막거나 지쳐서 동작이 굼뜨고 당혹한 병사들을 살리기 위해, 혹은 여타 유사한 필요를 위해 위험에 뛰어드는 것도 마다하지 않아야 한다. 또한 그는 이를 가능한 한 아주 신중하게 수행해야 한다. 왜냐하면 군대의 안녕은 바로 자신의 목숨과 직결되기 때문이다. 게르만인의 예로써 끝을 맺도록 하자. "게르만인은 귀족 혈통에서 왕을 택하며 지휘관은 용기 있는 자로 선택한다. 왕은 절대적인 권력을 갖고 있지 않으며, 군사 지휘관의 권위는 자신의 직위가 아니라 그들이 보여준 용맹함과 능력과 또한 언제나 맨 앞에서 싸운다는 것으로 얻은 칭송에서 나온다."[32]

[5]
활기에 대하여

활기차고 유쾌한 안색을 보여주는 것도 나름 중요한 일인데, 병사들의 명랑하고 드높은 기백 역시 대부분 장군의 표정에 의해 좌우된다. 만약 그들이 기꺼이 그리고 맹렬하게 전투에 뛰어들지 않는다면 가치 있는 어떤 일도 이루지 못할 것이다. 이는 체리졸레 전투에서 바스토 후작 아래 있던 게르만인에게 있었던 일이다.[33] 로마인으로는 파피리우스 쿠르소르와 스

..

32) Tacitus, *De origine et situ Germanorum*, 7.
33) 바스토 후작 알폰소 다발로스(1502~1546)는 1544년 이탈리아 피에몬테 지방의 체리졸레

키피오 아프리카누스가 이러한 점에서 탁월하였다. 리비우스는, 파피리우스가 삼니움인을 정복한 그 기억할 만한 전투에서보다, 그리고 스키피오가 한니발과 카르타고인을 격파한 무훈에서보다 더 명랑함을 보여준 장군은 결코 없었다고 기술하고 있다.[34]

앞서 말한 명랑함에 더해져야 할 것은 승리에 대한 어떤 확신인데, 이를 통해 병사들도 명랑한 기분을 유지하게 되며 이는 다양한 방식으로 표출할 수 있다. 칸나이 전투 중의 어느 날, 한니발은 전투가 시작되기 직전 로마군 진영을 살피기 위해 약간 돌출한 언덕 위로 올라갔다. 그의 친구인 게르사쿤은 적의 수가 많은 것을 보고 깜짝 놀랐다(왜냐하면 로마군은 지금까지 그런 정도의 군세를 펼친 적이 없었기 때문에). 그래서 그는 한니발을 돌아보면서 적의 숫자가 엄청나다고 말했다. 한니발은 이렇게 대답하였다. "하지만 자네는 그보다 더 엄청난 게 있다는 것을 모르는구먼. 자네가 보고 감탄해 마지않는 그토록 수많은 병사 속에 게르사쿤이라 불리는 사람은 하나도 없다는 걸 말일세." 이 말에 주위에 있던 사람이 폭소하였고, 장군이 그 같은 때에 농담을 하면서 다가오는 전투를 대수롭지 않게 여기는 것을 본 병사들의 대담함과 용기는 더욱 커졌다.

스키피오가 아프리카에 있을 때, 로마군과 그들의 움직임을 정탐하기 위해 카르타고인이 보낸 사람 몇이 그의 앞에 끌려왔다. 그는 전쟁의 관습에 따라 그들을 죽여야 했음에도 그러지 않고 그들을 데리고 나가 모든 것을 세세하게 보여주고는 되돌려보냈다. 이를 통해 그는 아군의 사기를 올리고 적군에게는 두려움을 불러일으켰다.

∵

(현 체레졸레 알바)에서 프랑스군에 패배하였다.
34) Livius, *Ab Urbe condita libri*, X, 40; XXX, 32.

그라쿠스 역시 에스파냐에서 이와 유사한 행동을 하였다. 왜냐하면 켈리베리인 사절이 그 무엇이 감히 자신들을 공격할 만큼 그를 자신만만하게 만들었느냐고 묻자, 그는 훌륭한 군대를 믿기 때문이라고 대답하였다. 그는 그들이 보고 그에 대해 보고할 수 있도록 즉시 군단을 군사 대형으로 전개하였다. 이 광경을 보고 깜짝 놀란 사절들의 보고에 마찬가지로 경악한 켈리베리인은 당시 로마군이 공성전을 펼치던 도시에 원군을 보내려던 생각을 접게 되었다. 속칭 스칸데르베구스로 불린 기에르기 카스트리오티는 명랑하고 생기 넘치는 눈과 얼굴로 군대를 전투로 이끌고 놀라운 웅변으로 병사들을 분기하게 함으로써 어떤 위험도 개의치 않도록 만들었다.[35]

[6]
경계심에 대하여

예기치 않은 상황에서는 경계하는 마음과 기민성이 대단히 중요하며, 이는 때로 승리를 확보하게 하거나 파멸을 피하게 해준다. 로마인의 왕 툴루스와 다타마와 콘살보 페란테를 비롯한 여타 인물들의 예가 이를 보여준다. 툴루스 호스틸리우스는 피데나이와 베이에 대항하여, 메티우스 푸페티우스가 이끄는 알바 롱가의 동맹군을 대동하고 군대를 진군시켰다.[36] 그

..

---

35) 1589년판과 1590년판에는 이어서 다음의 간략한 장(章)이 삽입되어 있다. "조심함에 대하여. 만약 장군이 진중하고 조심스럽다는 평판을 얻고 있어서, 결코 성급하고 무모한 행동을 하지 않으며 또한 그 자신의 승리와 피를 함부로 대하지 않는다면, 병사들의 사기는 괄목할 만큼 올라갈 것이다. 만약 그가 기민한 데다 조심스럽기조차 하다면 더할 나위가 없을 깃이나."

36) 툴루스 호스틸리우스(재위 기원전 672~640)는 누마 폼필리우스를 이은 로마7왕의 세 번

런데 그들이 공격하려는 시점에 두 마음을 먹은 메티우스는 조금씩 로마 군과 거리를 두기 시작하다가 급기야 산악 지역 쪽으로 방향을 돌렸다. 그 곳에서 누가 승리하는지를 관망할 수 있으리라는 것이 그의 생각이었다. 그쪽으로 다가간 로마군은 그의 이런 행동으로 측면이 노출된 것을 보고 깜짝 놀라 왕에게 전령을 보내 이를 알리려 했다. 위험을 감지한 왕은 즉시 경고를 발해 임박한 파멸을 피하고자 하였다. 그는 망설임 없이 큰소리로 모두 원위치로 복귀하라고 명령하였다. 알바롱가인은 이 명령에 따랐다. 하지만 이 명령은 피데나이인 사이에 메티우스가 배신하여 자신들을 포위 하려는 것이 아닌가 하는 의심을 불러일으켰고, 그리하여 그들은 급히 그 곳에서 물러나고 말았다. 카리아의 뛰어난 장군 다타마[37] 역시 이러한 기민 성에서 뒤처지지 않았다. 그는 피시디아 군대가 아들을 죽였기 때문에 아르 탁사사 왕에게 반기를 들고는 즉시 왕을 향해 진군하였다. 기병대 장군이 었던 그의 장인 미트로바르자나는 사위가 하는 일이 틀림없이 잘못될 것이 아닌가 의심한 나머지 자신이 지휘하던 군대와 함께 적진으로 도주하였다. 이에 놀라지 않을 사람이 누가 있겠는가? 하지만 다타마는 예기치 않게 나 쁜 상황에서 대단히 좋은 결과를 이끌어냈다. 그는 적을 속이는 방법으로 그의 장인이 자신의 명령에 따라 움직인다는 소문을 퍼뜨렸다. 그는 곧 자 신의 군대가 그를 따르고 돕도록 촉구하였다. 그리하여 미트로바르자나의

..

째 왕으로, 로마 근처의 도시 베이와 피데나이를 정복하였다. 메티우스 푸페티우스(기원전 ?~670)는 로마 근교 중부 이탈리아의 도시 알바 롱가의 마지막 왕으로, 피데나이와 베이에 대항한 전투에서 로마군이 대승한 후, 반역죄로 로마 왕 툴루스에 의해 거열형을 당했다.

37) 이란어로 다타마, 그리스어로 다타메스는 페르시아 왕 아르탁사사 2세의 장군이자 카파도 키아의 총독으로, 왕에게 반란을 일으켰다가 기원전 362년 암살되었다. 카리아는 아나톨 리아 서부에, 피시디아는 중부에 있었다. 다타마 일화의 출처는 Cornelius Nepos, *De viris illustribus*, XIV.

군대는 한편으로는 피시디아인과 힘들게 싸우다가 전투 중에 죽고 말았다. 프로부스가 말하듯이 "어떤 장군도 이보다 더 교활한 생각을 한 적이 없었고, 또한 이를 그렇게 재빨리 실행에 옮긴 적도 없었다."[38]

이쯤에서 콘살보 페란테[39]의 기민성을 회상해보는 것도 나쁘지 않을 것이다. 왜냐하면 그는 느무르 공작과의 전투가 시작되자(이때는 그가 가톨릭 왕을 위해 나폴리 왕국을 정복했을 무렵이다), 포대에 발포를 명령하였다. 그는 화약이 적의 계교로 혹은 사고로 모두 타버렸다는 말을 듣고 크게 염려하였다. 하지만 그는 이 같은 소식에도 마음의 평정을 잃지 않고 이렇게 말했다. "나는 이를 승리의 전조로 받아들이겠다. 우리는 축포로 이미 그것을 즐거이 축하한 셈이니까 말이다." 이 말로 병사들의 용기가 되살아났다. 타키투스가 게르마니쿠스에 대해 말하고 있듯이, "우연의 결과를 분별의 결과로 바꾸는 것에 대해 생각하면서, 좋은 기회는 잡고 상황은 분별 있게 이용하는 것이야말로 유능한 지도자의 특징이다."[40]

술라는 자신의 군대가 미트라다티스의 군대에 패주하자, 그들을 되돌려 멈추게 하고는 다음과 같은 기억할 만한 말을 하였다. "가라 동지들이여, 나는 여기서 영광스럽게 죽겠다. 자네들이 어디서 장군을 배반했느냐고 물으면 바로 여기 오르코메노스에서였다고 대답하는 것을 잊지 말라." 이 말

••

38) Cornelius Nepos, *De viris illustribus*, XIV, 6. 여기서 보테로의 인용은 정확하지 않다. 저자를 프로부스로 오인한 데 대해서는 앞의 2권 6장의 관련 주를 볼 것.

39) 곤살로 페르난데스 데 코르도바(1453~1515)를 가리킨다. 그에 대해서는 2권 11장에서의 언급도 볼 것. 프랑스군을 이끄는 느무르 공작 가스통 드 푸아(1489~1512)와의 체리뇰라 전투는 1503년에 일어났다. Guicciardini, *Storia d'Italia*, V, 15.

40) 타키투스로부터 인용된 것은 오직 이 인용문의 첫 부분뿐이다(Tacitus, *Annales*, I, 28). 또한 이 말과 관련된 인물은 게르마니쿠스가 아니라 드루수스이다. 뒷부분은 스키피오가 원로원에서 한 연설에서 나온 것으로 리비우스로부터의 인용(부정확하지만)이다. Livius, *Ab Urbe condita libri*, XXVIII, 44, 8.

에 힘을 얻은 로마군은 기수를 돌려 적을 뒤로 밀어붙였다.[41]

안토니우스 프리무스가 비텔리우스의 병사들을 무너뜨린 전투의 와중에서 그가 장군이자 병사로서 또 다른 무용을 발휘하고 있을 때, 그의 병사들이 도망을 가자 그는 창으로 도망가는 기수(旗手) 하나를 찌른 뒤 깃발을 잡고 적을 향했다. 그의 이런 행동 덕분에 전세는 뒤집혔고 결국 승리하였다.

최근 튀르크인과 페르시아인 사이에 일어난 전쟁에서 튀르크군 병사들이 폭동을 일으켜 공공연히 항거하면서 카낙강을 건너려 하지 않았다. 장군 무스타파[42]는 일단 가능한 한 좋은 말로 반란을 가라앉히려 하였다. 그러나 다음 날 아침 그는 말을 타고 강으로 들어가면서 이렇게 말했다. "대영주의 빵을 먹으면서 나와 함께 가지 않는 자에게 저주가 있으리라." 이에 병사들은 서로 경쟁하듯이 그를 따랐다.

[웅변과 약간의 다른 문제들에 대하여[43]]

웅변에 대해서는 이미 다른 곳에서 언급한 바 있다.[44] 장군에게는 이 역

∵

41) Plutarkos, *Vioi Paralleloi*, "Sulla," 21, 2. 그리스 보이오티아에 있는 오르코메노스에서 술라가 이끄는 로마군과 폰토의 왕 미트리다티스 6세 사이에 전투가 일어난 때는 기원전 85년이었다.

42) 1532년에서 1555년까지 오스만제국의 술레이만 1세(대제)와 페르시아 사파비(Safavi) 왕조의 타흐마스프 1세 간의 무력 충돌이 심화되는데, 위 일화에 등장하는 인물은 술레이만의 아들 셰흐자데 무스타파로 보인다. 4권 4장에서의 언급도 볼 것.

43) 이 장은 1589년 및 1590년판에만 있으며, 1590년판에는 제목이 '약간의 다른 문제들에 대하여'로 되어 있다.

44) 앞의 6권 10장('웅변에 대하여').

시, 당황한 병사들에게 용기를 불러일으키거나 행동이 느려진 자들을 다잡거나 고통받는 자들을 위로하거나 혹은 사기를 드높이는 데 유용한 도구가 될 수 있다. 결국 웅변이란 거의 언제나 좋은 결과를 가져오는 일반적 방법이다. 이에 못지않게 중요한 것은 관대함과 그 외 다른 덕성인데, 이러한 것들은 장군에게 앞서 언급한 사랑과 명성을 가져다준다. 로마인은 명랑한 기분으로 전쟁에 나갔는데, 이는 파피리가(家), 만리가, 스키피오가 휘하에서는 승리한다는 확신 덕분이었다. 킴브리 전쟁[45]의 공포 속에서 그들은 카이우스 마리우스가 아닌 다른 사람을 장군으로 원하지 않았는데, 이는 그들이 그의 용기를 높이 평가하고 있었기 때문이다.]

[7]
해상력과 육상력 중 어느 것이 더 강력한가

지금까지 우리는 사람과 힘을 늘리고 강화하는 데에 대해 논의해왔으므로, 이제는 서로를 잠깐 비교해보기로 하자. 먼저 해상력과 육상력을, 다음에는 기병과 보병을 비교해보겠다. 육상력이 해상력보다 더 중요한지 덜 중요한지는, 만약 바다의 지배자가 땅을 지배한다(이는 명백히 이성과 경험에 반하는 주장이다)는 통속적인 말을 믿지 않는다면 논쟁할 아무런 가치도 없다. 그것이 이성에 반하는 이유는, 육상력에는 해상력이 필요하지 않

∴

---

45) 기원전 113년에서 101년까지 로마공화국과 게르만인 및 켈트인이 싸운 전쟁. 이는 킴브리인(Cimbri), 테우토니인(Teutoni), 암브론인(Ambrones), 티구리니인(Tigurini) 등이 율랜(유틀란트) 반도에서 로마가 지배하는 영토 쪽으로 이주함으로써 발생하였다.

지만 해상력에는 육상력이 필요하기 때문인데, 식량과 무기와 군대를 제공하는 것은 어디까지나 육지이기 때문이다. 더욱이 육상력은 바다에도 효과적이지만 해상력은 육지에 효과적이지 않다. 그래서 경험은 해상력에 기초한 어떤 국가도 육지로 멀리 뻗어나가지 못했다는 것을 보여준다. 크레테인도(비록 아리스토텔레스가 이들의 섬이 본성상 바다의 지배 아래 만들어졌으며, 그 결과 그곳 주민들은 최초로 해상의 영광을 안고 번성한 사람이라고 말하고는 있지만[46]), 그리고 차례로 바다를 지배한 리디아인도, 펠라스고이인[47]도, 로도스인도, 페니키아인도, 이집트인도, 밀레토스인[48]도 모두 마찬가지였다. 반면에 강력한 육상 지배권을 가졌던 민족은 모두가 원하기만 하면 언제나 바다의 지배자가 되었다. 그래서 로마인은 육상력을 바다에 투여하여 40일이라는 시간 내에 강력한 함대와 다른 것들을 만들어냈고, 결국 이를 통해 카르타고인에게서 바다의 지배권을 빼앗았다. 카이사르는 해군을 갖고 있지 않았으나, 필요가 생기자 두 번의 겨울이 지나는 동안 바다의 지배자였던 베네티인[49]을 격파하기에 충분할 만큼 해군력을 규합할 수 있었고, 대브리튼이 어쩔 수 없이 화평을 요청하고 공물을 바치도록 만들었으며, 강력한 육군을 보유한 폼페이우스에게 승리를 거둠으로써 그 누구도 바다에서 그와 겨룰 수 없게 되었다. 로마제국이 쇠퇴한 이후부터는 반달인, 사라센인, 튀르크인이 바다의 주인이 되었는데, 그들은 태생이 바다와는 멀고 바람에 대한 지식도 바다에 관한 경험도 없었던 야만족이었다.

∙∙

46) Aristoteles, *Politika*, II, 10, 2, 1271b 33~34.
47) 펠라스고이인(Pelasgoi)은 선사시대 그리스 주민을 총칭하는 말이다.
48) 밀레토스는 소아시아의 그리스계 도시이다.
49) 베네티인(Veneti)은 프랑스 남서부 대서양 쪽 해안에 살았던 고대 켈트인을 가리킨다. 이들에 대해서는 다음을 볼 것. Caesar, *Commentarii de bello gallico*, 3, 8.

하지만 그들은 육상력을 바탕으로 마침내 항구와 섬을 정복하였다. 가이 사릭스 왕의 지휘 아래 에스파냐에서 아프리카로 건너간 반달인은 시칠리아와 이탈리아를 공격하였고, 아무런 저항도 없이 제국의 수도 로마를 약탈하였다. 아프리카와 아시아를 정복한 사라센인은 섬들을 쉽사리 빼앗고 콘스탄티노폴리스를 수시로 공격했으며 우리 땅 대부분을 약탈하였다. 튀르크인 역시 육상에서 얻은 강력한 힘으로 바다의 주인이 되었으며, 그리하여 그들의 함대는 100년이 지난 지금까지도 아무런 저항 없이 그들의 바다는 물론 우리의 바다에서도 항해를 거듭하고 있다. 사실 메흐메드 2세는 그리스도교 함대를 깔볼 만큼의 화력을 보유하고 있었다. 포르투갈인에게는 인도 전쟁을 위해 프란시스쿠 드 알메이다와 아폰수 드 알부케르케라는 두 명의 탁월한 장군이 있었다.[50] 이들은 그 땅에서 전쟁을 수행하는 방식에서 서로 매우 달랐다. 알메이다는 도시와 땅을 정복하기보다는 단지 강력한 함대로 바다를 지배함으로써 통상을 관장하고 바다를 항해하는 모든 상인과 항구를 가진 모든 군주가 자신에게 조공을 바치도록 하고자 했다. 그러나 알부케르케는 폭풍으로 함대가 침몰하거나 약해져서 그 힘과 명성을 빼앗아갈 수도 있고 육상력 없이는 해상에서의 세력을 유지하기 어려울 것이라고 생각하여, 멜라카 왕국과 호르무즈 왕국 및 유명한 고아시(市)를 정복했으며 그곳에 훌륭한 무기 제조창을 세우고 포르투갈 식민지를 건설하며 백방으로 이교도의 개종을 장려함으로써, 그 민족이 인도에 소유한 영토의 토대를 놓았다고 말할 수 있을 정도이다. 만약 고아시와 그

•••

50) 프란시스쿠 드 알메이다(1450?~1510)는 인도의 정복자이자 최초의 인도 총독이다. 조앙 아폰수 드 알부케르케(1453~1513)는 고아, 멜라카, 호르무즈의 정복자로, 포르투갈 동방 확장의 영웅으로 간주되고 있다.

주변 지역이 배와 갤리선을 건조할 목재와 대포를 주조할 금속과 함대에 필요한 인력과 그들을 무장시킬 무기와 그들이 먹을 식량을 공급하지 않았더라면, 포르투갈인이 그렇게 많은 강력한 적들 가운데에서 그토록 오랫동안 버텨내지는 못했을 것이다. 만약 베네치아인이 롬바르디아에서의 일에 간섭하지 않고 해상에서의 일에 더 전념했더라면, 그들은 아마 더 크고 강력한 나라가 되었을 것이라는 게 다수의 견해이다. 하지만 나는 그것이 잘못되었다고 생각하는데, 왜냐하면 육지에 닿는 곳에서 바다가 끝나듯이 해상력은 그 토대인 육상력에 의존하고 있으며 육상력 없이 해상력을 갖기란 불가능하기 때문이다. 목재와 부속품, 밧줄 및 함대를 건조하고 장비를 갖추는 데 필요한 다른 모든 재료는 말할 것도 없고, 노잡이, 병사, 무기, 화약, 식량도 육지에서 나오는 것이다. 해상력이 육상력에 크게 도움을 주는 것은 사실이지만, 이는 전자가 후자의 힘을 증대시켜서가 아니라 그것에 기동성을 제공하기 때문이다. 육상 제국이 커지고 넓어질수록 그 움직임은 느려지고 부적절하게 된다. 군대가 쉽게 규합되지 않으며 식량 운송도 어려워지고 화약도 한 곳에 집적하지 못하게 된다. 기병은 오랜 여정으로 지치게 되고 병사들은 공기가 바뀜으로써 병에 걸리게 되며 군대를 유지하고 전쟁을 치르는 데 필요한 물품 운송에도 막대한 비용이 든다. 이는 콘스탄티노폴리스에서 진군하여 헝가리와 페르시아 경계에까지 갔다가 되돌아온 튀르크의 육상 전쟁에서 그 예를 찾아볼 수 있는데, 그들은 강행군과 물자 부족으로 여름 대부분을 보내면서 수많은 병사를 잃었고 그리하여 득보다는 실이 더 컸다. 반면 함대가 있으면 운송이 쉬운 덕분에 전쟁을 더 쉽게 치를 수 있다. 함대를 이용하면 더 짧은 시간 내에 더 먼 곳에 필요한 식량을 가지고 더 많은 군대를 보낼 수 있을 뿐 아니라, 바다에서 강력한 쪽이 더 많은 곳에서 불시에 적을 교란함으로써 항상 그들을 저지하고 불안하게 할 수 있다. 이런 이유로 게르마니쿠스 카이사르는 육상에서 치른 중요한 여러 전쟁에서 오랫동안 수많은 난관을 겪은 후, 전장을 육상에서 바다로 바꾸어 그 유명한 1,000척 함대를 만들었다. 코르넬리우스 타키투스는 함대의 이러한 유용성에 대해 "전쟁이 좀 더 일찍 시작될 수도 있겠지만, 어쨌든 군단들과 그들이 먹을 식량이 함께 운송되어와야만 한다. 그러면 말과 기병들이 강 하구와 굽이를 따라 게르마니아의 심장부까지 아무런 손실 없이 침투할 수 있을 것이다."[51] 다른 한편으로, 그는 육상 전쟁의 불편을 이렇게 전하고 있다. "병사들은 부상당하는 것 이상으로 긴 행군과 무기 손실 때문에 고통을 겪었다. 갈리아 지방은 말을 공급하기에 지쳤다. 긴 운송 행렬은 쉽게 공격받았으나 방어하기가 힘들었다."[52] 그래서 코지모 데 메디치는 군주가 육상력에 해상력을 부가하지 않는다면 그를 일컬어 큰 세력을 가졌다고 말할 수는 없다고 하였다.[53]

[8]
기병과 보병 중 어느 것이 더 중요한가

단연코 말하자면 보병이 훨씬 더 중요하다. 왜냐하면 그것의 가치는 기병의 경우보다 다수에게 더 큰 효과를 미치기 때문이다. 개활지에서 후자가 더 우위에 있다는 점은 인정하기로 하자. 탁 트인 공간에서는 말의 이

••

51) Tacitus, *Annales*, II, 5.
52) Tacitus, *Annales*, II, 5.
53) 토스카나 대공작 코지모 1세(1519~1574)는 오스만튀르크와 바다에서 싸우기 위해 1561년 성 스테파노 수도회를 창설하였다.

점을 가진 쪽이 보통 승리한다는 것은 사실이기 때문이다. 카르타고인이 코끼리와 말에서 유리하다는 것을 알아챈 크산티포스[54]는 단지 전장을 산악지역에서 평야로 옮김으로써 로마인에 승리하였다. 한니발이 로마인에 승리한 것은 대부분 평야에서 기병이 갖는 이점을 이용한 데서 비롯된 것이었다. 그리하여 이를 알아챈 파비우스 막시무스는 기병으로는 아무것도 할 수 없는 언덕과 지형을 결코 벗어나려 하지 않았다. 튀르크가 그리스도교인에 승리한 것은 기병의 수가 많다는 것 외에 다른 이유가 있을 수 없는데, 그들은 항상 이를 이용하여 평야 지대에서 승리하였다. 튀르크군의 강점이 예니체리에 있다고 말하는 사람은 스스로 크게 기만하고 있는 셈인데, 왜냐하면 예니체리 창설 이전에도 튀르크인은 이후 그들이 한 것보다 훨씬 더 중요한 전쟁을 수행했기 때문이다. 튀르크인들은 비티니아를 빼앗고 해협을 건넜으며 필리포폴리스와 하드리아노폴리스를 정복했고[55] 세르비아 및 불가리야의 공국들을 약탈했으며 지기스문트 왕[56] 휘하로 뭉친 그리스도교 군대를 두 번이나 격파했고 대(大)테뮈르[57]를 제외하고는 그 누구에게도 정복되지 않았다. 게다가 예니체리 창설 이후에도 그들은 폴란드 왕 브와디스와프[58]와 후녀디 야노시[59]와 기에르기 카스트리오티와 페

∴

54) 제1차 포에니 전쟁 때 카르타고가 고용한 스파르타인 용병대장이다.

55) 필리포폴리스는 트라케(트라키아)의 수도로(현 불가리야의 플로브디프), 14세기 튀르크에 의해 정복되었다. 로마 황제 하드리아누스의 이름을 딴 하드리아노폴리스는 현 튀르키예(터키) 에디르네도(道)의 에디르네시(市)로, 불가리야 및 그리스와 인접하고 있다.

56) 지기스문트 폰 룩셈부르크(1368~1437)는 1387년 이후 헝가리와 크로아티아의 왕, 1411년 이후 독일의 왕, 1419년 이후 보헤미아 왕, 1433년 이후로는 신성로마 황제였다.

57) 테뮈르(티무르) 퀴레겐(1336~1405)은 테뮈르조(朝) 몽골제국의 창시자이다.

58) 여기서 보테로는 아마 1434년에서 1444년까지 폴란드 왕위에 있었던 브와디스와프 3세를 지칭하고 있는 것으로 보인다. 하지만 그는 어떤 승리도 거둔 적이 없었다.

59) 헝가리 장군이자 정치가인 후녀디 야노시(1406?~1456)는 십자군 전쟁을 위해 함대를 조직

르시아 왕 오존 하산[60]과 맘루크와 헝가리 왕 마차시 코르빈[61]과 그리스도교 군주들의 마지막 동맹과 페르시아 왕과 트란실바니아의 영예로운 군주 바토리 지그몬드[62]에 대패한 바 있다. 또한 예니체리가 때로는 거의 진 전세를 뒤집었으며 적의 손에 들어간 승리를 낚아챘다고들 말하는데, 이 역시 아무런 의미도 없는 주장이다. 왜냐하면 예니체리는 대영주라는 인물 주위를 둘러싸고 있으므로, 전투와 살상으로 이미 힘이 빠진 적을 뒤늦게 상대하여 쉽게 승리할 수 있기 때문이다. 대규모의 기병대 혹은 다른 종류의 군대도 이처럼 후발 공격을 하면 이보다 더 나은 결과를 얻을 수도 있었을 것이다. 보통 1만 2,000에서 1만 5,000 정도인 예니체리에 대해서, 그것과 엇비슷한 수에다 군사 훈련으로 단련된 독일인이나 스위스인, 에스파냐인이나 이탈리아인, 혹은 가스코뉴인 병사들로 그에 맞서는 그리스도교 군주가 그들을 왜 두려워해야 한단 말인가? 어떤 점에서 후자가 전자에 굴복한단 말인가? 육체적인 힘에서 아니면 정신적 기세에서? 그리스도교 보병은 튀르크군에 비해 결코 열등한 적이 없었다. 하지만 우리는 보통 그들이 기병에서 얻는 큰 이점 때문에 패배하고는 했다. 그들은 기병을 이용하여 길을 끊고, 계획을 저지하며, 식량 공급과 구조를 방해하고, 사방에서

··

했으나, 1444년 바르나 전투에서 오스만튀르크의 무라드 2세에게 대패한 뒤 이에 대한 복수를 위해 벌인 1448년 제2차 코소보 전쟁에서도 참패하였다.

60) 오존 하산(1423~1478)은 튀르크멘 족장으로, 오스만튀르크에 대항하여 트라브존을 방어하였다. 그는 1452년에서 1478년까지 현재의 이란, 이라크, 아나톨리아, 아르메니아, 아제르바이잔을 포괄하는 연맹의 수장이기도 했다. 그에 대해서는 다음을 볼 것. "Breve narrazione della vita e fatti del signor Ussuncassano, fatta per Giovan Maria Angiolello," in Giovanni Battista Ramusio, *Delle navigationi et viaggi*, II, Venezia, 1550.

61) 마차시 1세(재위 1458~1490).

62) 바토리 지그몬드(1573~1613)는 1581년부터 1602년까지 트란실바니아의 군주였다.

우리를 에워싼 뒤 바르나[63]에서, 니코폴[64]에서, 모하치[65]에서, 오셰크[66]에서, 리벤자[67]에서, 그리고 다른 여러 곳에서 우리를 괴롭히고 우리에게 패배를 안기고 우리를 살육하였다. 또한 우리는 훌륭한 보병을 가진 민족들을 격파한 튀르크 군이 기병에 강한 민족인 맘루크와 헝가리인과 폴란드인과 모스크바인과 페르시아인에게 대패하거나 크게 고통을 당했다는 것도 알고 있다. 기병은 평야 지대와 개활지에서 보병보다 우위에 있고, 이 경우에조차 보병이 여전히 매우 중요하기는 하지만, 기병이 사실상 무용한 다른 모든 전투 국면에서는 보병이 앞장선다. 왜냐하면 우선 해군은 완전히 보병의 손에 있기 때문이다. 전투와 소규모 접전은 기병에게든 보병에게든 공통적인 일이지만, 그럼에도 보병의 경우에 더 빈번하다. 왜냐하면 산악지역, 숲, 포도밭, 계곡 등 많은 지형에서 기병을 운용할 수 없을 뿐 아니라 도시 공성전이나 방어에서는 거의 아무런 역할도 하지 못하기 때문이다. 그러므로 우리는 기병을 보유한 민족은 보병 없이도 평야 지대에서 적을 격파하지만 정작 중요한 곳을 유지하지는 못한다는 것을 알고 있는데, 왜냐하면 도시든 요새든 적이 일단 되찾고 나면 기병으로는 그곳을 포위하지도 공격하지도 기습하지도 못하기 때문이다. 이는 크라수스와 마르쿠스 안토니우스에 대항한 파르티아인에게 일어났던 일이다. 타키투스의

∴

63) 1444년 11월 10일 불가리야의 동부 바르나에서 오스만튀르크 술탄 무라드 2세와 폴란드 왕 브와디스와프 3세 및 헝가리 족장 후녀디 야노시 연합군이 맞붙어 후자가 패배하였다.

64) 1395년 오스만 술탄 바예지드 1세의 헝가리 침공에 대항하여, 1396년 9월 25일 그와 세르비아의 스테판 라자레빅이 불가리야 북부 도시 니코폴에서 벌인 전투이다.

65) 1526년 8월 29일 도나우 강변 모하치에서 오스만 술탄 술레이만 1세와 헝가리 왕 러요시 2세 간에 벌어진 전투이다.

66) 오셰크(고대 로마의 무르사)는 슬라보냐에 있는 요새 도시이다.

67) 리벤자는 이탈리아 북동부 프리울리 지방의 강으로, 고대 이래 이곳에서 많은 전투가 벌어졌으나 오스만튀르크가 그리스도교 군대에 승리한 경우는 없다.

말에 따르면 "파르티아인은 과감하게 공성전을 펼치지 않는다. 그들이 간헐적으로 쏘는 화살은 포위된 사람을 놀라게 하기에는 역부족이며, 그래서 그들이 이룬 것은 아무것도 없다.[68] 기병의 특징은 신속한 승리를 위해 길을 열거나, 아니면 그에 못지않게 재빨리 도주하는 것이다."[69] 이는 또한 페르시아인이 고대에 로마제국에 대항해서 싸우던 때와 우리 시대에 튀르크와 벌인 전쟁에서도 볼 수 있는데, 그들은 다른 경우는 말할 것도 없이, 이 마지막 전쟁에서 기병이 지닌 이점 덕분에 평야 지대에서는 엄청난 수의 튀르크인 병사들을 죽였으나, 보병의 부족으로 주요 도시를 장악하지도 점령하지도 못했을 뿐 아니라 튀르크인을 그들이 빼앗은 도시나 혹은 요새 밖으로 내쫓지도 못했다.[70] 게다가 군 화력의 중요한 부분을 차지하는 대포와 화승총을 훨씬 더 잘, 더 많이 사용하는 것은 기병보다는 보병이며, 보병보다는 기병이 그로 인해 입는 피해가 훨씬 더 크다. 그러므로 우리는, 평야 지대에서 기병은 보병보다 우위에 있지만, 보병은(평야 지대에서도 물론 아주 중요한 역할을 한다) 다른 모든 군사적 상황에서 기병을 앞선다고 결론지을 수 있다.[71]

그리고 "기병의 특징은 신속한 승리를 위해 길을 열거나, 아니면 그에 못지않게 재빨리 도주하는 것이다."[72] 페스카라 후작 페르디난도[73]는 휘

··

68) Tacitus, *Annales*, XV, 4.
69) Tacitus, *De origine et situ Germanorum*, 30.
70) 사파비조(朝) 페르시아는 더욱 근대적인 기술을 가진 튀르크군과 싸우면서, 보병과 포병의 결여로 16세기 내내 시달림을 당했다.
71) 1589년 초판은 여기서 끝난다.
72) 이 라틴어 구절은 바로 앞서(주 69) 타키투스로부터 인용한 구절과 같다. 이 부분은 1596년 판에서 이 장(章)의 결어 조로 처음 도입되있는데, 본서의 저본인 1598년판에서는 그 뒤로 다시 새로운 몇 줄이 부가되었다.
73) 아라곤 출신의 이탈리아 용병대장 페르디난도 프란체스코 다발로스(에스파냐어로는 페르

하에 단지 보병만이 있었으나, 그가 치른 모든 전쟁에서 성공을 거두었다.

[9]
군사력은 누구에게 사용해야 하는가[74]

군사력은 우리를 지키기 위해서 혹은 다른 사람의 것을 빼앗기 위해서 사용될 수 있을 것이다. 자신의 것을 지키는 것은 매우 정당한 일이므로 달리 입증할 필요가 없으며, 다만 동물이 지닌 무기들, 뿔, 이빨, 발톱, 발길질 등에 대해 생각해보는 것으로 충분하다. 이 모두가 존재의 보존을 위하여 자연이 준 것이다. 그래서 장미조차도 가시로 무장하고 있으며, 밀은 뻣뻣한 털로, 밤은 밤송이로 싸여 있다. 결국 바로 자연이 이렇게 하도록 요청하고 있으므로 군주가 일부러 그것을 배울 필요는 없다. 하지만 적절히 욕망을 채울 기회가 주어지기만 하면 매번 방어가 공격인 것처럼, 어떤 한계를 넘어서지 않도록 주의를 기울여야 한다. 이 점에서 로마인은 탁월하게 행동하였다. 만약 적이 아주 사나운 존재가 아니라면 그들은 정의로운 평화를 굳이 거부하지 않았다. 사실상 평화는 모든 전쟁의 목표가 되어야 하며, 그들은 오직 적의 파괴 없이는 희망이 없는 경우나 오직 절멸을 통해서 벌을 줄 수밖에 없는 행위를 저지른 경우를 제외하고는 결코 평화를 거부하지 않았다. "전시의 대담성과 평화 시의 정의라는 이 두 가지 덕

::

난도 프란시스코 데 아발로스)를 가리킨다. 앞의 2권 3장에서의 언급도 볼 것.
74) 결어(結語) 성격의 이 장은 1590년판에만 있다.

을 실천함으로써, 그들은 자기 자신과 국가를 지켰다."[75] 방어를 위한 전쟁은 매우 정당한 것이므로, 공격을 위한 전쟁이 정당성을 가지려면 그것이 오직 방어를 위한 것이라야 한다. 공격은 방어를 위한 것 외에 다른 어떤 경우에서도 그 정당성을 찾을 수 없다. 누군가는 이렇게 말할 것이다. "그러면 나는 어떻게 내 국가를 넓힐 수 있단 말인가?" 공공선을 지킴으로써. 공공선에는 정신적인 것과 세속적인 것 두 가지가 있다. 세속적인 것은 시민적, 정치적 평화이다. 정신적인 것은 종교와 단합된 신의 교회이다. 전자와 후자는 이단과 이교도라는 두 종류의 적에 의해 공격받고 위협받는다. 전자는 내적인 것이고 후자는 외적인 것이며, 그래서 전자가 후자보다 더 위험하다. 왜냐하면 이교도는 먼저 세속적인 것을 얻을 의도로 공격하며, 결과적으로 정신적인 것을 공격하는 셈이 된다. 하지만 이단은 우선 정신적인 것을 목표로 삼으며 그것이 파괴되고 나면 결과적으로 세속적인 것이 목표가 된다. 그러나 전쟁은 이단에 대해 사용해야 하는 마지막 처방이기 때문에, 이단과 전쟁하는 것이 이교도에 대한 전쟁만큼 모두에게 보편적으로 적법하지는 않다. 하지만 모든 군주는 이 역병과는 거리를 두고 각자의 권력을 사용해야만 한다. 왜냐하면 공공연히 사람을 교회와 신에 대한 복종으로부터 멀어지게 하는 것은 그들이 당신의 통치와 당신에 대한 복종으로부터 멀어지는 것을 훨씬 더 쉽게 만들기 때문이다. 군주가 신성한 존엄에 대한 사람의 불복종에 대해 주의를 소홀히 할 때, 신이 이러한 군주들에 대항한 그토록 많은 국가의 전복을 허용한다는 것은 결코 놀랄 일이 아니다. 그렇지만 오늘날에도 이단이 정치와는 아무 관련도 없다는 것을 군주에게 이해시키려는 어리석고도 불경한 자들이 없지 않다. 비

•••

75) Sallustius, *De Catilinae coniuratione*, 9.

록 어떤 이단 군주도 국가이성 때문에 영지에 가톨릭 신앙의 행사를 허용하는 경우를 찾아볼 수 없지만, 스스로 선한 그리스도 교인이라고 공언하면서도 자발적으로 왕국 내에 이단을 용인하는 군주가 없지 않다. 이는, 어둠의 자식이 빛의 자식보다 자기 일에 더 분별이 있다는 주(主)의 말씀[76]이 얼마나 옳은지를 보여주고 있다. 그러나 전쟁을 하려는 사람이 자신의 용기를 보여줄 공공의 적이 없다고 스스로 변명할 수는 없다. 그리스도교 신앙의 탄압 외에 다른 어떤 생각도 갖고 있지 않으며, 그 힘이 너무 커서 그에 이기는 것은 말할 것도 없고 그에 대항하는 것만으로도 그리스도 교인끼리 무기를 들고 얻을 수 있는 것보다 훨씬 더 큰 영광을 안겨줄 그런 적(敵)이 존재하기 때문이다. 바로 우리 문 앞에, 우리 옆구리에 튀르크가 도사리고 있으니, 이보다 더 정의롭고 더 명예로운 전쟁의 이유를 어디서 찾는다는 말인가? 카토는 로마인에게 적의 위협이 그들을 에워싸고 있다는 것을 입증하고자 최근 카르타고에서 가져온 신선한 무화과 열매를 사람들에게 보여주었다.[77] 카르타고에서 로마까지의 거리에 비하면 벨로나[78]는 이탈리아에서 얼마나 더 가까운가? 마르쿠스 바로는 다리를 놓아 이피로스[79]를 이탈리아와 연결하고자 했다. 아마도 누군가는 적이 가까이는 있으나 군세가 보잘것없다고 말할지 모르겠다. 로마인은 그들이 수없이 정

∵

76) 「누가복음」 16장 8절.
77) Plinius, *Naturalis historia*, XV, 20. 바로 뒤이어 카토는 원로원 의원들에게 이렇게 말했다. "이 무화과 열매는 바로 그저께 카르타고에서 딴 것입니다. 적은 바로 우리의 성벽 근처에 있습니다." 우연이겠지만, 이 일이 있은 직후 제3차 포에니 전쟁이 일어났고, 카르타고는 결국 완전히 멸망하였다.
78) 15, 16세기 오스만튀르크 통제하에 있던 아드리아해 연안 도시로, 현재 알바니아 남서쪽의 블로라이다.
79) 고대 그리스 북서쪽으로, 현재의 알바니아와 인접한 지역이다. 이오니아해를 사이에 두고 이탈리아 남동 해안과 마주하고 있으며, 로마인은 에페이로스라고 불렀다.

복하고 복속시킨 카르타고인을 두려워했다. 그런데 우리는 그토록 많은 요새와 도시와 왕국과 두 개의 제국까지 앗아간 튀르크를 무시한다는 말인가? 누가 아프리카를 지배하고 있고 아시아를 다스리고 있으며 유럽에서 모든 가톨릭 군주들의 국가보다 더 많은 나라를 가지고 있는가? 우리의 불화로 인해 이미 300년 동안이나 육지에서는 주인으로 바다에서는 필적할 상대가 없을 정도로 힘을 키워온 것은 누구인가? 평화 시의 적이 전시의 우리보다 더 잘 무장되어 있지 않은가? 적의 재화는 무궁무진하고 군대는 헤아릴 수도 없으며 식량은 무진장하지 않은가? 전투가 시작되면 적은 기병으로 들판을 뒤덮고, 도시를 공격하면서 삽으로 흙산을 쌓고는 엄청난 병사들을 동원하여 요새의 성벽에다 사다리를 놓지 않는가? 마지막으로 적은 지금까지 일단 한번 빼앗은 요충지를 잃은 적이 있었던가? 알바 공작 페르난도 데 톨레도[80]는 그 시대의 어떤 누구보다 더 많은 전쟁에 참전하고 더 많은 승리를 거두었지만, 그럼에도 튀르크 군과 맞선 적이 없기 때문에 자신이 한 일은 아무것도 없다고 말하곤 했다. 사실 도대체 어떤 판단으로 국가이성[81]이 튀르크나 다른 이교도보다 그리스도 교인에 더 적대적이라고 하는지 나는 모르겠다. 마키아벨리는 교회에 대해서는 불경한 언사들을 외쳐댔지만, 이교도에 대해서는 입도 벙긋하지 않았다. 그런

• •

80) 페르난도 알바레스 데 톨레도 이 피멘텔(1507~1582).

81) 1590년판과 1596년판에는 이 말("la ragion di Stato")에 이어 "(se però merita nome di ragione cosa affatto irragionale, per non dire bestiale"[만약 무언가 짐승 같다고까지 말할 정도는 아닐지라도 그토록 비이성적이라면, 어쨌든 이성이라는 이름을 붙일 만하다])"라는 구절이 부가되어 있다. 이 문장의 뜻이 아주 명확하지는 않지만, 당시에도 'la ragion di Stato'의 'ragione'를 이성과 비이성이라는 범주에서 바라보았다는 한 증거가 될 수 있다. 그렇다면 'la ragion di Stato'를 '권력의 이유' 혹은 '국가의 법' 등이 아니라 '국가이성'으로 번역하는 것이 당시의 맥락으로 보아도 틀리지는 않았다고 볼 수 있겠다.

데 그리스도교 군주들의 군대는 마치 세상에 다른 적이라곤 전혀 없는 것처럼 서로를 패망시키기에 여념이 없다. 이와 유사한 법칙을 따라, 알렉시오스, 이오네스, 마누엘 등 콤니노스가(家)의 황제들[82] 역시 튀르크인이 자신들로부터 빼앗은 아시아의 영토로 서방 그리스도교 군주들이 확장하는 것을 막기 위해 고드프루아 드 부이용[83]과 콘라드 황제,[84] 그리고 야만인에 대항한 다른 인물들의 전역(戰役)을 한사코 방해하였다. 이 결과 무슨 일이 일어났던가? 야만인은 먼저 우리를 아시아 밖으로 쫓아내고는 그리스인을 그들의 발아래 두었다. 현대 정치의 결실이 바로 이런 것이다. 베네치아 군주들은 율리우스 2세 시대에 그리스도 교권 내의 거의 모든 강국으로부터 사방에서 공격을 받았지만,[85] 튀르크 왕 바예지드 2세가 제의한 도움을 계속해서 거절했는데, 그래서 신은 그들을 저버리지 않았고, 오히려 그들이 빼앗겼던 롬바르디아의 통치권을 거의 기적적으로 되찾도록 해주었다.[86]

[반면에 프랑스 왕 프랑수아 1세와 앙리 2세는 카를 5세에 대항하여 자신들을 강화하고자 튀르크군을 이용하였다. 이처럼 그리스도 교인에 대항

∴

82) 알렉시오스 1세(재위 1081~1118), 이오네스 2세(재위 1118~1143) 마누엘 1세(재위 1143~1180)를 가리킨다. 콤니노스 황가의 창시자는 이사키오스 콤니노스(1007?~1060)이지만, 병환으로 1057년부터 1059년까지 단지 2년간만 제위에 있었다. 1081년 알렉시오스 1세가 다시 황위에 오름으로써 콤니노스 황가가 다시 시작되었다. 이 가문의 마지막 황제는 안드로니코스 1세(재위 1183~1185)였다.
83) 고드프루아 드 부이용(1060~1100)은 프랑스 귀족으로 제1차 십자군의 지휘관이었다.
84) 호엔슈타우펜가의 콘라트 3세는 1138년에서 1152년까지 신성로마 황제였다.
85) 원래 북이탈리아에 대한 베네치아의 영향력을 견제하기 위해 결성된 캉브레 동맹의 1단계(1508~1509)에는 교황 율리우스 2세, 프랑스, 에스파냐, 신성로마제국 등이 망라되어 있었다.
86) 1598년판은 여기서 끝난다. 이후 부가된 부분은 1596년판에 들어 있으며, 1590년판에도 전반부 일부가 들어 있다.

하여 이교도와 동맹을 맺은 결과는, 앙리가 여동생 결혼식 날에 죽고[87] 아들인 앙리 3세도 죽은 데다, 네 명의 남동생마저도 모두 후계자 없이 죽음으로써 왕가가 절멸하여 왕국이 무너지는 것으로 나타났다. 신의 심판은 숨겨져 있지만 때때로 그 결과에 눈을 감지 않으려는 사람에게는 명백히 드러나는 법이다. 내가 대해(大海)의 흑탑[88]에 한동안 튀르크인의 포로로 갇혀 있던 인물들에게서 들은 바를 기억하자면, 왕가 때문에 투옥된 사람이 그들에 대해 퍼붓는 무시무시한 저주의 소리가 하늘에서 울려 퍼졌다는 것이다. 그 소리를 들은 사람이라면 아마 머리칼이 곤두섰을 것이다. 신은 숨기겠지만 적어도 당신이 그에 대해 생각할 때는 천 가지 죄를 정의와 복수의 칼로 단 한 번에 응징하는 것이다. 내가 이 저작에서 자주 프랑스 왕국에서 취한 많은 예를 들었다는 것이 결코 놀라운 일은 아니다. 왜냐하면 어떤 왕국도 한때 그렇게 잘 통치되다가 또 그렇게 완전히 파멸한 적이 없기 때문이다.[89]

나는 짤막한 일화로 글을 끝맺고 싶다. 안토니오 린콘[90]은 프랑수아 왕과 대튀르크 간의 동맹을 논의하기 위해 콘스탄티노폴리스로 가던 중, 리옹에서 안토니오 도리아[91]와 같은 방에 머물게 되었다. 여기서 린콘 자신이

..

87) 1559년 6월 30일 앙리 2세는 여동생 마르그리트 드 프랑스와 사보이아 공작 에마누엘레 필리베르토의 결혼을 축하하는 마상시합에서 자신의 근위대 대장인 가브리엘 드 몽고메리에게 머리에 부상을 입고 열흘 뒤에 세상을 떠났다.

88) 대해(l' mar maggior)란 고대에 흑해를 부르던 이름이다. 하지만 흑탑은 흑해가 아니고 콘스탄티노폴리스에 있다. 보테로가 혼동한 결과로 보인다.

89) 1590년판은 여기서 끝난다. 보테로가 든 수많은 예는 사실 보댕에게서 빌려온 것이다.

90) 안토니오 린콘은 에스파냐인 탈주자로 프랑수아 1세를 섬기다가 1536년 1월 술레이만과의 동맹을 위해 사절로 파견되었다. 1541년 제노바 출신 이탈리아 용병대장이자 프랑수아 1세의 무관 체자레 프레고조와 함께 사절로 베네치아에 갔으나, 그해 7월 3일 스위스 남부 티치노 길목에서 에스파냐인 암살범에게 살해되었다.

한 말에 따르면 그는 카를[91] 5세 황제가 황제와 동격의 인물을 부당하게 대한 것을 후회하게 만들겠다고 공언하면서 도리아에게 프랑스와 튀르크가 화친하도록 하겠다는 의도를 밝혔다. 도리아는 그처럼 불경한 음모에 혐오감을 보이면서, 그가 하고자 하는 일이 신과 조국과 그가 섬긴 본래의 왕과 교회와 프랑수아 왕의 이름에 가할 잘못을 누누이 이야기하였다. 하지만 린콘은 그를 조소하면서 오히려 "이게 좋은 생각으로 보이지 않느냐"라고 말했다. 몇 달 후, 협정을 매듭짓고 콘스탄티노폴리스에서 돌아온 린콘은 우연히 궁정에 있던 도리아와 함께 프랑스의 대재상이자 프라트 추기경인 앙투안[92]을 찾아갔다. 그들이 방문을 알리자 추기경은 도리아만 들어오라고 대답했다. 린콘은 자신도 접견해야겠다고 요구했으나 결국 입을 다물 수밖에 없었다. 도리아가 들어가자 추기경은 모자를 코에까지 푹 눌러쓰고는 이렇게 말했다. "이 개 같은 놈이, 교회와 신의 적인 이 배교자가 감히 그리스도 교인 사이에 얼씬거리다니, 어떻게 이럴 수 있는가?" 도리아가 그 말에 깜짝 놀라자, 추기경은 "도대체 이 악당이 무슨 일을 했는지 어떻게 모른단 말이냐? 그는 왕과 튀르크 간에 협정을 맺었다. 그 혐오스럽고 파렴치하고 극악무도한 협정 말이다! 그들은 내가 그것에 서명하기를 원하지만 그들이 잘못 생각한 게지. 난 결코 그러지 않을 테니까." 결국 왕과 원수(元帥)가 그것에 서명할 수밖에 없었다. 그리고 곧 린콘은 자신이 한 훌륭한 업적에 대한 대가를 치렀다.

∴

91) 안토니오 도리아(1495~1577)는 제노바의 귀족이자 용병대장이다.
92) 앙투안 뒤프라트(1463~1535)는 1515년 프랑수아 1세의 재상에, 1527년 프라트 추기경이 되었다. 그는 탐욕스러운 인물로 횡령 혐의로 고발되기도 했으며, 프로테스탄트에 대해 강경한 입장을 견지하였다.

참고 문헌

보테로의 주요 저작과 1차 문헌

Botero, Giovanni, *Ioannis Botterii in Henricum Valesium potentissimum Poloniae regem ad Petrum Costcam illustrem et magnificum virum carmen*, Cracoviae [Cracow], Mattheus Siebeneycher, n. d. [1573].

Botero, Giovanni, *De regia sapientia libri tres*, Mediolani [Milano], Pacificum Pontium, 1583.

Botero, Giovanni, *Discorso di M. Giovanni Botero che numero di gente facesse Roma nel colmo della sua grandezza*, in *Tre discorsi appartementi alla Grandezza delle Città. L'uno di M. Lodovico Guicciardini; L'altro di M. Claudio Tolomei. Il Terzo di M. Giovanni Botero*, In Roma, Appresso Giovanni Martinelli, 1588.

Botero, Giovanni, *Tre Libri delle Cause della Grandezza, e Magnificenza delle Città*, In Roma, Appresso Giovanni Martinelli, 1588.

Botero, Giovanni, *Della Ragion di Stato libri dieci, con Tre Libri delle Cause della Grandezza, e Magnificenza delle Città*, In Venetia, Appresso i Gioliti, 1589.

Botero, Giovanni, *Delle Cause della Grandezza delle Città. Libri Tre*, In Roma, Presso Vincentio Pelagallo, 1590.

Botero, Giovanni, *Della Ragion di Stato libri dieci, con Tre Libri delle Cause della Grandezza, e Magnificenza delle Città,* In Roma, Presso Vincentio Pelagallo, 1590.

Botero, Giovanni, *Della Ragion di Stato libri dieci, con Tre Libri delle Cause della Grandezza, e Magnificenza delle Città,* In Milano, Appresso Pacifico Pontio, 1596.

Botero, Giovanni, *Le relationi universali* [parte 1~4, 1591~1596], In Bergamo, Per Comin Ventura, 1596.

Botero, Giovanni, *Della Ragione di Stato libri dieci. Con tre Libri delle Cause della Grandezza delle Città,* In Venetia, Appresso i Gioliti, 1598.

Botero, Giovanni, *Aggiunte alla Ragion di Stato,* In Roma, Presso Giorgio Ferrari, 1598.

Botero, Giovanni, *I prencipi con le aggionte alla Ragion di Stato nuovamente poste in luce,* In Torino, apresso Giovanni Dominico Tarino, 1600.

Botero, Giovanni, *Le relationi universali di Giovanni Botero benese, devise in quattro parti,* In Venetia, Appresso Giorgio Angelieri, 1600.

Botero, Giovanni, *La prima parte de' prencipi cristiani,* In Torino, apresso Giovanni Dominico Tarino, 1601.

Botero, Giovanni, *The Travellers Breviat, or An historicall description of the most famous kingdomes in the world: Relating their situations, manners, customes, civill government, and other memorable matters,* Translated into English, Imprinted at London by Edim. Bollifant, for Iohn Iaggard, 1601; Repr., Amsterdam, Theatrum Orbis Terrarum; New York, Da Capo Press, 1969.

Botero, Giovanni, *Seconda parte de' prencipi cristiani che contiene i prencipi di Savoia,* In Torino, Apresso Giovanni Dominico Tarino, 1603.

Botero, Giovanni, *Della Ragione di Stato libri dieci. Con tre Libri delle Cause della Grandezza delle Città*, In Venetia, Appresso Niccolò Mafferini, 1606.

Botero, Giovanni, *A Treatise, concerning the causes of the Magnificencie and greatness of Cities, Devided into three bookes by Sig: Giovanni Botero, in the Italian tongue*; now in English By Robert Peterson, of Lincones Inne Gent, At London, Printed by T. P. for Richard Ockoud, and Henry Tomes, 1606; Repr. under the title of *The Magnificencie and Greatness of Cities*, Amsterdam, Theatrum Orbis Terrarum, 1979.

Botero, Giovanni, *I capitani con alcuni discorsi curiosi*. In Torino, Per Giovanni Domenico Tarino, 1607.

Botero, Giovanni, *La primavera*. In Torino, Per Giovanni Domenico Tarino, 1607.

Botero, Giovanni, *Discorso della lega contra il Turco*, In Torino, Per Giovanni Domenico Tarino, 1614.

Botero, Giovanni, *Del purgatorio libri due*. In Torino, Per Giovanni Domenico Tarino, 1615.

Botero, Giovanni, *Osservazioni sopra C. Tacito*, Inedite nel Ms. 129 della Trivulziana di Milano.

Botero, Giovanni, *Tesoro politico*, Inedito nel Ms. O. VI. 62 della Nazionale di Milano.

Botero, Giovanni, *Le relationi universali* [parte 5, 1611], in Carlo Gioda, *La vita e le opere di Giovanni Botero con la quinta parte delle relazioni universali e altri documenti inediti*, 3 voll., Milano, Hoepli, 1894~1895, Vol. 3, 1895.

Botero, Giovanni, *Della Ragion di Stato. Delle Cause della grandezza delle città*, A cura e con introduzione di Carlo Morandi, Bologna, Cappelli, 1930.

Botero, Giovanni, *Della Ragion di Stato con tre libri Delle Cause della grandezza delle città, due Aggiunte e un Discorso sulla popolazione di Roma*. A cura di Luigi Firpo, Torino, UTET, 1948.

Botero, Giovanni, *Practical Politics (Ragion di Stato)*, with the *Essays (Aggiunte) on Neutrality and Reputation*, Trans. and ed. George Albert Moore, Washington, D.C., Country Dollar Press, 1949.

Botero, Giovanni, *The Reason of State*, Trans. P. J. & D. P. Waley with an intro. D. P. Waley, & *The Greatness of Cities*, Trans. Robert Peterson (1606), New Haven, Yale University Press, 1956.

Botero, Giovanni, *Della ragion di Stato e Delle cause della grandezza delle città* [1598], Ristampa anastatica, con postfazione di L. Firpo, Bologna, Forni, 1990.

Botero, Giovanni, *Ragion di Stato*, A cura di C. Continisio, Roma, Donzelli, 1997; 2009.

Botero, Giovanni, *On the Causes of the Greatness and Magnificence of Cities* (1588), Trans and Intro. Geoffrey Symcox, Toronto, University of Toronto Press, 2012.

Botero, Giovanni, *De la raison d'État(1589-1598)*, Édition, traduction et notes de Pierre Benedittini et Romain Descendre, Introduction de Romain Descendre, Paris, Gallimard, 2014.

Botero, Giovanni, *Le relazioni universali*, A cura di Blythe Alice Raviola, 3 voll. [Parte I~V], Torino, Aragno, 2015~2017.

Botero, Giovanni, *Della Ragion di Stato*, A cura e le note di Pierre Benedittini e Romain Descendre, Introduzione di Romain Descendre, traduzione dal francese di introduzione e note di Lorenzo Ambrogio, Torino, Einaudi, 2016.

Botero, Giovanni, *Delle cause della grandezza delle città*, A cura di Romain Descendre e traduzione di Amedeo De Vincentiis, Roma, Viella, 2016.

Botero, Giovanni, *Delle cause della grandezza delle città*, A cura di Claudia Oreglia, con un saggio di Luigi Firpo, Torino, Aragno, 2016.

Botero, Giovanni, *The Reason of State*, Trans. and intro. Robert Bireley, Cambridge, Cambridge University Press, 2017.

Botero, Giovanni, *I capitani con altri discorsi curiosi*, A cura di Blythe Alice Raviola, Torino, Aragno, 2017.

*

Ammirato, Scipione, *Discorsi sopra Cornelio Tacito*, Firenze, Giunti, 1594.

Bonaventura, Federico, *Della Ragion di Stato et della prudenza politica*, Urbino, Corvini, 1623.

Della Casa, Giovanni, *Orazione scritta a Carlo V imperadore intorno alla restituzione della città di Piacenza*, In *Opere di Baldassare Castiglione, Giovanni Della Casa, Benvenuto Cellini*, A cura di C. Cordié. Milano, Ricciardi, 1960.

Frachetta, Girolamo, *L'idea del libro de' governi di Stato et di guerra con Sulla ragion di Stato e Sulla ragion di guerra*, Venezia, Zenaro, 1592.

Frachetta, Girolamo, *Il Seminario de' governi di Stato et di guerra*, Venezia, Per Evangelista Deuchino, 1613; 1617; 1624.

Guicciardini, Francesco, *Dialogo del reggimento di Firenze*, In Id., *Opere*, A cura di E. L. Scarano, 3 voll., Torino, UTET, 1970~1981, I.

Machiavelli, Niccolò. *Discorsi sopra la prima deca di Tito Livio*, A cura di Francesco Bausi, 2 voll., Roma, Salerno, 2001.

Machiavelli, Niccolò, *Il Principe*, A cura di Mario Martelli & corredo filologico a cura di Nicoletta Marcelli, Roma, Salerno, 2006 [니콜로 마키아벨리, 곽차섭 옮김·주해, 『군주론』, 길, 2015; 2017].

Zuccolo, Lodovico, *Della Ragione di Stato*, Venezia, Pel Ginammi, 1621.

2차 문헌

Andretta, Elisa, Romain Descendre, e Antonella Romano (A cura di), *Un mondo di relazioni. Giovanni Botero e i saperi nella Roma del Cinquecento*, Roma, Viella, 2021.

Baffetti, Giovanni, "Lo stato moderno e il 'Nuovomondo' nell'opera di Giovanni Botero," *Neuphilologische Mitteilungen* 104.1 (2003), 3~10.

Bireley, Robert, *The Counter Reformation Prince: Anti-Machiavellianism or Catholic Statecraft in Early Modern Europe*, Chapel Hill, University of North Carolina Press, 1990.

Bonnet, Stéphane, "Botero Machiavélien ou 'invention de la Ragion d'État," *Les Études philosophiques*, No. 3, *Philosophie politique classique* (Juillet Septembre 2003), 315~329.

Borrelli, Gianfranco, "Ragion di Stato e modernità politica nella interpretazione di Maurizio Viroli," *Il pensiero politico* 27 (1994), 278~283.

Borrelli, Gianfranco, *Machiavelli, ragion di Stato, polizia cristiana*, Napoli, Cronopio, 2017.

Cavalli, Ferdinando, *La scienza politica in Italia*, 4 voll., Venezia, Reale Istituto veneto di scienze, lettere ed arti, 1865~1881; Ristampa, New York, B. Franklin, 1968.

Cazzani, Pietro, "Giovanni Botero, tra Machiavelli e la 'Coscienza'," *Letterature moderne* 5 (1954), 503~512.

Chabod, Federico, *Giovanni Botero*, Roma, [Anonima romana editoriale], 1934; Repr. in Id., *Scritti sul Rinascimento*, Torino, Einaudi, 1967, 271~458; Repr. Id., *Giovanni Botero*, Presentazione di Gennaro Sasso, Torino, Aragno, 2017.

De Bernardi, Mario, "Il concetto di 'Ragion di Stato' in Giovanni Botero e la filosofia della politica," *Atti della Reale Accademia delle Scienze di Torino.* Classe di Scienze morali, storiche e filologiche, 65 (1929~1930), 49~68.

De Mattei, Rodolfo, *Dal premachiavellismo all'antimachiavellismo*, Firenze, Sansoni, 1969.

De Mattei, Rodolfo, *Il problema della 'Ragion di Stato' nell'età della Controriforma*, Milano—Napoli, Ricciardi, 1979.

Descendre, Romain, "Géopolitique et théologie. Supréme pontificale et equilibre des puissances chez Botero," *Il pensiero politico* 33 (2000), 3~37.

Descendre, Romain, "Raison d'État, puissance et économie dans la pensée politique de Giovanni Botero," *Revue de métaphysique et de morale* 3 (2003), 311~321.

Descendre, Romain, *L'État du Monde: Giovanni Botero entre raison d'État et géopolitique*, Geneva, Droz, 2009.

Dini, Vittorio, "l ritorno della 'Ragion di Stato'," *Filosofia politica* 8.2 (1994), 235~241.

Enzo Baldini, Artemio (A cura di), *Botero e 'Ragion di Stato'. Atti del Convegno in memoria di Luigi Firpo*, Torino, 8~10 marzo 1990, Firenze, Olschki, 1992.

Enzo Baldini, Artemio (A cura di), *Aristotelismo politico e Ragion di Stato*, Firenze, Olschki, 1995.

Enzo Baldini, Artemio (A cura di), *La Ragion di Stato dopo Meinecke e Croce*, Genova, Name, 1998.

Enzo Baldini, Artemio, "Historical and Theoretical Aspects of Machiavellism [review article]," *History of Political Thought* 36.4 (2015), 762~794.

Figorilli, Maria Cristina, *Lettori di Machiavelli tra Cinque e Seicento: Botero, Boccalini, Malvezzi*, Bologna, Pàtron, 2018.

Firpo, Luigi, "Le carte di G. B. nella Trivulziana," *Giornale Storico della letteratura Italiana* 134 (1957), 460~464.

Firpo, Luigi, *Gli scritti giovanili di Giovanni Botero*. Bibliografia ragionata, Firenze, Edizioni Sansoni Antiquariato, 1960.

Firpo, Luigi. "Botero, Giovanni," In *Dizionario biografico degli italiani*, Roma, Istituto della enciclopedia italiana, 1960~, Vol. 13 (1971), 352~362.

Gioda, Carlo, *La vita e le opere di Giovanni Botero con la quinta parte delle relazioni universali e altri documenti inediti*, 3 voll., Milano, Hoepli, 1894~1895.

Headley, John, "Geography and Empire in the Late Renaissance: Botero's Assignment, Western Universalism, and the Civilizing Process," *Renaissance Quarterly* 53.4 (2000), 1119~1155.

Keller, Vera, "Mining Tacitus: Secrets of Empire, Nature and Art in the Reason of State," *The British Journal for the History of Science* 45.2 (2012), 189~212.

Lazzarino Del Grosso, Anna Maria. "Nuovi studi su Botero e la *Ragion di Stato*," *Il pensiero politico* 26 (1993), 92~100.

Magnaghi, Alberto, *Le "Relazioni Universali" di Giovanni Botero e le Origini della Statistica e dell' Antropogeografia*, Torino, Carlo Clausen, 1906.

Meadows, Paul, "Giovanni Botero and the Process of Urbanization," *The Midwest Sociologist* 20.2 (1958), 90~95.

Meinecke, Friedrich, *Machiavellism: The Doctrine of Raison d'Etat and Its Place in Modern History*, Trans. D. Scott, New Haven, Yale University Press, 1957.

Morandi, Carlo, "Uno scritto inedito di Giovanni Botero," *Bollettino storico-bibliografico subalpino* 38 (1935), 382~386.

Ossola, Carlo, "Firpo e ragion di Stato': mitologie comparate," *Lettere Italiane* 34.4 (1982), 482~505.

Paolini, Paolo, "Giovanni Botero contro Niccolò Machiavelli," *Giornale storico della letteratura italiana* 175 (1998), 373~395.

Raviola, Blythe Alice (A cura di), *Boteriana I. Giovanni Botero a 400 anni dalla sua scomparsa*, Torino, Aragno, 2018.

Raviola, Blythe Alice, *Giovanni Botero. Un profilo tra storia e storiografia*, Milano, Mondadori Bruno, 2020.

Raviola, Blythe Alice (A cura di), *Boteriana II. Giovanni Botero fra il 'De regia sapientia' e le 'Relazioni universali'*, Torino, Centro Studi Piemontesi, 2021.

Scalone, Francesco, "Delle cause della grandezza e magnificenza delle città. Giovanni Botero e la nascita del pensiero demografico moderno," *Popolazione e storia* 21.2 (2020), 9~17.

Senellart, Michel, *Machiavélisme et Raison d'Etat*, Paris, PUF, 1989.

Stolleis, Michael, "La scoperta della Ragion di stato. Giovanni Botero in Germania," *Il pensiero politico* 25 (1993), 177~188.

Stolleis, Michael, *Stato e ragion di stato nella prima età moderna*, Bologna, Il Mulino, 1998.

Taranto, Domenico, "Sulla politica della ragion di Stato," *Studi Storici* 35.2 (1994), 575~588.

Taranto, Domenico, "L'antimachiavellismo italiano della seconda metà del Seicento." *Il pensiero politico* 29.3 (1996), 374~401.

Treves, Paolo, "Il gesuitismo politico di Giovanni Botero." *Civiltà moderna* 3 (1931), 539~552.

Treves, Paolo, "La Ragion di Stato nel seicento in Italia," *Civiltà moderna* 3 (1931), 187~213.

Verziagi, Irene, "Su una recente edizione della Ragion di Stato di Giovanni Botero," *Lettere italiane* 70.1 (2018), 181~191.

Viroli, Maurizio, *From Politics to Reason of State: The Aquisition and Transformation of the Language of Politics 1250~1600*, Cambridge,

Cambridge University Press, 1992.

Viroli, Maurizio, "The Origin and the Meaning of the Reason of State," in *History of Concepts: Comparative Perspectives*, eds. Iain Hampsher-Monk, Karin Tilmans and Frank van Vree, Amsterdam, The Netherlands, Amsterdam University Press, 1998, 67~73.

곽차섭, 「조반니 보테로와 '국가이성'의 정치학」, 『서양사론』 34 (1990), 1~28.

곽차섭, 「17세기 국가이성 논쟁과 마키아벨리즘: 특히 주콜로, 세탈라, 키아라몬티를 중심으로」, 『역사학보』 127 (1990), 115~153.

곽차섭, 「'아르카나 임페리'와 트라이아노 보칼리니의 공화주의 프로퍼겐더: 17세기 타키티즘과 마키아벨리즘의 접합」, 『부산사학』 19 (1990), 205~235.

곽차섭, 「마키아벨리와 국가이성」, 『부산사학』 22 (1992), 195~224.

곽차섭, Review of Robert Bireley, *The Counter-Reformation Prince: Anti-Machiavellianism or Catholic Statecraft in Early Modern Europe*, Chapel Hill, N.C., University of North Carolina Press, 1990, 『서양사론』 39 (1992), 137~143.

곽차섭, 「마키아벨리즘」, 『서양의 지적 운동: 르네상스에서 포스트모더니즘까지』, 김영한, 임지현(편), 지식산업사, 1994, 215~245.

곽차섭, 「마키아벨리즘과 근대 국가」, 『한국사 시민강좌』 17 (1995), 49~70.

곽차섭, 「근대 국가와 새로운 세계질서: 젠틸리, 그로티우스, 푸펜도르프의 국제법 사상을 중심으로」, 『역사학보』 149 (1996), 169~202.

곽차섭, 『마키아벨리즘과 근대 국가의 이념』, 현상과 인식, 1996.

곽차섭, 『마키아벨리의 꿈』, 길, 2021.

본서에 나오는 인용문 및 해설의 전거

Acosta, José de, *Historia natural y moral de las Indias*, 1589 (인도 제도의 자연적, 도덕적 역사).

Acta Synodus Rom. sub Symmacho (심마쿠스하의 로마 주교회의 회의록).

Ammianus Marcellinus, *Res gestæ* (로마의 업적).

Angiolello, Giovan Maria, "Breve narrazione della vita e fatti del signor Ussuncassano, fatta per Giovan Maria Angiolello," in Giovanni Battista Ramusio, *Delle navigationi et viaggi*, II, Venezia, 1550 (조반 마리아 안졸렐로가 쓴, 우순카사노 군주의 생애와 행적에 대한 간략한 서술).

Annales Regni Francorum (프랑크 왕국 연대기).

Appianos Alexandreus, *Romaika* (로마사).

Aquinas, Thomas & Tolomeo di Lucca, *De regimine principum* (군주의 통치에 대하여).

Aquinas, Thomas, *De regno* (왕국에 대하여).

Aquinas, Thomas, *Summa Theologiae* (신학대전).

Ariosto, Ludovico, *Orlando furioso* (광란의 오를란도).

Aristoteles (Pseudo-Aristoteles), *Problemata* (문제).

Aristoteles, *Ethika Nikomacheia* (니코마코스 윤리학).

Aristoteles, *Metafisica* (형이상학).

Aristoteles, *Peri zoon morion* (동물의 각 부분에 대하여).

Aristoteles, *Politika* (정치학).

Aristoteles, *Rhetorike* (수사학).

Aristoteles, *Ton peri ta zoia historion* (동물의 역사).

Arrianos, *Alexandrou Anabasis* (알렉산드로스의 원정[遠征]).

Ausonius, Decimius Magnus, *Caesares* (12황제).

Baronio, Cesare, *Annales ecclesiastici* (교회 연대기).

Barros, João de, *Décadas da Ásia* 1552 (아시아의 역사).

Boccalini, Traiano, *De' Ragguagli di Parnaso*, 1612~1615 (파르나소 통신).

Bodin, Jean, *Les Six Livres de la République*, 1576 (국가론 6권).

Breviarium alaricianum (알라레익스 로마법 집성) =*Liber Aniani* (아니아누스 서[書]).

Caesar, *Commentarii de bello gallico* (갈리아 전기[戰記]).

Cato, Marcus Porcius, *Ad Marcum Filium* (아들 마르쿠스에게).

Cato, Marcus Porcius, *De agri cultura* (농경에 대하여).

Cicero, Marcus Tullius, *Academica priora* (아카데미카 1판).

Cicero, Marcus Tullius, *De Re Publica* (공화국에 대하여).

Cicero, Marcus Tullius, *Philippicae* (필리피카이).

Curtius Rufus, Quintus, *Historiae Alexandri Magni* (알렉산드로스 대왕의 역사).

Dante, *De Monarchia* (제국론).

Dante, *La Commedia* (신곡).

Diodoros Sikeliotes, *Bibliothiki Istoriki* (역사 도서관).

Diogenes Latertios, *Vioi kai gnomai ton en filosofia evdokimisanton* (철학자의 삶
과 앎).

Dion Kassios, *Historia Romana* (로마사).

Dionysios Halikarnassos, *Rhomaike Arkhaiologia* (고대 로마).

Disticha Catonis (대구[對句] 라틴어교본).

Encyclopaedia Iranica (이란백과사전).

Erasmus, *Adagia* (격언집).

Evagrios Scholastikos, *Ekklisiastikí Istoría* (교회사).

Fazello, Tommaso, *Le due deche dell'historia di Sicilia*, tradotte dal latino,
Venezia, D. e G. Guerra, 1573 (시칠리아 역사의 두 공작).

Finkel, Caroline, *Osman's Dream: The Story of the Ottoman Empire 1300-1923*,
New York: Basic Books, 2005 (오스만의 꿈).

Florus, Publius Annius, *Bellorum omnium annorum DCC* (로물루스에서 아우구
스투스까지 로마가 치른 모든 전쟁) = *Epitome de Tito Livio* (티투스 리비우스
의 로마사 축약).

Frontinus, Sextus Julius, *Strategemata* (군사 전술론).

Furetière, Antoine, *Dictionaire universel*, 1690 (프랑스어 용어 및 백과사전).

458

Galinos, Klaudios, *De parvae pilae exercitio* (작은 공을 이용한 훈련에 대하여).

Giovio, Paolo, *La vita di Ferrando Davalo marchese di Pescara ⋯ tradotta per m. Lodovico Domenichi*, Torrentino, 1551 (페스카라 후작 페란도 다발로의 생애).

Gómara, Francisco López de, *La istoria de las Indias*, 1552 (인도 제도의 역사); Revised ed. *Historia general de las Indias*, 1553 (인도 제도 통사).

Gregoire de Tours, *Decem Libri Historiarum* (프랑크인의 역사 10권) = *Historia Francorum* (프랑크인의 역사).

Grosvenor, Edwin Augustus, *Constantinople*, 2 vols. Boston: Roberts Brothers, 1895 (콘스탄티노폴리스).

Guicciardini, Francesco, *Ricordi*, 1528~1531 (리코르디).

Guicciardini, Francesco, *Storia d'Italia*, 1537~1540 (이탈리아사).

Herodotos, *Historiai* (페르시아 전쟁사).

Historia Augusta (로마 황제전).

Hobbes, Thomas, *De cive*, 1642 (시민론).

Homeros, *Ilias* (일리아스).

Horatius, *Epistularum* (서간집).

Institutio Traiani (트라야누스의 훈육).

John of Salisbury, *Policraticus* (폴리크라티쿠스).

Josepus, Flavius, *Antiquitates Iudaicae* (옛 유대인의 역사).

Justinus, Marcus Junianus, *Epitome historiarum Trogi Pompeii* (폼페이우스 트로구스의 마케도니아사 축약).

Ktesias, *Persika* (페르시카).

Lettera di Aristea a Filocrate (아리스테아스가 필로크라테스에게 보내는 편지).

Livius, Titus, *Ab Urbe condita libri* (건국 이후의 로마사).

Livius, Titus, *Periochae* (로마사 축약).

Lucanus, Marcus Annaeus, *De Bello Civili* (내전에 대하여).

Machiavelli, Niccolò, *Discorsi sopra la prima deca di Tito Livio* (리비우스 첫 10권

에 대한 논고).

Machiavelli, Niccolò, *Il Principe*, 1513 (군주론).

Machiavelli, Niccolò, *Istorie fiorentine* (피렌체사).

Maffei, Giovanni Pietro, *Historiarum Indicarum libri XVI*, Firenze, Filippo Giunti, 1588 (인도사 16권).

Mendoza, Juan González de, *Historia de las cosas mas notables, ritos y costumbres del gran reyno de la China*, 1585 (지나 대왕국의 놀라운 일과 의례와 풍속의 역사).

Michail Psellos, *Cronografia* (크로노그라피아).

Migne, Jacques-Paul, ed., *Patrologia Graeca*, 161 vols., 1857~1866 (그리스 교부학).

Migne, Jacques-Paul, ed., *Patrologia Latina*, 221 vols., 1841~1855 (로마 교부학).

Nepos, Cornelius, *De viris illustribus* (유명한 남성에 대하여).

Nikephoros Kallistos Xanthopoulos, *Historia ecclesiastica* (교회사).

Onosandros, *Strategikos* (장군론) = *Dell'ottimo capitano generale et del suo officio*, 1546 (훌륭한 장군과 그의 의무에 대하여).

Ovidius, *Epistulae ex Ponto* (흑해에서 온 편지).

Ovidius, *Metamorphoses* (변신).

Ovidius, *Remedia amoris* (사랑의 치유).

Oviedo, Gonzalo Fernández de, *Historia general y natural de las Indias*, Sevilla, Cromberger, 1535 (인도 제도의 보편적이고 자연적인 역사).

Passi, Carlo. *Selva di varia istoria*, Venezia, Altobello Salicato, 1572 (사림[史林]).

Paterculus, Marcus Velleius (possibly Gaius Velleius), *C. Vellei Paterculi Historiae Romanae ad M. Vinicium Cos. Libri Duo* (로마사).

Piccolomini, Enea Silvio, *De Europa* (유럽에 대하여).

Platon, *Nomoi* (법률).

Platon, *Phaidon* (파이돈).

Platon, *Timaios* (티마이오스).

Plinius, *Naturalis historia* (자연사).

Plutarkos, *Ethika* = *Moralia* (풍속론).

Plutarkos, *Regum et imperatorum apophthegmata* (왕과 장군의 금언).

Plutarkos, *Vioi Paralleloi* (그리스·로마 영웅전).

Polybios, *Historíai* (로마공화국의 역사).

Porzio, Camilio, *La congiura de' baroni del regno di Napoli contra il re Ferdinando primo*, 1565 (페르디난도 1세 왕에 대한 나폴리 왕국 봉신들의 음모).

Prokopios Kaisareus, *Hyper ton Polemon Logoi* = *De Bellis* (전쟁에 대하여).

Propertius, *Elegiae* (비가[悲歌]).

Pseudo-Aurelius Victor, *De viris illustribus urbis Romae* (로마시[市]의 유명한 남성에 대하여).

Pseudo-Aurelius Victor, *Epitome de Caesaribus* (로마 황제의 통치 요약).

Ramusio, Giovanni Battista, *Delle navigationi et viaggi*, 1556 (항해와 여행에 대하여).

Ramusio, Giovanni Battista, *Primo volume et terza editione delle navigationi et viaggi*, Venezia, Giunti, 1563 (항해와 여행에 대한 첫째 권 및 셋째 판).

Sakaoğlu, Necdet, "İstanbul'un adları" ["The names of Istanbul"] in *Dünden bugüne İstanbul ansiklopedisi Cilt 1~8. Ab–Z*, [Ankara], Kültür Bakanlığı, 1993~1995 (이스탄불이란 이름).

Sallustius Crispus, Gaius, *Bellum Iugurthinum* (유구르타 전쟁).

Sallustius Crispus, Gaius, *De Catilinae coniuratione* (카틸리나의 음모).

Sallustius Crispus, Gaius, *Historiarum* (로마사).

Sansovino, Francesco, *Del governo dei regni et delle republiche cosí antiche come moderne*, 1561 (고대와 현대의 왕국 및 공화국의 통치에 대하여).

Seneca, *Epistulae morales ad Lucilium* (루킬리우스에게 보내는 도덕에 관한 편지).

Seyssel, Claude de, *La grant Monarchie de France*, 1519 (대프랑스 왕국).

Soudas, *Souda = Suidae Lexicon Graecom*, 1499 (그리스 백과사전).

Strabon, *Geographika* (지리지).

Suetonius, *De Vita Caesarum* (황제 열전).

Tacitus, *Annales* (연대기).

Tacitus, *De origine et situ Germanorum* (게르만인의 기원과 주거지) = Germania (게르마니아).

Tacitus, *Historiae* (역사).

Tertullianus, Quintus Septimius Florens, *De spectaculis liber* (구경거리에 대하여).

Theodoritou episkopou Kyrou, *Ekklesiastike historia* (교회사).

Ulloa, Alfonso de, *La vita dell'invitissimo e sacratissimo imperatore Carlo Quinto*, 1566 (불굴의 성제[聖帝] 카를 5세의 생애).

Valerius Maximus, *Factorum ac dictorum memorabilium libri IX* (기억할 만한 행적과 말 9권).

Vegetius Renatus, Flavius, *De re militari* (군사론) = *Epitoma rei militaris* (군사론 축약).

Vergilius Maro, Publius, *Aeneis* (아이네이스).

Vergilius Maro, Publius, *Georgica* (농경시).

Vergilius, Polydorus, *Historiae Anglicae libri XXVII*, 1555 (잉글랜드사 27권).

Villani, Giovanni, Matteo, e Filippo, *Nuova cronica*, 1537, 1559 (신[新]연대기).

Wipo, *Gesta Chuonradi II imperatoris* (콘라트 2세 황제의 업적).

Zárate, Agustín de, *Le histoire del sig. Agostino di Zarate contatore et consigliero dell'Imperatore Carlo V dello scoprimento et conquista del Peru ···/ nuovamente di lingua Castigliana tradotte dal S. Alfonso Ulloa*, 1563 (페루 발견과 정복의 역사).

찾아보기

468

지명

486

488

지은이

:: 조반니 보테로(Giovanni Botero, 1544~1617)

종교개혁기 이탈리아의 정치사상가이자 외교관이자 성직자로, 피에몬테주의 베네 바지엔나에서 태어나 로마대학과 파도바대학에서 수학했다. 이후 밀라노예수회학교에서 신학과 철학을 강의하다 예수회에서 출교되는 불운을 겪기도 했지만, 보테로의 재능을 높이 산 밀라노 대주교 카를로 보로메오의 비서로 발탁되어 2년간 그를 보좌하게 되면서 신경질적이고 자기중심적인 삶에서 벗어났다. 대주교가 죽은 뒤에는 그의 어린 사촌인 페데리코 보로메오를 헌신적으로 보좌하며 약 8년간 로마에서 체류했다.

당시 그리스도교 세계의 정치적, 문화적 중심지이던 로마에서 보테로는 서양에서 도시와 인구에 관한 거의 최초의 과학적 이론을 담은 『도시의 위대함과 장대함의 원인에 대하여』를 비롯하여, 그에게 국제적 명성을 안겨준 『국가이성론』, 동서양의 수많은 나라의 자연환경, 인구, 경제, 군사력, 정치 체제 등을 담은 인문지리서 『세계 편람』 등 대표작을 차례로 선보임으로써 자신의 지적 역량을 유감없이 발휘했다. 그중 마키아벨리의 '사악한 국가이성'에 대응하기 위해 쓴 『국가이성론』은 종교를 버리지 않고도 국가 이익을 도모할 수 있다는 '선한 국가이성'을 제시함으로써 엄청난 성공을 거두었다.

1595년, 오랫동안 보좌해온 페데리코 보로메오가 밀라노의 대주교로 임명되면서 보테로는 그를 떠나 37년 만에 고향으로 돌아갔다. 그곳에서 그는 사보이아 공작 카를로 에마누엘레의 자녀들을 위한 가정교사로 일하면서 위인의 삶을 담은 『군주』, 『그리스도교 군주』, 『대장군』을 출간했다. 1611년, 생의 모든 짐을 내려놓고 성 미켈레 수도원으로 물러난 그는 참회의 염을 담은 『연옥에 대하여』를 끝으로 1617년 세상을 떠났다.

옮긴이

:: 곽차섭

부산대학교 사학과 명예교수. 서강대학교에서 수학과 영문학을 공부하고, 동 대학교 사학과에서 「마키아벨리의 역사 사상」과 「바로크시대 마키아벨리즘 연구」로 석사, 박사 학위를 받았다. 미국 존스홉킨스대학교와 UCLA, 캐나다 UBC 방문학자로 연구했다. 문화사학회와 서양사학회 회장을 역임했고, 현재는 이탈리아사학회 회장을 맡고 있다. 관심 분야는 르네상스 이탈리아 지성사, 미시문화사 및 미술사. 저서로 『마키아벨리즘과 근대국가의 이념』, 『조선 청년 안토니오 코레아, 루벤스를 만나다』, 『포스트모더니즘과 역사학』(공저), 『아레티노 평전: 르네상스기 한 괴짜 논객의 삶』, 『마키아벨리의 꿈』, 『갈릴레오의 망각, 혹은 책에 관한 기억』이 있고, 편저와 편역으로 『미시사란 무엇인가』, 『역사 속의 소수자들』(공편), 『다시, 미시사란 무엇인가』, 『마키아벨리와 에로스』가 있다. 역서로는 『역사학과 사회 이론』(피터 버크), 『이탈리아 민족부흥운동사』(루이지 살바토렐리), 『마키아벨리 평전』(로베르토 리돌피), 『코앞에서 본 중세』(키아라 프루고니), 『탐史』(마리아 팔라레스-버크), 『책략가의 여행』(내털리 제먼 데이비스), 『마키아벨리언 모멘트』(J. G. A. 포칵), 『군주론』(니콜로 마키아벨리) 등이 있다. 『포르노그래피의 발명』, 『철학자 마키아벨리』, 『에피쿠로스와 치유의 철학』, 『권력과 상상력』(라우로 마티네스), 『이탈리아 르네상스의 지적 세계』(크리스토퍼 S. 셀런차) 등을 집필 및 번역 중이며, 이후 마키아벨리의 주요 저작과 조르조 바자리의 『미술가 열전』을 차례로 번역할 계획이다.

한국연구재단총서　학술명저번역 651

국가이성론

1판 1쇄 찍음 | 2023년 10월 18일
1판 1쇄 펴냄 | 2023년 11월 29일

지은이 | 조반니 보테로
옮긴이 | 곽차섭
펴낸이 | 김정호

책임편집 | 임정우·박수용
디자인 | 이대응

펴낸곳 | 아카넷
출판등록 | 2000년 1월 24일(제406-2000-000012호)
주소 | 10881 경기도 파주시 회동길 445-3
전화 | 031-955-9511(편집)·031-955-9514(주문)
팩시밀리 | 031-955-9519
www.acanet.co.kr

Printed in Paju, Korea.

ISBN 978-89-5733-887-2 94340
ISBN 978-89-5733-214-6 (세트)

이 번역서는 2020년 대한민국 교육부와 한국연구재단의 지원을 받아 수행된 연구임.
(NRF-2020S1A5A7085010)

This work was supported by the Ministry of Education of the Republic of Korea
and the National Research Foundation of Korea. (NRF-2020S1A5A7085010)